国家重大出版工程项目
"十二五"国家重点图书

国家出版基金项目
NATIONAL PUBLICATION FOUNDATION

◎左满常 主编

中国古建筑丛书

河南古建筑

（上册）

U0360207

中国建筑工业出版社

审图号：GS（2015）2780号

图书在版编目（CIP）数据

河南古建筑（上册）/左满常主编. —北京：中国建筑工业
出版社，2015.12
　（中国古建筑丛书）
　ISBN 978-7-112-18801-7

　Ⅰ.①河… Ⅱ.①左… Ⅲ.①古建筑－介绍－河南省
Ⅳ.①K928.71

中国版本图书馆CIP数据核字（2015）第292132号

责任编辑：李东禧　唐　旭　吴　绫　杨　晓
书籍设计：康　羽
责任校对：姜小莲　刘梦然

中国古建筑丛书

河南古建筑（上册）

左满常　主编

*

中国建筑工业出版社出版、发行（北京西郊百万庄）
各地新华书店、建筑书店经销
北京锋尚制版有限公司制版
北京顺诚彩色印刷有限公司印刷
*

开本：880×1230毫米　1/16　印张：16　字数：422千字
2015年12月第一版　2015年12月第一次印刷
定价：298.00元
ISBN 978 – 7 – 112 – 18801 – 7
　　　（25817）

《中国古建筑丛书》总编委会

总顾问委员会：

罗哲文　张锦秋　傅熹年　单霁翔　郑时龄

总编辑委员会：

主　任： 吴良镛　周干峙
副主任： 沈元勤　陆元鼎
总主编： 陆　琦　戴志坚
委　员（按姓氏笔画排序）：

丁　垚	王　军	王　南	王金平	王海松	左满常	朱永春
刘　甦	李　群	李东禧	李晓峰	李乾朗	杨大禹	杨新平
吴　昊	张玉坤	张兴国	张鹏举	陆　琦	陈　琦	陈　颖
陈　蔚	陈伯超	陈顺祥	范霄鹏	罗德启	柳　肃	胡永旭
姚　糖	徐　强	徐宗威	翁　萌	高宜生	唐　旭	黄　浩
谢小英	雍振华	蔡　晴	谭刚毅	燕宁娜	戴志坚	

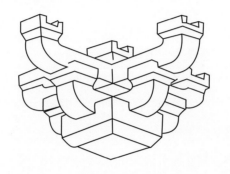

《河南古建筑》

主　　编：左满常

副 主 编：李 丽　渠 滔

参编人员：王 放　张献萍　董 阳　郭 玮　时宗伟

审 稿 人：张家泰

总　序

中国历史悠久，地大物博，人口众多，是一个多民族的国家，文化遗产极为丰富。中国古建筑是世界建筑史上的四大体系之一，五千年来，光辉灿烂，独特发展，一脉相传，自成体系。在建筑历史发展过程中，从来都没有中断过，因而，积累了大量的极为丰富的优秀建筑文化遗产。中国古代建筑的实践经验、创作理论、工艺技术和艺术精华值得总结、传承和发扬。

中国古代建筑具有强大的生命力，首先是独特的地理环境。中国位于亚洲东方，北部有长白山、乌苏里江高山河流阻挡，西有天山、喀喇昆仑山脉和沙漠横贯，西南有喜马拉雅山脉，东南则沿海，形成封闭与外界隔绝的地域，加上地处热带、温带和寒带，宽阔的地理和悬殊的气候，促进建筑与环境的巧妙和谐结合。

其次，独特的民族性格。中国是以汉族为主的多民族所组成。以中原文化为主的汉族人民团结、凝聚着居住和生活在各地的少数民族。由于各民族的历史、文化、宗教信仰、生活习俗与审美爱好的不同，以及他们所处地区的自然条件和地理环境的差异，长期的劳动实践，形成了各民族独特的性格和绚丽灿烂的建筑风貌。

其三，文化的独特体系。中国文化是以黄河流域中原文化为中心，周围有燕赵文化、晋文化、齐鲁文化、吴越文化、楚文化、秦文化和巴蜀文化所烘托，具有历史渊源长久、人类智慧集中、思想资源丰富的特点。中国传统文化思想的集中表现是以儒学、道学为代表，其后，佛教的传入与中国传统文化的结合，形成以儒学为主的儒、道、释三者合一的中国传统文化思想。归纳起来，就是天人合一的宇宙观念，以人为本、和为贵的人文思想，整体直觉的思维方式，真善美相结合的美学观念。

封闭而独特的地理环境，团结凝聚而又富于创造的民族性格，以儒学为主的文化独特体系，创造了中华民族的雄伟壮丽的建筑工程。长期的经验积累，独树一帜，虽经战争的炮火，民族之间的斗争与融合，外来文化之传入及本土化，但中华民族建筑始终一脉相传，傲然生存下来，顽强发展，独树一帜而不倒，在世界建筑史发展中是罕见的、独有的。

中国古代建筑发展经历了原始社会、奴隶社会和封建社会三个历史阶段。

旧石器时代，原始人群利用天然崖洞作为居住场所。南方湿热多雨，虫害兽多，出现巢居。1973年，在浙江余姚河姆渡村发现大约建于6000～7000多年前的、长约23米、进深约8米的木构架建筑遗址，推测是一座长方形、体量相当大的干阑式建筑，这是我国最早采用榫卯技术构筑房屋的一个实例。

原始社会晚期，黄河流域有广阔而丰厚的黄土层，土质均匀，含有石灰质。黄河中游的氏族部落，在利用黄土层作为壁体的土穴上，用木架和草泥建造简单的穴居，逐步发展到浅穴居，再到地面上的房屋，形成聚落。

奴隶社会，夯土技术逐步成熟，宫室建于高大的夯土台上，木构建筑逐步成为中国古代建筑的主要结构方式。等级制度出现。工程管理有了专职的"司空"，以后各朝代沿袭发展成为中国特有的工官制度。

封建社会初期，高台建筑盛行，修建了长城、驰道和水利工程。东汉时代，建筑中已大量使用成组的斗栱，木构楼阁增多，城市和建筑类型扩充，中国古代独特的木构建筑体系基本形成。

两晋南北朝是我国历史上充满着民族斗争和民族融合的时期，佛教的传入，宗教建筑大量兴建，高大的寺庙、壮丽的塔幢，石窟中精美的雕塑和壁画，这是我国古建筑吸收外来文化使之本土化的创造时期。

隋、唐统一全国，开凿贯通南北的大运河，促进了我国南北物资和文化的交流和发展。唐代的长安、洛阳成为世界上最大的城市。木构建筑的宫殿、楼阁和石窟、塔、桥，无论布局或造型都具有较高艺术和技术水平，唐代建筑已发展到成熟的阶段。

宋、辽、金时期，南方在经济和文化方面居于先进地位。由于手工业分工更加细致，国内商业和国际贸易活跃，城市逐渐开放，改变了汉以来历代都城采用的封闭式里坊制度，形成沿街设店的方式。建筑的设计和施工达到一定程度的规格化、制度化，公元12世纪初在总结经验的基础上编写了《营造法式》这一部重要文献。

元代大都建立，喇嘛教和伊斯兰教建筑影响到各地。明、清时期官式建筑已经达到完全程式化、定型化阶段。明代后期出现资本主义萌芽，清代在城市规划上、建筑群体布局和建筑艺术形象上有所发展，例如北京城、故宫、天坛等。民居、园林和民族建筑遍布各地，呈现一片繁荣景象。

中国古建筑有明显的特征。在城市规划上，严谨规整、对称宏伟，表现出庄重威武的中华民族性格。单体建筑中，雄伟的飞檐屋宇、大红的排列柱廊、高大的汉白玉台基，呈现出崇高壮丽又稳定的形象。黄河流域盛产的木材资源，形成了中国古建筑木构架体系的特色。室外装饰的富丽堂皇、金碧辉煌，室内陈设装修的华丽多样、细腻雕饰，体现了中国古建筑绚丽多彩的民族风格。

聚居建筑方面，包含民居、祠堂、家庙、书院等遍布全国各地，它们与人民生活息息相关。各地各族人民根据自己的生活习俗、生产需要、经济能力、民族爱好和审美观念，结合本地的自然条件和材料，因地制宜、因材致用地进行设计与营造。他们既是设计者，又是营建者、使用者，可以说设计、施工、使用三位一体，因而，这种建造方式所形成的民宅民间建筑，既实用简朴，又经久美观，并富有民族风格和地方特色。

中国古园林的特征。以自然山水即中国山水画为蓝本，并以景区、景物和建筑、山水、花木为构件，由景生情，产生意境联想，达到艺术感受。皇家园林因其规模大、范围广，其园林布局自秦、汉时期的一池三岛，到唐、宋以山水画为蓝本，明、清仍沿袭池中置岛古制，但采用人工造山置水的方法。

明、清私家园林因属民间，士大夫文人常在宅后设园休闲宴客，吟诗享乐，其特点是以最小的场所造成无限的景色为目的。因其规模小，常以叠石或池水为主，峰峦洞壑、峭壁危径或曲径通幽取胜。在情景中则采用巧于因借、精在体宜的手法。

我国是一个人口众多的多民族国家。相传秦汉以前，中华大地上主要生存着华夏、东夷、苗蛮三大文化集团，经过连年不断的战争，最终华夏集团取得了胜利，上古三大文化集团基本融为一体，历史上称为华夏族。春秋、战国时期，东南地区古老的部族称为"越"，逐渐为华夏族所兼并而融入华夏族之中。秦统一各国后，到汉代都用汉人、汉民这个称呼，直到隋、唐，汉族这个名称才固定下来。

由于各民族的历史文化、宗教信仰、生活生产、习俗性格的不同，又由于各族人民所处地区的自然条件和环境的不同，导致他们各自产生了富有特色的建筑和民宅，如宏伟壮丽的藏族布达拉宫，遍布各族聚居地的寺院庙宇、寨堡围村、楼阁宅居，反映了绮丽多彩的民族风貌。

中国传统文化渗透了中国古建筑，中国古建筑深刻地体现了中国文化。

新中国成立后，作为全国性有领导有组织地编写中国古代建筑史，第一次是1959年，由原建筑科学研究院组织"编写三史"开始。当时集中了全国高等院校、科研部门分工编写，1962年由中国工业出版社出版《中国建筑简史》第一册（古代部分）。随后，又组织有关院校、文化、历史、考古等单位对古代建筑史有研究的人员，经多次修改，由刘敦桢教授执笔主编的《中国古代建筑史》，于1966年完成。由于"文化大革命"，未能出版，1980年才由中国建筑工业出版社正式出版。作为高等院校的中国建筑史教材则由全国高校教师编写，参考了上述专著，由中国建筑工业出版社1982年出版。

作为系统的、全面的、编写中国古建筑丛书是从1984年开始，当时作为《中国美术全集》中的一个门类——建筑艺术，称为《中国美术全集·建筑艺术编》，共6辑，包含宫殿、坛庙、陵墓、宗教建筑、民居、园林，1988年完成出版。

第二次编写从1992年开始，编写的原因是《中国美术全集·建筑艺术编》6辑出版后，各界反映良好，但感到篇幅不够，它与我国极为丰富的建筑文化遗产大国不相适应。于是，再次组织编写《中国建筑艺术全集》丛书30辑，其中古建筑24辑，近现代建筑6辑。古建筑部分仍按类型编写。该丛书中的24辑于1999年5月出版。

由于这两次丛书都是全国性编写，按类型写，又着重在艺术，因此，一些地方特色和民族特色的、中型的优秀古建筑就难于入选。为了弘扬和传承优秀传统建筑文化体系，总结经验和规律，保护我国优秀传统建筑文化遗产，因此，全面地、系统地、按省（区）来编写古建筑丛书是非常必要的、合时宜的。

本丛书编写的主要特点是：其一，强调本省（区）古建筑的民族特色和地方特色；其二，编写不限于建筑艺术，而是对本省（区）古建筑的全面叙述，着重在成就、价值、特色、技术和经验、规律等各个方面，这是我国民族和地区的资料比较全面和丰富的传统建筑文化丛书。

陆元鼎

2015年1月10日

前　言

古代黄河中下游地区气候温暖宜人，日照充足，降水丰沛，适宜于农、林、牧、渔各业发展。境内不仅有绵延高峻的山地，也有坦荡无垠的平原；既有波状起伏的丘陵，还有山丘环抱的盆地，具有多种多样的地貌类型。中原温和有利的气候环境、广袤肥沃的膏腴之地、便利通达的交通条件加之黄河一往情深的无私哺育，使中原成为早期人类的理想栖息地、原始文化的发展中心和华夏文明最重要的发源地。在5000年绵延不断的文明进程中，河南长期作为王者之都，是中国政治、经济、文化的中心。同时，也为中国传统建筑的发展作出了巨大贡献。

河南古建筑遗址丰富，上至50万年前的南召猿人遗址到两万年前安阳小南海人类居住的洞穴，至今尚存。新石器早期的裴李岗文化遗址发掘出四五十座建筑基址；仰韶文化时期的房基发掘出的更多，并且很多房屋已成为地面建筑；郑州西山发掘出仰韶文化晚期的城墙遗址，为我国已知最早的大型城址；汤阴白营发现人类早期的水井，使得人们在选择栖息地时能够远离河流、湖泊等自然水源；在豫东、豫北地区发现不同大小的土坯砌块，则可大大缩短建筑的建造时间；淮阳平粮台、登封王城岗等十余处城址的发掘，对国家的起源与城市发展都具有重要的研究价值；还有郝家台房屋基址内发掘的木质地板，为研究我国房屋装修历史提供了罕见的历史实物资料；淮阳平粮台发掘出的陶制排水管道开启了中国给水排水设施的先河；偃师二里头遗址、尸乡沟商城遗、郑州商城遗址和安阳殷墟所发掘的大型宫殿遗址，有的还有城门、道路及给水排水设施；洛阳、小浪底发掘出汉代地下粮仓和仓储建筑等，这些弥足珍贵的建筑基址，充分展

示出中国古代建筑在中原大地上萌芽、成长、发展到形成的清晰脉络，为以后的建筑成熟以及高峰期奠定了坚实基础。

河南现存古建筑类型丰富。古都和历史文化名城、名镇（村）数量位居全国之冠，因这一突出的资源优势，我们在《河南古建筑》书中专门列出一章，阐明这些内容。大量的建筑群体及单体建筑，则按我们习以为常的使用功能类型，分门别类，独立成章。如河南还保存有完整的清代府级和县级衙门，这些古建筑资源在我国现存古建筑中是很宝贵的，我们特设一章衙门衙署类建筑。宗教类建筑、会馆类建筑、祭祀与纪念类建筑、书院文庙类建筑和陵墓建筑等均独立成章。河南的石窟石刻世界闻名，如洛阳龙门石窟已成为世界文化遗产，按中国建筑历史的习惯，石窟石刻也属古建筑的覆盖范围，本书中也单列一章加以介绍。另有一些其他类型的建筑，如开封龙亭、登封汉代三阙、登封观星台、临颍小商桥等，这些建筑数量虽少，但名扬天下。民居建筑在河南古建筑中也占有重要位置，且量大面广，因有《河南民居》专著介绍，在本书中只拣极少案例简要叙述，并与上述建筑共同归类为其他类建筑。

河南地处"华夏腹地，是全国文物大省之一。这方神奇的热土，自古中天下而立，群山起伏，大河纵横，平原辽阔，深得天时地利之便，孕育了中华民族悠久的历史和灿烂的文化。由于战争的频发，王朝的更迭，人民的迁徙，这里又成为民族汇合交融的熔炉。自夏商周以来，迄宋代为止，这里长期是我国政治、经济、文化的中心。漫长的历史岁月，留下了丰富的遗迹和遗物，它不仅是历史的见证，更展示了我

们祖先的光辉创造和中国人民对人类文明的伟大贡献。"①河南古建筑作为一项极其宝贵的历史文化资源，价值之高，难以言表。建筑作为人造物和人工环境，是满足人类物质和精神生活需要的重要组成部分。社会的可持续发展是必由之路，深入研究和理解传统建筑，对于发展现代观念中的节能与绿色建筑，消除千城一面的模式，从中国古建筑与环境和谐共生中可能会得到一些启示。

改革开放以来，随着我国经济的高速发展，城市化进程不断加快，城市人口的快速增长，使得新城区的建设或旧城区的改造也在随之加快。城市化在给人们带来很多便利的同时，也引发了城市建设或改造与古建筑保护和发展的矛盾。因此，很有必要在加强城市化进程中进一步做好古建筑的保护与发展，协调好城市化建设与古建筑保护的关系。要处理好这种关系，笔者认为，首先应使当政者认识到古建筑保护的意义：古建筑是城市面貌和特点的主要组成要素之一，沉淀了人类文明的精神和物质财富。古建筑是抵御外来文化侵袭，激发爱国热情和增强民族自信的实物；许多工程宏大、艺术精湛的古建筑，都是过去劳动人民多少年来智慧的结晶，象征着民族的优良传统和优秀文化；古建筑是

研究历史科学的实物例证；古建筑对于研究建筑史来说，更是直接的实物例证。中国现存的古建筑本身就是一部实物建筑史，对于研究我国历代建筑的布局、艺术造型、民族风格和建筑结构、材料、施工，以及有关的科学技术等，都是生动可靠的资料；古建筑是新建筑设计和新艺术创作的重要源泉，是古人留给我们的宝贵财富；中国古建筑的装饰艺术，如木雕、石刻、砖雕、琉璃、彩画、壁画等，皆独具一格，成就很高。这些都是古代艺术遗产的一部分，对于研究艺术发展史、创造时代新艺术，都有重要的借鉴价值，其中许多技艺、技巧和经验，千百年来不断地为人们所继承和借鉴；古建筑是人民文化游憩的好场所，是发展旅游的重要物质基础；古建筑是城市精神的延伸，是城市昨日诗情和灵性的体现。

作者受工作条件、学识水平所限，文中论述不妥、引证疏漏讹误之处在所难免。"中国古建筑丛书"《河南古建筑》一书将要面世，期盼今后能够得到专家、学者和广大读者的斧正。

左满常

2015年5月18日

---

① 河南文物考古学会.河南文物考古论集[D].张文彬（国家文物局前任局长）前言.郑州：河南人民出版社，1996.

目　录

河南古建筑

河南古建筑

第一章　绪论

第一节 自然环境概况

河南省在祖国的版图中位于中部偏东，属黄河中下游流域，介于北纬31°23′～36°22′，东经110°21′～116°39′之间，东与山东、安徽相连，西与陕西接壤，北和西北与河北、山西为邻，南与湖北交界，是中国东西南北的交接处。因大部分土地在黄河以南，故名河南。这里曾是上古九州中心的豫州（图1-1-1），故简称为"豫"，又有"中州"、"中原"之称。

中原一词用于地域名，《辞海》释义为："地区名。即中土、中州，以别于边疆地区而言。狭义的中原指今河南省一带。广义的中原或指黄河中、下游地区……或指整个黄河流域而言。"① 另据《辞海》对"中国"词条的解释："……指华夏族、汉族地区为中国……而华夏族、汉族多建都于黄河南、北，因称其地为'中国'，与'中土'、'中原'、'中州'、'中夏'、'中华'含义相同。初时本指今河南省及其附近地区，后来华夏族、汉族活动范围扩大，黄河中、下游一带，也被称为'中国'……甚至把所统辖的地区，包括不属于黄河流域的地方，也全部称为'中国'。"② 从以上两词条释义可知，历史上"中原"一词有大、中、小三个概念：大概念就代表中国；中概念是指黄河流域尤其是黄河中、下游地区；中原的小概念则是指今河南省及其周边地区。随历史的变迁，各地行政区域强化，现代所说的"中原"更多的是特指河南省。

一、地理水文

河南地形处在我国第二阶梯向第三阶梯的过渡地带，地势西高东低。北、西、南三面分别由太行山、伏牛山、桐柏山、大别山环绕，五岳之一的中岳嵩山位于河南中部。政区间有断陷盆地③，东部为宽阔的平原。河南山地和丘陵占全省总面积的44.3%，平原占55.7%。全省地貌大致由豫北、豫西、豫南山地和黄淮海平原、南阳盆地五个分

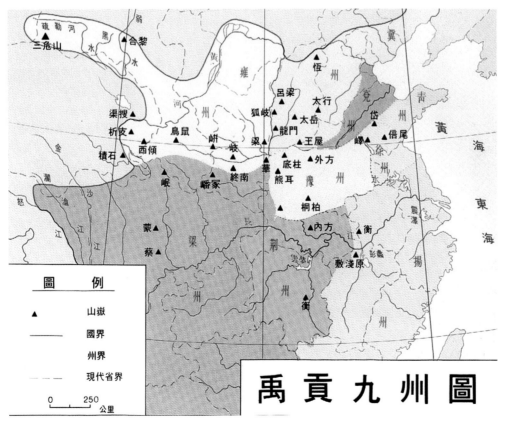

禹 贡 九 州 图

图1-1-1 禹贡九州图

区组成。

豫北山地即太行山区，位于黄河以北、京广铁路以西，是向东南凸出的弧形山脉，为海拔1000～1500米的单面山地。山地东西两侧地形显著不同：西北坡和缓，逐渐倾入山西高原；东南坡险峻，陡落于黄河新冲积平原。山前有海拔300～400米的丘陵，山间多小型盆地，较大的有林州、沁阳等盆地。

豫西山地位于黄河以南、南阳盆地以北，是秦岭山脉向东延续的4支余脉山地，分别为崤山、熊耳山、伏牛山和外方山（即嵩山）。它们在河南省西部呈扇形向东北和东南展开，构成面积广大的豫西山地。山地大部分海拔在1000～2000米，部分山峰超过2000米，山脉向东逐渐降低分散，形成低山丘陵。南支伏牛山脉呈西北至东南走向，环绕于南阳盆地北侧；中间两支为熊耳山和外方山；北支崤山（又名小秦岭）为河南境内最高的山脉，主峰老鸦岔位于最西部的灵宝市境内，海拔2413.8米。

豫南山地包括桐柏、大别山脉，自西北向东南延伸，横陈于豫、鄂、皖边境。其东部的大别山以低山为主，海拔一般在1000米以下，一般山势低缓，山体较破碎。西部的桐柏山脉山势也较低，海拔高度约400～800米，主峰太白顶1140米，主要由低山丘陵组成。山地中分布有一些小盆地，它们共同构成长江与淮河的分水岭。

黄淮海平原位于河南省东、北大半部区域，西起太行山、豫西山地的东麓，南至大别山北麓，东部和北部直达省界，属华北平原的最南端部分，是由黄河、淮河和卫河冲积而成。在其东北部，是黄河出山地以后造成的巨大扇形冲积平原，地势分别向东北和东南方向平缓下降，沿坡面作扇形分散。平原高度多在海拔100米以下，东部降至50米左右，南部沿淮河一带海拔在30米上下，是省内最低处，平面面积8万平方公里，占全省总面积45%。这里土层深厚，土壤肥沃，地下水资源丰富，为本省的主要农业区。

南阳盆地又名南阳平原，位于豫西山地和豫南山地之间，为伏牛、桐柏山和湖北的大洪、武当山所环抱，中间是由汉江支流的唐河、白河及丹江侵蚀冲积而成的向南敞开的扇形平原，宽约110公里，长约150公里。盆地海拔80～120米，占全省总面积的10.7%。这里水热资源丰富，土地肥沃，适宜于多种农作物生长，是河南省重要的农业生产基地之一。

河南境内河流众多，水系不同，有古称"四渎"的长江、黄河、淮河和济水。其中的淮河、济水发源于河南。黄河横贯省境东西，干流长度711公里。长江最大的支流汉水在河南也有支流多条。省内水系流向随地形变化，大多发源于西部、西北部和东南部山区，分别流往东、南、东南和东北方向，分属长江、黄河、淮河、海河四大水系。境内以淮河、黄河水系为主，长江、海河水系渐次。其中，淮河流域面积8.61万平方公里，约占全省面积的1/2；黄河流域面积3.62万平方公里，约占全省面积的1/5。流域面积在100平方公里以上的河流有490多条。其中黄河主要支流有伊洛河、沁河、漭河、宏农涧河、金堤河等。淮河支流众多，干流两侧呈明显不对称状分布，南侧支流源出桐柏山和大别山，河短流急。北侧支流发源于豫西山地和黄河南侧，主要有沙颍河、洪汝河、贾鲁河、惠济河等，源远流长，水量较大。唐河、白河和丹江是长江支流汉水的重要支流，也是河南省西南部的大河，这些河流水量丰富，省内流域面积2.72万平方公里，均属长江水系。卫河源出太行山，是豫北地区的一条大河，也是海河最长的支流，省内河段长400余公里，流域面积1.3万平方公里，省内主要支流有安阳河、汤河、淇河等，均从西侧山区汇来，卫河东侧为平原区域，支流很少，这些河流同属海河水系。

河南东西联系的通道是黄河谷地，可以上溯关中，直达大西北和西亚地区，著名的丝绸之路向东延伸正是经过黄河谷地，现代重要的交通动脉陇海铁路线和连霍高速公路都是经过这条通道。南北之间的通道是在山地与平原交界地带开辟的，如古代著名的南（阳）襄（阳）通道。现代的京广铁路线、京港澳高速公路、大广高速公路等，均属这一地理区域。从政区和交通地位来看，河南处于居中的位置。以河南为中心，北至黑龙江畔，南到珠江流域，西至天山脚下，东抵东海之滨，大都跨越两至三个省区。若以省会郑州为中心，北距京津塘，南下武汉三镇，西至关中平原，东至沪、宁、杭，其直线距离大都在600～800公里之间。河南承东启西、通南达北的地理位置，决定了其在全国经济社会活动中的重要地位。

从地理上看，河南是各族人民南来北往、西去东来的必经之地。从历史上看，河南是各族人民频繁活动和密切交往之中心。因此，"得中原者得天下"成为从古至今的政治家、军事家们所共识。欲取天下，河南在所必争。在这片土地上，曾上演过一幕幕惊心动魄的历史活剧，诸如武王伐纣、周公营洛、春秋诸侯争霸、战国群雄逐鹿、刘邦项羽对峙、光武刘秀兴汉、曹魏中原称雄、隋末瓦岗暴动、赵匡胤陈桥兵变、岳飞抗金鏖兵、李自成中原血战、民国时的蒋冯阎大战（又名中原大战）、京汉"二七"风暴、刘邓大军挺进中原等。历史的风云变幻，无不在中原大地留下深深的痕迹。

今天，河南境内布三纵（京广、京九、焦柳三大干线）四横（陇海、宁西、新菏、侯月）的铁路网及高铁路网，铁路交通枢纽的地位十分突出。另有纵横交织、四通八达的高速公路和不断发展的航空运输，进一步强化了其交通枢纽的特殊地位。"西气东输"、"南水北调"等国家重点工程陆续建成，仍然是全国经济社会活动的中心区域。

二、气候条件

河南属暖温带—亚热带、湿润—半湿润季风气候。四季分明，光、热、水气资源比较丰富，过渡带气候特征明显。河南气候主要有以下三个特点：一是过渡性明显，地区差异性显著。河南处于中纬度地带，我国划分暖温带和亚热带的地理分界线为秦岭、淮河一线。此线正好穿过境内的伏牛山脊和淮河干流。此线以北属暖温带半湿润半干旱地区，面积占全省总面积的70%。此线以南为亚热带湿润半湿润地区，面积占全省总面积的30%，气候具有明显过渡性特点。全省由于受季风气候的影响，加上南北所处的纬度不同，东西地形的差异，使境内热量资源南部和东部多，北部和西部少，省境内气候地区差异性明显；二是河南气候温暖适中，兼有南北两方气候特点。冬冷夏炎，四季分明，冬长寒冷雨雪少，春短干旱风沙多，夏日炎热雨丰沛，秋季晴和日照足。南北两个气候带的优点兼而有之，有利于多种植物的生长；三是，季风性气候特征显著。河南西靠欧亚大陆，东近太平洋，冬夏海陆温差显著，风向随季节变化明显。季风气候对农业有利的方面是主导的，但也有其不利的一面，具体表现为降水量南部和东南部多，北部和西北部少，且多集中于夏季（图1-1-2）。

河南境内年均降水量差别大，自西北向东南递增。少雨区位于伊、洛、卫河沿岸一带，不足600毫米。多雨区在淮河以南，1000毫米以上。由于影响雨水的季风各年强度不一，雨量年均悬殊甚大，多时可超过年平均雨量的50%，甚至一倍，少时只有年平均雨量的1/2，这种极端情况即为灾害现象，对农业经济必产生不利影响。

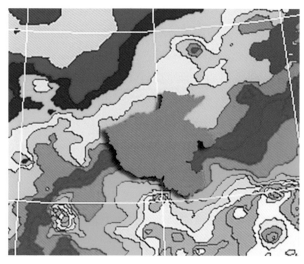

图1-1-2　暖温带半湿润半干旱地区与亚热带湿润半湿润地区分界

河南省地处南北气候过渡带，气象灾害种类多、强度大、频率高。暴雨（雪）、干旱、大风、雷电、冰雹、沙尘暴、霜冻等自然灾害时有发生，是我国气象灾害频繁发生的省份之一，政府与人民防灾、减灾、抗灾的任务较重。

第二节　历史与文化

一、历史沿革

距今4000年前，河南就已发展成为全国的政治、经济和文化中心。我国第一个朝代夏朝建都于阳城（今登封告城镇），开始以河南西部的河洛地区为中心，向北、中部扩展，到启时，迁都阳翟（今禹州），继而又迁斟浔（今河南省洛阳偃师市二里头）、帝丘（濮阳）、老丘（开封陈留），最后又都斟浔；继之而兴的商族，崛起于今河南濮阳。商汤最初建都亳（商丘），后迁西亳（今偃师尸乡沟），中期时的殷都在今郑州二里冈，盘庚时迁殷（今安阳小屯）；随后周公营建东都洛邑（今洛阳），成为东方的政治文化中心；春秋时期，境内属秦、晋、楚、宋、卫、郑、陈、蔡等诸国；战国时属韩、魏、赵、楚之疆；秦统一中国后，设郡、县。河南分属三川、颍川、南阳、河内、陈郡、东郡和砀郡等郡；西汉承秦制，仍设郡、县两级，并实行分封诸侯王国与中央直辖的郡交错分布。为了加强对郡、国的控制，又将全国分为司隶校尉部及13州刺史部，实际是监察区。河南分属司隶校尉部及豫、兖、荆、冀四州管辖，设有弘农、河内、河南、颍川、汝南、陈留、南阳和魏郡及淮阳和梁国两个诸侯王国；东汉都洛阳，实行州辖郡、郡统县。河南分属司隶校尉部及豫、兖、荆、冀、扬五州管辖，设有弘农、河内、颍川、南阳、汝南、陈留、东郡、魏郡等郡及陈、梁二国；三国时河南属魏，先都许昌，后迁洛阳，仍实行州、郡、县三级，设有十二郡和梁国一国；西晋都洛阳，河南境内有十八郡；南北朝时，河南分属于北魏和南齐，北魏在河南设八州二十六郡，南齐在河南设三州

十二郡；隋统一南北后，在河南设二十郡；唐朝先都长安，后迁洛阳，河南分属京畿及河南、河北、淮南、山东南等道，领有二十一州郡及河南一府；五代时，后梁、后晋、后汉、后周朝都汴（今开封），后唐都洛阳，河南境内多数称州，少数称军、府；北宋建都汴梁，河南境内设有京东、京西、河北诸路，路辖有府、州，有些军、监也隶属于路，府、州、军均辖县。宋室南迁后以淮河与金为界，河南大部属金；元朝将中央辖区直属中书省，其他地区分设行中书省，简称"行省"，行省之制始于此，"行省"之下统路、府，府领州、县，也有府、州不隶路而直属省，时河南境内黄河以北地区属中书省，黄河以南属河南江北行中书省，中书省在河南管辖的有大名、彰德、卫辉、怀庆等路和濮州，河南行省下属河南府路、汴梁路、南阳府、汝宁府、归德府；明朝改行中书省为承宣布政使司，司（省）下辖府、州，再下为县，明末，河南领有开封、归德、河南、南阳、汝宁、彰德、卫辉、怀庆等府和汝州直隶州及京师之大名府，山东之东昌府的一少部分县，共计府属州三十一个，县九十六个；清朝恢复行省，省下为府，再下为州、县；终清之世，河南领有开封、归德、河南、南阳、汝宁、陈州、彰德、卫辉、怀庆等九府，郑州、许州、汝州、陕州、光州直隶州和淅川直隶所，府属州五，县九十六个；民国初年，改道制，河南设有开封、河北、河洛、汝阳四道，五直隶州，百余县，民国中后期，政区屡有变动。至1948年，全省分为十二个行政督察区，其中郑州、开封等市属第一督察区，商丘市属第二督察区，安阳、鹤壁等市属第三督察区，新乡、焦作等市属第四督察区，许昌、平顶山等市属第五督察区，南阳市属第六督察区，周口市属第七督察区，驻马店市属第八督察区，信阳市属第九督察区，洛阳市属第十督察区，三门峡市属第十一督察区，兰考、杞县、睢县、通许、民权等县属第十二督察区。

中华人民共和国成立后，河南省政区经过逐

步调整，截至2005年，河南省共有郑州、开封、洛阳、平顶山、安阳、鹤壁、新乡、焦作、濮阳、许昌、漯河、三门峡、南阳、商丘、周口、驻马店、信阳、济源等18个省辖市，共有21个县级市和89个县，共110个县级行政区划。

现河南政区南北宽550公里，东西长580公里，全省国土总面积为16.7万平方公里。约占全国总面积的1.74%，位居第17位。

二、历史文化

河南自古居于天下之中，"是中华民族的主要摇篮地，中华文明的主要发祥地，中华文化的主要创生地。"④自远古以来，我们的祖先就生息繁衍在中原大地上。南召县云阳人遗址、安阳小南海人遗址、新郑裴李岗文化遗址、渑池仰韶文化遗址、郑州大河村遗址，以及河南龙山文化和二里头文化遗址密布各地，这些都是当今学界公认的著名历史文化遗址。随后，在中国第一个世袭王朝——夏朝至北宋的3000多年历史中，先后有20多个朝代在河南建都，长期处于全国政治、经济、军事、科技、文化的中心地位的时间长达2200多年。长期的积淀，中华文明大量的文化景观、文化遗存、历史文物、文化典籍以及艺术珍品留在中原大地上。河南地下文物居全国第一，地上文物居全国第二，馆藏文物140余万件，约占全国1/8。在全省文物系统收藏的各类文物藏品中，已经鉴定的珍贵文物约25万件。具体概括如下：

一是时间跨度大，从史前文明至有朝代起的夏、商、周到宋金中华民族发展的各个重要历史时期，都能在河南找到实物例证。二是品类齐全，各类文物古迹河南俱存。省内的古遗址、古墓葬、古城址、古建筑、石刻石窟、古文字、青铜器、陶瓷器、木漆器、玉器等各类文物应有尽有，而且都具有很高或较高的知名度。三是文物价值高，如裴李岗文化遗址、仰韶文化遗址、郑州大河村遗址，以及河南龙山文化和二里头文化遗址是我国考古断代的标尺。四是地域分布广，遍及全省各地且数量众

多。全省现已查明的各类有价值的不可移动文物达3万余处，其中世界文化遗产3处，全国重点文物保护单位189处198项，省级文物保护单位1237处，⑤市县级文物保护单位数千处。由于地理、历史、政治、经济、文化等诸因素，河南还有许多城市显赫于历史，知名于当今，全省拥有国家级史文化名城8座、3个中国历史文化名镇、1个中国历史文化名村，省级历史文化名城（镇）20座。在2004年国家最新公布的八大古都的西安、洛阳、北京、南京、开封、杭州、安阳、郑州中，河南独占四席（洛阳、开封、安阳和郑州），足以说明这块土地在历史长河中的辉煌。前任国家文物局长单霁翔先生曾这样称道："河南是文物大省，全国重点文物保护单位多，价值高，反映了中华文明发展的轨迹，折射出中国历史发展的脉络，是五千年中华文明的缩影。"⑥

古代的黄河中下游地区气候温和湿润，森林茂密，土层丰厚，非常适合人类生存。目前发现，早在50万年前的旧石器时代，河南就有人类活动，位于南召县云阳镇的南召猿人居住的原始洞穴至今尚存；前几年考古发现并轰动中国的距今8万～10万年间的许昌人，为"中国古人类连续进化学说"填补了距今5万～10万年这一期间的例证考古空白；安阳县小南海距今1万～2万年人类栖息的洞穴保存完好。七八千年前的裴李岗文化（在新郑市境内），五六千年前的仰韶文化（渑池县境内），4千年前的河南龙山文化，这些新石器时代的文化遗址，迄今已发现千处之多。三皇五帝的历史传说时期，河南也有多处遗迹，著名的有：三皇之首太昊伏羲氏建都宛丘、神农伏羲氏建都于陈。历史上宛丘与陈、陈州就是现在的淮阳。淮阳的太昊陵誉满神州，千百年来香火不绝；中华人文始祖轩辕黄帝故里新郑市，是黄帝出生、成长、建业、建都之地，每年三月三（农历）举办的世界华人拜祖大典规模大、规格高，轰动海内外；濮阳古称帝丘，据传五帝之一的颛顼曾以此为都，颛顼之后，帝喾继位，初都帝丘，故有帝都之誉。高阳氏颛顼和高辛氏帝喾的陵墓，位于濮阳辖区内黄县城南30公里的梁庄镇境

内，于2000年晋升为省级文物保护单位。以上这些充分说明，河南在原始社会晚期的文化已达到相当的高度。

社会经历数千年之演进，以河南为中心发展并形成的华夏族它的"中原文化"博大精深，源远流长，内容丰富。从表层看，它是一种地域文化，从深层看，它又不是一般的地域文化，而是中华民族传统文化的根源和主干，在中华文化发展史上占有突出地位。具体讲，它包含以下十八个方面的内容：

（一）史前文化

中原的史前文化，时间久远，内容丰富，领域广泛。8000年前新石器早期的裴李岗文化，目前在河南已发现140多处，著名的遗址有舞阳贾湖遗址、新郑唐户遗址、长葛石固遗址、新密莪沟遗址等。其经济形态以农业为主，已出现家畜饲养，并伴有采集及狩猎生产方式。此时期人们已开始建造半地穴式房屋，并有公共墓地。贾湖遗址出土房址53座，唐户遗址出土房址63座，已经形成较大的原始聚落。特别是贾湖遗址出土的世界上年代最早、保存最完整的骨笛，改写了世界音乐史；7000年前的仰韶文化，其遗址广泛分布在以豫西、晋南及关中地区为中心的黄河中下游地区。仰韶文化继承和极大发展了裴李岗文化的内涵。典型遗址有郑州大河村、邓州八里岗、淅川下王岗、灵宝西坡、安阳后冈、三门峡庙底沟、郑州西山、濮阳西水坡遗址等。出土了大量的彩陶和磨光石器，充分反映了新石器中期先民们的生产生活状况。仰韶文化是继裴李岗文化之后，在黄河流域兴起的一种十分强大的文化。它反映了中国原始氏族从繁荣到衰落时期的社会结构和文化成就，其分布之广、延续之久、内涵之丰富、影响之深远，在世界上也是首屈一指的；5000年前的龙山文化时期，大致与古文献中的尧、舜、禹时期相对应。河南的重要遗址有安阳后冈、陕县庙底沟、洛阳王湾、汝州煤山、永城王油坊等。龙山文化的显著特征：一是出现了较多的城址，如安阳后冈、登封王城岗、淮阳平粮台，这些

城址印证了古史记载中的"万邦时期"；二是龙山文化时开始使用铜器，如登封王城岗遗址发现了目前国内所知最早的青铜容器残片。铜器的发明和使用，极大地推动了古代社会生产力的发展；三是发明了水井开凿技术，为人们远离河流谷地向更广大地区发展提供了技术保障。距今4000年的二里头文化，在该遗址发现了中国最早的宫殿遗址，布局完整，功能合理，被学者们称为华夏第一"王都"。并且，相当多的学者认定二里头文化就是夏文化。河南史前文化是连续的、有规模的历史遗存。这些都充分表明河南在整个史前文明时期都处于领先地位，也足以说明中原大地是中华民族文明最早起步的地方。

（二）政治文化

历史上的中原大地长期是政治角逐、政权更迭、政体演变"你方唱罢我方登场"的大舞台。发生了难以数计的重大政治事件和政治活动，积累了大量的政治智慧和政治经验，形成了非常丰富的政治文化。黄帝是公认的先祖，开创了初始的政权制度，建立了国家治理的雏形。从尧、舜、禹的禅让制到夏、商、周的世袭制，完成了部落联盟向奴隶制国家的转变。之后，国家与国家之间的纷争、交往与联盟等政治行为，不断地推动政体的发展，开启了封建社会的先河，形成了比较完善的封建制度。从夏朝到宋代，两千多年间，河南一直是我国政治、经济和文化的中心，先后有200多位帝王建都或迁都于此，几度形成中国政治文明的巅峰与辉煌。中国自古"逐鹿中原"、"问鼎中原"、"得中原者得天下"，近代以来仍然如此。

（三）圣贤文化

作为中华文化主要发祥地的中原，自古涌现出了许多文化圣人，而且名气很大。比如，谋圣姜太公、道圣老子、墨圣墨子、商圣范蠡、医圣张仲景、科圣张衡、字圣许慎、诗圣杜甫、画圣吴道子、僧圣玄奘、律圣朱载堉等，他们不仅以其伟岸的人格为人们所敬仰，而且以自己丰富的知识和深邃的思维，创作了一大批经典著作，成为中华文化

发展史上的不朽丰碑。老子的《道德经》，以"道"解释宇宙万物的演变，阐述了大量朴素辩证法观点，对我国2000多年来思想文化的发展产生了深远的影响。墨子提出的"兼相爱、交相利"的观点，庄子提出的"天地与我并生，万物与我为一"，韩非子提出的以"法"为中心、"法、术、势"三者合一的统治思想，都受到了历代统治者的重视，也在普通民众中产生巨大影响。

（四）思想文化

中原思想文化是中华民族思想文化的核心，也是百家思想集大成者。孔子是儒学的开创者，虽然出生在山东，但祖上是宋国人，孔子讲学、游说的主要活动地域在中原。河洛程颢、程颐开创的宋代理学，又把儒学推向一个新的思想高峰，成为宋、元、明、清以来居统治地位的主流意识形态。道家思想的鼻祖老子，是河南鹿邑人，长期生活与活动在河南，《道德经》写于灵宝函谷关。法家主要代表人物商鞅（内黄人）、申不害（新郑人）、李斯（上蔡人）、韩非子（新郑人）等都是河南人，他们的治国理念与措施推动了社会的进步。总的来看，中原思想文化传达着刚健有为、自强不息、中庸尚和的生活哲学，不仅隐含着"日新"的变革和进取精神，而且也体现了友好共处、向往和平的精神境界。这些思想文化塑造了中华民族的基本文化形态和性格，丰富了中华民族精神宝库，并对世界文化产生了很大影响。西方许多杰出人物，如伏尔泰、狄德罗、托尔斯泰、布莱希特，都曾受到《道德经》的影响。

（五）农耕文化

上古时期的黄河中下游一带气候温暖湿润，土地肥沃，自然植被茂密。在当时生产力极其低下的条件下，中原地区最适宜于人类获取生活资料和发展生产，故而在这里最先发展起了原始农业。裴李岗文化有关遗存中出土了不少农业生产工具，为早期农耕文化的发达提供了实物证据，尤其是琢磨精制的石磨盘、棒，成为我国所发现的最早的粮食加工器具。三皇之首的伏羲教人们"作网"，开启了渔猎经济时代；神农氏炎帝教人们播种收获，开创了农业时代。大禹采用疏导的办法治水，推进了我国水利事业的发展，也促进了数学、测绘、交通等相关技术的进步。战国时期，由河南人郑国主持修建的"郑国渠"，极大地改善了关中地区的农业生产条件。由夏代"夏历"的产生到"二十四节气"的完善都直接指导着农业生产。随着民族的融合特别是中原人的南迁，先进的农业技术与理念传播到南方，促进了中国古代农业水平的提高。就当今而言，河南粮食产量仍是首屈一指。可以说，有史以来，中国农业的起源与发达、农业技术的发明与创造、农业制度的确立与发展，河南都处在领先地位。

（六）商业文化

商业文化就是能够体现商业价值观念、指导思想和与之相对应的规范化制度的总称。中国商人、商业和商业文化的起源在中原，是考古学界、史学界的共识。作为中国商业、商人、商文化的发源地，中原孕育了中国最为古老的商业文明。当华夏大多数区域还处于茹毛饮血的蛮荒期时，中原大地就已有了较高水平的农耕文明，崛起了一个个繁荣发达的商业都会，活跃着成批的商人群体，出现了重视商业活动的政治家。他们创造了交换物品和经商理论，制定了商业规则和商业法典，并以其商业品德和商业行为孕育出商业精神，成为中国商业文化的源头。商代的王亥是第一个用牛车拉着货物到远地去做生意的人，被奉为商业鼻祖；中国第一个儒商之祖子贡，乃孔子的高足，河南浚县人，官至鲁、卫两国之相，他不仅会做官，还善于经商致富；南阳人范蠡（lí）春秋末越国宰相，助越王勾践灭吴复国之后，悄然引退，把才能用于经商，被后人尊称为"商圣"；春秋郑国人弦高，在经商途中偶遇秦师入侵，以自己的十几头牛为代价智退秦军，他谋利不忘爱国，因此被尊为中国第一爱国商人。此外，中原还产生了中国商业的许多第一，如第一个由政府颁布的保护商人利益的法规《质誓》诞生于春秋时期的郑国，以"城门之征"为代表的最早的关税征收发生在春秋时期的商丘,第一个有战略思路的产业商人为东周时洛阳人白圭,第一个商业理论家是今商丘人计然,最早的商家诉讼条例发生在春秋时的郑国,第一个重商理论的倡导者为西汉洛阳人桑弘羊。世界上第一座真正意义的人口超百万的国际化大都市就是北宋时的汴京,当时人口达到150万,《清明上河图》就是这一盛况的真实写照;而欧洲最古老、最发达的城市之一伦敦当时只有5万人。巩义的康百万家族,更是写下了富过12代、历经明、清、民国400年而不败的商业神话。由此可见,中原商业文化在中华文化体系中占有重要的地位。

(七)科技文化

河南是中华文明的主要发源地,生活在这里的先民所创造出的灿烂的古代科技文明,不仅在中国科技文明中占有重要地位,而且在整个世界科技发展史中也占有重要一页。中原文化中的科技文明主要表现在与人的生存和生活直接相关的农业、冶金、天文、医药等诸多方面。这些发明创造的实用性、历史发展的传承性等特点突出。安阳殷墟出土的"后(司)母戊"大方鼎(图1-2-1),重达875公斤,是迄今为止发现的最大、最重的青铜器。其冶铸技术和工艺就连现代人也惊叹不已。三门峡虢国墓出土的西周晚期的铜柄铁剑,为目前我国最早

图1-2-1 安阳殷墟出土的国宝——后(司)母戊鼎

的人工冶铁实物,被誉为"华夏第一剑"。郑州古荥镇发现的汉代冶铁高炉,为世界上最早的椭圆形高炉。东汉南阳太守杜诗(卫辉人),创造水排鼓风技术,将空气送入冶铁炉,铸造农具,用力少而见功多。陶器、瓷器最早也出现在河南,裴李岗文化时期,陶器及其制作技术已领先于同期其他文化的同类器物。仰韶文化之彩陶制作技术成熟、器物精美,"唐三彩"驰名中外。钧瓷以"入窑一色,出窑万彩","钧瓷无对,窑变无双","千钧万变,意境无穷"之特色而价值连城。汝瓷古朴典雅,美学艺术价值经久不衰。被誉为"科圣"的东汉太史令张衡(南阳人),发明的"地动仪"比西方早1700年,他创立的"浑天说",比同时代的希腊天文学家托勒密"宇宙理论"先进得多。唐代河南南乐人僧一行,发明了世界上最早的自动计时器,比英国天文学家哈雷早1000年提出了"恒星自行"的观点,他与同行们进行的世界上首次子午线实测活动,成为古代天文学发展的里程碑。登封的观星台与元代改革历法有直接关系,由此产生《授时历》与现行西历相同,而又比后者早300年。

(八)汉字文化

汉字是传承和弘扬中华文化的重要载体,是中华民族的基本标志,也是中华文明的显著标志。连续4000多年的汉字文化史,可以说就是一部中原汉字史,汉字的产生及其每一个重要发展阶段几乎都发生在中原大地上。甲骨文之前8000～4000年间的契刻符号在裴李岗文化,仰韶文化、河南龙山文化、二里头文化遗址中都有发现[7];历史传说中黄帝时代的仓颉(濮阳南乐人)造字在河南;第一套完善的汉文字系统甲骨文(图1-2-2)出土在安阳殷墟;当今的"中国文字博物馆"建在安阳;帮助秦始皇"书同文"、制定规范并书写"小篆"的李斯是河南上蔡人,小篆的出现,是汉字发展史上的一大进步,成为我国汉字由古体变为今体的一个重要里程碑;编写世界第一部字典、归纳汉字生成规律、统一字义解析的文字学家许慎是河南漯河人,他在家乡完成《说文解字》这部汉文字学巨著;至

图1-2-2 殷墟甲骨文（模型）

今我们还在使用的规范性字体"宋体"字产生在河南开封，著名的活字印刷术也发生在这里。中原地区钟灵毓秀，书家辈出，如秦丞相李斯不仅是政治家，还被誉为小篆之祖；蔡邕（yōng）（开封陈留人），东汉著名文学家、书法家，擅长篆书，隶书尤为著称；钟繇（长葛人），三国曹魏大书法家，为正书之祖，与晋王羲之齐名，在我国书学史上有重要地位；褚遂良（禹州人），与欧阳询、虞世南、薛稷同为唐初著名的四大书法家；清初礼部尚书王铎（孟津人），清代大书法家，后人赞其为书法艺术"王侯笔力能扛鼎，五百年来无此君"。汉字的形、音、义一体，表现力强；汉字的结构规整，书写优雅；汉字的组词丰富，信息量大，言简意赅，是华夏文化的精髓。

（九）宗教文化

中原文化海纳百川，印度佛教最先传入河南，使河南创造了许多中国佛教史上的第一。洛阳白马寺是佛教传入中国后建立的第一座寺院，为中国"释源"；光山县净居寺是中国佛教"天台宗"的发源地；少林寺是中国化的佛教"禅宗"的祖庭；相国寺是推动佛教信仰大众化的"净土宗"祖庭，云门宗的大本营；风穴寺是流行最广的"临济宗"祖庭；登封永泰寺是中国历史上第一座尼僧寺院等。曹魏时的朱士行（禹州人）首登坛受戒，成为我国历史上汉家沙门第一人、以中国僧人的身份开讲佛经第一人；在中国佛教史和中外文化交流史上大名鼎鼎的玄奘法师，是偃师人，也是《西游记》中唐僧的原型，其影响力妇孺皆知；洛阳的龙门石窟是佛教三大艺术宝库之一，已被列入世界文化遗产名录。道教是中国的本土宗教，被奉为鼻祖的老子李耳是河南鹿邑人。登封中岳庙是历代皇帝祭祀中岳神的地方，是我国现存最早、规模最大的道教建筑群之一；济源的王屋山为道教十大洞天之首的"小有清虚之天"，是唐代著名道长司马承祯（河南温县人）修道的地方。同在登封嵩山脚下的嵩阳书院、少林寺和中岳庙，是儒、释、道三教和谐相处的典型代表。

（十）民俗文化

勤劳勇敢的中原人在长期的生产、生活中形成许多风尚和习俗，并代代相沿，积久而成丰富多彩、特色鲜明的中原民俗文化，集中体现在饮食、服饰、日常起居、生产活动、礼仪、信仰、节令、集会等多个方面。西周时期在中原形成的婚仪"六礼"，逐步演化为提亲、定礼、迎娶等固定婚俗，并延续至今。与生产、生活密切相关的岁时风俗，如祭灶、春节、守岁、拜年、正月十五闹花灯、二月二"龙抬头"、清明祭祖扫墓、端午节插艾叶、七月七观星、中秋团圆赏月、九九重阳登高等，大多习俗起源于中原，并通行全国。中原民俗还创造了民间的生活形态和艺术，如太昊陵庙会、洛阳花会、信阳茶叶节、马街书会、开封夜市等古代的民间节会至今不衰。中原民间庙会长盛不衰，主要代表是盛大隆重的太昊陵庙会、热闹非凡的中岳庙会和规模盛大的浚县古庙会。开封的盘鼓和汴绣、信阳皮影戏、朱仙镇木版年画、南阳玉雕、濮阳和周口的杂技等民间艺术享誉中外。中原因其"中天下而立"，民俗文化广泛影响了周边地区乃至华夏和世界华人族群。

从中原历史文化的主要内容可以看出，中原文化的确源远流长、博大精深、内涵丰富、光辉灿烂。概括起来，有以下五个主要特点：第一是根源性，就是说中原文化在整个中华文明体系中具有发端和母体的地位；第二是原创性，就是说中原文化对构建整个中华文明体系发挥了筚路蓝缕的开创作用；第三是包容性，就是说中原文化具有兼容众善、合而成体的特点；第四是开放性，就是说中原文化有着很强的辐射力和影响力；第五是基础性，就是说中原文化在中华文化系统中处于主体、主干的地位。正是中原文化的上述特性，决定了中原文化对于历史进程的推动，对于中华文明的形成，对于民族精神的传承，对于经济社会的发展，都发挥了独特而重要的作用⑧。

第三节　建筑发展与演变

河南位于黄河中下游，处于我国第二阶梯向第三阶梯的过渡地带，位置适中。地处北亚热带和暖温带过渡地区，气候温暖宜人，日照充足，降水丰沛，适宜于农、林、牧、渔各业发展。境内不仅有绵延高峻的山地，也有坦荡无垠的平原；既有波状起伏的丘陵，还有山丘环抱的盆地，具有多种多样的地貌类型。中原温和有利的气候环境、广袤肥沃的膏腴之地、便利通达的交通条件，加之黄河一往情深的无私哺育，使河南成为早期人类的理想栖息地、原始文化的发展中心和华夏文明最重要的发源地。在5000年绵延不断的文明进程中，河南长期作为王者之都，是中国政治、经济、文化的中心。同时，也为中国传统建筑的发展作出了贡献。

一、史前建筑

从南召县云阳镇发现的古人类臼齿化石，渑池、许昌、安阳等地出土的各种旧石器，证明距今

四五十万年前河南已有人类居住。原始人群穴居而野处，是利用天然洞穴作为居住处所，以避雨雪风寒、猛兽虫害。因工具是打制石器，尚不具备营造能力。进化到距今一万年前后，由打制的"旧石器"发展到磨制的"新石器"时代，人类增强了改造自然的能力，社会经济向生产性经济过渡。河南拥有众多新石器时期的文化遗存，文化遗址分期有裴李岗文化、仰韶文化和河南龙山文化。

（一）裴李岗文化时期

裴李岗文化是我国新石器时代的早期文化，也是中华民族文明的起步文化，其年代距今在8000年左右。20世纪70年代后期，在河南省新郑市西北8公里处的裴李岗村一带，陆续发掘出墓葬114座、陶窑1座、灰坑22个和几处残破的穴居房基，出土各种器物400余件。遗址西半部是氏族墓地，东半部是居住遗址……这是我国首次发现的新石器时代早期文化遗存，被命名为裴李岗文化。从裴李岗遗址出土的文物内涵分析，考古学家认为我国的农业革命最早在这里发生，裴李岗居民已进入锄耕农业阶段，处于以原始农业为主，发展了制陶手工业的母系氏族社会。继裴李岗遗址发掘后，考古工作者又在河南境内发现有新密莪沟北岗遗址、巩义铁生沟遗址、登封双庙沟遗址、朝阳沟遗址、中牟业王遗址和舞阳贾湖遗址、新郑唐户等150多处同类文化遗址。其中，房屋遗存最多的有舞阳贾湖遗址和新郑唐户遗址。

舞阳贾湖裴李岗文化遗址，存在年代为8600～7600年，属裴李岗文化遗址。自1983年以来进行了7次大规模考古发掘，发掘房基45座，各种遗物数千件。房基有圆形和椭圆形半地穴式，有单间和多间两种平面形态。单间每间面积2～6平方米。房间有门坎或隔墙，室内平整地面垫8～10厘米厚的黄灰土，质地较硬，门道置于东面，为斜坡阶梯式，室内西北部有灶。房基原有9个柱洞；多间房基又有2～4间相连三种，各间有门道相通。房基附近的灰坑为圆形、椭圆形和不规则形，有的周围还有柱洞。贾湖遗址中震惊于世的文物当数"中华第一骨笛"，现在还可演奏。⑨

新郑唐户裴李岗文化遗址发现于20世纪70年代后期，经初步调查，确定遗址面积140余万平方米。遗址文化堆积层丰富，包含有裴李岗文化、仰韶文化、龙山文化、二里头文化及商、周文化，是一处多时代的聚落遗址，也是中国目前发现的最大一处裴李岗文化时期的聚落遗址。该遗址经2006年和2007年两次发掘，在已揭露出的7000平方米裴李岗文化遗址上，发掘出房址63座、灰坑169个、环壕两条，其他如石器、陶器残片不计其数。这63座房址，均为半地穴式，平面有圆形、椭圆形、圆角长方形和不规则形。这些房址共分四组，每组都有一座较大的房子，围绕这座较大的房子周围建小房子，且周围小房子的门向朝向大房子，有明显的向心布局规律。⑩

裴李岗时期的先民即以群体形式进行农业、渔猎生产。磨盘和磨棒的出土说明当时的粮食加工技术已经达到一定水平。为了生产便利和生活安全，他们采用聚居形式，从而形成聚落。从这些遗址的发掘情况来看，此时聚落还比较小。但有的则比较大，如舞阳贾湖遗址、新郑唐户遗址。因有了比打制石器更锋利的石斧、石刀和骨器等生产工具，人们有了营构家园的能力，居住形式也由天然洞穴转向半穴居，脱离了穴居而野处的生活状态。裴李岗先民在建造房屋时，先在地上挖出圆形或方形的土坑，在土坑的周围竖起柱子，然后用树枝、干草搭成窝棚，最后用泥土糊抹表面。一半在地下，一半在地上，即所谓的"半穴居"方式。这些房子面积不大，有的还设有烧火的灶。这些半地穴式房屋在今天看来似乎太过简陋，但在当时却已是非常了不起的创造，比之较早时期穴居自然山洞、餐风饮露的生活条件已经提高了许多。

（二）仰韶文化时期

仰韶文化因1921年首次发现于河南省渑池县仰韶村而得名，仰韶文化的存在年代为距今7000～5000年。仰韶村文化遗址主要出土器物有石器、骨器、陶器、蚌器。用于农耕的石器有斧、铲、凿、锛等工具；用于狩猎的有石镞、弹丸、石饼等；用于纺织的有线坠、纺轮、骨针、骨锥等。当时人们的生活用具均为陶质，有鼎、罐、碗、盆、钵、杯、缸等。特别引人注目的是陶器上精美的装饰图案，纹饰有宽带纹、网纹、花瓣纹、鱼纹、弦纹和几何图形纹等。这些纹饰充分反映了古代劳动人民的聪明智慧和对生活美的追求，精美的彩陶是仰韶文化独具的特征。仰韶文化以农耕为主，此时期文化遗址现已发现5200多处。其分布范围以河南大部、秦之关中、晋南为中心，东起豫东，西至甘肃、青海，北到内蒙古河套长城一线，南抵江汉。仰韶文化在长达2000年的历史进程中，逐渐形成为中华民族原始文化的核心部分，它不断吸收周围诸文化的因素，同时又给周围文化以不同程度的影响，共同为中华民族文化机体的形成奠定了基础。

在仰韶文化遗址中有很多处建筑基址遗存，著名的有西安半坡、三门峡庙底沟、临潼姜寨、洛阳王湾、郑州大河村遗址等。这些遗址清晰地反映出黄河中下游一带建筑萌芽期的发展脉络。

自裴李岗文化以来，这一地区的聚落虽然都以农业生产为主，因存在各地自然条件与经济发展状况不同，使得建筑形式产生了较大的区别。适宜于穴居的局部地区，多采用横穴窑洞式建筑，这种形式一直保留到现在。而不便窑居的广大地区，则以竖穴向半穴居发展为主，河南偃师汤泉沟遗址的袋状竖穴（图1-3-1）和洛阳市孙旗屯遗址中发现的一处袋形半穴居（图1-3-2）房址，即为这种发展过程提供了证据，进而发展到地面建筑。⑪

半穴居向地面建筑的发展例证很多，河南著名的有三门峡庙底沟遗址、郑州大河村遗址和淅川县下王岗遗址。

1. 三门峡庙底沟遗址

三门峡庙底沟遗址中的房基发掘为0.7米深之较浅半穴居房屋，平面为周边略呈外凸弧线的方形，东西面阔7.2米，南北进深6米。室门置于南墙正中，朝向南偏西约27°，辟有长约3米之斜坡门道以供出入。建筑的西土壁保存较好，墙内共有柱

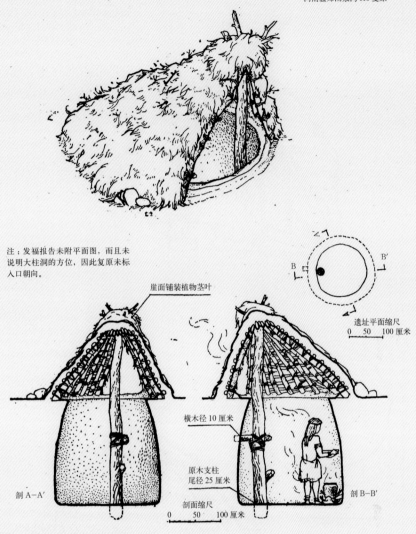

注：发福报告未附平面图，而且未
说明大柱洞的方位，因此复原未标
入口朝向。

崖面铺装植物茎叶

遗址平面缩尺
0 50 100 厘米

横木径 10 厘米

原木支柱
尾径 25 厘米

剖 A-A′

剖 B-B′

剖面缩尺
0 50 100 厘米

图1-3-1 偃师汤泉沟袋形穴居遗址复原图
（引自杨鸿勋.建筑考古学论文集：20）

洞6个。南壁大部及北壁一半尚存，各有柱洞8个及
5个。唯东墙壁已完全破坏，但估计情况与西壁相
仿。室内近门处有直径约1.1米、深0.8米的灶坑一
处，其后对称排列中心内柱4根，是为建筑主要结
构木柱所在。柱下有埋入地下的扁砾石柱础，此为
目前中国古代建筑已知最早的柱础。据复原推测
（图1-3-3），四中柱上墙架"井"字形梁，并与埋
入四壁内之小柱共同承担屋面负荷。墙内各柱间编
以植物枝条，在内外皮抹泥。屋面亦如此做法。屋
顶可能是四坡式，为空气流通及排除火烟，可能在
一侧开一孔口。地面做法是先在生黄土面上垫红烧
土块10~25厘米，再施10厘米厚草泥垫层，最上抹
草泥厚2厘米。[12]

2. 郑州大河村遗址

位于郑州市东北郊的大河村遗址，是一处包含
有仰韶文化、龙山文化和夏、商文化的大型古代
聚落遗址，距今6800~3500年之间，面积40万平方
米。遗址中部是仰韶先民的居住区，房基相叠、窖
穴密集。两处仰韶文化晚期的氏族公共墓地，分别
位于遗址的东北部和西部。龙山文化遗存主要分布
在遗址的四周边沿地带，夏、商时期的遗存主要集
中在遗址的西南部。其中仰韶文化遗存最为丰富，
文化层最厚处达12.5米。1972~1987年先后发掘21
次，出土房基47座、窖穴297座、墓葬354座，出土
各类珍贵文物3500多件。遗址中还出土了大量精美
的彩陶，色彩绚丽、图案丰富，在仰韶文化中独树

注：遗址底部堆积红烧土残块，上层为木炭及植物灰烬。两层各厚30厘米左右，可知此屋内部涂有防火泥层，壁面铺装植物茎叶。

北

穴底

遗址平面

0　　50　　100厘米

注：《洛阳涧西孙旗屯古遗址》文称此小型穴坑深90厘米左右，所附剖面图最深处70余厘米，复原以文字所记为准；剖A—A'的虚线为该女附图的地平线。

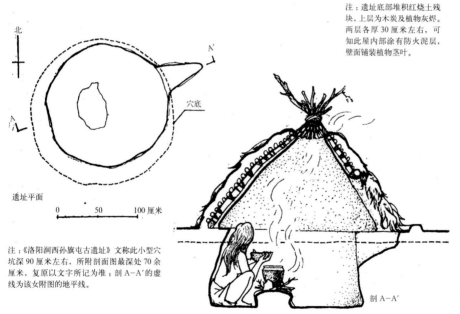

剖A—A'

图1-3-2　洛阳孙旗屯袋形半穴居遗址复原图（引自杨鸿勋. 建筑考古学论文集：21）

一帜。彩陶双连壶造型独特，被誉为中国史前最美丽的彩陶。彩陶中的太阳纹、日晕纹、星座纹等天象图案，是目前我国已知最早的天文学实物资料。

发掘表明，先民们曾经在此延续居住长达3300多年，经历了原始社会母系氏族的繁荣阶段，父系氏族阶段直到奴隶社会的夏、商时期。大河村遗址是郑州地区远古文化发展的历史缩影。

大河村的居住房屋基本上已变为地面建筑。从大河村原始村落的布局看，40多座房屋集中建在遗址的中心地带，形成居住区，房屋周围设有堆放杂物和粮食的窖穴。遗址中部偏东有一处饲养牲畜的圈栏，两处公共墓地位于村北部的边缘地带，布置规则有序。遗址中出土的"木骨整塑陶房"F1-4，是目前我国出土同时期房屋中保存最好的一处（图1-3-4）。据测定该房屋距今5040±100年。该房屋并联4间，共墙而建，各有房门，复原设想为房屋山尖部留有窗户（图1-3-5）。墙体为木骨泥墙，柱径8~12厘米，柱间净距8~22厘米，排柱之间充以细木

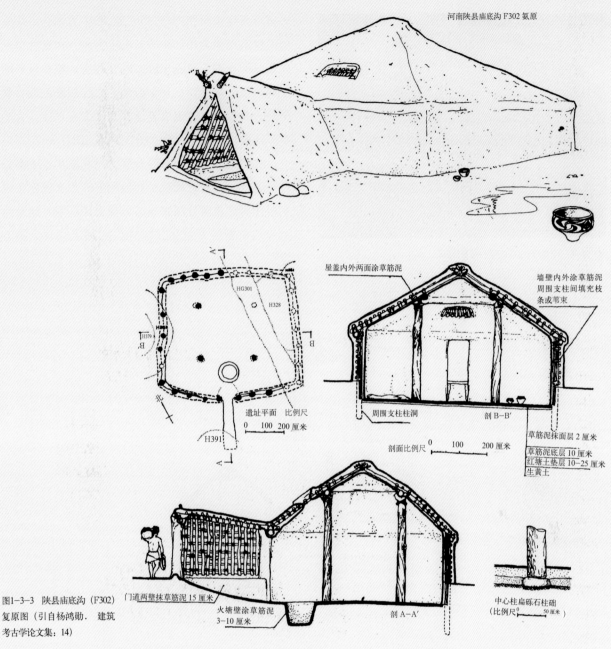

河南陕县庙底沟 F302 氮原

屋盖内外两面涂草筋泥

墙壁内外涂草筋泥
周围支柱间填充枝
条或苇束

HG301

H328

遗址平面 比例尺
0 100 200 厘米

周围支柱柱洞

剖 B-B'

剖面比例尺 0 100 200 厘米

草筋泥抹面层 2 厘米
草筋泥底层 10 厘米
红塘土垫层 10~25 厘米
生黄土

图1-3-3 陕县庙底沟 (F302)
复原图（引自杨鸿勋. 建筑
考古学论文集: 14)

门道两壁抹草筋泥 15 厘米

火塘壁涂草筋泥
3-10 厘米

剖 A-A'

中心柱扁砾石柱础
（比例尺）__50厘米

棍和苇束，排柱内外两侧用横木棍或苇束扎结，外涂草泥，并以细砂泥抹面，且有经过烧烤的硬表层，以提高耐雨水冲刷的能力。它是一组两面坡式的排房建筑，它的出现，奠定了中国北方传统居民建筑的基本形制。这种地面上的房屋，克服了以往"半地穴"式房屋低矮、潮湿的缺陷，是人类居住条件的重大变革，奠定了我国传统建筑的基本形式。[13]

从多座连为一体的房屋平面布局看，可认为房舍是以家族为单元。房屋又大小不等，反映出那时

已存在一定的等级差别。

3. 淅川县下王岗遗址中的长排房屋[14]

淅川县下王岗遗址属仰韶文化晚期遗存，发掘出房基43座。长排房屋位于聚落遗址的中部，坐北朝南。房屋长155米，通进深在13~17米之间，分为若干个单元，各单元均有火塘。这是由多个个体家庭居住的房屋，个体家庭的形成标志着新的社会形态的形成，单元分为一前厅一居室和一前厅二居室两种，前厅内有的隔有小间。居室大小不同，二

图1-3-4　郑州大河村遗址F1-4房基实况

居室单元建筑面积为15.35～38.85平方米，一居室单元建筑面积为13.58～22.02平方米。在这栋单元式长屋的东端，紧隔一段窄巷，还有一座曲尺形的三间小屋，每间18～19平方米左右。居室地面平整坚硬，有的印有竹编痕迹，部分居室有火塘，大小不一，数目1～6个不等（图1-3-6、图1-3-7）。

郑州大河村遗址中的分室房屋和淅川下王岗长排屋遗址的出现，反映了社会形态的重大变化，说明居住者既需要分隔寝居又需要密切联系。建筑为适应这种新型家庭居住需求，实行了空间分隔方

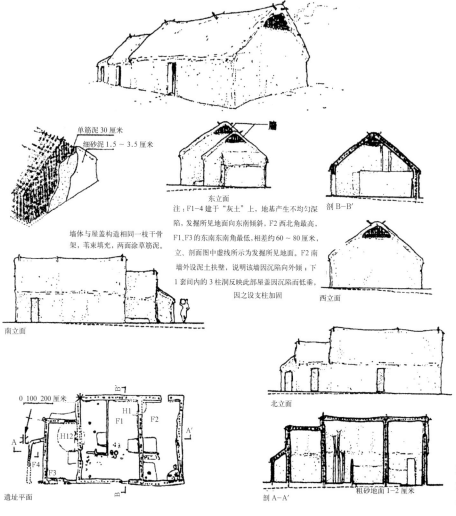

图1-3-5　郑州大河村遗址中F1-4复原图（引自杨鸿勋. 建筑考古学论文集：18）

图1-3-6 淅川下王岗遗址中长排房屋复原模型（摄于河南省博物院展品）

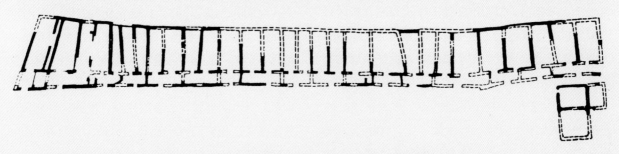

图1-3-7 淅川下王岗遗址中长排房屋平面图（引自刘致平著．王启明增补．中国居住建筑简史：124）

式。这在建筑史上标志着由单一空间向多空间组合发展的新阶段。

4. 郑州西山古城遗址

郑州西山古城遗址在郑州市惠济区古荥镇西山村，位于郑州市区西北23公里处。该遗址发现于1985年，总面积3.4万平方米。1993~1996年经多次发掘，揭露面积将近6500平方米，发掘出房基170余座，面积多数在30平方米，最大的一座达100平方米左右。窖穴、灰坑1800余座、灰沟20多条、墓葬200余座、瓮棺葬170多座，出土大批陶、石、骨、蚌器等人工制品，以及兽骨、种籽等动植物遗骸。其中最重要的发现，首推仰韶文化晚期夯土建筑城垣，即西山古城。发现了尚存的北半部圆弧形走向城垣，总长约300米，北墙东端有一城门，南半部城墙被河水冲毁，全形估计略近于圆形。墙宽约5~6米，存高约3米。外侧有沟壕，有一段宽5~7.5米、深4米左右，与城墙一起构成城、壕的双层防御体系。从东、西城墙间约200米的最长距离估算，原城内总面积约3万平方米。城垣构筑采取方块版筑夯土法，为后世城垣、高台建筑等土木工程奠定了技术基础。

西山城址属仰韶文化晚期遗迹，始建和使用的年代约在公元前5300~4800年。西山古城遗址是迄今中原地区已发现的最早的古城址，1996年12月国务院公布西山古城址为全国文物保护单位。它的建设开启了后代大规模城垣建筑规制的先河，其建筑方法、形制结构无疑对后代城市建设产生了深远的影响。西山城址的发现不仅对于探讨中国早期城市的起源，而且对于研究华夏早期文明的起源和形成及中原地区在其中所起的历史作用都具有非常重要的意义。

（三）龙山文化时期

1. 河南龙山文化时期建筑概述

距今约5000年，黄河中下游地区继仰韶文化晚期进而逐步转入龙山文化时期，即新石器时代晚期。此时期的农业、养殖业进一步发展。生产工具虽然仍旧是磨制的石器，但制作更为精细，品类更多，功能增强，生产力水平明显提高。陶器制作技术也有很大进步，品种数量明显增多，质量显著提高，手工业与农业开始分离。此时的社会形态也逐

步转向父系氏族公社形态，产生了家庭私有制。

河南境内有大量龙山文化遗存，据许顺湛先生在《河南龙山聚落群研究》一文中统计，河南已发掘出1340处龙山文化聚落遗址[15]。刘敦桢先生曾说："这时氏族聚落在原有基础上继续发展，分布更为广泛，更加密集，例如河南北部沿洹水长七公里的一段地区内，就发现十九处聚落遗址。"[16]近几年安阳洹河边又新发现了柴库村大型河南龙山文化遗址，除房基、窖穴、石器、陶器外，还发掘出夯土花土沟。三年前，洛阳市文物工作队为配合新区科技园建设，在某建设工地发现一处龙山文化晚期的大型聚落遗址。通过为期半年的考古钻探和局部发掘，发现一处具有防御功能的环形壕沟，东西长约300米、南北长约200米，由此推断，该聚落遗址的总面积达6万多平方米，环壕最宽处达10余米，最窄处也有5米多。另还发现有15座房基、部分灰坑和一些陶器、石器、骨器等生产、生活用品。根据房屋的分布状况推断，这一聚落遗址曾经是一处房屋密集度较高、居住人口较多的居住区。

2．永城王油坊遗址

著名的永城王油坊遗址，1977年发掘，清理出房基11座、灰坑25个、墓葬14座。房基属河南龙山文化晚期。房基分为两层：上层7座，平面有2座方形、5座圆形，有夯土墙和土坯墙；下层4座，平面有3座方形、1座圆形，室内均为白灰地面。灰坑有23个，属河南龙山文化晚期。出土的生产工具有石器、骨器、蚌器、陶器等，生活用具多为陶器。考古学界将豫东、鲁西南及皖西北地区的同类文化遗存称之为"河南龙山文化王油坊类型"。

3．汤阴白营遗址

安阳汤阴县白营遗址是一处堆积十分丰富的河南龙山文化遗址。遗址总面积33600平方米。经1976～1978年期间三次发掘，共发掘面积1830平方米，实际发掘面积仅占遗址总面积的5.5%。就在这很小的开挖面积内，却有大量的收获。发掘证实，该遗址河南龙山文化层堆积厚达5米多，分早期、中期和晚期遗存。出土有大量各类石器、骨器和陶器等，

尤其是出土的63座房址和一口水井对我们建筑学者来说更为珍贵。这63座房址分属早期9座、中期8座、晚期46座，水井则属于遗址中的早期文化遗存。

白营遗址早期的9座房基平面为圆形（7座）或椭圆形（2座）的地穴、半地穴式建筑。中期文化层中发现房基8座，平面有圆形6座、椭圆形2座。房屋直径最小的2.01米，最大者6米，多数在3～5米。房基居住面上涂白灰或草拌泥面，也有黄土面和硬土面的，还有烧结的地面。如早期的9座房基中，地面为白灰面的3座，硬土面的2座，黄土面、草拌泥面各1座；椭圆形房基居住面白灰面和草拌泥面各1座。建造方法是在生土面上向下挖1米多深，生土周壁成为房屋墙壁的下半部分。由于在半地穴之上口洞周发现较多的柱洞，推测这种房屋属木骨泥墙半地穴圆锥形建筑。另外，在早期的F55房基底部还发现有柱础石。

白营遗址晚期期房基共揭露出46座，房基的布局基本上是东西向成排、南北向成行。房门大部分向南，少数有西南、东南和向东北的。这些房基仅是整个村落遗址中的一部分，房基的形状绝大多数为圆形，直径最大的5.3米，最小的2.2米，多数在3～4.5米之间。这些房址中只有一座是长方形，长5米、宽2.8米。有的房址还设有断面为半圆形的长条门坎，如F10的门坎长60厘米、宽30厘米、高10厘米。上述晚期的房屋遗址均为地面建筑，脱离了半穴居的状态，随之建房的程序也有新的变化。推测当时的建房程序是，先在地面上垫土，有的经打夯夯实房屋基面，然后筑墙。筑墙的方法有三：一是在房基周围立起密集的木柱作骨干，再经荆条编织成网，最后在骨架内外抹草拌泥；二是用土坯直接垒墙；三是用草拌泥垛墙。墙体完成后搭建锥形屋顶。室内地面用料基本统一，46座房基有33座为白灰地面、12座为烧结土地面、一座是其他地面。白灰面层厚度一般在0.2～0.7厘米，质脆坚硬，打磨的光滑平整，这种做法是晚期房屋的突出亮点。[17]

4．白营遗址早期遗存的水井

白营遗址有许多重要发现，如夯筑地面、土坯

垒墙、普遍使用白灰，房基内及周围埋葬小儿、埋羊、大蚌壳，出现卜骨等。其中保存完整的木结构水井的出土，意味着新石器时代晚期的先民，在建设自己家园时，不再依赖自然的江、河、湖、泉水源供应，对于聚落基址向更广大地区的选择、拓展人类生存空间具有划时代的进步意义。人们可以深入平原开发土地，建立新定居点，这对人类社会的发展具有不可估量的作用。

这一口水井呈正方圆角形（图1-3-8）。井口分上下两层，垂直间距0.55米，东侧设两级台阶。上层大井口南北长5.8米，东西宽5.6米；下层小井口长3.8米，宽3.6米。井体呈倒锥形，即口大底小，井深11米。井壁用直径8～12厘米的带皮自然圆木，组成井字形木架，木架每层15～18厘米，共叠至46层，自下而上层层叠压而成。井字形木架的十字节点处由榫卯结合，木棍之节点外长13～17厘米。节点外至生土壁间有40厘米的空隙，回填黄生土。井深之8.8米及以下为1.7米厚的胶泥壁，壁体质地坚硬，表面光滑。最下一层木架就座于胶泥壁上。井底尺寸南北长1.2米，东西宽1.1米。井底遗留有陶片，可辨识器形的有双耳罐、鼎、盆、碗、瓮等器物。这口水井是中原地区发现最早且年代最久、结构最复杂的水井，为我们了解木结构水井的起源，了解当时人民生活及生产状况提供了实物资料。[18]

关于史前水井，我国考古已发现若干口。有年代更久的河姆渡水井，有中原龙山文化时期的邯郸涧沟遗址的水井、襄汾陶寺遗址的水井、洛阳矬李遗址中的水井、临汝煤山遗址中的两口水井等。这些龙山文化时期的水井几乎都是圆形和椭圆形水井，有的井内有井字形木架，有的无木架。截面方形内有井字形木架者，仅白营水井一口，且保存完整。应该说，这口井是古代最有代表性的"井"：首先，河南安阳是甲骨形象文字的故乡，而汤阴白营就在今安阳市南20公里处，甲骨文的"井"字，不就是白营这口井的具体形象吗？其二，无论是"黄帝穿井"还是"伯益凿井"，都是向地下开挖，深至"泉涌"，并经支护的口面较小的土方工程，这

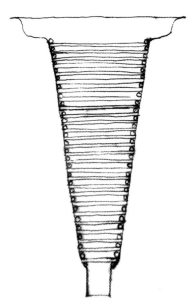

图1-3-8　汤阴白营遗址早期文化遗存的水井（安阳地区文物管理委员会. 汤阴白营河南龙山文化村落遗址发掘报告：33）

才是"穿"和"凿"两动词真正含义的"井"。时代不同当然技术手段也不同，在特定时期、特定的技术条件下，打深井的难度和风险都很大。而中原地区早在4000年前就能挖出10米以上的深井，技术领先自不待言。其三，凡为土井，要有一定的容量。因井的口面小，要有一定容量，必须有一定深度才能容纳足量的水，供几户、十几户乃至几十户人家的生活和畜禽饲养用水。白营的这口井深达11米，容量足够大。至于1.35米深的小坑，也称为"井"，未免过于牵强。

水井自发明以来，就成为中华民族繁衍生息的重要水源。滋养生命的井、灌溉五谷的井、市井的

繁华、军事的陷阱……在悠悠岁月中，井已远远超越自身的功能，井水滋润着中华文化，流淌出永汲不竭的井文化，酿造出诸如"井井有条"、"秩序井然"、"背井离乡"、"穿井得人"、"担雪塞井"、"井底之蛙"、"坐井观天"、"井水不犯河水"、"临渴掘井"……等玉液琼浆，大大提高了汉语言文学的表现力。

5. 河南龙山文化古城址

继仰韶文化晚期的郑州西山古城之后，河南龙山文化时期建立的古城数量大增。经考古工作者的辛勤努力，迄今为止，已先后发现了登封王城岗、新密古城寨、新密新砦、禹州瓦店、安阳后岗、平顶山蒲城店、郾城郝家台、淮阳平粮台、辉县孟庄、濮阳戚城、温县徐堡、博爱西金城等12余座古城遗址（图1-3-9）。而这11座古城址中的6座（登封王城岗、新密古城寨、新密新砦、禹州瓦店、温县徐堡、博爱西金城）集中在河洛地区[19]。这些城址有大有小，大的如新密新砦古城遗址，城址面积达70多万平方米，禹州瓦店城址面积45万平方米为

史前城址

现已考古发现的河南史前城址分布图

图1-3-9 河南史前城址分布图

第二，王城岗城址33万平方米位居第三；小的如郾城郝家台，城址面积3.3万平方米。这些城址年代有早有晚，最早的郝家台城址约为公元前2656年前后，平粮台城址居第二，约为公元前2389年前后。其余的古城址大体都在距今4000年以上。这些城池都具有史前邦国的都城性质，在历史中起到过重大作用。尤其是靠近嵩山的登封王城岗、新密古城寨、新密新砦、禹州瓦店等4座古城，因其地望与史料记载的夏初几座都城相符或相近（王城岗——夏"禹都阳城"、禹州瓦店——夏"启都阳翟"，古城寨、新砦城址两城也具备夏纪年之内的都城性质），成为我国"夏商周断代工程"的"夏代纪年"重点研究项目和测年标本主要采集地，在国家"中华文明探源工程"中突显了特殊地位，并起到中原区域以外古城址无可替代的重要作用。这些城址无论大小、无论先后，都有坚固高大的城墙和城壕，共同组成完整的防御体系。下文以新密古城寨、博爱西金城和平粮台三城址为例作一简介。

（1）新密古城寨古城址[20]

新密古城寨遗址位于新密市曲梁乡大樊庄村溱水东岸的河旁台地上，现存南、北、东三面城墙和南北相对两座城门缺口，西城墙被溱水冲毁。东城墙保存相对完整，无断缺。城址规模宏大，面积达17万多平方米。城墙构筑工程浩大，气势宏伟。北城墙地下基础长500米，宽42.6～53.4米；地上墙底宽12～22米，长460米，高7～12米。南城墙与北墙长度相同。东墙地下基础长353米，宽85.4～102米；地上墙底宽36～40米，长345米，高13.8～15米。西墙复原长度370米。平面接近长方形（图1-3-10）。城墙构造做法分墙基和墙体两部分：墙基做法基本是素土、黑黏土、石块土分层夯筑而成；墙体基本是以素土分层版筑而成，由图1-3-10中可见，夯土层清晰可辨。从发掘情况看，墙基多以石夯夯打为主，墙体多见圆体圜底的夯痕，夯窝多以4个、5个或7个为一组，说明夯具是细木棍捆扎集束而成。城墙外之壕沟宽34～90米不等，与城墙构成

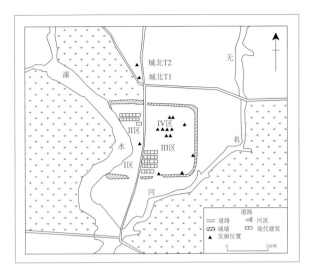

图1-3-10　新密古城寨遗址示意图

完整的防御体系。城内还发掘出一座大型房基和大型廊庑式建筑，且与城墙的方向一致，为南北长方形，长28.4米、宽13米，面阔七间，南、北、东三面有回廊。古城寨城址的发掘表明，夯筑技术和土木建筑技术高超，也体现了使用者具有至高无上的地位和尊严。因该遗址与华夏朝诞生的渊源紧密，于2001年被国务院公布为第五批全国重点文物保护单位。

（2）博爱西金城古城址

该遗址发现于20世纪50年代，因南水北调工程，于2006～2008年分四次对该遗址进行发掘，获取了该遗址龙山时期堆积和龙山文化城址的基本信息。城址位于整个遗址的中东部，绝大部分压在现西金城村之下。城墙位于地表1.15米以下，残高2～3米。城址的平面形状大致呈圆角长方形，只有西南角略向内斜收。城内面积2518万平方米，含城墙面积达3018万平方米。北墙长560米、西墙长520米（含斜收部分）、南墙长400米、东墙长440米，周长近2公里。北、西墙厚约25米、东墙宽10米，南墙厚度介于二者之间。城墙为生土和细沙土、淤土拍筑而成，局部为堆筑或夯筑。西、南墙中部有中断迹象，可能为城门所在。北、东、南三面城墙外侧发现有小河或排水沟环绕形成的防御壕沟。考古人员在西、东墙外分别发现大面积沼泽堆积和缓土岗，土岗高处有小片龙山时期的居住堆积，在居

住堆积的灰坑中浮选出小麦、粟、黍、水稻和大豆等粮食作物的炭化遗存。尤其是小麦遗存的面世，目前在河南境内的龙山文化遗址中还是首次发现，对研究小麦在我国的出现和传播路线，以及中原地区文明起源阶段的人地关系演变，具有重要价值[21]。

（3）淮阳平粮台古城址

淮阳历史悠久，是史料记载之三皇五帝时代的宛丘、春秋时代的陈国及后来的陈州。平粮台即是太昊之墟、神农之都的古宛丘都城。宛丘古城占地面积100余亩，在高5米的台地上，俗称"平粮台"。古城遗址发现于1979年，先后进行多次发掘，初步揭示了城址的面貌。平粮台古城遗址城垣非常规整，为每边长185米的正方形，城内面积3.4万平方米，墙残高3.5米，外侧有较宽的护城河。西南城角保存最为完整，外角略呈弧形，内角较直。城墙顶部宽8～10米，下部宽约13米，残高3米多。城墙采用版筑和堆筑法建成，即先用小版夯筑厚0.8～0.85米的土墙，然后在其外侧逐层呈斜坡状堆土、夯实，加高到超过墙的高度后，再堆筑出城墙的上部。夯层厚0.15～0.2米。夯窝清晰，有单个，也有4个一组的圜底圆夯和椭圆形夯具。北城门和南城门已经发掘。北城门缺口宽2.25米，位于北城墙正中稍偏西处。南城门位于南城墙正中，门道宽1.7米，两侧有门卫房的遗存。门道下铺陶排水管道。城址内已发掘出10多座房基，多为长方形排房，有3间一组和4间一组的。房基无论是平地起建的，或是夯土高台建筑，普遍使用土坯砌墙。

上述河南龙山文化时期城址，数量甚多，揭开了中国城市发展的序幕。在筑城技术、平面形状与结构类型以及内涵特征等方面，为夏商周以来城邑或城市走向成熟发展阶段奠定了基础。

纵观河南龙山文化时期的建筑有较大进步，这主要表现在以下四个方面：

首先是夯筑技术的提高和普遍应用。继郑州西山古城址发现仰韶文化晚期在中原就已经发明夯土技术后，在河南龙山文化时期的房基也有此项技术的应用。这些房基、城墙墙基、城墙、护坡等为分层夯筑，土质坚硬，层次分明，每层上面夯窝明显。在已发现的分布在河南全境的10余座古城址中，几乎全用夯土与版筑技术，由此可见，当时的夯土技术在中原区域内已到全面推广应用阶段。刘敦桢先生曾经说："有了这种夯土技术，就可以利用黄河流域经济而便利的黄土做房屋的台基和墙身，……夯土的出现是中国古代建筑技术的一件大事。"[22]

其次是土坯墙的发明与应用。现知河南永城王油坊、汤阴白营、安阳后岗和淮阳平粮台等地都发现了用土坯砌墙的房子。平粮台的房屋是做在城内的，有台基，每栋房分为若干小间，有的室内甚至设有走廊，比一般村落中的房屋要讲究得多。这些房屋的土坯也比较规整，砌成墙体后在墙面抹草泥。用这种土坯砌成的房子，从外形看已与现代的土坯房没有多大区别。这些遗址有的在豫北，有的在豫东。我们也可以这样认为，此时中原地区土坯已达到推广应用的阶段。土坯对于中国传统建筑的作用不可小视，明清以前，砖在建筑上的应用并不多，墙体主要靠土坯砌筑。明清以来，砖在民间才得到普遍应用，但在中国的广大地区，普通民房仍以土坯墙为主。这一技术解决了难以计数的黎民百姓的住房问题。富裕人家的房屋外墙改为里生外熟墙，内皮和内墙仍是以土坯为主。土坯的发明对中国传统建筑的贡献是非常大的。

三是石灰的广泛应用。继仰韶文化晚期洛阳王湾遗址首次发现石灰的应用后，此时的建筑室内地面与墙面上，用石灰涂抹的做法进一步推广应用。这种做法使得室内卫生美观，还具有一定的防潮作用，并增加了室内亮度，提高了先民的居住质量。发掘表明，安阳后岗曾发现白灰渣坑，为过滤石灰后残渣的堆积坑，更发现过未烧透的石灰石堆积，有些地方还有烧石灰的窑。由此看来，当时已经知道开采石灰石矿以烧制石灰。石灰的生产与应用一直延续到当今，对人类的贡献多么大呀！

四是聚落数量增多、聚落形态发生根本变化。如大型中心聚落及以其为中心形成的大遗址群，直至面积更大、更多的城池。这不仅仅是技术能力的问题，这是与生产力提高、经济与人口增长和社会劳动力组织方式紧密关联的。有了节余积累，私有观念随之产生，氏族聚落之间为利益争斗，"邦国"的产生，是互有攻防的直接产物。

二、奴隶社会时期的建筑

原始社会后期私有制产生，氏族内部人员之间的社会地位差异很大。氏族部落内部的经济发展和部落之间的战争掠夺使奴隶数量逐渐增多，促进了阶级分化与奴隶制社会的形成，产生了国家。按历史划分，夏、商、西周及春秋属奴隶社会。这一时期统治者在生产、生活等各个领域里大量使用奴隶，阶级分化更为明显。随着科学技术进步，生产工具所用材料逐步由金属取代石、骨等材料，提高了社会生产力。文字的产生更加快了信息传递速度，促进了社会发展的步伐。尤其是晚期的社会思想领域活跃，出现了百家争鸣的繁荣景象。传统建筑也有了新的进步。

（一）夏代

按新历史年表（以下同）夏代始于公元前2070年，止于公元前1600年，经历将近5个世纪。有史料记载的7座夏都：阳城（登封）、阳翟（禹州）、帝丘（濮阳）、斟鄩（偃师）、原（济源）、老丘（开封陈留）、西河（安阳）等都在河南。夏代以河洛为中心，疆域向周边发展。经多年来的考古发掘，揭示出了超大型都邑——二里头遗址（图1-3-11）。地处中原腹地洛阳盆地的二里头遗址，其现存面积约300万平方米，实际面积还要大于此。经半个世纪的田野工作，在这里发现了中国最早的城市主干道网、最早的宫城、最早的中轴线布局的宫殿建筑群、最早的封闭式官营手工业作坊区、最早的青铜礼乐器群和兵器群以及青铜器铸造作坊、最早的绿松石器作坊、最早的使用双轮车的证据等。这样的规模和内涵在当时是独一无二的，可以说，这里是中国乃至东亚地区最早的具有明确城市规划的大型都邑。二里头文化[23]与二里头都邑的出现，表明当时的社会由若干相互竞争的政治实体并存的局面，进入了广域的王权国家阶段。

已发掘的偃师二里头文化遗址，面积大，文化层次厚，分1～4期。整个二里头文化期约为公元前1900～前1600年，"夏商周断代工程"[24]专家认定二里头文化1～4期都是夏代主体文化，属于夏代历史的范围。所发掘出的30多处建筑遗址，其中有一号宫殿和二号宫殿遗址，均为3期文化遗存。二里头也认定是夏代都城之一的斟鄩。

二里头一号宫殿遗址是一处高出地面、略近方形的夯土台基，东西长108米，南北宽100米。是由殿堂、廊庑、大门等单体建筑组合而成的坐北面南的大型庭院。主体建筑居中偏北，廊庑环列四周。殿堂台基东西长36米，南北宽25米，残存高度约0.80米。其上残留柱洞排列整齐有序，南北两边各9个，东西两边各4个，以完整的卵石为柱础。每个柱穴的外侧附衬两个小柱穴，是支撑挑檐的柱穴。主殿平面长30.4米，宽11.4米。[25]根据柱洞分布情况推测，可能是庑殿顶重檐式建筑（图1-3-12、图1-3-13）。这座宫殿建筑群工程浩大，主次分明，开创了中国传统宫殿建筑之先河，是已知中国最早的帝王宫殿建筑遗址。

二号宫殿遗址位于一号东北方向，两者相距约150米，建筑形制和面积稍小于一号宫殿。庭院台基南北长72.8米，东西宽58米。庭院正中偏北为主体殿堂，东西长32米，南北宽12米，为一座面阔三间的殿堂建筑。庭院地下置陶质排水管道设施。

当时无砖瓦，还处于"茅茨土阶"的阶段，但已形成排列整齐的承重木柱柱列，"为后来木构架体系的形成和发展，迈出了奠基性的最初步伐。"[26]

二里头从20世纪50年代起至今不断发掘，每次发掘都有新的发现。先在二里头宫殿区外围探明了3条垂直相交的大道，确认由其围起的宫殿区面积达12万平方米左右。最近在遗址的2号宫殿下面，又发掘出一座时代更早、规模更大、结构更为复杂的大型建筑基址，将迄今为止可确认的我国最早的宫殿建筑群的年代提早约百年左右。还发现了宫城城墙的线索，在探索二里头遗址都城总体布局上将

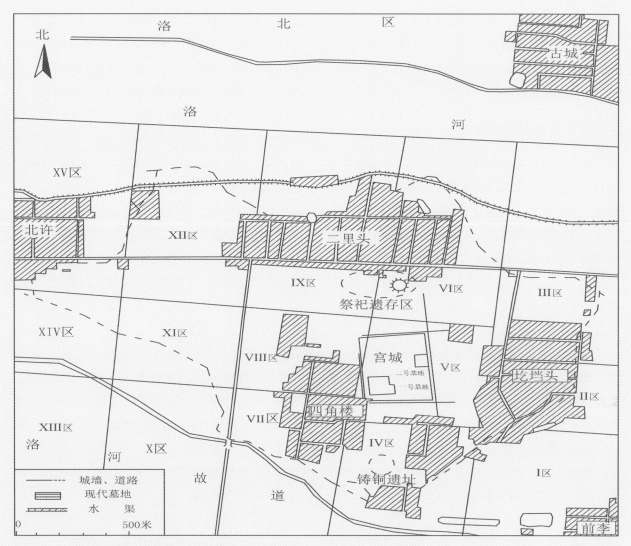

图1-3-11　二里头遗址平面图（河南省文物局·河南文化遗产[M]）. 北京：文物出版社，2007：217.）

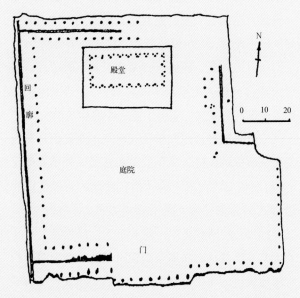

图1-3-12　偃师二里头夏代一号宫殿基址总平面图（《文物》1975年第6期）

图1-3-13　偃师二里头夏代一号宫殿模型（摄于河南省博物院）

取得重要突破。

二里头文化城址还有位于郑州荥阳市广武镇大师姑村的大师姑城址。城址由城垣和城壕两部分组成。城垣现存部分均在地表以下，一般在1米左右。城垣现存顶部宽度为7米，底部宽约16米，残存高度为3.75米。夯土城垣的结构较为复杂，是经过多次续建和修补的。修筑方法为平地起建，倾斜堆筑，水平夯打。夯层的厚度不匀，约在0.1~0.4米不等。城壕位于夯土城垣外侧，距城垣约6米。现存深度在2~2.8米之间，现存宽度在5~9米之间，断面形状为斜壁平底或圜底。城址内部二里头文化遗存十分丰富，文化层厚度一般在2~2.5米。已发掘出土有夯土房址、灰坑、窖穴、灰沟等多处遗迹，出土有青铜工具、玉铖、玉杯，大量的石制生产工具和陶制生活用具。尤其是在城址中部发掘出土有成片倒塌的夯土墙体和大量的陶制排水管道，显示在城址内部存在有规格较高的大型建筑。大师姑二里头文化城址是我国迄今为止发现的唯一一座单纯的二里头文化城址，有可能是夏王朝的东方军事重镇或者是方国的都邑。

夏代的聚落与民居至今发现较少。当时帝王宫室尚未能摆脱"茅茨土阶"的准原始状况，占人口绝大多数的黎民百姓住所，还沿用原始社会的若干建筑形式，在夏代仍被继续延用。如二里头遗址中的民居，面积不大，一般在10平方米左右。有两类建筑形式[27]：

一类为半地穴式，平面为方形或长方形穴，深约1米，在向阳面的正中开一条阶梯式或斜坡式的狭长门道，以便出入。在地穴中央设木柱支撑屋顶，木柱的下端埋入地下，并在柱子下面垫上河卵石，以加固柱基。地穴的周围竖立木柱，用以支撑屋顶并构成墙壁的骨架。

另一类为地面建筑，先把地基夯实，再挖柱洞置入石柱础，然后埋木柱为骨架，其上绑扎横木及枝条，上覆草顶，涂泥为皮。

另在河南商丘坞墙二里头文化遗址中还发现有居住建筑基址5处，均为地面建筑，平面圆形，直径3米左右，中心有一个柱洞。[28]龙山文化时期的房屋以平面圆形为多，面积不大的特点仍在延续，甚至延续多个朝代。

（二）商代

商朝自公元前1600年起到公元前1046年灭亡，持续五个半世纪。商朝以河南为中心，疆域面积较夏代扩大很多。当时的人们已经大量使用青铜器，生产力大为提高。商代文化遗迹较多，河南已发掘的就有百处之多。著名的有偃师尸乡沟商城遗址、郑州商城遗址、郑州小双桥遗址、安阳殷墟遗址等等。从安阳殷墟发现大量甲骨文以来，为历史研究提供了有力的依据，也为我们研究建筑提供了很大帮助。如从家、宅、宫、室、门、内等文字形象上，就说明了当时的房屋主要是坡屋顶。

1. 都城建设

（1）偃师商城遗址

偃师市城关镇洛河北岸尸乡沟遗址是1983年在河南发现的第三座商代都城遗址（图1-3-14），时代与郑州商城大体相同，约在距今3600年左右。经过10多年的考古钻探发掘，探明城墙南北长约1700米，东西宽约1200米，厚17米，有城门7座，城内有横贯东西的地下水道和宽窄不同的道路，城墙外有宽约18米的护城壕。整个城址总面积达190多万平方米。另外，又探明了城内还有宫城遗址。在宫城西南和东北，各有一座府库遗址，内有成排的大型建筑基址。后来又发现在已知的商城内还有个规模较小的商城，即小城（内城）。引人注意的是，它的南、西墙以及东墙南段与外城墙重合，即包在厚17米的外城墙之中。考古工作者在偃师商城内商代宫殿建筑区发现了宫殿基址有八九座。根据发现的材料认为，偃师商城遗址为商灭夏后建立的最早商城之一。考虑到内城在夏代晚期都城二里头遗址以东仅6公里左右，很可能是商王朝在灭夏后，最早兴建的一座规模较小的都邑（内城）。以后，随着统治的逐渐巩固和国力的增强，又在内城的基础上向北向东扩建了外城。由于内城始建之时在商代之初，因而成为夏商两朝分界的界标，同时也被认

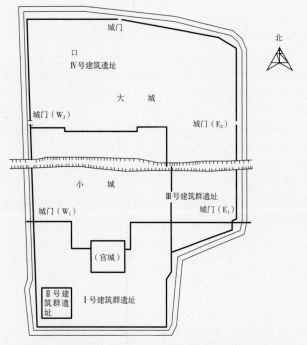

图1-3-14 偃师商城遗址实测平面图（《中国文物报》 1998年1月11日）

定为首座商都——西亳（图1-3-15）。"宫城西南另有一个由围墙环绕的建筑基址群，成排成列地分布着96座建筑基址，推测可能是王室仓储之所。在城门和和宫殿基址下，多发现有排水和供水管道。宫城北部还发现有用石块砌成的面积达2000多平方米的大型蓄水池，可能是供游乐的池苑。"[29]

偃师尸乡沟遗址商城遗址与二里头遗址相距只有几公里，比二里头夏都的规模更大，规划更加合理，更便于军事防守，更符合王都的功能需求。它为研究我国古代文明和城市的发展规划，提供了实物资料。

（2）郑州商城遗址

郑州商城是商代早中期的都城遗址（图1-3-16），坐落在郑州市区偏东部的郑县旧城及北关一带，总面积约25平方公里。该遗址1950年发现于二里岗，多年来经多次发掘，在中部发掘出了一座商代前期

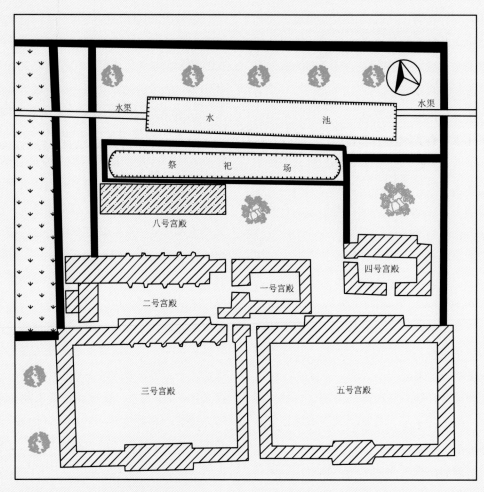

图1-3-15 偃师尸乡沟商城宫殿遗址平面示意图

图1-3-16　郑州商城宫殿遗址

夯土城垣。商城平面近似长方形,北城墙长约1690米,西墙长约1870米,南墙和东墙长度均为1700米,周长6960米。城墙底宽20米,顶宽5米多,其高度复原后约10米。城内发现了丰富的遗迹,在中部偏东和东北部一带,遗存有各类高低不平的夯土台基,台基排列不甚规整。但靠近东北隅的较密,而西南部则较为稀疏,其中东北隅就先后发现了20多处商代夯土建筑基址。有的夯土基面上还保存着柱洞、柱基槽和石柱础,表明这里是商代的宫殿区。如在宫殿区内发掘出的10号房基,南北长34米,东西宽10.2～10.6米。夯土地面上遗留有7排圆形柱洞,每排2～13个,其底部为料礓石筑成的柱础,房基西壁还残存部分墙基。发掘的15号房基,东西长65米,南北宽13.5米,地面上有南北两排柱础槽,每排槽中部遗留圆木柱痕多达27个,槽底部设有卵石或红砂岩石柱础,柱础槽外侧还另有小型擎柱。另有16号房基面积更大,南北长38.4

米,东西宽31.2米,平面接近方形。在城区内还发现一些形制较小的房基建筑,可能是平民居住区。

在郑州商城城外四周,还发现有按一定布局建立起的手工业作坊遗址。其中有铸铜作坊遗址、制骨作坊遗址、制陶作坊遗址等。[30]

（3）安阳殷墟

安阳殷墟是商王朝最后一座都城遗址,商代从盘庚到帝辛（纣）,在此建都达273年,是中国历史上第一个有文献可考并为考古学和甲骨文所证实的都城遗址,是中国历史上可以肯定确切位置的最早的都城。20世纪初,此地因被盗掘甲骨而发现,1928年正式开始考古发掘。新中国成立后进行了多次大面积发掘,名扬世界,于2006年7月被列入“世界文化遗产”。遗址位于紧邻安阳市区之西北郊的洹水两岸,东西长6公里,南北宽4公里。殷墟的发掘,使世人看到了中国早期的都市文明、汉文字的鼻祖、青铜器的鼎盛、最早畜力车等古代文

化实物标本。大致分为宫殿区、王陵区、一般墓葬区、手工业作坊区、平民居住区和奴隶居住区（图1-3-17）。

20世纪30年代，考古工作者于小屯村东北紧邻洹水的70万平方米的高地上，发现了53座风格不一、形状各异的建筑基址。这些基址有的依坚而建、有的施夯而建、有的先平后建、有的敷灰而建，结构复杂、排列有致、配套齐全、气势恢宏，应是殷都内的宫殿宗庙区。这50余座建筑基址根据其位置和功用，考古学家们将之分为甲、乙、丙三组。"在这三组建筑基址中，甲组有建筑基址15座，属宫室区；乙组有建筑基址21座，属宗庙建筑群；丙组有建筑基址17座，是皇家祭祀场所"。[31]甲组位于宫殿区最北部，以甲十一基址面积为最大，达500平方米。该基址厚达1～1.5米，系经精心夯砸而成。而承垫木柱柱础石却不是常见的卵石，而是贵重的铜质柱础，以示主人尊贵异常。乙组建筑群的地上地下情况远比甲组复杂，除房基外，还有灰坑、水沟、葬坑等，仅水沟就有31条之多。21座建筑中有16座坐北朝南，最大的乙八房基面积1200平方米，仅卵石柱础就多达153个，用房柱林立来形容恰如其分。丙组位于乙组西南，大多数房基没有柱础石，少有的几座可供人住的居所面积狭小。其他基址附近的人葬坑和有祭祀痕迹的兽葬坑，揭示了其祭祀的性质。《考工记》所记述的"殷人重屋，堂修七寻，堂崇三尺，四阿重屋"的建筑形制应与殷墟宫殿区的建筑有一定关联。

由上述宫殿区的分区可见，宫殿、宗庙、祭坑紧密相连，政治、祭祀与生活融于一体是商朝都城的特点之一。殷墟甲骨文记载，殷商时期有名目众多的各式建筑，如宫、宗、家、庭、寝、门、户等。考古中还在北许家桥遗址中发现了整齐的四合院建筑，这对我们研究四合院的发展史又提供了历史实物资料。

在洹河北岸的侯家庄与武官村北的高地上，是我国目前已知最早最完整的殷墟王陵遗址。遗址东西长450米，南北宽250米。据考证，殷墟王陵大约始建于商王武丁时期，终于商王帝辛时期，前后营建达200余年。殷墟王陵的遗存极为丰富，截止到今天，王陵遗址共发现了13座大墓（包括一座未完成大墓）、2000多座陪葬墓和祭祀坑。举世无二的国宝重器——后（司）母戊大方鼎就出土于这里，充分彰显了殷商王者至高无上的地位。这种经营陵墓时间长达两个世纪，先后帝王择一吉地而葬的"集中营陵"制度，对后世皇家陵园有很大影响，如北宋的巩义皇陵建筑群、明代的十三陵、清代的东陵和西陵，都是集中兴建的。殷商另一重要墓葬——妇好墓位于宫殿区丙组基址西南，是自1928年以来殷墟宫殿宗庙区最重要的考古发现之一，也是殷墟科学发掘以来发现的唯一保存完整的商代王室成员墓葬，该墓南北长5.6米，东西宽4米，深7.5米。墓上建有被甲骨卜辞称为"母辛宗"的享堂。这一墓葬不在王陵区是一特例。

2. 民居建筑

从河南殷商文化遗址来看，一般民居还保存了一些半穴式居住形式，地面建筑已渐占优势。如安阳殷墟遗址中既有地面民房，也有半穴式房屋，北辛庄殷商房屋遗址（GNH3）就是平面矩形、面积较小（图1-3-18），穴深2米的深半穴式住宅[32]。在豫东地区柘城孟庄商代遗址中发掘出的民居建筑，由3间组成，建在一夯土屋基上，平面为"凸"字形（图1-3-19）。中间一间大，东西两间小，总面积约32.50平方米。[33]没有柱洞，可能是泥墙直接承

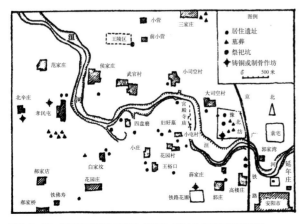

图1-3-17　安阳殷墟遗址示意图（引用《考古》1988年第10期图

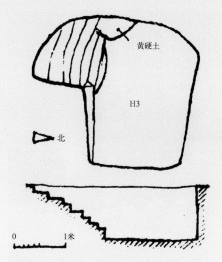

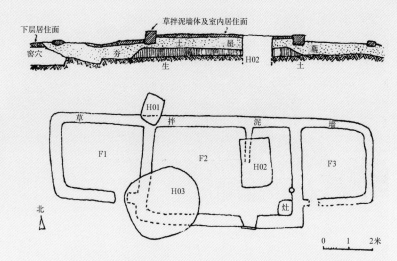

图1-3-18 北辛庄殷商房屋遗址（GNH3平面与剖面　图1-3-19 柘城孟庄商代民居建筑遗址
图）（引自：刘绪杰. 中国古代建筑史第一卷：158）

檩，草泥屋面。

3. 国家监狱

位于汤阴县城北约4公里处的羑（yǒu）里城遗址，是一处蕴含丰富的龙山至商周时期的文化遗址。城址为土台状，高出地面5米，南北长106米，东西宽103米。值得一提的是，羑里城是有史可据、有址可考的中国遗存下来时代最早的国家监狱。先秦时期，监狱一词有多名：如夏曰"夏台"、"圜土"（用土筑成圆形的围墙，用于囚禁犯人，故名圜土）；殷曰"羑里"；周曰"囹圄"（图1-3-20）。殷商末年，纣王听信谗言，将西伯侯姬昌（周武王之父，后追为文王）囚禁此地达7年之久。"文王拘而演周易"的历史典故便源自于此。这里虽是监狱，也是《周易》的发源地。后人为纪念姬昌，就在羑里城遗址上建了文王庙。现存文武庙为明清两代建筑，坐北向南，古柏苍翠。现存建筑还有演易坊、山门、文王演易台，另有周文王羑里城、禹碑、文王易等碑刻十余通。文王庙早已成为人们朝敬先贤周文王的圣地。

（三）西周、春秋时代

公元前1046年，武王建立周朝。周代是一个经济、科技、文化进一步发展的时代。周朝分周初定都于镐（今西安附近）的西周，后又定东都于洛邑（今洛阳）的东周两个阶段。东周时期朝廷衰败，诸侯并起，天下纷争，前期史学称春秋，后期为战国时代。春秋诸子百家争鸣，思想领域活跃，奴隶社会瓦解，封建制度萌芽滋生。到战国即进入封建社会时期。周代历史文献多有记载，建筑方面有建筑界及史学界熟知的"匠人营国，方九里，旁三门……"，这是对于城市建设的规定，对后代城市建设有深远影响。科技的发展使得周代已有铁器应用，春秋时期铁质工具推广应用，兼有鲁班在工程技术方面的发明创造，建筑的进步是肯定的。

1. 周公营洛

"周自克殷践奄后，为强化其统治，除极力推行宗法分封，广为封国建侯，增设新的统治据点，以为周室屏藩外，更在原商王畿区域内营建洛邑，以为东都，允作经营东方的基地。因而在新中国成立之初的成康时代，掀起了周代第一次大规模的都邑建设高潮。"㉞这次高潮即以周公营洛为先导，各诸侯国也纷纷在其封疆、城邦国野建立国都及采邑。周公营洛是非常慎重的，先测出"地中"（即登封告成镇），继之在地中附近的洛阳，亲自占卜，认为涧河以东，瀍（chán）河西是个好地方，瀍河以东也是个好地方。即在瀍河以西建城的同时，在瀍河以东，另建一城。成王七年，新都洛邑建成，瀍河以西为王城。瀍河以东谓之成周城。"前者居王室，后者居殷民，总称'成周'、'洛邑'或'东

图1-3-20　汤阴羑里城

都'"㉟，东周时，洛阳仍称洛邑。周公营洛是周王朝最重大的政治建设工程，它是周朝取代商朝实行统治的标志。洛邑规模宏大，有内外两重城墙，据《逸周书·作雒》记载，王城方一千七百二十丈，外城廓方七十里。首开"筑城以卫君，造廓以守民"的城市建设先河。另据考古揭示，王城四边各有3门，城内经、纬道路各9条，对应四方三门。王宫在中央，宫殿布置有序。关于城市重要建筑，《逸周书·作雒》也有记述：南郊设有祭坛用以祀上帝。城中建立大社（社坛的东面是青土，南面赤土，西面白土，北面黑土，中央用黄土），又立五宫，即太庙、宗宫、考宫、路寝、明堂，这些建筑都是四阿屋顶。

除大都市洛邑之外，河南境内当时的分封诸侯国林立，现今有不少诸侯国城已被考古发现。如：宋国故城，位于今商丘古城西南隅，是周初成王封微子于宋的国都。城址平面呈长方形，东墙长2900米，南墙长3550米，西墙长3010米，北墙长3252米，总面积10.2平方公里。宋国是我国历史上商周时期的政治、经济、文化中心之一，是春秋五霸之一，在历史上产生过重大影响。宋国故城内有阏伯台（阏伯，商宋先祖），城北有三陵（宋国王陵），在西周、东周时期是一个整体，当属宋国故

城内容；蔡国故城，在今河南省上蔡县西南，为西周蔡国的故都。西周初年，周武王姬发封其弟叔度为蔡叔于此。春秋时蔡灵侯十二年（公元前531年），楚灵王诱杀蔡灵侯，蔡被灭。公元前530年，蔡平侯复国，旋迁都于吕，称新蔡，后蔡昭侯又从新蔡迁于州来，称下蔡，因此蔡国的故都称上蔡。蔡国都上蔡历经500多年。蔡国故城平面略呈长方形，东西略短，南北稍长。现存城墙高4～11米，宽15～25米，总长约10490米。城内中部有一土台，称二郎台，面积120万平方米，可能是蔡侯的宫殿区。台上曾发现很多古井及陶制排水管道，台上台下还有许多春秋陶片和筒瓦、板瓦等建筑构件，说明当时这里有庞大的建筑。卫国故城，在今淇县城关。周初，成王封康叔为卫君，建都朝歌，宫殿建在城内定昌。传至仔懿公，因其玩鹤丧志，不恤朝政，终于在公元前660年被北方狄人所杀，在朝歌历时403年，故名卫国故城。城郭长3100米，宽2100米，周长10400米。城基宽50～70米，残高1.5～3.6米，城墙版筑，夯层清晰，每层6～12厘米。番国故城，位于固始县城及城北一带，是一座规模宏大的东周时期遗址。番国故城分内外两重，外城周长13.5公里，内城周长6.5公里。黄国故城，在潢川县城西约6公里的隆古乡的淮河南岸。

城址平面呈长方形，东墙1650米，西墙1550米，南墙1800米，北墙1720米，周长6720米。墙宽10～25米，基宽59米，残存高5～7米。城墙系夯土筑成，夯土中包含有西周晚期或春秋早期遗物。城墙四周有护城壕，东墙外的城壕遗迹尚清晰可辨，壕宽约36米，低于现地表1米。番是楚国扶持的小国，该故城遗址对研究东周时期城池建设、淮河流域小国的历史、中原文化与楚文化的关系，以及当时社会、政治、经济、文化、军事等方面，都具有重要的价值。共城故城，位于今辉县。周初，这里有一个诸侯国叫共国，共城原是共国的都城，是我国现存的为数不多的西周古城遗址。西周末年，发生了"国人暴动"，周历王被驱逐，平民选举了共国国君共伯和来执政，这就是历史上的"共和行政"。共伯和执政后，号称"共和元年"，这便是我国确切纪年的开始，"共和"作为"民众选举，共同执政"的意思就这样被保存了下来。共城南北长1500米，东西宽约1300米。城墙主体为夯土，墙厚约30米，高10米，夯层约10厘米。另有郑韩故城、滑国故城、轵国故城、城阳城、戚城、叶邑故城等，不再一一叙述。上述故城，都是诸侯国都，并在周朝历史上有较大影响的城池，现均为国家级文物保护单位。

2. 墓葬

河南境内的古墓葬多不胜数，轰动中外的一是殷商的妇好墓（图1-3-21），二是西周的虢国墓地和曹操墓。虢国墓地位于三门峡市湖滨区上村岭。周初封文王之弟虢仲、虢叔于东、西二虢。东虢在今河南荥阳，春秋初年为郑所灭；西虢在今陕西宝鸡，西周末年迁至河南三门峡及山西平陆一带。公元前655年，晋国假虞灭虢，留下了"唇亡齿寒"的千古遗训。三门峡虢国墓地经两次大规模发掘，发现了包括两座国君（虢季、虢仲）墓、一座国君夫人墓、两座太子墓在内的250余座贵族墓葬，十多座车马坑和几座马坑。共出土各类珍贵文物2万多件，其中M2001虢季墓出土的"玉柄铁剑"，经鉴定为目前我国发现最早的冶铁制品，尤为珍

贵。发掘证明，这是一处等级齐全、排列有序、独具特色且保存完好的西周晚期的大型邦国墓地。在周天子墓面世之前，虢季、虢仲这两座卿士墓可算是迄今发现两周时期最高级别的墓葬，已列入国家级文物保护单位。1999年又在三门峡市西南李家窑发现虢国都城上阳城遗址。同为西周时期还有平顶山的应国大型墓地群，亦为国宝单位。

春秋时期的郑王陵位于新郑市境内（现已辟为郑王陵博物馆），内有春秋墓葬3000余座，大中型车马坑18座，其中6米以上的大型墓近180座，长宽均超过20米的特大型墓4座。这片墓地墓坑之密集可用无卧牛之地来形容。特别是规格多样的车马坑群的发现，在春秋墓地中尚无先例。如果将车马坑大面积发掘，其盛况将是继秦始皇兵马俑以来又一处现场展示我国古代光辉文明的盛大舞台。博物馆内第一展厅为中字形大墓发掘现场，中字形大墓于2002年8月开始发掘，是目前发掘出的第一座春秋时期带墓道的大墓。南墓道总长20.85米，北墓道长10米，葬具形式巨大，为三椁重棺。在全国已发掘的春秋诸侯墓中，三层椁极为少见。此墓三椁二棺，正与古代礼制记载诸侯棺木五重相符，从而印证了这是一座郑国国君墓（图1-3-22）。

这座墓的南北墓道中均有大量的实用葬车。而且车辆形制多样，装饰各异，绝大多数都有棕红色

图1-3-21 安阳殷墟妇好墓外景

图1-3-22　新郑郑王陵博物馆郑公一号大墓（摄于新郑郑王陵博物馆）

的漆。目前在南墓道内已发现多种车40辆，在北墓道中5辆。墓道中车辆总数45辆，车辆之多在我国目前已发掘的单座墓葬中为最多，是难得一见的春秋车辆奇观。更难能可贵的是在这些车辆中有象牙饰车、青铜饰车、骨雕车、楼车、漆绘花纹车等珍贵车辆。

3. 筒板瓦的出现

只因周代建筑发掘稀少，建筑资料相对匮乏，无法认清当时建筑情况的全貌。所幸考古专家早在50年前，于洛阳发现了周代的筒瓦、板瓦和瓦当、瓦钉等先进的建筑材料。[36]可以推断，这些筒板瓦的使用者是有限的。"瓦屋四分，茸屋三分"[37]是对单体建筑坡度的具体描述。量大面广的民居建筑只能是简陋的茸屋。

三、封建社会前中期的建筑

我国封建社会经历时间长，从公元前475年战国时代起，到1840年鸦片战争为封建社会时期，经历了多个朝代。是传统建筑发展、成熟直至定型的全部阶段。

（一）战国、秦代

春秋、战国的纷争使中国社会发生了巨大变革。春秋战国时期的科学技术水平较前代有明显进步，铁质工具的普遍应用促进了社会生产力的提高，也促进了建筑的发展。

1. 兴建长城

战国时代，顾名思义，就是这一时代的特征为多战争。战争频度高，规模也愈来愈大，攻防技术也日新月异。中原地区是战国七雄的中心地带，当然也是战国时期的战争中心。冷兵器时代重要的防御设施——长城，便在河南拔地而起。河南境内战国时期的长城主要有：分布在豫北安阳、鹤壁的赵长城；分布在郑州、新乡的魏长城；分布在南阳、平顶山、驻马店和信阳辖区的楚长城以及豫西北济源的北齐长城，计有1000多公里。其中，楚长城在河南境内为最长，大致由邓州开始，过内乡、南召、方城、鲁山、叶县，跨越沙河达泌阳、舞阳等地，总长500余公里。河南的古长城构筑根据地形、地质条件，利用峭壁悬崖、深谷大堑等自然障碍，稍加人工修理，就地取材。有土之处，夯土筑墙，无土之处，累石为固。

2. 兴建大梁城

开封地处中原腹地，黄河之滨。因其水陆交通之便，春秋时，开封境内有仪邑和启封两座城邑。郑庄公在今开封县朱仙镇古城村筑储粮仓城，取"启拓封疆"之意定名为"启封"；而仪邑则是卫国属地。战国初期韩、赵、魏三家分晋后，魏国得到了今晋西南经济基础较好的河东地区。魏文侯时期任用李悝变法，奠定了良好的经济基础，形成中央集权的政治制度，军事实力大增。因此，魏国在战国初就首先成为最强盛的国家。魏惠王为称霸中原，于魏惠王六年（公元前364年），魏国将国都从山西安邑（山西夏县）迁至仪邑，并把仪邑小城扩建为大都城，改称"大梁"。这是今开封作为都城创立之始，也是开封城定位于现地段的开端，属最典型的战国时期兴建的都城。后避汉景帝刘启之讳改名为开封，五代时期的后梁、后晋、后汉、后周，北宋和金均定都于此，素有七朝古都之称。尤其是北宋时期，从陈桥兵变到南宋偏安，历经九帝168年，人口逾百万，货物集南北，是当时全国的政治、经济、文化中心，也是国际性的大都会。曾有"琪树明霞五凤楼，夷门自古帝王州"、"汴京富丽天下无"的美誉。开封这座城市自公元前364年魏国建都大梁以来的2377年间，因人为的战争水患和自然水患，河水泥沙共5次将这些辉煌一时的名城掩埋，人们又一次次地在原址上重建家园。魏大梁城、唐汴州城、北宋京城、金汴京城、明清开封城、清末（1842年）开封城（现在的开封城）等6座古城，就像叠罗汉般上下叠加重建起来。亦即，当今的开封城下掩埋着5座开封古城，故有"城摞城"之奇观。这在中国城市建设史中绝无仅有，在世界城市建设史中也是孤例。

3. 墓葬

春秋、战国时代的墓葬现河南境内发现很多，墓葬规格高低不等。高规格墓葬有上蔡楚国贵族墓地、新郑的韩王陵，这些墓葬现为国宝单位。韩国灭郑，公元前375年迁都于新郑，至秦灭韩（公元前230年）的145年间，先后有九代侯、王畿宗室葬在韩国都城周围。每座墓都有陪葬的车马坑，形成了规模很大的陵墓群。中等规格的有辉县固围村战国墓。低规格的墓葬在豫西、豫北、豫南地区到处都有。唯豫东地区因黄淮水患，新生土层厚，发现较少。近年来经考古工作者的辛勤劳动，在豫东大平原上的民权县也发掘出了战国、西周时期的低规格墓葬[38]。

河南辉县出土的战国时代的刻纹铜匜（yí）残片上，有对建筑物形象的刻画（图1-3-23）。从翩翩起舞者的身姿可以看出，这是豪门贵族居住的场所，代表了当时居住的最高水平，并未代表量大面广的民居建筑的实际情况。另有辉县出土的战国时期的铜鉴图案中，有两层楼房的形象，有露台，柱头有栌。

秦统一六国，建立了中国封建地主阶级的第一个中央集权制的国家。秦商鞅变法时，废分封，行县制。又进一步统一了法令、统一了文字、统一了度量衡和车同轨，为后期社会发展奠定了坚实基础。秦始皇自命为第一皇帝，真龙天子登高与天对话，于是便去泰山封禅。朝臣们不便远游，为就近

在中岳嵩山祭祀山神，建设了固定的祭祀场所——太室祠。太室祠即中岳庙之前身。汉武帝时到此封禅，下令祠官增建太室神祠，禁止砍伐山上的树木，以山下之百产封给神祠作为供奉之用，使中岳庙地位更加巩固。北魏时，祠址经过三次近距离迁移后，定名为中岳庙，从此由道教管理。唐代中岳庙得到了进一步发展。武则天于万岁通天元年（公元696年）登嵩山封中岳神，使之声望日益兴盛，八方传播。唐开元年间，唐玄宗李隆基仿照汉武帝加增太室祠的故事，对中岳庙大加整饰，扩建殿宇，是为中岳庙的鼎盛时期，为之奠定了坚固的基础。中岳庙这组建筑群作为"天地之中历史建筑群"之一部分，已登上世界文化遗产名录（其建筑将在第六章详细论述）。

（二）汉代

汉代罢黜百家，独尊儒术，确立礼制，以巩固皇权，形成此后封建社会统治阶级的主导思想。加之汉代对外开疆拓土，巩固边防，对内又采取了一系列促进经济发展的举措，把我国封建社会推向了第一个高潮阶段。在社会意识形态领域，崇尚自然无为的道家思想仍然流行，阴阳五行与谶（chèn）纬之说有新的发展，东汉时期又引进了佛教。这些，对人民的生活和建设活动都有直接影响。在建筑工程技术方面，此时的河南楼阁建筑增多，并且大量使用了成组的斗栱。民间建筑瓦屋顶基本普

图1-3-23　辉县出土战国时代的刻纹铜匜（yí）残片

及，这在下文介绍的河南汉代明器及三杨庄古村落遗址中可证。地下的陵墓建筑多用砖石，技术与艺术水平远高于先秦时期。

1. 城市建设

东汉洛阳故都城是在周䅵王成周城基础上建设而成，位于现洛阳市东15公里，1961年被列为全国重点文物保护单位。洛阳自周公营建起，秦又加扩建，赤眉起义，遭到破坏。光武帝定都洛阳后，迅速加以建设，城市面貌大为改观。汉洛阳城，呈长方形，南北长约汉代九里，东西宽约汉代六里，故称"九六城"。城墙为夯筑，厚14～25米。东、西、北三面城墙遗迹尚存。南墙因洛河改道冲毁，但仍可复原其位置。经实测并复原，东城墙长4200米，南墙长2460米，西墙长3700米，北墙长2700米，总长约合汉代31里。全城共设12座城门。城内主要大街，都通向城门。城中主要有南北二宫。据记载，南宫在西汉时已有一定的规模，光武帝定都洛阳，先居南宫。以后不断扩建，于东汉建武十四年在南宫建成规模最大的前殿。东汉洛阳城由光武帝到汉献帝，共历12代帝王196年，皆以洛阳为都。曹魏代汉仍都洛阳，因此，汉洛阳城也并称为汉魏洛阳城。西晋代魏继都洛阳，北魏还都洛阳。汉到北魏的5个多世纪中，洛阳成为世界大都会，经济繁荣，文化昌盛，人才荟萃，影响极大。

南阳城始于春秋楚国的古宛城，秦置南阳郡，西汉仍之。汉光武帝刘秀曾起兵于此，成就大业。因此，南阳素有"南都"、"帝乡"之美誉，南阳城也开始了大规模建设。"东汉时期的宛城规模宏大，周36里，与洛阳、长安、成都、临淄并列为全国五大都市之一，进入历史上的鼎盛时期，并有'陪都'之称。此时的南阳城内，皇亲国戚，络绎不绝，王侯将相第宅相望。各行各业都有了很大发展，特别是宛城冶铁业有进一步发展。"㊴当时的南阳还是全国大商业中心之一。闻名的南阳汉画像石、画像砖正是这一鼎盛时期的产物。

许昌故城即汉许都故城。东汉建安元年（公元196年），曹操挟天子以令诸侯，以"洛阳残破"为

由，迎汉献帝刘协于许昌，扩建城郭，修筑宫殿，遂称"许都"。许都分内外两城，内城系皇城，外城蜿蜒曲折，环抱内城。经过曹操的扩建，许都面貌大变，已经完全具备帝都的气派。据《许昌县志》记载：城内的建筑除街房、民宅、官署外，著名的还有许昌宫、景福殿、承光殿、永始台、毓秀台、丞相府等建筑。曹操迎献帝到许都后，为开创统一大业，在此周围推行屯田，号令军民开荒播种，以适应战争的需要。同时广纳人才，南征北战，克平群雄，使许都成为当时的北方政治、经济和军事中心。建安二十五年（公元220年），曹丕代汉，建立魏国，由许迁都洛阳。

2. 佛教东来，寺院肇始

相传东汉明帝曾经梦见一个从西方来的高大金神，第二天便召集大臣议论。有人认为，金神即是西方的佛。明帝认为有道理，于是派使者去西域求佛。这些使者在大月氏遇见了迦叶摩腾和竺法兰两位天竺高僧，于是迎还洛阳，同时还用白马驮回了佛经、佛像。第二年（东汉永平十一年，公元68年），由官方营建白马寺。白马寺距今已有1945年的历史，是佛教传入我国后由国家营建的第一座寺院，我国佛教界称之为"中国第一古刹""祖庭"和"释源"。祖庭，意为祖师之庭院；释源，意为佛教之发源地。白马寺建成后，佛法渐盛，信众日多，作为中国传统文化重要的组成部分，佛教与佛教文化不但给中国人民的思想和生活带来了重大影响，还逐步传播到越南、朝鲜半岛和日本。世界佛教源于印度，中国佛教传于洛阳。

3. 东汉三阙，国之瑰宝

嵩山的汉三阙，分别是太室阙、少室阙、启母阙，其建筑形式和结构基本相同，由阙基、阙身、阙顶三部分组成，均由雕镂的青石垒砌，东西对称，三阙均建于东汉安帝年间（公元107～125年）。所谓阙，就是建筑在城门、墓门、宫门、庙门前的两个相峙对称的建筑物，阙的用途主要是标识，象征性的大门。城阙可以登临眺望，察看敌情。宫阙和城阙因建置在交通要道上，还常悬贴布告、法

图1-3-24　芒砀山梁孝王陵墓道

图1-3-25　芒砀山梁孝王王后陵墓室

令，昭示国人。庙阙也叫神道阙。嵩山汉三阙，是中国现存最古老的同类建筑遗存，是研究建筑史、美术史和东汉社会史的珍贵资料，世界闻名，国之无双，是国务院首批公布的全国重点文物保护单位。

4. 墓葬

两汉时期的厚葬之风空前绝后，对后世的影响深远。河南境内汉墓数量众多，尤其是洛阳北邙，更为集中，洛阳古墓多，尽人皆知。在南北宽约20公里，东西长近50公里的地面上，有东汉、曹魏、西晋、北魏等四个朝代百余座帝王陵寝和皇后大臣的墓葬。连同后代唐宋时期的名人墓葬，总数在千座以上（详见本书第九章）。这些墓葬，名人多，规格高，墓葬形制全，技艺术水平高。因展出内容丰富，洛阳古墓博物馆亦成中国最大的同类博物馆。

在商丘永城市北的芒砀山，坐落着西汉时期梁效王（图1-3-24）及后代各王和王后陵墓群（图1-3-25）。其中梁孝王王后墓是迄今国内发现的最大石室陵墓。它仿照当时地面王宫的布局建造，各种生活设施一应俱全，不但门前有陶制车马，地宫内还有厨房、更衣室、沐浴室、贮藏室、壁橱等，值得一提的是墓里的厕室，居然建有石制带扶手的坐便器，不得不让人对古人的生活水平刮目相看。芒砀山汉墓群中出土的一件完整的金缕玉衣轰动世

图1-3-26　淮阳东汉中期宅院明器（摄于河南省博物院汉代明器馆展品）

界。梁孝王儿子墓中精美的壁画，上有神山和青龙、白虎等神兽，想象奇特，工艺精美。

著名的打虎亭汉墓位于新密市打虎亭村，有东西两座墓并列的夯筑土冢，相距约30米。该墓为东汉宏农太守张伯雄及其亲属的陵墓，距今已有1800多年的历史，是全国已发掘的大型汉墓之一。西冢（M1）高15米，周长228米。东冢（M2）高7.50米，周长113米。1960年发掘了这两座汉墓，早已闻名国内。两座大墓之地下均为砖石混合结构建筑。两座墓室形制大致相同，都由倾斜墓道进入，经由墓门、甬道进入前室再如中厅，后入各室（图1-3-26）。西冢墓内石刻丰富，雕刻风格独特，为画像石墓。东墓规模略小，壁面以壁画为主，内容多是模拟墓主

生前的庄园生活，有收租、坐厨、迎宾、宴饮、舞乐和百戏、相扑、车马出行、侍女图等，是典型的壁画墓。墓室壁画色彩绚丽，内容丰富的石刻画像生动逼真，乃墓葬艺术之珍品。

5. 民居建筑

汉代贵族官僚、地主富户的住宅水平有大幅度提高。河南各地出土有大量的汉代明器和画像砖，从中可以看出当时居住建筑之概况。略举几例如下：

例1：如图1-3-27所示，明器为西汉晚期的一座灰陶院落，1959年出土于郑州市南关159号墓[40]。这是一座一进院落，由门房、阙楼、正房、仓楼、厨房和猪舍等6部分组成的严整的四合院。大门开于中间偏左侧，有门槛。门房右侧置阙楼，阙楼平面近方形，为二层四阿顶建筑。院内右侧为厨房。左侧为四阿重檐式建筑的仓楼。正房坐于院落后部，与门房相对，为悬山顶高台建筑。门前设台阶式踏道。猪圈为方形，设在正房右侧一角。院落规整，比例匀称，门内还卧一条狗，真实可信。推想此明器的主人可能属于西汉时期家境比较殷实的一般农户，反映的建筑情况真实性强。

例2：如图1-3-28所示，明器为西汉晚期的四层灰陶仓，1996年出土于焦作轮胎厂13号墓[41]。该明器高121厘米，面阔44厘米，进深45厘米，体量较大，前有狭窄庭院，大门两端施二阙顶，高出大门屋顶，突出显眼。檐下设平叠式铺作2~3层，仅出一挑，只有柱头铺作。西汉时期的四层陶仓还见有其他造型的明器。河南省博物院汉代明器馆另有七层彩绘楼仓房，均有平座。

例3：如图1-3-26、图1-3-29所示，明器为东汉中期的彩绘陶庄园，1981年出土于豫东淮阳县于庄1号墓。主体部分为三进四合院建筑，由前院、中院、后院组成。前院有大门，门外两侧有彩绘人物壁画。门内两侧前面开敞为马厩，内置马槽。入中院设有二门，两侧对称有重檐庑殿顶四层角楼。院内左右设厢房，厢房的二楼有回廊，分别与角楼和门楼连通。中院主体建筑为两层高大的重檐庑殿顶厅堂，建于高台之上，前置双阶台阶可达室内。大门、二门和正堂门位于同一条轴线上，而正堂与庭院轴线不重合。后院有厨房、厕所、畜圈一字分列于后。另一部分为田园，水井设在田园的中部，土埂清晰可见。"该模型规模宏大，结构复杂，是迄今为止我国汉代考古发掘中所仅见的。"[42]该明器

图1-3-27 郑州出土西汉时期的灰陶院明器（摄于河南省博物院展品）

图1-3-28 焦作出土东汉时期的灰陶院明器（摄于河南省博物院展品）

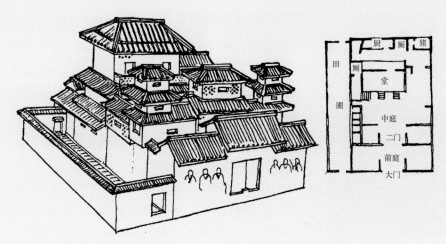

图1-3-29 淮阳东汉中期宅院明器透视图与平面图（引自《中原文物》1983年第1期）

图1-3-30 焦作出土东汉五层楼房彩绘陶制明器（摄于河南省博物院展品）

表现出的建筑立面复杂多变，前中后高低错落，主体突出。二门两端的四层阙楼，可能兼有望楼之作用。此院应属于大型院落，各种房屋组织有序，平面十分紧凑。院之右边辟有田圃，或为花园，或为菜园，或二者兼有。虽是写意的明器，但反映出的生活气息十分浓厚，确是家园的真实写照。这一明器所表达的宅院，应为东汉中期农村大财主的住宅模式。

例4：如图1-3-30所示为一座5层楼房彩绘陶制明器，出土于焦作市马作村，东汉中期遗物。二、三、四层均设平座，每层均有变化，包括栏杆图案也各不相同。承托四层平座的斗栱施有转角铺作，其做法清晰可辨。沿屋角45°方向出挑杆件，上置与之垂直的平栱，平栱两端各施一斗，再由此斗承托正、侧两面的平叠式斗栱。此例可见，东汉中期已有转角铺作，但是，做法还不完善。

河南还有少量的汉代民居建筑基址遗存，甚至仍有半地穴式房屋遗迹。就地面建筑而言，也远不及明器中所反映的档次高。笔者长期以来对汉代明器反映的建筑存在两个疑问：一是汉代有这么多的楼房和这么高的楼房吗？二是筒板瓦屋面这么普及吗？第一个问题在《河南汉代建筑明器定名与分类概述》一文中得到解决。"应该说，在中国历史上，无论哪一朝哪一代，广大人民的建筑居所，无疑都是以平房为主的。但是在河南出土的汉代民居、宅第等建筑明器中，除四合院、楼院以外，单体平房模型仅有很少的几座。究其原因，可能主要有二条：一是在两汉时期，能够使用建筑明器进行丧事活动的不是广大的人民群众，而是至少具有一定经济实力的中小地主以上的阶层；二是作为殉葬用的明器，除反映墓主人生前的生活情况外，还包含有某些生前未能实现的愿望，而建筑明器正是适合了人们的这一精神需求得以产生、发展的，必定也存有一定程度的夸张。因此，一般社会底层所居住的平房模型，在建筑明器中占的分量就比较小了。"[43]

2003年以来，河南考古界在豫北内黄县梁庄镇三杨庄发现一处西汉晚期较大规模的聚落遗址。经初步发掘，几处保存完好、布局清楚的西汉庭院民居，已成为河南乃至全国目前能够再现汉代农村情景的古遗址。2005年末，经向内黄县文管所负责人了解，已发现4处院落和瓦顶建筑遗存。从清理的情况看，这几座院落都是坐北朝南的二进院，院门外有活动场地和各自的水井。院内由门房、厢房、门道、正房、厕所等组成。最为珍贵的是，所有主房屋顶全部用筒板瓦扣合。由于房屋坍塌的原因是黄河洪水浸泡而非冲毁，所以不同程度地保留了板瓦与筒瓦扣合时的原状（图1-3-31）。看来，筒板瓦屋面在汉代已普及应用到一般农户，这也解答了

图1-3-31　河南内黄县三杨庄西汉晚期建筑遗址——第三处宅院正房瓦顶原状（引自：河南省文物局．河南文化遗产[M].北京：文物出版社，2007：313.）

上述第二个疑问。待内黄县梁庄镇三杨庄西汉遗址完全发掘后，将对我们研究汉代村落与个体庭院布局、单体建筑形制等，都会有很大帮助。

从上述明器以及相关资料中，可以看到汉代河南民居建筑在平面与空间组合、单体建筑立面处理、建筑结构与构造以及装饰艺术等方面，都已达到相当高的水平。

首先，我们看到平面与空间组合方面已趋于人文化。汉代儒学成为国学，"毋变天之道，毋绝地之理，毋乱人之记"[44]等儒家经典成为人们的准则，因而形成推崇礼仪制度、讲求尊卑有序的社会风尚。作用于宅第群体布局上的左右对称、前堂后寝、厅堂高敞、主次分明的格局，成为其后的基本模式，一直延续了将近20个世纪。我国早期主要建筑的双阶制在住宅中很少见到，在河南淮阳出土的大型宅院明器的厅堂前就有双阶实物（图1-3-29）。"主人入门而右，客人入门而左。主人就东阶，客就西阶。"[45]东阶又名"阼阶"，供主人用；西阶又名"宾阶"，供宾客用。双阶虽不显眼，这可是礼制对建筑作用的直接产物。

其次是建筑发展的理性化。宗法制度影响到家庭多世同堂、同作共食、享受天伦。人多需要房屋多就产生了大型院落；功能复杂（包括家庭养殖）就需要群体的有机组合，或并列，或前后，或层层

相套的院落应运而生。上述3例宅院，无论大小均具有简洁朴素的外形、亲切宁静的气氛、紧凑实用的平面关系，以适合人们的生活和休息。尤其是在地广人稀的汉代，可能还没有对农家宅院占地面积多寡的限制，或者即使有限制也很宽松，人们能做到自家宅院紧凑而实用的平面关系，没有多占地，是最理性的表现。

第三，从现有文献资料和河南出土众多建筑明器以及画像砖来看，民居建筑结构也有明显进步。三角形梁架结构更加成熟，并开始大量使用榫卯结构[46]；抬梁式构架有新的发展，1958年荥阳河王水库一号墓出土的一件两层彩绘陶仓楼的两山尖处，可见两条较粗横线所代表的大栿和二栿，其间有蜀柱承托（图形可参见刘敦桢《中国古代建筑史》第二版70页）；斗栱虽未完善但应用比较普遍。包括栌斗、小斗、一斗二升、一斗三升以及两者平叠组合。此时斗栱正处于发展阶段，如例4中所述出挑构件和转角铺作还未完善。

四是汉代仓楼和望楼以及戏楼的出现，说明当时建筑木结构柱与横梁的榫卯结合关系已经十分完善。河南出土的仓楼高达七层，楼层与平座和立柱的连接可靠。望楼有逐层收分的结构现象。这些都为我国高层木塔的发展积累了经验并奠定了坚实的基础。

（三）三国、魏晋、南北朝时期

魏晋、南北朝是国家大分裂的时代，时间跨度长达360年之久。东汉末年三国鼎立，战争不断，人民涂炭。诸葛亮尚居茅庐，足以说明当时社会的经济情况，故一般民居建筑不会有明显改善。紧接着的西晋、东晋和南北朝战争与和平兼而有之，中原地带战事繁多，经济遭受到严重破坏，民不聊生，人口南迁，江南经济得到迅速发展，超过北方。

这一时期，佛道盛行，儒、佛、道三家并存，思想领域活跃，推进了文学和艺术的发展，更推动了佛教建筑的大发展。此期间，河南建筑有两方面最为突出，一是寺院，二是石窟摩崖造像。"佛教

图1-3-32 洛阳龙门石窟远景

建筑虽始于东汉，但真正大发展应为南北朝时期。随着佛寺的兴建，佛塔的营造也极为普遍，北魏时期，境内州、郡有佛寺3万余所，仅都城洛阳就有1367所。"⑭建于北魏正光四年（公元523年）的嵩岳寺塔，历经了1500年风雨侵蚀，仍巍然屹立。它不仅是中国现存最早的密檐式砖塔，其12边形近于圆的平面，也是全国古塔中的孤例。

世界文化遗产龙门石窟也是佛教的直接产物（图1-3-32）。龙门石窟使凿于北魏孝文帝迁都洛阳前后，经历东魏、西魏直到宋朝长达400多年。共雕凿窟龛2300多个，佛塔80余座，大小造像近11万尊，题记2800余品。主要洞穴有古阳洞、宾阳三洞、莲花洞、路洞、药方洞、潜溪寺、敬善寺、奉先寺万佛洞以及看经寺等。其中，位于龙门西山南部的古阳洞开凿最先，雕镌最华丽，是造像、题记最多的洞窟。与龙门石窟同时兴建的还有巩义市伊洛河北岸的巩义石窟，该石窟共开凿5个洞窟，雕像7743尊。还有建于北魏时期的义马市鸿庆寺石窟

和浚县大伾山摩崖大佛及石刻，建于东魏时期的安阳灵泉寺石窟等。

继汉代阴阳五行学说融入建筑理论后，传统文化中的四神兽也正式成为建筑装饰艺术的内容。著名的南阳画像砖就以简练的线条刻画出了青龙、白虎、朱雀、玄武的形象（图1-3-33）。

此时期的民宅资料远不及汉代丰富，好在河南

图1-3-33 邓州市出土南朝时期彩色画像砖四神兽之玄武（摄于河南省博物院）

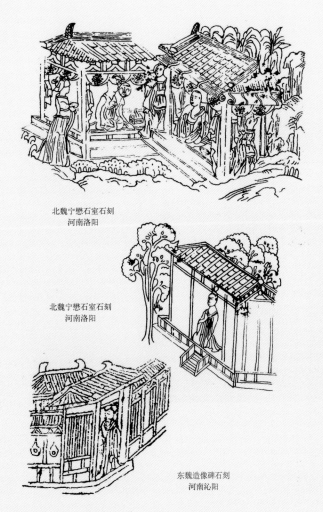

北魏宁懋石室石刻
河南洛阳

北魏宁懋石室石刻
河南洛阳

东魏造像碑石刻
河南沁阳

图1-3-34 南北朝时期的高档住宅（引自刘敦桢《中国古代建筑史》第二版：88）

还遗存有几幅碑刻表达了贵族们居住的高档住宅的情形（图1-3-34）。从沁阳东魏造像碑刻图样可见，宅第周围有廊庑，逐渐用直棂窗。还可从洛阳出土的北魏宁懋石室石刻中看到，筒板瓦屋面，庑殿或悬山屋顶，正脊两端用鸱尾。据《洛阳伽蓝记》记载，当时居住在洛阳的贵族宅院还建有园林，这对后期私家园林的发展是有直接影响的。

（四）隋唐、五代时期

隋文帝杨坚建立隋朝，结束了长达将近4个世纪的分裂局面，统一了国家。隋朝和秦朝一样，都是短命王朝，但都为后期发展奠定了基础。从隋代起即进入封建社会的中期阶段。

1. 城市建设

隋唐时期，河南境内又一轮大规模城市建设蓬勃兴起。两朝继汉东西二京之制度，仍以洛阳为东都。因洛阳的地理位置比长安适中，在政治与经济上更便于控制北、东、南三方。隋炀帝即位之初，对洛阳就有深刻的认识："然洛邑自古之都，王畿之内，天地之所合，阴阳之所和。控以三河，固以四塞，水陆通，贡赋等。"[48]遂于大业元年（公元605年）三月指派匠作大匠宇文恺营建洛阳都城。隋炀帝善享受，还在洛阳大建园林，"敕宇文恺与内史舍人封德彝等营显仁宫。南接皂涧，北跨洛滨。发大江之南、五岭以北奇材异石，输之洛阳；又求海内嘉木异草，珍禽奇兽，以实园苑"[49]。需要指出的是，隋唐洛阳都城不是在汉魏洛阳都城的基址之上，而是在现洛阳市区内。发掘表明，城池规模宏大，有外郭城、宫城、皇城、东城、含嘉仓城、圆壁城、曜仪城、夹城以及纵横如织的街道和市井等，城市布局显然是经过精心设计的。隋唐洛阳城遗址现为国宝单位。

另一大城市建设即唐代汴州城。上文所述的魏大梁城，于"公元前225年，秦将王贲久攻大梁不下，乃决水灌城，魏亡，大梁也惨遭破坏。"[50]降至汉代，开封的地位降为浚仪县，东魏、北齐在此设梁州，北周灭北齐，因梁州城临古汴水故易名为汴州，这是古代开封称汴州之始。隋废汴州复为浚仪县。唐初又复置汴州，此后直到现在，汴州、汴梁、东京、汴京、开封这一城五名国人皆知。随代开通的大运河，后代受其利，汴州城的崛起就是直接得益于汴水与大运河的连通（图1-3-35）。汴河开通，漕运繁盛，汴州的经济、军事、交通地位突出，唐建中二年（公元781年）扩筑汴州城。有史料记载，唐汴州外城周回20里155步，规模是比较大的。开封尤其在安史之乱的动荡年代里，快速发展雄踞中州，又经五代时期后梁、后晋、后汉、后周四朝国都之经营，迅速取代长安和洛阳，很快进入全盛时期的北宋东京城国际大都会时期。

2．园林建设

洛阳的园林久负盛名，汉魏洛阳城内外就有多处园林，张衡《东京赋》中就有对个别园林的描写。隋炀帝建东都洛阳的同时，就在城西建造皇家园林西苑（又名上林苑）。西苑规模之大，大到周回200里。唐代洛阳由于洛水穿城而过，伊洛夹岸，风景秀丽，加之国家经济发展，国力强盛，人民安居乐业，园林有更大发展自不待言。武则天喜别出心裁，临朝洛阳把东都易名为"神都"，这时的洛阳更是以京都之地位进行城市建设，并广辟园林。前代的西苑也随神都一起更名为"神都苑"，并于苑周筑起围墙。这时的洛阳，皇家园林、寺庙园林、京畿山水（主要指嵩山）风景园、私家园林进入了全面发展时代，其类型之多、规模之大、园林艺术之成熟，都达到了辉煌灿烂的程度。就私家园林而言，凡官邸，有宅必有园，只是大小不同，景色各异。在唐贞观、开元的百余年间就有千处之多。著名诗人白居易晚年在当时东都履道坊购置田产，建设履道坊宅园。白氏宅、园合一的履道园占地17亩，房屋三之一，水五之一，竹九之一。园主以《池上篇》描写他的宅园和居此间的惬意心境：

> 十亩之宅，五亩之园。
>
> 有水一池，有竹千竿。
>
> 勿谓土狭，勿道地偏。
>
> 足以容膝，足以息肩。
>
> 有堂有庭，有桥有船。
>
> 有书有酒，有歌有弦。
>
> 有叟在中，白须飘然。
>
> 识分知足，外无求焉。
>
> 如鸟择木，姑务巢安。
>
> 如蛙居坎，不知海宽。
>
> 灵鹤怪石，紫菱白莲。
>
> 皆吾所好，尽在吾前。
>
> 时饮一杯，或吟一篇。
>
> 妻孥熙熙，鸡犬闲闲。
>
> 优哉游哉，吾将终老乎其间。

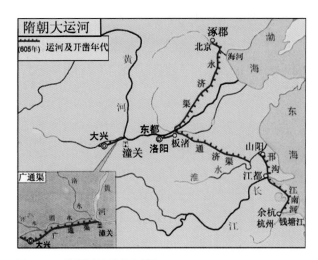

图1-3-35　隋朝大运河位置示意图

王铎先生详细研究考证，想象复原出履道园平面图（图1-3-36），在此借用供读者参考。

3．宫廷主要建筑

隋唐时期的东都洛阳城，宫廷建筑一应俱全。另有更为特殊的建筑物牵动着皇帝的心，屡次毁坏，立即重建，略举两例如下：含元殿，大殿原为隋初建洛阳城的同时所建的乾阳殿，其地位相当于现北京故宫的太和殿。该殿建成后，4次被毁，4次重建，9次更名，武则天朝易名为明堂，最后定名为含元殿。《资治通鉴·唐纪二十》中有武则天建明堂的记载，唐初"太宗、高宗之世，屡欲立明堂，诸儒议其制度，不决而止"。武则天称帝后，建设明堂的情结更甚，她怕召集更多有学问的人论明堂形制还是议而不决，干脆"独与北门学士议其制，不问诸儒"。而"诸儒以为明堂当在国阳丙己之地，三里之外，七里之内。太后以为去宫太远"来去不方便，果断决定于来年（唐垂拱四年，公元688年）"二月，庚午，毁乾元殿，于其地作明堂，以僧怀义为之使，凡役数万人"。至当年底，"辛亥，明堂成，高二百九十四尺，方三百尺。凡三层，下层法四时，各随方色。中层法十二辰。上为圆盖，九龙捧之。上层法二十四气，亦为圆盖。上施铁凤，高一丈，饰以黄金"[51]。武则天敢于打破陈规，拆除宫内最大的宫殿，在其基址上建起宏阔的明堂，并"改明堂为万象神宫"。可惜，这

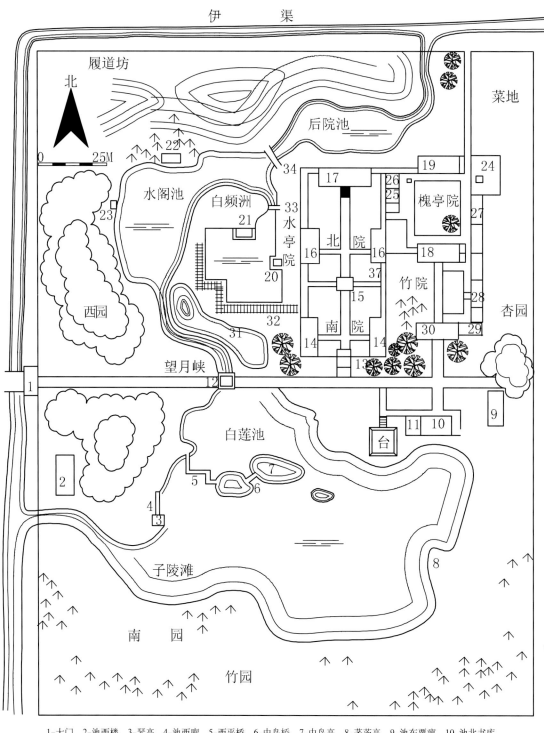

伊渠

履道坊

北

0　25M

菜地

水阁池

白频洲

后院池

34

19　24

17

26
25

槐亭院

27

23

21

33
水亭院

16　16

18

20

北院

37

竹院

32

15

中院

28

西园

31

南院

30　29

杏园

望月峡

14　14

13

台

11　10

9

白莲池

2

12

7

5　6

府门

4
3

8

子陵滩

南　园

竹园

1-大门　2-池西楼　3-琴亭　4-池西廊　5-西平桥　6-中岛桥　7-中岛亭　8-茅茨亭　9-池东粟瘭　10-池北书库
11-书楼　12.楼亭　13.府门　14-南院厢房　15-中厅　16-北院厢房　17-故事房　18-樱桃厅　19-杨柳堂　20-水亭
21-水斋（水堂）　22-竹阁　23-临涧亭　24-槐亭　25-灶房　26-庖童房　27-女僮房　28-男僮房　29-车夫房
30-马厩，东院门　31-紫阳洞　32-紫藤架　33-望月桥　34-竹桥

（据白居易诗文和部分考古发掘　简报）

图1-3-36　白居易履道坊宅园想象平面图（王铎.洛阳古代城市与园林[M].呼和浩特：远方出版社，2005：147.）

座庞大的建筑，未经几年便被人为焚毁，武氏下诏有按原规重建。天堂，僧怀义初建明堂成，遂领旨在明堂之北建更高的天堂，以贮大（佛）像。天堂五层，其高度在三层就可俯视明堂，亦即三层高起码有300尺。则天堂的总高，推测应在500尺以上。这两座大型建筑基址在洛阳隋唐都城遗址内已发掘出来，印证了史书记录的真实性。

4. 寺、庙建筑

隋唐、五代时期对于建设寺院、庙宇的热情很高，寺、庙建设就成为当时建筑活动的一个重要方面。国家和民间都以大量财力、人力、物力投入到这一活动中。如安阳的修定寺，初建于北魏，毁于北周，隋代又建，唐代全面修复并扩而大之，现存的修定寺塔虽只有单层，因艺术价值和历史价值高而成为国内名塔，国家级文物保护单位。武陟的妙乐寺建于唐代，同时建塔19座，现仅存的妙乐寺塔在当时序列第十五。河南现存独立凌空的唐塔还有41座，还幸存两座五代时期的砖塔，这足以说明佛寺建筑的兴盛，特别是上大下小、造型独特的安阳天宁寺塔，创建于五代之后周，经历代修葺现完整无缺，它以国内无二的优美身姿屹立在安阳市内，千百年来独显地标之地位，无以替代。在中国古代建筑史上有重要地位的济渎庙，是历代帝王祭祀济水河神的庙宇，初建于隋代，唐贞元年间又在济渎池后创建北海庙，现在仍是前有济渎庙，后为北海祠的景观。济源奉仙观创建于唐武则天时代，济源王屋山上的阳台宫建于唐开元年间，当下奉仙观和阳台宫仍存，均为国宝。实例太多不一一列举。

河南安阳出土的隋代白陶屋（图1-3-37），显示出传统建筑的歇山屋顶已正式形成，屋面坡度平缓，正脊、垂脊、戗脊的比例较大，排山沟滴做法已经成熟。直棂窗和三路门钉的木门比石刻画反映得更为直观真切。

唐代，朝廷的等级制度和社会人群的贫富悬殊也使住宅建筑的等级进一步拉大，甚至有天壤之别。如人们熟知的"谁家起甲第，朱门大道旁。丰屋中栉比，高墙内外环"，而作者白居易早年在洛阳南山仅居几所草庐。"朱门酒肉臭，路有冻死骨"的贫富对比性更强，因为作者杜甫出道之前居住在巩义农村寒窑里，体会更加深刻。

唐代起对于民居建设就有了明文规定，如"王公之居，不施重栱、藻井。三品堂五间九架，门三间五架；五品堂五间七架，门三间两架；六品、七品堂三间五架，庶人四架，而门皆一间两架"。[52]这种规定，影响到以后各朝代。

（五）宋辽金元时期

北宋（公元960~1127年）宋太祖赵匡胤夺取后周政权，建立宋朝，并统一了中原和南方地区，结束了五代十国的混乱局面。此时期，中国经济得到进一步发展，工商业繁荣，推动了社会全面发展。都城东京（开封）也改变了管理制度，废除夜禁，拆除坊墙，改为面街而肆，在中国城市建设史上翻开了新的一页。建筑方面也有著名的《营造法式》专业书籍问世。这些，都会推动建筑事业的发展变化。

图1-3-37　河南安阳出土的隋代陶屋（摄于河南省博物院展品）

1. 城市建设

北宋时期由于商品经济的巨大发展，城市经济在全国经济中的比重显著增加，居民人数也增多，大城市数量大量增加，"原来唐朝10万户以上的城市只有10多个，到北宋已增加到40多个"。[53]各地城市发展都很快，尤其是东京开封，很快成为人口超过百万的国际大都市。《清明上河图》以写实的手法所描绘的京城繁荣，世人皆知。宋东都京城继后周都城的基础上又进行了大规模的城市建设。太祖赵匡胤登基之初，首先派人去西京洛阳考察宫城，并按唐洛阳宫城旧制，增、扩建东京宫城。开封地处平原，无险可守，京城的防卫体系自然成为建设的重中之重。据史料记载，北宋定都开封的168年间，光是对外城的增修就有10余次，较大规模的有3次，而最大规模的一次是在神宗朝。熙宁八年（1075年），神宗派亲信宦官宋用臣督修外城，于当年八月正式开工，历经三载告竣。这次增修的开封外城，则是史料广泛记载的"成周五十里百六十步（亦有50里165步的记载），高四丈，广五丈九尺，外距隍空十五步，内空十步"的东京外城。这次增修外城，新增了城门的瓮城和外墙之马面及敌楼。墙外的城壕（时称护龙河）原设计宽为50丈，深1丈5尺。实际建成后并没有那么宽，到北宋末年宽十余丈，壕之内外，皆植杨柳，粉墙朱户，禁人往来。东京城经这次修整，墙高壕宽，防御设置完善，俨然一座封建堡垒。据考古证实，宋东京外城周长29120米左右，与文献所记大体吻合。宋都开封与中国其他早期古都不同，有宫城（又称大内）、内城和外城三重城垣（宋东京城详见第二章，此不赘述），对后世都城建设有很大影响。

北宋时期定四京，东京人们所熟知。西京洛阳，南京商丘，北京大名，当时的商丘和大名城市建设也有很大发展。当时的西京洛阳仍延续着昔日的盛况并有所发展，较唐东都多出7个里坊。尤其是宅园合一的私家园林，盛况不减隋唐，宋李格非之《洛阳名园记》就是真实写照。

2. 园林建设

园林是城市建设的重要组成部分，北宋帝王大多尚文好艺，园林建设自然高涨。宋廷大建皇家园林及其他官办园苑，贵族、高官、富商们也纷纷兴建私家花园，还有众多的寺院庙宇也建大小不等、情趣各异的园林。当时的东京城内外，园林星罗棋布，成为园林特别发达的花园之城。据粗略统计，有名可举的园林80多处。如艮岳、琼林苑、宜春苑、瑞圣园、金明池、玉津园……皆为皇家园林。艮岳系徽宗皇帝亲自参与兴建的大型园林，记载不绝于史书，在我国园林史中有很高地位。还有一座宫殿与园林合一的宫苑更值得一提。众所周知，徽宗皇帝是我国历史上著名的风流天子和昏君，他的艺术细胞很是发达，琴棋书画无所不能，他创立的"瘦金体"书法现在仍然流传。他为粉饰当朝"太平"，竟然用铜22万斤，仿夏商旧制铸九鼎，并新建九座大殿组成的九成宫用以安放九鼎。为满足其骄奢淫逸的生活，于政和三年（1113年）由宰相蔡京主持，在原皇宫以北新营建了一组园林式宫殿建筑群，名谓延福宫。延福宫工程浩大，占地面积略小于大内，由童贯等5人分别负责，各自独立设计，均极尽豪华奢侈之能事，竞相以华美富丽向徽宗争宠。童贯一伙人在建设延福宫的过程中，大量运用奇花异石，布置景观，使延福宫显得瑰丽无比[54]。北宋的灭亡，与搜遍天下奇花异草，从天下各地运来"花石纲"建起的宫殿及艮岳不无关联。静渊庄、景华苑、芳林苑……这些是皇亲国戚的园林。如静渊庄，占地百亩之大，庄主为北宋中早期李遵勖驸马，其富丽甲诸主第，园池冠京城。该园于北宋末期被宋徽宗看中，收为官有。能被徽宗帝看中的园林，其艺术水平肯定绝佳。蔡京园第、王黼园第、童贯园第等为私家园林。

3. 耸入云天的开宝寺塔

北宋王朝很重视佛教和道教，寺、观建设较后周时期有了很大发展，尤其是京城，新建寺、观林立。就数量而言，周宝珠先生在《宋代东京研究》一书中，把寺院和道观各举67座和64座分别列表加以说明。当时的相国寺，已天下闻名。京城内另一座与之齐名的开宝寺，有24个院，房屋数千间[55]。更值得注意的是，开宝寺曾先后建两座高塔，在历史上颇负盛名。先是宋廷召浙江巧匠喻浩进京领建开宝寺木塔，塔高耸入云，被誉为天下之冠。关于此塔，有文献记载："开宝寺塔在京师诸塔中最高，而制度甚精，都料匠预浩所造也。塔初成，望之不正而势倾西北。人怪而问之，浩曰：'京师地平无山，而多西北风，吹之不百年，当正也。'其用心之精盖如此。国朝以来木工，一人而已。至今木工皆以预都料为法。有《木经》三卷，今行于世者是也。"[56]这座京师最高的塔，八角13层，总高360尺。折合今公制单位（宋代1尺=0.309~0.329米），约合115米左右，惜该塔建成仅50多年，便于仁宗庆历四年（1044年）毁于雷火。辽代建于1056年的应县木塔，高67.3米，只达开宝寺塔腰而已。开宝寺木塔火灾后5年，宋廷又于1049年在开宝寺另建一座琉璃砖塔，仍名开宝寺塔，又因塔表面之琉璃釉色是铁锈红，故而俗称"铁塔"。铁塔作为开封的地标，已历经将近千年的各种自然灾害洗礼，又经受过抗日战争时期日军炮火的摧残，今仍挺立在城区之东北隅。

4. 墓葬

宋辽金元时代河南地域内的墓葬多而显赫，但都集中在北宋时期。上有帝陵，下有地主富商墓葬。帝陵就是著名的宋陵，北宋共有9位皇帝，最后两位：徽宗和钦宗当了金兵的俘虏，死无葬身之地。徽、钦二帝的祖宗们，从宋太祖（赵匡胤）至宋哲宗（赵煦）连续7位皇帝之陵墓都在巩义市，还有太祖父亲的陵墓，也是按帝陵规格营建的，故人们常称之为七帝八陵。其实，并不仅仅是8座帝王陵寝，而是8处陵墓群。其中还有21座皇后陵，亲王、皇子、公子皇孙、诸王夫人墓144座，各帝系子孙墓200余座。宋陵的规模相当庞大，位于巩义市的西村、芝田、孝义、回郭镇一带，北靠黄河，南依嵩山，总面积156平方公里。更有意思的是宋陵内还有名将勋臣墓7座，如人们所熟知的包拯，他为官一任，造福一方，以铁面无私整饬朝纲而著称。他生前对皇帝尽忠，死后被特许葬在真宗旁边继续为皇帝尽孝。这样的名臣还有高怀德、蔡齐和名相寇准等。

中原这块风水宝地深受先贤名臣的厚爱，他们深深地眷恋着这块土地。以天下为己任，曾留下"先天下之忧而忧，后天下之乐而乐"千古名句的范仲淹，身后葬于伊川县彭婆镇许营村北。墓区还有范母及范仲淹4个儿子的陵墓。北宋文坛领袖欧阳修，又是著名的史学家和金石学家，熙宁五年（1072年）卒于颍川（今安徽阜阳市）。因其名声震天，于熙宁八年赐地千亩，葬在开封府新郑县（今新郑市辛店镇欧阳寺村）。欧阳修墓地分墓和祠两部分，经历代不断修缮，保存较好。我们建筑界所熟知的李诫，在中国建筑史中有深远影响，他英年早逝，其墓地位于新郑市龙湖镇梅山脚下的于寨村西。以上几位先贤墓现均为国家级文物保护单位。著名的苏轼、苏洵二兄弟生前喜爱伏牛山风光，死后葬于洛阳南的郏县，墓地还有其父的衣冠冢，现为省文物保护单位。

5. 民居建筑

郭黛姮先生论及宋代居住建筑时曾说："中国古代的居住建筑，发展的这个时期，已达到封建时代的较高水平。住宅不仅在个体居住方面技术日趋完善，而且在对建筑人文精神的追求方面表现得尤为突出。"[57]宋朝重文轻武，文人得势，推崇儒学，注重礼教，发扬孝道。这些意识形态领域的内容，也是封建社会高峰时期北宋王朝的基本国策之一，对建筑发展起着潜移默化的作用，使得宅院规模在原来基础上进一步扩大，庭院组合秩序更强。

对于私人住宅的名谓，朝廷条律规定"私居，执政亲王曰府，余官曰宅，庶民曰家"[58]。从名称上就反映出等级之别。对于私人居住建筑形制，也有粗略规定："六品以上宅舍，许作乌头门。父祖舍宅有者，子孙许仍之。凡民庶家，不得施重栱、藻井及五色文采为饰，仍不得四铺飞檐。庶人舍屋，许五架，门一间两厦而已。"这些制度，又制约了豪门富户的住宅发展。

图1-3-38 《清明上河图》中京城内的民房

宋代民居建筑的具体形制无物可鉴，宋画《清明上河图》以写实的手法，反映了北宋东京以及京郊农村的建筑情况。《清明上河图》中的农村住宅以草屋为主，一座房屋不过三间或二间，有的墙低矮，还很简陋，这是京郊的住宅。远乡的民房，无疑更加简陋。草房在历史上也很受正人君子的青睐，北宋时期的欧阳修在其晚年知颍州时的住宅就是草房，王安石在南京钟山下的住处也是草房。王希孟的《千里江山图》似为北方乡村景色，四合院式住宅，有大门左右厢房及正房，又有正房后面带穿廊与后房组成工字形房屋的也很多，其中还有随意布置的形式。东京城内的民房密度高，因商业发达，有很多为前店后寝式的宅院（图1-3-38）。有的宅院因基地狭小，形成三面或四面房屋前坡交接的情况。这种做法适合于拥挤的城市，河南民居中仅开封有此做法，并一直延续到清末。刘致平先生把这种组合形式称为"四合头式"，[59]开封民间的确有把四合院叫做"四合头院"的现象，不过对"四水归堂"的围合与四面房屋有间隙的围合民俗语是区分不开的。

北宋时期，开封、洛阳两地的园林甲天下。开封以皇家园林为主，而洛阳则以私家园林为主，且宅园合一。这些园林互不雷同，各有特点。有的以水为主，有的以花为主，还有的以地势胜，更有司马光的园林以小巧、简约取胜。

靖康之变后，中原人口再次大量南迁，广大的中原地区战事不断，将近300年时间人烟稀少、土地荒芜，经济彻底崩溃。在这种社会背景下，人以保命为主，谈不上建筑的发展问题。直到明初，朝廷实行移民政策后建筑建设才慢慢复苏。

四、明清时期的建筑

明清是封建社会的末期，一切封建制度均已定型化。封建的自给自足经济发展到顶端，出现了资本主义萌芽，最终导致封建社会的灭亡。中国古代建筑在明清时期再次走向定型化，进入最后一次高潮时期。但因北宋以后，无论政治、经济或者是文化中心都偏离了中原地区，建设事业的发展也失去了昔日的辉煌。原来的大都市先后败落，洛阳沦落为州府级别，开封成为省城，城市规模比之京城时代缩小很多。此时河南境内的群体建筑有几处亮点：一是新乡的明朝潞简王墓，神道前配置的石像数量和种类均超过明代皇陵，明显逾制。整个墓葬规模在全国现存明代藩王墓葬中首屈一指。二是明代开封的周王府，因建在北宋和金之皇城之上，因此，也居明代各王府之首。三是开封城墙，其周长大于西安，小于南京。南京城大，因有明早期京城的基础。明清时期开封的城市规模大于多数省城。四是会馆建筑多，明朝后期，中原经济复苏，清代外省商贾纷纷在这里建设会馆，现在保存下来的会馆规模大，质量高（详见本书第五章）。

在民居建筑方面，则与国内同步发展，明代初期采取移民、鼓励垦荒、兴修水利等有效措施，农业经济得到恢复，手工业和商业方面也得到恢复和发展。尤其是制砖的技术及其使用空前发达，如长城、墙郭、佛塔、无梁殿，以及住宅、院墙等均大量用砖。河南煤炭与黄土资源丰富，烧砖便利，建筑材料的改变促进了传统建筑的结构和外形多项变化。青砖用于外墙，不怕雨水冲刷，可不用屋檐出挑的方法来保护墙体，先由硬山代替悬山，进而后檐墙封檐，留出前檐不封，显露木构架以示正统。直到全部封檐，深邃的挑檐消逝。结构方面，硬山的出现减去了山面构架，檩条直接搭在山墙上，即硬山搁檩。随前后封檐又减去檐柱。门窗洞口的形象也有很多砖券半圆，增加了新的立面构图手法。

现存河南民居中没有明代庭院遗存，有两座建筑，当地人认为是明代建筑。一座在巩义市康店镇，为4层楼房，砖木结构，门窗洞口很小。另一座在郏县临沣寨，房屋3间。还有神垕镇一座4层楼房，与康店镇的4层楼相近，现房主人只知道是明末清初时期祖宗的基业，具体年代已不可考，但至少也应为清早期建筑。

河南省博物院建筑明器馆内收藏有一座明代宅院明器，非常珍贵（图1-3-39）。该宅院为三进院，以中轴线贯穿前后，两边严格对称。大门外的牌坊门为前导，大门外八字影壁，大门坐中，内置独立影壁。前厅、中厅两侧均设有掖门，供平时前后院之间走动。后院正房为两层楼房。院落面宽较大，厢房后退露出掖门，各小庭院呈横向矩形。位于轴线上的正房全部设有斗栱，屋顶正脊、垂脊俱全，正脊施龙纹吞脊兽，垂脊兽与厢房正脊兽同，厢房只设正脊无垂脊，全部屋顶均为悬山式。整个宅院十分规整有序，主次分明。这一明器的单体建筑比例有些失调，但院落布局关系还是可信的，正好弥补了河南无明代民居庭院遗存之不足。

清朝经康乾盛世，经济发展，人口急剧增加，宗法制度在民间也更加普及，民间修建宗祠的数量最盛，为民居增添了新的内容。河南现存地上民居

A 外形图　　　　　　　　　　　　　　　　　　　　　　B 鸟瞰图

图1-3-39　河南郏县出土的明代建筑明器（摄于河南省博物院展品）

几乎都是清代时期的建筑。民居建设年代跨度最长的是寨卜昌民居和康百万家族的民居。

清咸丰以后，社会开始动荡，同治初年，豫皖苏鲁冀边区的捻军起义。河南村落大建寨墙，民居院落大门向坚固化发展。加之国情逐渐沦为半封建半殖民地的社会大背景，还有木材日趋紧张的实际困难，又逐步采用砖木混合及硬山搁檩前后封檐的式样。厅堂的前立面满做隔扇门窗转化为槛窗加隔扇门，再转化为门窗格稀疏内装玻璃，砖、木、石三雕迅速减少，即民国中后期的民居状态，为城市进入现代建筑时代作了很好的铺垫。

第四节　河南古建筑成就与现状

一、古建筑成就

河南地处中原，自古中天下而立，是中华民族的主要发源地，而且长期是我国的政治、经济、文化和军事中心，有着悠久的历史和灿烂的文化。千百年来，先民们栉风沐雨、辛勤耕耘，以卓越的智慧，在这块古老的土地上创造了无数的辉煌。在河南境内，从纵贯南北的旧石器时代遗存，到遍布各地的新石器时代聚落，裴李岗文化、仰韶文化、二里头文化形成华夏文明的源头。从历朝历代的都邑城址，到各个时期的墓葬；从精美的石刻艺术，到雕梁画栋的古代建筑，都绽放出光辉异彩。

在城市建设方面，河南有仰韶文化晚期的郑州西山古城址和龙山文化时期的多处古城址。有国家以来，都城建设更是接连不断，如夏都之阳城、斟鄩（二里头）均已发掘并得到确认。商都之西亳（尸乡沟），郑州商城和殷墟；西周东都之洛邑，东周的洛阳都城；汉魏直至隋唐再到北宋的洛阳城，2000多年间一直是都城。魏都大梁到北宋的东京也有七朝在此建都。我国原来七大古都之说，河南有三，现在八大古都之说河南独占其四（洛阳、开封、安阳、郑州）。河南城市建设史即是中国城市建设史，经历了初创期、里坊制确立期、里坊制极盛期和开放式街市期等四个阶段。尤其是开封，北

宋时期由朝廷决定，推到坊墙，面街而肆，标志着中国城市建设步入适应经济发展的城建时代。

在聚落建设方面，有仰韶文化时期灵宝北阳平30多处遗址组成的大型聚落群。其中的西坡遗址还有多处200～500平方米的大型房屋基址。郑州大河村遗址中的房屋已经转为地上建筑，脱离了穴居、半穴居之诸多不便。内黄三杨庄汉代农村遗址再现了当时的村落和农舍的具体面貌，国内罕见。灵宝的古寨堡杨公寨现在仍原汁原味地伫立在孤立的土山包上，向当今人们诉说着封建社会动乱时期人民的无奈。历史文化名村临封寨的红石寨墙仍旧坚固、古朴。古村落寨卜昌的村名还是文雅依旧，大片古民居仍能反映出昔日以农为本、经商致富的辉煌。

在宫廷建筑方面，河南首开先河，二里头一号、二号宫殿已在中国建筑史上明确被认可，殷墟已成世界文化遗产。汉魏、隋唐洛阳城宫殿遗址业已发掘。北宋宫殿史书多有记载，遗址也经探明。皇家园林、私家园林不绝于书。

在佛教建筑方面，白马寺为中国佛教寺院之祖，少林寺名扬世界，现存古塔以嵩岳寺塔为先无人否认。

河南奠定了中国"土木"的基础，并发展成中国古建筑形式的主流——木构架体系建筑。在古建筑理论和国家建设管理方面，更有《营造法式》这一杰出成就流传百世。

二、李诫与《营造法式》

《营造法式》（以下简称《法式》）一书是中国古代最为全面的营造学专著，它集制度、功限、料例等营造之大成，是中国官方颁布最早的营造法典，是研究中国古代建筑的经典著作。它问世于我国古代科学技术发展的高峰时期的北宋王朝，其作者是供职于将作监多年的李诫。

1.《营造法式》作者李诫

李诫字明仲，北宋后期官吏。因其仕途属荫官且后期官职级别较低，故《宋史》无传。仅有宋程俱《北山小集》卷33收了他的《墓志铭》（由李诫属吏傅冲益所作），附于商务印书馆1933年版本《法

式》书末，从中可知李诚的概况。《墓志铭》谓："公讳诚，字明仲，郑州管城县人。曾祖……金紫光禄大夫。祖……秘阁校里，赠司徒。父讳南公，故龙图阁直学士，大中大夫，赠左正义大夫。元丰八年，哲宗登大位，正议时为河北转运副使，以公奉表致方物，恩补郊社斋郎，调曹州济阴县尉。……迁承务郎。"⑩这段文字明确告诉我们，李诚字明仲，郑州管城县（今郑州市管城区）人，出生于官宦家庭，自小受到良好教育，于北宋元丰八年（1085年）入仕，初为济阴县尉，因工作尽职迁承务郎。

李诚荫官7年之后奉调京城，于"元祐七年（1092年）以承奉郎为将作监主簿。绍圣三年（1096年）以承事郎为将作监承。……崇宁元年（1102年）以宣德郎为将作少监。二年冬，请外以便养，以通直郎为京西转运判官。不数月，复召入将作为少监。辟雍成，迁将作监，再入将作又五年"⑪。由此可知，李诚1092年始任将作监最低官职主簿。4年后的1096年升迁为将作监承，又6年后的1102年迁为将作少监。任少监第二年的冬天即崇宁二年冬，调出将作监改任京西转运判官。李诚于1092~1103年第一次在将作监供职，时间长达11年。在京西转运判官位上仅几个月，又奉召复回将作监继续任少监。这是李诚第二次进将作监供职，时间应为崇宁三年（1104）夏或秋。又入将作因政绩显著，升迁为将作监，第二次又在将作监供职5年。从1104年推后5年，李诚当为1109年离开将作监位改任别职。

《墓志铭》开头写道"大观四年二月丁丑，今龙图阁直学士李惠对垂拱。上问弟诚所在。龙图言，方以中散大夫知虢州。有旨趋名。后十日，龙图复奏事殿中，既以虢州不禄闻。上嗟惜久之。……公卒二月壬申也。"这里说的是大观四年二月丁丑日，皇帝召见李诚的兄长，当时的龙图阁直学士李惠，问其弟李诚现在何处。答现以中散大夫知虢州（今三门峡市），皇帝即刻下旨要召见李诚。后十日，李惠上殿奏明皇帝，弟诚已故。李诚病殁于大观四年二月壬申，即公元1110年农历2月21日。

李诚自1085年荫官，至1110年卒于虢州任上，为官仅25年，享年不过46岁上下，徽宗皇帝闻才华横溢的李诚英年早逝，为之嗟惜良久，吏民怀之如久，后人也为之惋惜。

李诚一生勤奋好学，博览群书，"家藏书数万卷，手抄者数千卷"。他博学多艺能，长于书法又善于绘画，且功力深厚。其书法"工篆籀草隶皆为能品"。曾有书法作品"《重修朱雀门记》以小篆书丹以进，有旨勒石朱雀门下"。其绘画技艺不凡，深得多才多艺的徽宗皇帝的赏识并谕旨为其作画，诚以已所绘《五马图》呈进，得到皇帝称赞。李诚学识渊博，喜著书。在短暂的一生中除巨著《营造法式》外，还著有"《续山海经》十卷、《续同姓名录》二卷、《琵琶录》三卷、《马经》三卷、《六博经》三卷、《古篆说文》十卷。"⑫从这些著作名中可见李诚的兴趣广泛，知识面极宽。"公资孝友、乐善赴义、喜周人之急"，又见李诚的品德之高尚。李诚德才兼备，他长于图绘书画、音乐吏事，又深于天文算法、佛法感情，可以说是一个完美的封建社会知识分子。

李诚迁官悉以资劳年格、盖一心营职，他每升迁一步均有政绩所在。如"元符中建五王邸成，迁宣义郎；……辟雍成，迁将作监；……其迁奉议郎以尚书省；其迁承议郎以龙德官、棣华宅；其迁朝奉郎赐五品服以朱雀门；其迁朝奉大夫以景龙门、九成殿；其迁朝散大夫以开封府；其迁右朝议大夫赐三品服以修太庙；其迁中散大夫以钦慈太后佛寺成。"⑬这又说明，李诚在将作监供职期间，曾亲自主持修建过不少宫廷殿宇、府邸、寺庙等大型建设工程，积累了丰富的建筑设计、施工及工程管理方面的经验。他既忠于职守，勤政敬业；又能深入工地与工匠仔细考究，细心观察，虚心学习，不耻下问。所以能使营造技艺了然于心，有能力编著《营造法式》。

2. 李诚《营造法式》与元祐《营造法式》的关系

北宋末期流传下来的李诚《法式》，有人认为始于熙宁中，经过多次改编于元符三年定稿，崇宁二年颁行，这种说法甚为谬误，细细推敲，两者并没有关系。

其一，《法式》卷首有李诫奏请镂板《札子》，曰"契勘：熙宁中敕令将作监编修《营造法式》，至元祐六年方成书。准绍圣四年十一月二日敕，以元祐《营造法式》只是料状，别无变造用材制度。其间工料太宽，关防无术。三省同奉圣旨，着臣重别编修。"李诫在此讲的明确，元祐《法式》始于宋熙宁年间。"北宋神宗临御之初，王安石当国，百度维新，整饬庶官，明修大法。即考工营造之事，亦在规范定制之中。故由皇帝下令，命当时的将作监编修《营造法式》，至元祐六年（1091年）书成。"[64]但此书由于缺乏用材制度，以致工料太宽，不能防止各种弊端而无法使用。所以于6年之后的1097年，即宋哲宗绍圣四年十一月二日敕令，由李诫重新编修《营造法式》。

其二，李诫在《总诸作看详》中又说："朝旨以《营造法式》旧文只是一定之法，及有营造位置尽皆不同，临时不可考据，徒为空文，难以行用。先次更不施行。"李诫视元祐《营造法式》为一纸空文，根本无法施行，所以在自己编修的《营造法式》中，"各于逐项制度、功限、料例内创行修立，并不曾参用旧文。"[65]

其三，上述已知，元祐《法式》成书于1091年。而李诫入仕将作监是1092年，可以说元祐《营造法式》的编修，李诫绝未与闻。

由上述三点足以说明，李诫《法式》是自己重别编修的，并非在元祐《法式》的基础上进一步改编而成，先（元祐）后（李诫）《法式》是毫无关系的。"元祐《法式》虽已成书，实际并未镂版颁行。"也不会流传下来。

李诫撰写《法式》期间的官职是将作监丞，请求《法式》镂版及批准施行期间其官职为将作少监，官级通直郎。李诫《法式》从降旨（1097年底）编修到依奏颁行（1104初）共7年时间。

3.《营造法式》简介

李诫为官25年，其中在将作监供职先后长达16年之久，其考工庀事，必究利害。坚窳之制，堂构之方与绳墨之运，皆了然于心。故其所著《法式》具有很高的科学与实用价值而流传百世。

《法式》"总释并总例共二卷，制度一十五卷，功限一十卷，料例并工作等共三卷，图样六卷，目录一卷，共三十六卷。计三百五十七篇，共三千五百五十五条"。[66]全书体系严谨，层次井然，营造内容丰富，包举无剩。因是圣旨颁行，此书又是官方建筑设计、结构、用料和施工的国家标准。按其内容可分为：名例、制度、功限、料例和图样共五个部分，具体言之如下：

首为看详和目录各一卷。看详卷说明了若干规定和数据，如指出若用"周三经一为率"，在工程中发现因精度不足"周少而经多"，则改为"圆经七其周二十有二"；还有屋顶曲线的画法、计算材料所用各种几何形的比例；定垂直和水平的方法；按不同季节定劳动日的标准等依据；总诸作看详中还有对《法式》全书撰写的概略说明。

第一、二卷为名例，即总释和总例。总例中考证了多个营造术语在古代文献中的不同名称和当时的通用名称，确定了《法式》中使用的统一名称。消除了以前营造构件中一物多名，讹谬互传的混乱现象。总例则对若干营造工程通用数据及功限料例等作了统一规定。

第三卷为壕寨及石作制度。在壕寨制度中详细介绍了"取正"、"定平"的方法，所用工具仪器的大小及使用方法。其中包括"取方"时所用的景表板、望筒与水池景表，"定平"时所用的水平直尺；还论述了筑基、筑城、筑墙、筑临水基的施工方法和材料配比。尤其在筑临水基中明确规定了桩基、桩距的工程技术标准。在石作制度中，详尽介绍了石料造作的工序流程，雕镌的4种工艺制度，11种基本花饰和龙、凤、狮及化生之类，随其所宜分布用之。另有20种石质构件的尺寸与造作方法、构造位置。这充分反映了北宋时期石材的应用与高超的雕镌技艺水平。

第四、五卷为大木作制度，凡屋宇的结构均属于大木作制度部分。中国古代建筑经过长期发展演进，到北宋时期，以木结构为主的房屋建筑技术，已达到高度成熟的阶段，标准化设计与施工是必然的结果。《法式》最突出的贡献之一就是明文规定了"凡构屋之制，皆以材为祖，材有八等，度屋之大小，因而用之"[67]的"材份制"的基本制度，亦即当今的"模数制"。它所规定的八个等级的材的截面尺寸是与房屋的规模大小相适应的。接着又进一步指出："各依其材之广分为十五，以十分为其厚。凡屋宇之高深，名物之短长，曲直举折之势，规矩绳墨之宜，皆以用材之分为制度焉。"[68]显而易见，"材"是一个标准的矩形截面，其高为15份、宽为10份，则高宽比为3∶2。屋宇规模的大小与各部分的比例；各个构件的长短，截面大小；屋顶坡度、举折等各种外观尺度，都要用"材"的"份"数为基本"模数"，以一定的倍率推算出来。这种以"材份"为"模数制"的设计方法，是我国建筑科学技术史上的巨大进步。这种设计方法易于估工备料，便于各工种构件的分工制作和总体装配，大大简化了设计程序，提高了施工效率，对后世的斗口模数制和倍斗模数制都有直接影响。当今的"优化设计"思想与方法中，"模数制"的标准化设计也占有突出的重要地位。

斗栱是我国古代建筑中特有的构造系统，其构件复杂且繁多，组合起来《法式》中谓之"铺作"。大木作制度中用了较大篇幅记述了铺作系统各构件的形状和尺寸大小及安放位置，从四铺作到八铺作。早期的建筑仅有柱头铺作，到了宋代，铺作进一步完善。除柱头铺作外，《法式》中就明确规定了安装补间铺作，并又规定当心间两朵，次间及梢间各用一朵。这样就形成了铺作层，使之成为一个受力整体，使结构的整体性更加合理，使古建筑的结构技术又前进了一步。大木作制度还对房屋构件的梁、柱、檩、椽等的选材、规格、加工式样，出檐、举折的尺寸与营造方法均作了详细的记述。

第六至十一卷为小木作制度，凡门窗栏槛、装饰器用均属小木作。小木作制度篇幅较长，内容丰富，从门窗、栱眼壁板、垂鱼惹草的规格尺寸，到佛道帐、壁板，甚至水槽等的小件器物应有尽有，

资料十分珍贵。

第十二卷为雕作、旋作、锯作、竹作制度。该卷旋作制度中说明，可旋制各种木制明件。虽未明示旋制工具，但是可以肯定，其设备就是现在简单的车削机床。这是宋代生产工具先进，科学技术水平发达的旁证。

第十三和十五卷为瓦作、泥作、砖作、窑作制度。凡陶制砖瓦、鸱尾、兽头、琉璃制品等的建筑材料的加工制作方法、种类与规格大小、功能用途、使用方法，详尽无遗。其中，琉璃制品的釉配方，沿用至今也无大的变化。

第十四卷为彩画作制度。我国古建筑彩画到宋代有了很大发展，其水平之高，前代无可比拟。彩画作制度中记述的就有五彩遍装、碾玉装、青绿叠晕棱间装、解绿装、丹粉刷饰等五种基本彩画，另可衍生出一些新的彩画式样。这些彩画配色精确，工艺严格细腻。花饰素材多种多样，有花草、飞仙、走兽、云纹等，任人组合成丰富多彩的彩画图案。标志着中国古建筑彩画工艺技术的成熟。

第十六至二十五卷为诸作功限，二十六至二十八卷为诸作料例。李诫不惜笔墨，用长达13卷的篇幅规定功限、料例制度，一是为国理财节用，二也是反映了北宋营造管理水平之高超。功限、料例换言之，乃当今现代管理学中的"工时定额"和"材料消耗定额"。李诫"考阅旧章，稽参众智。功分三等，第为精粗之差；役辨四时，用度短长之晷；以至木议刚柔，而理无不顺；土评远迩，而力易以供"。作者在制订工时定额时考虑到了工匠的技术水平，熟练程度；季节变化带来时间长短的差别；木材质地的软硬，构件制作的难易程度；运输距离的远近，直至漕运的顺水与逆水行舟；还有劳动者的体力强弱等的诸多因素。科学合理，便于利用。细细推论，这里还包含着"能者多劳，多劳多得"的激励机制。现代管理科学的指导思想也不过如此。

第二十九至三十四卷为诸作图样。《法式》全书，图样就占约五分之二的篇幅。古代科学技术书籍，多重文而少图。而《法式》一书则不然，一改

常规，既重文又重图。"凡诸作名件内，或有须于画图可见规矩者，皆制定图样，以明制度。"《法式》开创了古代书籍图文并茂的一代新风。这些图样，绘制精确，数量众多。按其内容有：总例图、测量工具图、石作雕镌图、大木作、小木作、雕木和彩画作图样。这些图样中有房屋的平面图、剖面图，还有构件详图和名件系统图；有雕饰和彩画的平面构成图案，又有花纹素材详图。按现代图学理论分，有轴测图、正投影图和透视图。尤其是平面构成图样的变化多样，有狮子、天马、仙鹿、真人、化生等画稿的栩栩如生。足见李诫美术功底之深厚。这些图样，充分反映了北宋时期高度发达的工程图学和工艺美术学的水平，李诫的博学多艺，在此也得到了更充分的体现。

《法式》全书共357篇，3555条，其中有308篇、3272条来自工匠相传，是经久可以利用之法。有李诫搜集到的各种技术处理方法的条文，如柱侧脚、柱升起、举折、铺作设置位置等；更有书中许许多多精确、肯定的"数据"令后人叫绝。这些数据有结构中的"份"值，具体的尺寸长度；又有砖瓦、石料的规格尺寸；甚至到颜料配比中各原料的具体重量，粘结木材缝长度与耗胶几两几钱，对应的准确数字，凡此种种数据，必须来自生产第一线，才能这么详细具体，其工作量之大可想而知。

由上述可知《营造法式》一书的科学性、理论性和实用性。它对后世产生了很大影响，的确是人类建筑文化遗产中一份十分珍贵的文献。

三、河南古建筑现状

（一）历史文化名城

河南是我国现有国家级和省级历史文化名城最多的省份。由于长期的历史积淀，河南现有8座国家级历史文名城、3座历史文化名镇、一个历史文化名村；34座省级历史文化名城（含名镇、名村）。这46座名城（镇、村）具有下列几个特点[①]：

1. 历史悠久

这是河南历史文化名城的突出特点，古都洛阳素有"河山控戴，形胜天下"之誉，自夏商在其附近建都，迄今已有4000多年的城市发展史。开封、安阳、郑州等古都均有很长的城市城市建设史。省级历史文化名城新郑市，早在8000年前的裴李岗文化时期，我们的祖先就已在这里定居生息，春秋战国时的郑国、韩国在此建都500年之久，遗留下丰富的历史文遗产。

2. 建城历史早

古代的中原城邑林立，现河南境内有史前城址就10多座，其中以郑州西山古城为最早，说明郑州的城建历史已有5300多年。安阳自殷都起也有3200年的城市史，洛阳自周公建洛邑起也有3000年之久，开封自魏迁都大梁（公元前356年）足足在2300年以上。商丘、许昌、南阳建城时间也都很早。

3. 都城多

夏都全在河南，其中阳城（登封告成）、阳翟（禹州）、斟鄩（偃师二里头）已经考古证实。商初都亳（今商丘），后都西亳（一说偃师尸乡沟商城，另一说郑州商城），又都殷（安阳），自盘庚迁殷到商灭亡，光在安阳为都就273年。西周东都之成周（洛阳），东周都城的王城（洛阳）和同期的诸侯国城，诸如陈国（淮阳）、宋国（商丘）郑（新郑）、虢国、共国、蔡国、卫国……河南就有数十座。东周之后至金的十多个王朝都城或陪都都在河南这块热土上。

4. 文物古迹多

河南现存不可移动的历史文化遗产3万多处，馆藏各类可移动文物140多万件。46座历史文化名城（镇、村）聚集着大量文化遗产，其中以洛阳为最。省级历史文化名城登封，现存国家级文物保护单位16处18项，省级文物保护单位22处，市级文物保护单位165处，各类不可移动文物1000多处，为我国县级市文物拥有量之首。著名的洛阳龙门、安阳殷墟、登封历史建筑群为世界文化遗产。

5. 地理位置重要

古往今来的政治家、军事家都把中原的地理看得无比重要。"九朝古都洛阳"，自古有"天下之中"、"九州腹地"、"河山控戴"、"形胜天下"之称，为历代帝王建都的理想之地。"七朝古都"开封，乃古代天下水陆之要冲，"通江达海"、"八方通衢"、"万国咸通"、"汴京富丽甲天下"、"夷门自古帝王州"等美誉多多。安阳、商丘、许昌、南阳这些历史文化名城各有地利，"得中原者得天下"这句古话含义起码有四：一是土地肥沃，物产丰富，养君、养臣、养军队。二是天下之中，交通之枢，便于掌控八方。三是历代帝王在此建都时间最长，人民忠君的正统思想根深蒂固，便于统治。四是民风淳朴，与人友善、不排外、易交往。有这些基本的人文地理之便，才能成就长期的辉煌。

6. 名城特色突出

河南历史文名城多为帝都或府、州、县行政治所。在传统城市规划方面，既遵从严格的礼制规范要求，又有因地制宜的个性特点。北宋东京城的主要干道与城门配合紧密，相互通达，这一突出特点有别于前代都城，对后代都城建设也有深远影响。明清南阳城池因地而建，俯瞰形如梅花。明清归德府（商丘）城为防水患，城内地面形同龟背，并在南门两侧开辟水门，通向城湖。明清彰德府（安阳）城平面长方形，东西长，南北短，中轴线略偏，街道呈棋盘式布局，形成9府、18巷、72胡同。这些城市人文特色亦有差异，此不详述。

（二）历史建筑

河南现存古建筑按其使用功能分类如同本书目录所列，除宫廷建筑因年代久远未流传下来，其他种类则基本齐全。有的建筑为河南所独有，如登封的汉三阙。有的建筑国内罕见，如登封告成观星台。有的建筑群规模大，历史纯真度高，如济源济渎庙、武陟嘉应观（黄河河神庙），特别是嘉应观，建成后基本没大修过；又如南阳府衙和内乡县衙，主院建筑仍为明清原物，保存较好；再如嵩阳书院、开封山陕甘会馆、社旗山陕会馆、周口关帝庙、关林等建筑群的历史纯真度都很高。河南古建筑不仅种类多，而且价值高，以嵩山为代表的历史建筑群能成为世界历史文化遗产就有很强的说服力。我国古建筑被列为世界文化遗产的并不多，也

只有北京故宫、福建土楼和嵩山历史建筑群。前两者一是宫廷建筑，一是土楼民居，而嵩山历史建筑群则包含多种类型建筑。

河南以人文历史为主的殷墟、龙门石窟、嵩山历史建筑群这三大世界历史文化遗产，足以说明河南古建筑在世界上的地位之高。然而，河南古建筑在当今中国建筑史中却无应有的知名度，正如当下所流行的"多元一体"的中华文化说，掩盖了中原文化在中华文明中的主导作用和地位一样。

中国社会科学院李庆柱先生曾经指出："以汉族为主体的中华民族历史，已清楚地说明，'多元一体'的'文化'，不是简单的'加法'集合，任何时候，任何地区的历史发展，都不是不同'考古学'文化社会'共同体'的'半斤'与'八两'的关系。中国古代历史发展表明，至少在中古时代以前，中原地区是中国古代文明形成、国家出现的最为重要的地区，自夏商周至汉唐时代，这里又是'华夏文明'、'华夏民族'、以汉族为主体的中华民族的中心活动区域。这一历史时期，中原地区的各支考古学文化所属社会'共同体'在社会历史发展中起着主导作用。"⑳

侯幼斌先生在其《中国建筑美学》中说："源自穴居发展序列的建筑，主要展现于黄土地带的中原大地，这里恰恰是华夏文明中心夏、商、周三代活动的核心地域。因此，穴居发展序列所积累的土木混合构筑方式就成为跨入文明门槛的夏商之际直系延承的建筑文化的一部分，自然地成了木结构建筑生成的主要技术渊源。"㉑这是最客观公允的评价。

注释

① 辞书编辑委员会. 辞海[K]. 上海：上海辞海出版社，1999：3390.

② 辞书编辑委员会. 辞海[K]. 上海：上海辞海出版社，1999：3389.

③ 指断块构造中的沉降地块，又称地堑盆地。它的外形受断层线控制，盆地的边缘由断层崖组成，坡度陡峻，

边线一般为断层线。随着时间的推移，在断陷盆地中充填着从山地剥蚀下来的沉积物，其上或者积水形成湖泊，或者因河流的堆积作用而被河流的冲积物所填充，形成被群山环绕的冲积、湖积、洪积平原。如太行山中的山间盆地和地堑谷中发育着的冲积、洪积平原。低于海平面的断陷盆地被称为大陆洼地。

④ 杨焕成，张家泰．中原文化大典·文物卷·历史文化名城[M]．郑州：中原文物出版，2008：前言1．

⑤ 以上数据为2006年数据。

⑥ 河南省文物局．河南文化遗产[G]．北京：文物出版社，2007：序一．

⑦ 河南省文物考古学会．论装李岗文化[G]．北京：科学出版社，2010：149～155．

⑧ 以上参见徐光春．中原文化与中原崛起[K]．郑州：河南人民出版社，2007．

⑨ 邬学德，刘炎．河南古代建筑史[M]．郑州：中州古籍出版社，2001：21．

⑩ 同⑦参见：268～299．

⑪ 刘叙杰．中国古代建筑史[M]．第一卷．北京：中国建筑工业出版社，2003：43．

⑫ 同⑪：63．

⑬ 同⑨：23．

⑭ 参照河南博物院展品说明成文．

⑮ 河南省文物考古学会．中原文物考古研究[M]．郑州：大象出版社，2003：57．

⑯ 刘敦桢．中国古代建筑史（第二版）[M]．北京：中国建筑工业出版社，1984：27．

⑰ 安阳地区文物管理委员会．汤阴白营河南龙山文化村落遗址发掘报告·考古[J]．1980，3．

⑱ 同⑰．

⑲ "河洛地区"一词和"中原地区"词语一样，都是文化区域的概念。河洛地区通常是指以洛阳为中心，东至郑州，西抵潼关，南以汝河、颍河上游的伏牛山为界，北跨黄河晋南、济源、焦作一线。河洛地区是传说中黄帝和炎帝所代表的部落集团活动的核心地带，在以后的发展中，又以这两个集团为基础，与周围各部族集团通过长期的战争、交流、融合，最终在河洛地区的伊、洛、

汝、瀍、涧流域形成了以华夏族为主体的融合中心。

⑳ 河南省文物考古研究所，新密市炎黄历史文化研究会．河南新密市古城寨龙山文化城址发掘简报·华夏考古[J]．2002，2：53～60．

㉑ 河南省文物管理局南水北调文物保护办公室，山东大学考古系．河南博爱西金城龙山文化城址发掘简报·考古[J]，2010，2．

㉒ 刘敦桢．中国古代建筑史（第二版）[M]．北京：中国建筑工业出版社，1984：30．

㉓ 二里头文化是指河南偃师二里头遗址一至四期所代表的一类考古学文化遗存，是介于河南龙山文化和郑州二里冈文化的一种考古学文化。该考古文化主要集中分布于豫西、晋南，尤其以二里头遗址发现的该类文化遗存最具代表性和典型性，故以此命名。二里头文化是进行夏文化探索的主体内容。

㉔ "夏商周断代工程"是中国的一项文化工程，是一个以自然科学与人文社会科学相结合的方法来研究中国历史上夏、商、周三个历史时期的年代学的科学研究项目，是一个由文献学、考古学、天文学、历史学、古文字学、历史地理学和测年技术学等多学科交叉联合攻关的系统工程。该工程作为"九五"国家重点科技攻关项目于1996年5月16日正式启动，到2000年9月15日通过国家验收。二里头文化属于夏或商代，考古界早年有不同认识，断代工程的权威专家们认定二里头文化1～4期全为夏代主体文化。

㉕ 中国科学院考古研究所二里头工作队．河南偃师二里头早商宫殿遗址发掘报告·考古[J]，1974，4．

㉖ 侯幼彬．中国建筑美学[M]．哈尔滨：黑龙江科学技术出版社，1997：7．

㉗ 刘叙杰．中国古代建筑史第一卷．[M]．北京：中国建筑工业出版社，2003：134．

㉘ 邬学德，刘炎．河南古代建筑史[M]．郑州：中州古籍出版社，2001：42．

㉙ 同⑥：221．

㉚ 同⑥：200～201．

㉛ 贺业钜．中国古代城市规划史[M]．北京：中国建筑工业出版社，1996：173．

㉜ 同㉗：157．

㉝ 河南省考古工作队．河南柘城孟庄商代遗址．考古学报[J].1985，1.
㉞ 贺业钜．中国古代城市规划史[M]．北京：中国建筑工业出版社，1996：187.
㉟ 王铎．洛阳古代城市与园林[M．呼和浩特：远方出版社，2005：28.
㊱ 中国科学院考古研究所.洛阳中州路（西工段）[M]．北京：科学出版社，1959.
㊲ 戴吾三.考工记图说[M]．济南：山东画报出版社，2003：83.
㊳ 郑州大学历史学院考古系，商丘市文物局．河南民权牛牧岗遗址战国、西汉墓葬发掘简报．文物[J]·2001，12.
㊴ 同④：91.
㊵ 本例素材源自河南省博物馆展示说明。
㊶ 河南省博物馆．河南汉代明器[M]．郑州：大象出版社，2002：16.
㊷ 同㊶：205.
㊸ 张勇．河南汉代建筑明器定名与分类概述·河南汉代明器[M]．郑州：大象出版社，2002：205.
㊹ 李明哲.五经四书礼记·月令篇·[M]．乌鲁木齐：新疆青少年出版社，2002：756.
㊺ 同㊹：696.
㊻ 同㊶：297·郭灿江·河南汉代建筑明器所反映的建筑技术与装饰艺术成就.
㊼ 杨换成．杨换成古建筑论文集[M]．北京：文物出版社，2009：63.
㊽ 隋书卷三·帝纪三·炀帝上
㊾ 同㊽
㊿ 周宝珠．宋代东京研究[M]．开封：河南大学出版社，1992：3.
(51) 司马光．资治通鉴·卷第二百四·唐纪二十[M].
(52) 欧阳修．新唐书·卷二十五·志第十四·车服
(53) 同⑯：177
(54) 刘春迎．揭秘开封城下城[M]．北京：科学出版社，2009：118～120.
(55) 同㊿：565～570.
(56) 欧阳修．归田录·卷一
(57) 郭黛姮．中国古代建筑史（第三卷）[M].北京：中国建筑工业出版社，2003：589.
(58) 宋史·志第一百七·舆服六
(59) 刘致平著．王其明增补.中国居住建筑简史（第二版）[M].北京：中国建筑工业出版社，2000：42.
(60) 李诫．营造法式[M]．北京：中国书店，2006：9～10.
(61) 同(60)：10～11.
(62) 同(60)：8.
(63) 同(60)
(64) 李致忠．影印宋本〈营造法式〉说明.1991.
(65) 同(60)：42.
(66) 同(60)：41～42.
(67) 同(60)：71.
(68) 同(60)：73.
(69) 以下各点参照杨换成.河南历史文化名城概述·杨换成古建筑文集[G]．北京：文物出版社，2009：77～84.改编。
(70) 李庆柱．中原文化在中华民族形成与发展中的历史作用与地位．郑州大学学报（社科版）[J]，2006，5.
(71) 侯幼斌．中国建筑美学[M]．哈尔滨：黑龙江科学技术出版社，1997：4.

河南古建筑

河南古建筑

第二章　城市与聚落

河南城市与聚落分布图

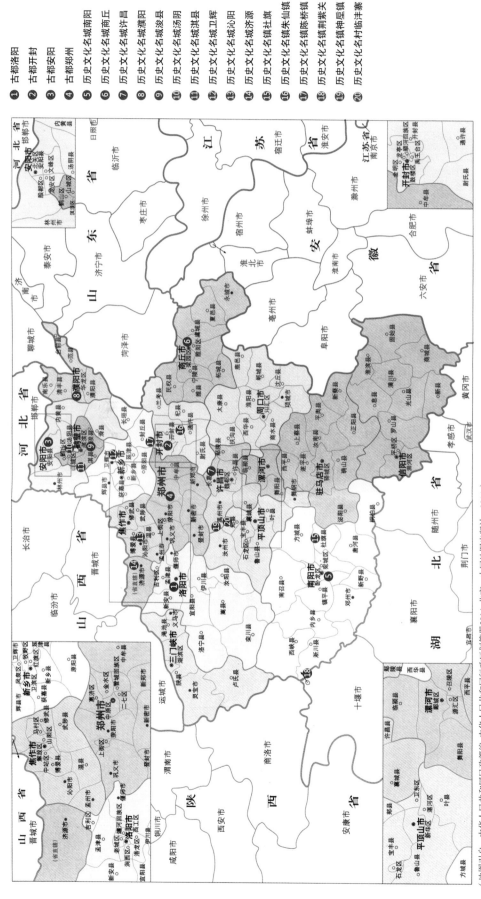

❶ 古都洛阳
❷ 古都开封
❸ 古都安阳
❹ 古都郑州
❺ 历史文化名城南阳
❻ 历史文化名城商丘
❼ 历史文化名城许昌
❽ 历史文化名城濮阳
❾ 历史文化名城浚县
❿ 历史文化名城汤阴
⓫ 历史文化名城淇县
⓬ 历史文化名城卫辉
⓭ 历史文化名镇沁阳
⓮ 历史文化名镇济源
⓯ 历史文化名镇社旗
⓰ 历史文化名镇朱仙镇
⓱ 历史文化名镇陈桥镇
⓲ 历史文化名镇荆紫夫
⓳ 历史文化名镇神垕镇
⓴ 历史文化名村临洺寨

（地图引自：中华人民共和国民政部编 中华人民共和国行政区划简册2014.北京：中国地图出版社，2014.）

河南地处华夏腹地，历史悠久，文化灿烂。拥有一大批古代的通都大邑和文化底蕴丰厚的村镇，这些城镇，有些是封建王朝的都城、有些是名胜古迹集中之地、有些是古代商埠市肆繁华之处、有些是古代民居汇聚之所、有些则是近现代革命斗争的根据地，从各个不同侧面，展示了中原地区的历史文化风貌。

第一节　概述

河南是中国最先出现城市形态的地方，通过考古工作者的探索实践和夏商周断代工程的基本判定，已经较为清晰地描绘出了中国城市诞生和早期的沿革脉络。夏王朝都城和一些早期的城邦，如"禹都阳城"、"钧台"、斟鄩（偃师二里头），还有宛丘等历史遗址都是有力的证据。河南不但是中国城市的重要发祥地，而且也较早地形成了良好的城市形态与体系。郡县制的实施和历代王朝的不断完善，使省域内府（州）、县的治所分布非常均衡，保证了农耕文明条件下的社会管理与秩序，支持了社会生产力的发展和城市文化的繁荣，留下了一大批古代通都大邑和文化底蕴丰厚的村镇，到处都有丰富的遗迹和遗物。河南境内有国务院公布的国家级历史文化名城8座，即洛阳、开封、安阳、南阳、商丘、郑州、浚县、濮阳；有建设部和国家文物局公布的全国历史文化名镇（村）4处，分别为荆紫关镇、神垕镇、社旗镇和临沣寨村；有河南省人民政府公布的省级历史文化名城（镇、村）34处，它们是许昌、禹州、济源、淮阳、淇县、汝南、沁阳、汤阴、卫辉、巩义、登封、新郑、睢县、邓州、新县、陈桥乡、竹沟镇、朱仙镇、古荥镇、铁门镇、石林乡、鸿畅镇、繁城回族镇、广阔天地乡、石桥镇、嵯峨山乡、白雀镇、泼陂河镇、芒山镇、卫坡村、小店河村、小商桥村、张店村、何家冲村等。

历史上，河南的城市曾作为都城的有洛阳、开封、安阳、郑州、新郑、商丘、淮阳、许昌等。洛阳自周以来，历东汉、曹魏、西晋、北魏、隋、唐、后梁、后晋，各朝先后建都于此。现有东周王城、汉魏故城、隋唐故城等遗址，并有西周贵族墓地、西周铸铜遗址、东周大墓和车马坑、汉代壁画墓、北魏宣武帝陵和贵族墓、隋唐含嘉仓城和含元殿及应天门旧址、白居易故居、宋代衙署庭园遗址、明福王府旧址等重要考古发现，还有龙门石窟、白马寺、关林、潞泽会馆、山陕会馆和石窟等古建筑群，其中龙门石窟于2000年列入世界文化遗产名录。另有西工兵营、八路军驻洛办事处等近现代史迹。

开封古称大梁，魏惠王九年（公元前361年）年魏国迁都于此。后梁、后晋、后汉、后周、北宋和金代晚期均建都在这里，被誉为"七代京城"或"七朝古都"。现有北宋东京城遗址，以及城墙、城门、瓮城、州桥、金明池、大庆殿、明周王府等重要考古发现，有明代挑筋教碑（犹太教碑）、明代于谦所铸镇河铁犀等重要文物，还有铁塔、繁塔、禹王台、大相国寺、延庆观、山陕甘会馆和包砖城墙等宋、元、明、清建筑，另有河南辛亥革命十一烈士墓、河南留学欧美预备学校旧址与河南大学近现代建筑群、天主教河南总修院、中共豫陕区委机关旧址等近现代史迹。

安阳为商代晚期都城，以著名的安阳殷墟宫殿区、妇好墓、甲骨文、青铜器著称于世，并列入世界文化遗产名录。还有灵泉寺石窟、修定寺塔、天宁寺塔、小白塔、高阁寺等石窟和古代建筑以及袁世凯墓等。

郑州为距今3500年的商代前期都城，发现有周长近7公里的城垣，还有宫殿区和铸铜、烧陶及制骨等手工业作坊遗址。郑州市西北有西山古城址，距今已逾5000年。郑州市内还有城隍庙、文庙、清真寺等古建筑。这里又是"二七大罢工"的纪念地。新郑为郑韩故都，城墙部分保存完好，宫殿区、墓葬区及冶铁、铸铜、烧陶、制玉等作坊均已被发现。郑国君大墓和大批窖藏青铜礼器、乐器祭祀坑，韩国王陵及青铜兵器窖藏坑，都是重大考古发现。还有后周皇陵、欧阳修墓、凤台寺塔、卧佛寺塔等。

商丘为商汤发轫之地，周为宋都，汉属梁国。现存有明归德府旧城，城墙、城门和棋盘式街道保存较好。阏伯台、壮悔堂、梁园遗址尚存。还有淮海战役总前委旧址和中共中央中原局扩大会议纪念地。

淮阳为陈国都城，楚襄王亦迁都于此，近年发掘的马鞍冢楚墓，形制巨大，又有大型车马坑，很可能是楚顷襄王的陵墓。陈胜、吴广由此立业。现存有平粮台城址、陈楚故城、太昊陵古建筑群，而弦歌台则记录了孔夫子周游列国的足迹。

许昌为魏都旧地，春秋楼、灞陵桥千古传诵。张潘故城为东汉建安元年（公元196年），曹操迎献帝所迁之许都城。明代文明寺塔、道教天宝宫建筑群，都是重要的文物古迹。

南阳为古宛城，是东汉光武帝刘秀发迹之所，其城垣遗址尚存。瓦房庄汉代冶铁遗址有重大科学价值。汉代画像石、画像砖博大精深，一大批汉碑和汉代宗子墓前的天禄辟邪大型石刻，别具一格。汉代著名的科学家和文学家张衡、大医学家张仲景都长眠在这里，其墓地保存完好。医圣祠、武侯祠等古建筑群错落有致。鄂城寺塔，钟灵毓秀。王府山，以石叠山，下有洞，上有亭，匠心独运。清咸丰八年（1858年）所建的靳岗天主教堂，规模宏大、中西合璧。

济源有王屋山，因愚公移山而名扬天下。现有奉仙观、济渎庙、阳台宫、大明寺、盘谷寺等古建筑群，延庆寺舍利塔，巍然屹立。三国时期曹魏正始二年（公元241年）开凿的沁河谷栈道，绵延近百公里，为古代重要的军事工程。五龙口水利设施，可上溯至秦汉，明代扩建，利泽至今。轵城轵国故城、留庄檀国墓地、泗涧沟汉墓、桐花沟汉墓都有重要考古发现。

浚县有大伾山、浮丘山，山上有天宁寺、碧霞宫等古建筑群和千佛洞等石窟，并有高22.4米的大石佛，还有摩崖题记和历代碑刻300余品，北齐石佛寺造像碑、唐代陇西尹公浮图和福胜寺双石塔、

宋代迎福寺双石塔、明代恩荣坊等也是重要的佛教遗迹和建筑遗存。而姚厂东汉延熹三年（公元160年）画像石墓，郑厂及贾胡庄汉画像石墓，则是重要的陵墓建筑遗存。

淇县为古朝歌所在地，现今保存有纣王墓、摘心台、鹿台等遗存。云梦山古建筑群传为战国鬼谷子曾在此授徒，孙膑、庞涓均出自其门下。青岩石窟、前嘴石窟、田迈造像碑、陈婆造心经浮图，是重要的佛教史迹。而卫国故城则有重要考古发现。

沁阳为著名的怀庆府，有金代天宁寺三圣塔，还有雄冠全省的清代清真寺。邘国故城、古长城等都有重要考古发现。窄涧谷太平寺摩崖造像、唐陀罗尼经幢是重要佛教史迹。唐代大诗人李商隐墓、明代大科学家朱载堉墓、清代台湾府分府（同知衔）张玺墓和台湾凤山县知县后升淡水厅同知曹谨墓都在沁阳。太平天国北伐军围攻沁阳达两个月之久，当年的指挥部旧址汤帝庙保存较好。

汝南历代建州设府，现保存有悟颖塔、石拱桥、北城门、天中山、开元寺、小南海等古代建筑。韩愈"平淮西碑"，颜真卿"天中山碑"都有重要学术价值。

濮阳为古帝丘之地。濮阳故城建于五代时期后梁贞明五年（公元919年），称澶州。子路墓、祠和元代唐兀公墓及碑有重要历史价值。回銮碑记载了澶渊之盟的重大历史事件。御井、四牌楼、石拱桥、八都坊保存较好。北齐李云墓、李亨墓等有重要考古发现。

汤阴历史悠久，羑里城为文王被囚处，还有演易坊、演易碑等。这里又是岳飞故里，岳庙规模宏大，门、坊、祠、殿保存完好，有各种石刻190多品，每年都有大批游人来此瞻仰。五里岗阵亡军士墓，为信陵君虎符救赵惨烈战斗的遗存。

巩义有中国封建社会著名的北宋皇陵，包括帝陵8座、后陵21座、亲王墓15座、大臣墓9座、皇室宗亲墓100多座，墓前神道石刻有很高的艺术价值。巩义还是大诗人杜甫故里。而巩义石窟寺，开凿于北魏，止于宋，有5个洞窟、1个千佛龛、3尊摩崖

造像和255个摩崖造像龛，共有佛像7743尊，碑刻题记256方，是著名的佛教艺术圣地。康百万庄园是清代大型民居建筑群。孝义兵工厂则是近代军工企业的代表。周代康北故城、隋唐洛口仓遗址、唐代黄冶三彩窑址和白河窑址都有重要考古发现。

登封是河南文物古迹最丰富的县市之一。太室阙、少室阙、启母阙等汉代建筑名扬天下，为国之瑰宝。嵩岳寺塔是中国现存最早的砖塔。法王寺塔、永泰寺塔、净藏禅师塔，有重大历史、科学、艺术价值。初祖庵、中岳庙、少林寺、法王寺、永泰寺、嵩阳书院等，都是著名的古建筑群。少林寺塔林，则是中国最大的古塔博物馆。元代观星台是我国现存最古老且完整的天文台，也是世界上观测天象较早的建筑之一。北魏"中岳嵩高灵庙碑"、唐"永泰寺碑颂并序"、"大周封祀坛碑记"、"大唐嵩阳观纪圣德感应之颂碑"和唐代"石淙河摩崖记"等，都是著名的石刻。2010年，登封"天地之中"历史建筑群列入世界文化遗产名录。

睢县即金代的睢州，其故城在今睢县城北湖下。宋代圣寿寺塔、明代吕祖庙、清代汤文正贤良祠保存较好。而县城东关有清代一条街，长800米，两旁店铺、民居均为青砖灰瓦，隔扇门窗，古色古香，庄重典雅。

邓州在隋代已有此名。史书称邓州"北依熊耳，前靠荆襄，左襟白水，右带丹江"、"六山障列，七水环流，舟车通会，地称陆海"、"东连吴越，西通巴蜀，北制郑洛，南控荆襄"，自古为中原名城。现存宋福胜寺塔、明邓州外城、清开元寺、清真寺、文庙石坊、花洲书院和清代一条街等古建筑，还有汉石华表、宋敕惠润庙额碑、大金邓州创建宣圣庙碑、大元邓州重修宣圣庙碑、明张巡故里碑等石刻。长冢店汉画像石墓、学庄南朝壁画墓都有重要考古发现。

陈桥乡位于封丘县城东南黄河北岸，历史上有名的"陈桥驿兵变"就发生在这里，由此，赵匡胤黄袍加身，建立了北宋王朝。现存东岳庙即宋太祖黄袍加身殿，清代重修，面阔三间，进深一间，歇山琉璃瓦顶。古槐一株，传为赵匡胤拴马槐，树前有清代立"系马槐"碑一通，西侧有清代立"宋太祖黄袍加身处"碑。

卫辉曾是武王伐纣牧野大战的主战场，市区西北吕村是姜太公的出生地和安葬处，城北顿坊店有比干庙，西南部有战国时期魏安釐王墓《竹书纪年》竹简出土的地方。城东南有明代建筑镇国塔，城郊有后晋时期的陀罗经幢，城内北隅有明代无梁殿式的望京楼，风格独特。徐氏祠堂、袁世凯旧居、李敏修藏书楼、王筱汀大楼、清真寺和多条古街老胡同，尽显古城风貌。

郑州古荥镇一带，曾以楚汉相争，长期对峙，终以鸿沟为界，中分天下而闻名于世。这里有战国至汉代的荥阳故城和大型汉代冶铁作坊，还有西汉纪信墓、纪公庙及唐代汉忠烈纪公碑，另有清代建筑荥泽县城隍庙。

永城芒山镇，西汉时置砀县属梁国，文物古迹非常丰富，保存西汉梁王陵大墓20余座，斩山作廊，穿石为藏，多由墓道、车马室、甬道、主室、侧室、回廊、排水设施等组成，出土有各种金器、玉器、青铜器、金缕玉衣、大型彩色壁画、陶俑、钱币等。还发现有梁孝王墓前的寝园建筑遗迹和芒山主峰顶汉代石砌礼制建筑，具有重大历史、科学和艺术价值。在芒山镇还有孔夫子避雨处和晒书台、文庙、郭塔、陈胜墓、张飞寨、高祖斩蛇碑等遗迹、遗物和古代建筑。

临颍县繁城回族镇古称为繁阳亭，东汉末年曹丕迫汉献帝退位，演出一场"禅让"的闹剧，这里改称为繁昌县，唐贞观元年（公元627年），始称繁城。这里有古代驿站和水陆码头，相当繁荣。今有汉魏受禅台及受禅碑、公卿上尊号碑，还有年代更早的战国烽火台、楚怀王墓，另有汉献帝庙、清真寺、山陕会馆、普泉寺、牛家祠堂、清代民居等古代建筑。

新安县铁门镇古称阙门，因青龙、凤凰两山对峙而得名。这里名人辈出，汉楼船将军杨仆、隋大将军上柱国韩擒虎等均是铁门人，国民党元老张钫

的故里也在此。铁门镇的文物古迹相当丰富。镇内有张钫先生所建的蛰庐和千唐志斋，后者已建成全国唯一的墓志博物馆，因珍藏以唐代为主的墓志石刻1400余件而得名，近年又新征集墓志700余件，展示了唐代近300年的文治武功及社会百态，堪可证史、补史、纠史，被誉为一部石刻的唐书。与此同时，又将新安曲沃黄河岸边悬崖峭壁上的北魏石窟，整体搬迁到这里，成为文物保护的一次壮举。另有大型道教建筑群洞真观和大批元、明、清的碑刻，以及明代顺庆寺、隋代韩擒虎墓、民国初年的张钫故居建筑群，又有铁门古街、薛村吕氏街巷，同样引人入胜。

古代的商埠有禹州、社旗镇、荆紫关镇、朱仙镇、神垕镇、石桥镇、白雀镇等。禹州为古阳翟，又是钧瓷的发祥地和药材集散地，会馆、店铺、民居等古代建筑比比皆是。如城隍庙、怀帮会馆、十三帮会馆、山西会馆等古建筑群，还有禹王庙、古钧台、文庙大成殿、天宁万寿寺等古建筑。

社旗是古老的商业集镇，保存有规模宏大的山陕会馆及火神庙等古代建筑。山陕会馆有琉璃照壁、东西辕门、悬鉴楼、石坊、大拜殿和钟鼓楼、东西廊房、药王店、马王殿、道房院等建筑。其木雕、石雕堪称一绝，有很高的艺术价值。会馆周围还有瓷器街、铜器街、山货街等，板门店铺林立，反映了昔日的商业繁盛景象。

荆紫关镇被称为"北通秦晋、南接吴楚的水旱码头"，南北五里长街有八大帮会、13家骡马店、24家商行。山陕、湖广、江西等全国各地商人云集于此。还有平浪宫、万寿宫、禹王庙、清真寺、法海寺等古建筑群，鳞次栉比，古色古香，是保存完好的古建筑经典之标本。这里为河南、陕西、湖北连接处，因"一脚踏三省"而闻名全国。

开封朱仙镇曾因岳飞大破金兵于此而载入史册，也是著名的商业集镇，明末清初曾与湖北汉口镇、广东佛山镇、江西景德镇齐名，称为全国四大名镇。现存岳飞庙、关帝庙、清真寺等古建筑群。镇内旧有木版年画作坊已经恢复。

有一些历史文化名镇（村），如临沣寨、卫坡村、小店河村、张店村等，以古代民居等古建筑为代表，彰显了丰厚的文化底蕴。郏县临沣寨为一洼地型古村落，周围千亩芦苇、百亩竹园，古寨为红石寨墙，建于清同治元年（1862年），呈不规则椭圆形，寨墙上砌墙垛800个、炮楼5座、寨门3座，寨门东西两条主街与南北两条主街呈井字形交错。寨内有号称"汝河南岸第一府"的朱家府第，还有10余处四合院民居、祠堂、关帝庙等古建筑群，成为中原民居文化中的瑰宝。

孟津县卫坡村之卫氏起源于周，康叔受封于卫，尊为始祖。卫坡村古街道建于清乾隆至道光年间，是卫氏家族兴盛时的产物。这条长不足200米的古街，在清代出了26位七品以上的官员和4位诰命夫人。古街拥有民居18所、祠堂3处、私塾1处、靠山窑28孔、天井院8处，共计房屋561间。街北民居全是五进院，街南民居全是七进院，院内石雕、木雕随处可见，屋内古代家具，屋外古树名木，令人心驰神往。

第二节 古都

一、洛阳

（一）地理位置

洛阳地处河南省西部，黄河中游南岸，洛水之滨，古时以位居洛水之阳而得名。陇海与焦枝铁路、310与207国道、连霍与二广高速在此交会。古人云洛阳地处"天下之中"，向称"十省通衢"，具有"居中而应四方"之便。

洛阳城所在的尹洛平原，北有黄河、邙山，南有龙门山、万安山，东南有嵩山，西南有周山。伊、洛、瀍、涧四水纵横其中。以洛阳为中心的河洛地区，是华夏文明的发祥地，形成于河洛地区的河洛文化是中华民族传统文化的源头和主体。洛阳为我国八大古都之一，自我国历史上第一个王朝夏代开始，先后有夏、商、西周、东周、东汉、曹魏、西晋、北魏、隋、唐（含武周）、后梁、后唐、后晋等13个王朝在此建都，被称为"九朝故都"或"十三朝故都"，是八大古都中建都最早、建都朝代最多、建都时间最长、居住帝王最多的都城。洛阳曾长期是中国政治、经济、文化、军事、交通的中心，许多影响中国历史的重大事件都发生在这里，现在洛阳的地上地下，仍保存着夏都斟鄩、商都西亳、东周王城、汉魏故城、隋唐东都城等五大都城遗址和龙门石窟、白马寺等饮誉中外的众多文物古迹。1982年，国务院公布洛阳为第一批国家历史文化名城。

（二）历史沿革

洛阳是一座历史悠久的古城。《汉书·郊祀志》载："昔三代之居，皆河洛之间。"公元前21世纪，夏王朝建立。自1957年被发现，以后又长期被考古发掘的偃师二里头遗址，学术界认为是"太康居斟鄩，羿又居之，桀亦居之"、"仲康也居斟鄩"的夏代都城斟鄩遗址。这应是最早的洛阳城。

夏代末年，商族兴起，鸣条一战，夏桀败绩，商汤灭夏后建都西亳。1983年在二里头遗址东北6公里处发现的偃师商城遗址，经过20多年的考古发掘和研究，证明它就是商汤所建都城西亳遗址。自商汤起，大约有10位商王以此为都。这是第二座洛阳城。

公元前11世纪，武王伐纣，创立西周，建都镐京。西周成王五年（公元前1038年），周公营建洛邑，即成周城。当年成王迁都成周。其后继位的康王、昭王、穆王也多居于成周。故西周之世，洛邑成周为东都，镐京为西都，周朝的王畿则跨越了两都之地。公元前770年，周平王为避犬戎之乱东迁洛邑，史称东周。从此洛邑成为周王朝唯一的政治中心。由平王至悼王，加上后来的赧王，共历14王310年，皆居王城。至周敬王继位，迁都成周城（今洛阳白马寺东）。由敬王至慎靓王，共历11王205年，皆居成周城。此一时期，"洛阳"之称开始见诸史籍，而当时所称"雒阳"，则指东周成周城。公元前367年，周王室内部发生权力争夺，韩、赵用武力加以支持，周王室分裂为西周、东周两部分。西周君驻王城，管理王城周围及迤西一带；东周君驻巩伯国（今巩义康店村），管理巩伯邑，向西达成周一带。

秦庄襄王元年（公园前249年），秦于洛阳一带置三川郡，郡治洛阳（即成周城），辖有河南（王城一带）、洛阳（成周一带）及偃师县等。秦封相国吕不韦为文信侯，食洛阳十万户。公元前206年，项羽封楚将申阳为河南王，都洛阳。公元前205年，汉王刘邦引兵东出函谷关，申阳王降汉，刘邦置河南郡，郡治洛阳。公元前202年，刘邦于汜水之阳（今山东境内）即皇帝位，当天起驾西进，定都洛阳，3个月后移都长安。公元8年，王莽篡位。西汉始建国四年（公元12年）下诏以洛阳为东都，改洛阳为宜阳。

西汉更始元年（公元23年），更始帝刘玄迁都洛阳。更始三年六月，刘秀在鄗（今河北柏乡）称帝，是为光武帝，十月定都洛阳。东汉建武十五年（公元39年），改河南郡为河南尹。由光武帝到汉献帝，历12帝196年，皆以洛阳为都。曹魏代汉，继都洛阳，至孝武帝，共6帝42年。永熙三年（公元534年）北魏分裂为东魏、西魏并各营新都，迁离洛阳。北周统一北方后，大成元年（公元579年）又以洛阳为东京。

隋开皇元年（公元581年），在洛阳置东京尚书省，寻废。又设洛州，治所在洛阳城。仁寿四年（公元604年），隋炀帝称帝，决定迁都洛阳。大业元年（公元605年），隋炀帝于故洛阳城西"十八里"处营建新都东京城。又改洛州为豫州，移州治于新都内；三年，又改为河南郡；五年，改东京为东都。隋亡唐兴，李渊称帝。唐武德四年（公元621年），废东都，置洛州总管府，辖洛州、郑州、汝州等九州；洛州辖洛阳、河南、偃师等九县。同年，罢总管府，置陕东道大行台。九年，改为洛州督府，又改置尚书省。唐贞观五年（公元631年），建洛阳宫；贞观十一年，置东都留守府。唐显庆二年（公元657年），置东都。唐光宅元年（公元684年），武则天废中宗李显，立李旦（睿宗），临朝称制，改东都为神都。唐载初元年（公元690年），武则天称帝，改唐为周，以神都为唐国都。唐神龙元年（公元705年），武则天被迫退位，李显复位，恢复唐国号，改神都为东都。唐开元元年（公元713年），改洛州为河南府，洛州、河南府均治洛阳；开元二十一年，制都畿道。唐天宝元年（公元742年），改东都为东京。唐天祐元年（公元904年），唐昭宗迁都洛阳，以为国都。其子昭宣帝继之，直至唐亡。此外，王世充所建郑国、安禄山所建"大燕"，都曾以洛阳为都。

五代时的后梁、后唐、后晋均曾以洛阳为都。此时的洛阳，也曾先后作为后梁、后唐、后晋、后汉、后周的陪都。

北宋建都开封，以洛阳为西京，置西京留守。并曾置京西道、京西北道、河南府，同时洛阳又为河南县、洛阳县治所在地。金代以洛阳为中京，改河南府为金昌府，时因隋唐宋洛阳城之残毁，便在该城东北隅别筑新城，周围不足九里，它仅为隋唐宋洛阳城极小的一部分。

自元代始，洛阳不再为京。时洛阳属河南行省，并为河南府、洛阳县所治。明为河南府、洛阳县所治，同时又为明藩王伊王朱舷（明太祖子）、福王朱常洵（明神宗子）府第所在地。清为河南府、洛阳县治所。民国建立后，废河南府，设豫西道，又改河洛道，道尹公署及洛阳县治所驻洛阳。1948年4月洛阳解放，昔洛阳县城区为市，保留洛阳县。1954年，洛阳市属省辖市。1955年，撤销洛阳县。1983年，偃师、孟津、新安划归洛阳市管辖。1986年，撤销洛阳地区，所辖各县分划洛阳市、三门峡市辖。

（三）洛阳古城

1. 西周洛邑

贺业钜先生在分析了我国龙山文化时期的聚落建设发展后指出："我们还可进一步体察到各支龙山文化在聚落建设方面的发展，是不平衡的。大抵河南龙山文化发展较快，不仅建筑技术，住房建筑改革，人工水源开发等项，均居领

先地位，而且向都邑过渡更取得了重大进展。平粮台遗址即可视为这种进展的重要标志。"②为其后的华夏族在洛阳附近立国奠定了坚实基础。

夏代初都"阳城"遗址即在今登封市告成镇，位于洛阳市东南70公里，属河洛文化地域范围（图2-2-1）。继都"斟鄩"位于今洛阳市东不足30公里的偃师市，属洛阳辖地（图2-2-2）。考古发现的偃师尸乡沟商都西亳城与夏都斟鄩相距仅6公里。

西周洛邑王城与成周城的建设经周公占卜、勘察地理形势，建成了一都两城，一为"王城"，一为"成周"城。王城居王室，成周城居殷民，总称"成周"、"洛邑"或"东都"。东周仍之。当时的成周王城规模宏大，《逸周书·作洛》篇记载：城为正方形，边长1720丈。城外另有70里见方的庞大郭城，南达洛水，北到邙山③。

考古发掘的洛阳周王城遗址与《逸周书·作洛》记载之地望相符。城四周各三门，城内经、纬道路各九条，对应四方三门。皇宫建在中央，宫殿布置有序。《逸周书·作洛》另记述王城内建有五宫；即太庙、宗庙、考宫、路寝、明堂等礼制建筑。这些建筑物的规格很高，都是庑殿顶形制，有的还是四阿重檐，并有彩画。《逸周书·作洛》还说："设丘兆于南郊，以祀上帝，配以后稷，日月星辰先王皆与食。封人社壝诸侯受命于周，乃建大社于国中，其壝（wéi）东青土，南赤土，西白土，北骊土，中央衅以黄土，将建诸侯，凿取其方一面之土，焘以黄土，苴以白茅，以为社之封，故曰：受列土于周室。"其意为又在城南郊设立祭坛及附属设施，以祭祀上帝，日月星辰和先王，都可同时在此受祭。天下诸侯受命于周，就在都城中建立社稷坛。坛之东面置青土、南面赤土、西面白土、北面黑土、中央用黄土覆盖。要立诸侯的时候，凿取其所在方位一边的土，用黄土包裹，用白茅为垫，以此作为土封，就是说从周室接受封地。社稷坛五色土的配置，意在代表国家辽阔多彩的土地，用此以示"普天之下，莫非王土"来表达"江山永固"。

贺业钜先生以古文献《逸周书·作洛》为根据，

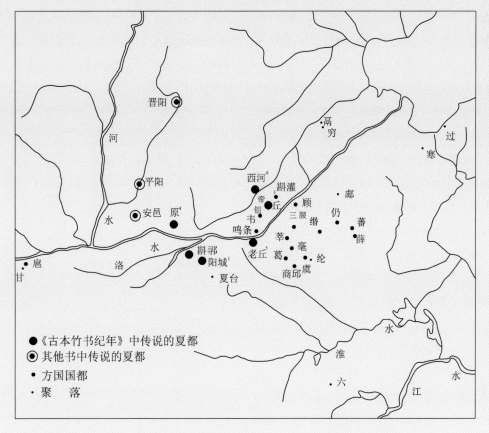

图2-2-1　夏代重要都邑分布图（贺业钜．中国古代城市规划史[M]．北京：中国建筑工业出版社，1996：128．）

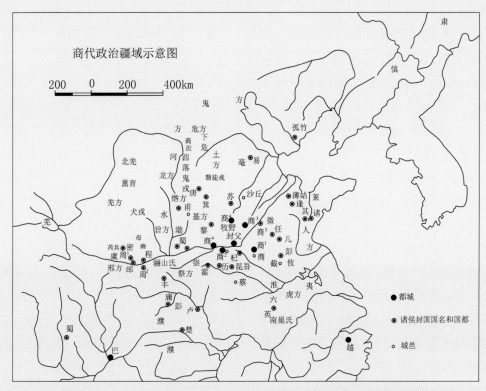

图2-2-2　商代政治疆域示意图（贺业钜．中国古代城市规划史[M]．北京：中国建筑工业出版社，1996：112．）

以《考工记》："匠人营国，方九里，旁三门。国中九经九纬，经涂九轨，左祖右社，面朝后市，市朝一夫。"④为补充，又以考古成果进一步印证，拟就洛阳西周王城规划结构示意图（图2-2-3）。图中明确了宫城的位置，宫城与朝、市和礼制建筑以及其他宫廷附属建筑的关系。市井闾里也是构成都城的重要元素，图中有了这些元素，则显出都城是完整的。

对于洛阳王城的建设，王铎先生认为："洛阳是中国古代第一次城市建设高潮中建设的国家都城，它是古代都城建设理论体系建构和营建实践相结合的划时代都城样板。"⑤是"营国制度"成熟的标志，对整个中国古代都城规划产生的影响，直到封建社会末期的明清北京规划，其规制无不按此法则延续。贺业钜先生在全面分析总结洛邑城市规划建设后，也明确指出："西周王城规划在我国城市规划发展史中，是占有极其重要地位的。它所体现的规划制度，实已成为我国古代城市规划体系中国都规划的基本制度。西周以来，我国国都规划大都是继承和发展此制传统的产物。由此可见，它的影响是何等深远。"⑥

2.汉魏洛阳城

汉魏洛阳故城，是我国古代周、汉、曹魏、西晋、北魏都城。现存遗址为国务院公布的第一批全国重点文物保护单位，国家首批重点保护的大遗址之一，2014年列入世界文化遗产名录。故城遗址位于今洛阳市区城东15公里偃师、孟津相邻处，伊洛平原中心地区。

周公营建洛邑，在此筑城，时为成周。因城在洛水之北，战国时称洛阳。秦为三川郡。西汉刘邦初都此，后迁关中。东汉光武帝建武元年（公元25年）在此定都，改洛阳为雒阳。其后曹魏定都时复为洛阳。西晋亦以此为都。北魏孝文帝十八年（公元494年）自平城迁都于此。隋大业元年（公元605年），隋炀帝在今洛阳市区建东京城，故城遂沦为废墟。因该地在汉魏两代最为繁盛，故简称称"汉魏洛阳故城"。

汉魏洛阳故城由宫城、内城、外郭城三重城圈

组成（图2-2-4）。从该城的考古发掘来看，汉魏洛阳故城是在西周城址、东周成周城、秦代三川郡和西汉初年洛阳城的基础上逐渐建立和发展起来的。

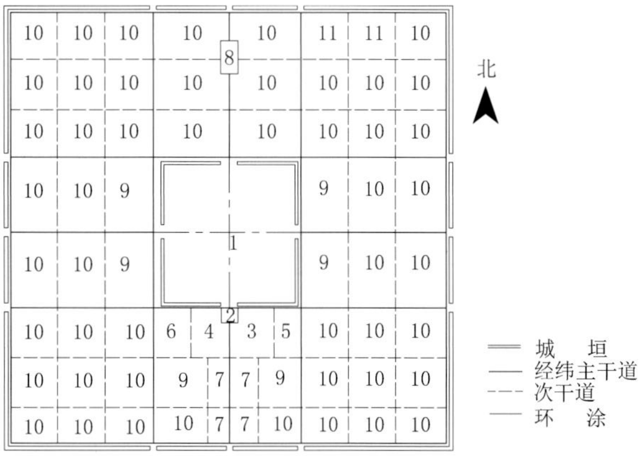

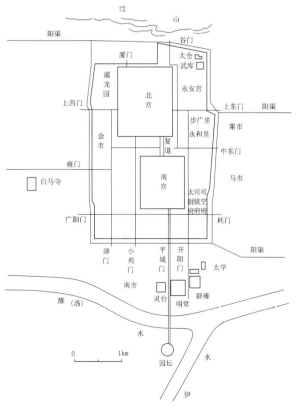

图2-2-3 洛阳西周王城规划结构示意图（贺业钜.中国古代城市规划史[M].北京：中国建筑工业出版社，1996：199.）

1—宫城　2—外朝　3—宗庙　4—社稷　5—府库　6—厩
7—官署　8—市　9—国宅　10—闾里　11—仓廪

图2-2-4 东汉雒阳城市规划示意图（贺业钜.中国古代城市规划史[M].北京：中国建筑工业出版社，1996：436.）

东汉从汉光武帝定都洛阳后，开始了165年的统治经营。汉崇火德，刘秀定都洛阳后，认为"洛"字的三点水不利于他的火德，因五行中水克火，于是洛阳变成"雒阳"。刘秀在雒阳大兴土木，起高庙，建社稷，修官室，立太学、明堂、辟雍、灵台于南郊。其盛况在张衡的历史名篇《东京赋》里有描写，如："逮至显宗，六合殷昌。乃新崇德，遂作德阳。启南端之特闱，立应门之将将。昭仁惠于崇贤，抗义声于金商。飞云龙于春路，屯神虎于秋方。建象魏之两观，旌六典之旧章。其内则含德章台，天禄宣明。温饬迎春，寿安永宁。飞阁神行，莫我能形……"刘秀还进行了一系列政治改革，特别是连续多次释放奴隶，解决严重的土地兼并问题，改善了农民的处境，农民的生产积极性提高，社会经济逐步恢复和发展，史称"光武中兴"。东汉自光武帝定都洛阳，到汉献帝共13代，达196年之久。

东汉初平元年（公元190年），董卓胁迫汉献帝迁都长安，焚洛阳宫庙及人家，繁华的洛阳城，遭到了彻底的破坏。

三国时曹魏黄初元年（公元220年），曹丕称帝建魏，定都洛阳，魏主土德，水得土乃流，土遇水则柔，故改"雒阳"仍为"洛阳"。土乃黄色，因此定年号为黄初，由此开始了对东汉雒阳城的新建与重建。魏文帝曹丕时修复了北宫的部分建筑物，魏明帝曹　大兴土木，在东汉南宫崇德殿的旧基上建太极、昭阳诸殿，又增饰芳林园等。曹魏政权重点修复北宫，起太极殿，采取了单一宫制，即宫城位于全城中轴线北端"居中建极"。居中建极的宫城上应北极星，这是中央集权得以强化的表现。单一宫制意在树立中央皇权的绝对威信，改变了中国历史上两宫并置的模式。

曹魏又将东汉旧城北城墙加厚至30米左右，并在西城墙北段、北城墙外侧增筑马面，改建大夏门，其意恐在于加强宫城的防卫。而城内高台、城墙、马面、护城河等完备防护体系的形成，则标志着它的成熟。

最重要的是，魏文帝曹丕在洛阳城西北隅兴建百尺楼，随后魏明帝曹散扩建成军事堡垒——金墉城。金墉城由南北排列的3个小城堡组成，南北长1048米，东西宽150～255米。城墙版筑而成，墙外侧筑有城垛。城东、北、西三面有护城河环绕。最新发掘表明，金墉城的3个小城堡是不同时期建造增扩的产物，只有南面的城堡才是魏明帝创建的金墉城。

公元265年，司马氏篡魏，仍都洛阳。考古发现的晋都城址平面呈不规则长方形，夯筑城墙厚14～25米。西城垣长约3500米，北城垣长2523米，东城垣长3895米，南城垣早因洛河改道而冲毁。12座城门中夏门保存最好。城里的大街与城门相通，南北向和东西向的大街各有5条。城内主要建筑是坐落在城南部的南宫和北宫，南宫是南北长1300米，东西宽1000米的长方形。北宫南北长约1500米，东西宽约1200米。此外，北宫东北靠近上东门处还有永安宫，城西北则有皇家的宫苑濯龙苑。最高的行政机构如太尉府、司徒府和司空府在南宫的东南，靠近旄门和开阳门；而储存粮食和兵器的太仓、武库则建在北宫的东北。城内东北角即上东门附近居住着达官贵族，平民百姓多生活在城外靠近城门的地方。工商业区有金市、马市、羊市。礼制建筑辟雍、太学、明堂和灵台位于城南。辟雍平面为方形，边长170米，四面各有一门，中心是边长45米的方形夯土殿基。明堂遗址在辟雍遗址西侧，平面呈方形，边长240米，中心为直径60余米的圆形夯筑殿基。灵台在明堂西侧，是我国发现最早的天文观测台遗迹，边长220米，中心是边长50米的方形夯土台基。

北魏孝文帝在太和十九年（公元495年）迁都后，即对洛阳开始了大规模的营建，宫城、内城、外郭城组成的都城，使这里达到辉煌的顶峰（图2-2-5）。宫城位于东汉北宫故地，在内城偏北部的中央位置，南北长1398米，东西宽660米。除北墙不甚明确外，其他三面宫城城墙尚存。发现宫门4座，正南门阊阖门门洞宽达46米，足见规模之宏

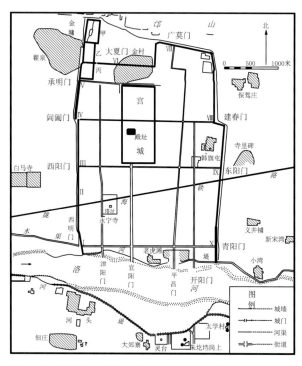

图2-2-5 北魏洛阳大城考古发掘平面图（王铎. 洛阳城市与园林[M]. 呼和浩特：远方出版社，2005：76.）

于北魏熙平元年（公元516年）的永宁寺1处。寺院遗址位于宫城南门西南，平面呈长方形，周长1060米，方形塔基出土的遗物主要是与佛教有关的泥塑。

永熙三年（公元534年），北魏王朝瓦解，这里再次沦为一片废墟，从此告别了都城的辉煌。汉魏洛阳城留下的四朝都城的遗迹，再现了随着城市范围的扩大，城市布局所发生的根本性变化：东汉至晋代，宫殿区经历了由相对分散的南北宫制向集中于城区北中部的单一宫制转化；北魏时城区扩大，汉晋洛阳城变成了内城，大部分被宫城、宗庙和中央衙署所占据，已具备了某些后世皇城的性质，外郭城内则成为主要居民里坊区和工商市场所在地。这种宫城、内城、郭城三重城垣的布局成为此后历代都城的宫城、皇城、郭城布局的祖型。

汉魏洛阳城如同在烈火中涅槃的凤凰，随着"城头变换大王旗"的朝代更迭，历经修建、焚毁、重建、焚毁、再重建，形成了古代都城的基本格局，对隋唐时期及以后的都城产生着深远的影响。

在东汉、曹魏、西晋、北魏相继定鼎的数百年里，汉魏洛阳故城在发展过程中有两次引人瞩目的变化：一是三国魏时修复洛阳宫，并在大城西北隅修建了一座具有离宫性质的小城——金墉城；二是在北魏宣武帝时兴建外郭城并筑320坊。这两次建设尤其是后者，不但在我国都城建设史上有着承前启后的重大意义，而且奠定了今汉魏洛阳故城遗址的规模：南北长10公里，东西宽10公里，面积100平方公里。如此规模，使汉魏洛阳故城成为我国甚至世界历史上最大的古代都城。

就城市规划建设而言，贺业钜先生认为特别是北魏时期的洛都建设，为中国封建社会中期之都城规划建设里程碑式的样板。其具体表现，王铎先生在《洛阳古代城市与园林》一书中总结6条，简要如下：（1）强化了宫城的城市中心地位；（2）创立了按功能分区进行城市总体规划的制度；（3）创立了集中的宫苑区；（4）创立了里坊制的城市规划形制；（5）开创了市肆均布设置形制；（6）开创了我国中古社会最大规模城市之先例。[7]这些成就，"对

伟。宫城内夯土台基密集，宫廷建筑均集中于此。内城沿用汉晋洛阳城的城垣，城门略有变更。城内街道更加规整，东西大道基本贯通内城，其中东阳门至西阳门的大道是内城的重要分界，道路以北地势较高，分布宫城、园囿、武库、太仓等；道路以南主要有衙署、庙坛、寺院和贵族宅邸等。宣阳门内通达宫城正门的铜驼街，位于全城中轴线上，宽约42米。街道两侧是中央官署以及太庙、太社、国子学遗迹。自宫城的太极殿，经阊阖门沿铜驼街抵宣阳门，过洛水上的永桥至南郭城外圜丘，构成了北魏洛阳城的中轴，虽在内城略偏西处，但基本上使宫城处于居中位置。所以，北魏洛阳城总体布局体现了帝王之居建中立极、官府外设、左祖右社的封建都城建筑原则。外郭城内主要由普通百姓居住，划分的区域整齐严密，称为里或坊。考古发现外郭城东、西二垣各距内城3500米，北垣距内城850米，至此洛阳城的东西宽度和南北长度皆达10公里，成为我国古代史上规模宏大的城市之一。文献记载北魏洛阳城有佛寺1300余座，经过考古探查的只有建

后世影响甚为深远。隋唐长安与洛阳、宋东京、金中都、元大都以及明北京等历代名都规划都是这种影响的历史见证。尽管这些名都规划，出现的形式各有不同，但仔细分析它们的规划结构，便可发现基本上都是沿着北魏洛都这座里程碑所指引的发展营国制度传统道路而规划的。特别是明北京规划，更成为继北魏洛都之后，总结后期封建社会发展传统经验，而树立的又一座里程碑。它的成就，与北魏洛都规划的指引是分不开的。由是亦更可见，北魏洛都规划对发展传统的功绩，确是不可磨灭的。"⑧

隋统一中国，隋炀帝在洛阳另辟新址，大规模营建东都洛阳。历史上曾经辉煌的汉魏洛阳城失去了往日悠久的正统地位。唐贞观六年（公元632年），洛阳县与河南府的治所从金墉城迁到东都毓德坊。从此，数百年锦绣帝都汉魏洛阳城逐渐沦为废墟。北宋史学家司马光路过汉魏故城时，面对这座城市悠远、辉煌的历史有感而发："四合连山缭绕青。三川滉漾素波明。春风不识兴亡意，草色年年满故城。烟愁雨啸奈华生，宫阙簪裾旧帝城。若问古今兴废事，请君只看洛阳城。"

3. 隋唐洛阳城

隋大业元年（公元605年），隋炀帝广营建东都洛阳城，次年迁都。隋都北据邙山，南抵伊阙之口，洛水贯穿其间。唐武德二年（公元619年），王世充废隋皇自立，在洛阳称帝。武德四年唐平王世充，毁洛阳宫阙，废隋东都。至唐显庆二年（公元657年）恢复东都。武则天光宅元年（公元684年）改称神都，天授元年（公元690年）建都神都。神龙元年（公元705年）唐中宗复位，复称东都。安史之乱中，安禄山、史思明等先后在洛阳称帝，战乱中宫室焚烧，十不存一，坊市皆空。唐天复三年（公元903年）昭宗迁都洛阳，曾修缮城郭宫室。五代时梁、唐、晋以洛阳为都，沿用此城。北宋末年金兵南下，洛阳城毁于战乱。前后历时500余年。1954年以来，中国社会科学院考古研究所对城址进行全面的勘测，一直持续至今。今隋唐洛阳城遗址，位于洛阳市区及近郊，南望龙门，北依邙山，东逾瀍水，西至涧河，洛水横贯其间。1962年被公布为全国重点文物保护单位。

隋唐洛阳故城规模巨大，分为外城、皇城、宫城三重城垣，外城周长28公里，城垣全部以夯土筑成，基址宽15～20米。城平面大致呈方形，东城墙长7312米，南城墙长7290米，西城墙长6776米，北城墙长6138米，墙下有石板砌成的下水道。

城内街道纵横相交，宽窄相配，由街道分割成众多的里坊，形成棋盘式的城市布局。根据《唐六典》记载，城内分布有103坊，现已探明的有64坊。坊的平面呈正方形，边长500～580米不等，每坊的四周都筑有围墙，墙的正中辟有门，坊的正中设有十字街。里坊是居民宅院、各宗教寺庙以及中央或当地行政机构的所在地。里坊的街巷布局包括：东西南北大街、环坊墙内侧的街巷和其他一些小的巷、曲。这样十字街再加上小的巷、曲相隔，就构成了隋唐洛阳里坊的内部结构，居民住宅就分布在诸巷、曲之内。郭城内1/3的里坊分布在洛河以北，大抵贫寒人家居多，其余分布于洛河以南，多为达官显贵的邸宅，不少被精心营建为园林，其中最负盛名的有：白居易履道坊宅院、李贺在仁和里的住宅、牛僧孺归仁园和午乔庄绿野堂等。

郭城南门定鼎门始建于隋大业元年（公元605年），定鼎门隋代称建国门，唐高祖武德四年（公元621年）平定王世充后改称定鼎门。定鼎门三门道为过梁式建筑结构，门址系以城门楼为主体，两侧为一字形阙楼，其间以城垣相连接的建筑群。整个遗址由门址墩台、门道、阙楼、飞廊、马道、过水涵道、郭城南垣、门外道路和水渠等遗迹组成。由隋唐至北宋，定鼎门的基本格局没有发生重大变化。

皇城，名曰太微城，是唐王朝的外朝所在地。皇城长1817步，广1378步，周4930步，城墙高3.7丈，为隋唐两京面积最大的皇城。

都城建筑群最为壮丽者是皇城和宫城。建筑造型宏伟，庭院明朗开阔，象征封建政权至高无上。皇城位于洛河北都城的西北角地势最高亢的地方，南起今洛河桥，北至今烧沟村，东起今老城北大

街，西至今西工电影院这个方形区域内。它区别于西京长安皇城在都城正中北部的布局，其原因之一是自然地理条件，皇城轴线"七天建筑"要对准伊阙，使其符合风水格局。城中纵横各有四条街，皇城正南对准定鼎门和天津桥的端门。

宫城，位于皇城北，名曰紫微城、紫微宫，武则天时期号太初宫，是唐朝皇帝举行大典、接见外国使节和皇族宴饮起居之处，相当于明清故宫的内廷。紫微宫长1620步，广805步，城墙高4.8丈，皇城内北为宫城。宫城的正南门应天门址在今周公庙西侧的定鼎路上，门两侧有垛楼，垛楼外置阙楼，两者之间有长廊相连（廊长38米，宽约11米）。由此可见应天门城楼的宏大景象（图2-2-6）。

武则天时期所建天堂、明堂遗址均已发掘。这

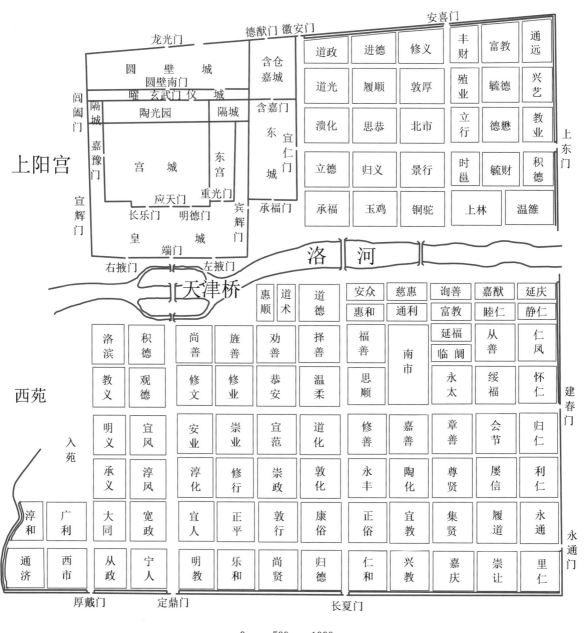

图2-2-6 隋唐洛阳城市规划图（王铎. 洛阳城市与园林[M]. 呼和浩特：远方出版社，2005：106.）

两座建筑是东都洛阳宫城内最高大的建筑，它们一改皇宫中轴线主殿为单层的传统，使洛阳宫殿宇的立体轮廓和风貌气势显得更加辉煌壮丽。

关于明堂与天堂，《资治通鉴》均有记载："太宗、高宗之世，屡欲立明堂，诸儒议其制度，不决而止。及太后称制，独与北门学士议其制，不问诸儒。诸儒以为明堂当在国阳丙己之地，三里之外，七里之内。太后以为去宫太远。二月，庚午，毁乾元殿，于其地作明堂，以僧怀义为之使，凡役数万人。"这一段记述的关键是武则天欲在宫城内建明堂，因没有合适的地方，便拆掉庞大的乾元殿，利用其基址建明堂。于是，武则天在垂拱四年（公元688年）二月以僧怀义主持毁殿建堂。同年12月"明堂成，高二百九十四尺，方三百尺。凡三层。下层法四时，各随方色。中层法十二辰，上为圆盖，九龙捧之。上层法二十四气，亦为圆盖，上施铁凤，高一丈，饰以黄金。中有巨木十围，上下通贯，栭栌楢（què）藉以为本。……又于明堂北起天堂五级以贮大（佛）像；至三级，则俯视明堂矣。"⑨

明堂体量巨大，共3层，通高（按唐小尺1尺等于30厘米计，以下同。）88.2米。底层平面正方形，边长为90米。法四时即象征春夏秋冬四季，所对应的方位是东南西北。各随方色，亦即青红黄黑。

位于明堂北边的天堂更加高耸，三层可俯视明堂，说明天堂的三层已高过88.2米。再加两层和屋顶的高度，总高度应不低于125米。初次建的天堂，寿命短暂，《资治通鉴》对此记载如下："天堂建成后，被风所摧。又重构之，日役万人，采木江岭，数年之间，所费以万亿计，府藏为之耗竭。"⑩这是第二次建的天堂，好景仍然不长，于天册万岁元年（公元695年）正月，被大火焚毁，其火焚原因竟是如此离奇："丙申，张像于天津桥南，设斋。时御医沈南璆亦得幸于太后，怀义心愠（yùn），是夕，密烧天堂，延及明堂。火照城中如昼，比明皆尽，暴风裂血像为数百段。太后耻而讳之，但云内作工徒误烧麻主，遂涉明堂。……太后乃御端门，观如平日。命更造明堂、天堂，仍以怀义充使。"⑪

这段记述让人们知道了，因御医得幸于武则天，引起怀义妒恨而密烧天堂。冲天大火自然会殃及距离较近的明堂。这座高耸入云的天堂和体量庞大的明堂，更建仍由怀义负责。更建之天堂则是第三次建造。同一时期，太后又建天枢，高一百五尺，径十二尺，八面，各径五尺。下为铁山，周百七十尺，以铜为蟠龙麒麟萦绕之，并亲书其榜"大周万国颂德天枢"；铸九鼎，豫州鼎高丈八尺，其余各州鼎高丈四尺。共用铜五十六万七百余斤。

由上述可知，天堂、明堂等建筑在历史瞬间屡毁屡建，封建皇帝如此折腾，令人发指。

"安史之乱"中，安禄山、史思明等先后在洛阳称帝，战乱中宫室焚烧，十不存一，坊市皆空。唐天复三年（公元903年）昭宗迁都洛阳，曾修缮城郭宫室。五代时梁、唐、晋以洛阳为都，沿用此城。北宋以此为西京，居住众多达官贵人，私家园林遍布全城，一派繁华。金兵南下，洛阳城毁于战乱，其后即为金明洛阳城。金正大元年（1224年），以洛阳为中京，在隋唐洛阳城的东城旧基上筑新城，规模只有隋唐东都城的1/20。明洪武六年（1373年），改原土城墙为砖筑城墙，高四丈，宽三丈，四面各开一门，门上建阙楼，外筑月城。城外有城壕，深五丈，宽三丈。清代沿用明制，城内有东大街、西大街、南大街、北大街四条主干道，将全城分为东南、西南、东北、西北四隅，隅内置街坊。东关、西关、南关也置街坊。俗称"九街十八巷七十二胡同"。

明代的福王府，清代改作知府衙门，清代曾作为光绪皇帝行宫，民国时又改为河洛道尹衙门，1932年国民政府由南京迁洛，也驻在这座衙门内。它是元、明、清洛阳城内最大的建筑群。另外还有位于东关的老子故宅、位于东大街的董宣祠等。

金、元、明、清洛阳城，实即今日洛阳老城之前身。直至近现代，依然大体上保留着明清传统风貌。尤其是东大街、西大街，两街共长1700米，宽7米，青石板铺地，两旁建筑多为一层或二层，店铺相连。按照清明风貌和商业步行街的要求，街道已进行了恢复、重建，并恢复、重建了钟鼓楼，西城门丽景门及两侧部分城墙。有代表性的传统民居如位于南关的庄氏住宅群、位于营林街的史家大院等，仍大体保持原貌。真不同饭店、德胜楼饭庄、合盛栈食品店等，都是著名的"老字号"。

优越的自然、地理环境，独特的历史地位，深厚的文化底蕴，使得洛阳自古以来就造就和形成了独具特色的民情民俗、地方风物。在中国文学艺术上，洛阳谱写了极为华美的篇章。《诗经》中的诗歌、《尚书》中的散文，不少出自洛阳。贾谊辞赋、虞初小说、汉魏文章、唐诗宋词，记录了洛阳的繁华风流。左思"《三都赋》成，洛阳纸贵"，更传为文坛千古佳话。周公所作之乐、唐代在洛阳演出的大型乐舞《神功大乐舞》、吴道子在洛阳上清宫所绘《五圣图》、龙门石窟等展现了洛阳艺术的无限魅力和巨大成就。

二、开封

（一）地理位置

开封，古称大梁，又称汴州、东京、汴京、汴梁和祥符等。地处黄河下游南岸，豫东大平原中心地区。东临豫东门户商丘，西连省会郑州，南接许昌、周口，北靠黄河，与历史名城濮阳隔河相望。

开封交通十分便利，陇海铁路和欧亚大陆桥——连霍高速公路东西横贯全境，京广、京九两大铁路左右为邻，黄河公路大桥横跨南北，310、106国道纵横交会，日南（日照至南阳）、大广（大庆至广州）两条高速公路穿境而过，目前已形成了东西贯通、南北连接、干支结合、四通八达的交通新格局。境内地势平坦，土质疏松，市内湖泊众多，河道纵横，素有"北方水城"之称。

开封居中原腹地，古代区位优势明显，北据燕赵，南通江淮，西峙嵩岳，东接青齐。历史上经济富庶，水陆交通方便，利于居内控外，为历代兵家必争之地，是帝王立国建都的理想之城。所以，金人李汾有"琪树明霞五凤楼，夷门自古帝王州"之诗句。开封也是一座人文与自然景观交相辉映的城市，具有"文物遗存丰富、城市格局悠久、古城风貌浓郁、北方水城独特"四大特色，史有"一苏二杭三汴州"的盛誉，是中国八大古都之一。1982年被国务院公布为第一批国家级历史文化名城。

（二）历史沿革

春秋时，开封境内有仪邑和启封两座城邑，仪邑系卫国属地，启封是郑庄公在郑国东南修筑的一座储存粮食的仓城，取"启拓封疆"之意，故名"启封"。

战国时期，魏惠王为争霸中原，于魏惠王六年（公元前364年），把都城从安邑（今山西夏县）迁至大梁，这是开封建都之始（图2-2-7）。秦王政二十二年（公元前225年），秦派大将王贲攻魏，由于大梁城池坚固，久攻不下，王贲就引黄河水经鸿沟水灌大梁（见图2-2-8），魏国灭亡。大梁城在滔滔黄水中化为废墟一片。

秦设浚仪县于大梁，与启封县同属砀郡。

汉高祖五年（公元前202年），封彭越为梁王；十一年，彭越谋反被杀，刘邦封子刘恢为梁王，浚仪属梁国。汉景帝元年（公元前156年），为避景帝刘启名讳，"启封"更名为"开封"，开封之名由此而来，在众多称谓中是最响亮的一个，并一直沿用下来。

东魏孝静帝天平元年（公元534年），设立梁州，浚仪首次成为州治。北周武帝建德五年（公元576年），占领梁州，因城临汴水，故改称"汴州"。

隋大业元年（公元605年），隋炀帝为沟通南北交通，开挖通济渠（亦称汴渠）。自东都洛阳西苑引谷水通黄河，又自荥阳牛口峪引黄河入汴水、淮河，连接邗（hán）沟，通达长江。汴渠成为江南和西北连接的水上干线，经济文化交流的要道。汴州临汴水（图2-2-9），因扼其咽喉要道，由一般的郡县一跃而成为水陆交汇之中心，其地理位置日趋重要。对封建社会中期的开封城市发展，起了决定性作用（图2-2-10）。

唐延和元年（公元712年），开封县治移入汴州城，和浚仪县同为汴州附郭，原来的县治废除。唐建中二年（公元781年），节度使李勉重筑汴州城，

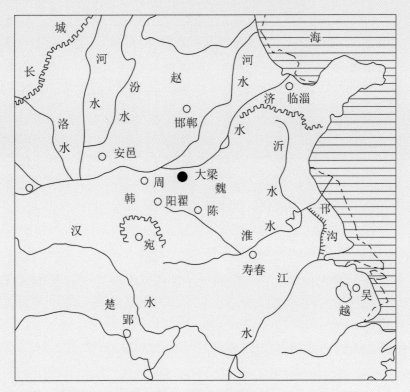

图2-2-7 战国时期大梁城位置示意图（白寿彝．中国通史．）

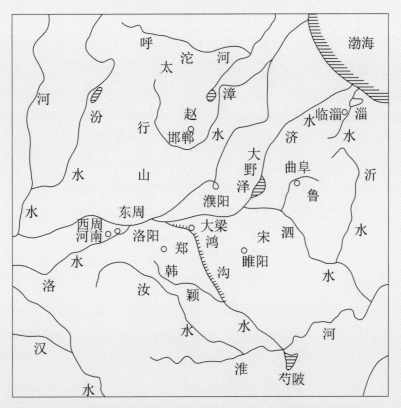

图2-2-8 战国时期开封水系图（刘迎春．考古开封[M]．开封：河南大学出版社，2006；9．）

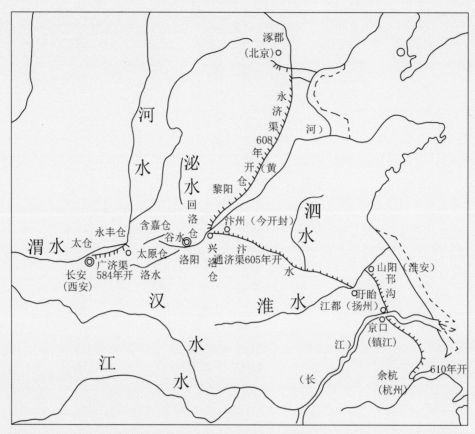

图2-2-9　隋代大运河位置图（刘迎春．考古开封[M]．开封：河南大学出版社，2006：31．）

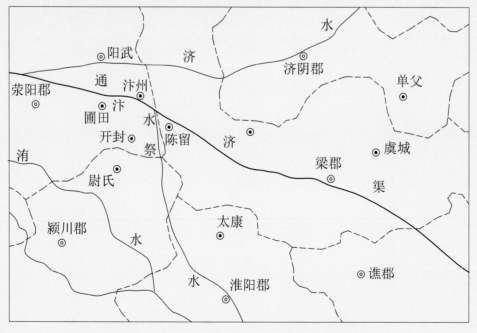

图2-2-10　大运河通济渠段位置图（刘迎春．考古开封[M]．开封：河南大学出版社，2006：31．）

同时治所从商丘移到汴州，辖领汴、宋、颍、亳经济发达的四州，浚仪、开封两县仍属汴州。唐节度使李勉这次所筑的汴州城，"为五代乃至北宋在开封定都打下了坚实的基础，对后世开封的发展影响很大。五代时期的都城和北宋东京城的里城，就是在李勉所筑城垣的基础上加固增补而成的。唐代的汴州城，就是今日开封城的雏形。汴州城内节度使的衙署，五代时期因经济拮据就直接利用其作为皇宫，北宋时期才加以扩建改造。之后的金皇宫，明周王府也都是在这座牙城的基础上扩建、改建而成"⑫的。

五代后梁开平元年（公元907年），朱温取代唐朝，建梁朝（史称后梁），定都汴州，称东都，升汴州为开封府；后唐灭后梁，李存勖迁都洛阳，降开封府为宣武军驻地，仍称汴州；天福元年（公元936年），契丹灭后唐，立石敬瑭为晋地（史称后晋），都汴，号东京，又升汴州为东京开封府；天福十二年，刘知远改国号为汉（史称后汉），都汴，仍称东京；广顺元年（公元951年），郭威取代后汉，改国号为周（史称后周），仍都东京。后周显德二年（公元955年），周世宗下诏扩建东京外城。

公元960年，赵匡胤发动陈桥兵变，建立了北宋政权，定都开封，史称东京。北宋时期，开封得到空前发展，人口上百万，富丽甲天下，成为全国政治、经济、军事和文化的中心，也是当时世界人口最多，经济、文化最为发达的都市。其繁荣景象，在著名画家张择端所绘《清明上河图》上得到生动的表现。开封都市规划之宏伟、商业之发达，对后代中国城市的发展产生了重大的影响。

金灭北宋后，称开封为汴京。金帝完颜亮为了把开封作为进攻南宋的跳板，曾进行过一番营建。于正隆六年（1161年）迁都开封。三个月后发生兵变，完颜亮被部下杀死，金又把国都迁回燕京。金末为避蒙古军进攻，金宣宗贞祐二年（1214年）再次迁都开封，直到天兴元年（1233年），蒙古军占领了汴京城，汴京作为金朝末年的国都，将近有20年的时间。

元代在开封设南京路，后改为汴梁路，"汴梁"得名于此。元在全国分设11个行中书省，开封则为河南江北等处行中书省省会。这是河南称"省"的开始，也是开封为河南省会的开端。开封从此成为一个地方性行政中心。元朝末年，刘福通领导的红巾军于至正十八年（1358年）五月攻占汴梁，建国号为宋，年号"龙凤"。

明洪武元年（1368年），改汴梁路为开封府。洪武十一年朱元璋封第五子朱橚为周王，驻开封。崇祯十五年（1642年）李自成曾率农民起义军攻打开封。城内官军为阻止起义军攻城，在开封北的黄河大堤扒口两处，使城外一片汪洋，洪水过后，城内原有的37万多人口，除去少数外逃者，大部溺死，仅剩3万多人。

清代在被黄河洪水冲毁的明代城垣的基础上重建开封城。康熙元年（1662年），因袭明制重修城墙、城门。道光二十一年（1841年），黄河自张湾决口，水自南门入城，城内积水深丈余，水浸八个月之久。水退后周围村庄多被沙土淤没，开封城墙亦破败不堪，故道光二十二年又重新修筑，这便是现在的开封城墙。

（三）开封古城

开封古城由来已久，作为帝都，有史料可溯自夏代。《竹书纪年》记载，夏朝第7代皇帝（根据国家2000年公布的"夏商周断代工程"研究成果）帝杼（zhù）五年，"自原迁于老丘"。"原"，位于今河南济源市西北。帝杼五年迁都"老丘"。老丘位于今开封市东20公里处，如图2-2-1所示。按《皇极经世》版夏商周断代的历史年表记，"杼，少康之子。公元前2057年～公元前2041年在位。共17年。"这样算来，老丘帝都距今已4000年以上。老丘帝都时期，一直经营7代，延续到夏第13代皇帝从老丘迁往别处。夏的7代皇帝拉开了古都开封在中国古代城市建设发展史上的序幕。

开封因是战国时期的魏，五代时期的后梁、后晋、后汉、后周，北宋以及金的建都之地，故被誉为"七朝古都"。七朝所建京城城池以及明清开封

城，跨越了2000年时空，坐标位置基本不变。其他京城如洛阳，周王城、汉魏洛阳城、隋唐洛阳城都是弃旧城址别处建新城；西安的镐京、秦都咸阳、汉唐长安等京城分布面比洛阳还要大些。唯有开封，基本原地不动，不能不说是中国都城建设史上的一大奇观。

1. 魏都大梁城

战国时期的魏国魏惠王为图大业，实现称霸中原之目的，于公元前365年，把都城由安邑（山西省夏县）迁于大梁，并修筑了一座大梁城。国人熟知的七朝古都开封，便是起自大梁城，至今将近2400年历史。考古工作者大致探明了魏都大梁城的位置，即与今城墙部分重合，稍偏西北。大梁城共12座城门，东为夷门，在今铁塔附近。西为高门，位于今西城墙外约5里之地。据高门和夷门间的距离及方向推算，大梁城的南城墙大约在今天相国寺前面东西一线，北城墙大约在城北4公里之处。与今开封城比较，面积略大（图2-2-11）。

公元前225年，秦将王贲攻魏，经鸿沟引黄河

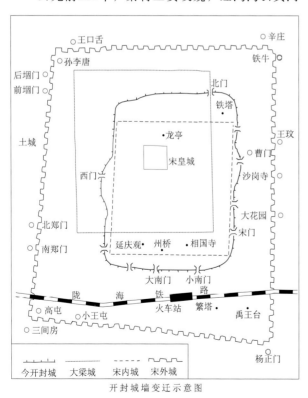

图2-2-11 开封城墙变迁示意图（刘顺安. 开封城墙[M]. 北京：燕山出版社，2003：22.）

水灌淹大梁，历时三月有余，大梁城坏，魏王降。这是开封第一次毁灭性水灾。历经两千多年，魏大梁城现被深埋于地下10余米。

大梁是开封历史上第一个强盛的时代，作为战国七雄之一的魏国都城，大梁闻名当世，其繁华程度比肩当时楚国都城郢、赵国都城邯郸、齐国都城临淄、秦国都城咸阳。魏都大梁从公元前365年～公元前225年，共传7代国君，140年。春秋战国时代是中国历史上变革巨大、天翻地覆的时代，也是能者辈出，处士横议的时代。曾经繁盛一时的魏国，在连年的诸侯争霸战争中很快走完了它的光辉历程。

城破文化在，战国时期与魏国、与大梁城有关的历史事件、典故和载入史册的人物不可胜数，经过长时期的淘洗、凝炼、积淀，升华为成语典故。"鸿沟"一词，可谓国人皆知，当人们比喻"难于跨越的障碍"时，往往用"不可逾越的鸿沟"。鸿沟一词在汉语言文学里使用频度较高，岂不知它就是大梁城边的一条运河。魏惠王为发展经济，强盛国力，曾两次兴工开挖了鸿沟。它西自荥阳以下引黄河水为源，向东流经中牟、开封，折而南下，入颍河通淮河，把黄河与淮河之间的济、濮、汴、睢、颍、涡、汝、泗、菏等主要河道连接起来，构成鸿沟水系。鸿沟有圃田泽调节，水量充沛，与其相连的河道，水位相对稳定，对发展航运很有利。它向南通淮河、邗沟，与长江贯通；向东通济水、泗水，沿济水而下，可通淄济运河；向北通黄河，溯黄河西向，与洛河、渭水相连，使河南成为全国水路交通的核心地区。鸿沟的开凿，为后来南北大运河的开凿创造了条件。鸿沟作为河流早已消失，作为文化的一个元素却经久流传。又如成语"四分五裂"、"尧舜牧羊"、"犹豫不决"、"排忧解难""围魏救赵"、"窃符救赵"、"五十步笑百步"、"抱薪救火"、"南辕北辙"……这些都是流传千古，人们耳熟能详的文化经典。

2. 唐汴州城

北周时开封名汴州。隋初因之，大业初州废。

唐武德四年（公元621年）复置，天宝元年（公元742年）改称陈留郡，其后又复为汴州。后梁开平元年（公元907年）升为东都开封府，是为都城。其后虽一度迁都洛阳，开封改为陪都，但都、府名称不废。后唐都洛阳，同光元年（公元923年）罢东京开封府，降为汴州。后晋天福三年（公元938年）复都汴州，又建为东京开封府。自此历后汉、后周入宋，因袭不变。唐廷和元年（公元712年）始，以浚仪、开封两县为附郭，故址在今河南开封市。

自隋开凿通济渠，汴州因"北控燕赵、南通江淮"，扼漕运要冲，而逐步发展成为联系南北漕运的枢纽，成为资源富饶的水陆都会。唐初汴州城仅周五里，为节度使的牙城。到唐中期，建中二年（公元781年），永平军节度使李勉增筑罗城及城内主要建筑，城周二十余里。水道网的修复和都城的拓建，使之成为中原经济、军事重镇（图2-2-11）。为其后五代时期的四代定都开封提供了便利，也为北宋东京开封的高度繁荣创造了条件。考古专家刘春迎说："唐汴州城的兴建，大大改变了原开封的城市格局，基本确定了今日开封城的雏形，在开封市发展史上是继战国时期魏惠王修筑大梁城之后的又一里程碑式的事件，对后世开封城的发展影响深远，意义重大。……就连部分城门的名称也一脉相承，千年沿袭，如今开封城墙的东门河西门仍分别叫宋门、曹门河大梁门，其名称就是源自唐代的汴州城。"⑬

3. 五代时期的开封城

在我国历史上，唐朝和宋朝之间曾有过封建社会中最后一次的大规模分裂割据时期。从公元907年朱温代唐称帝到公元960年北宋王朝建立的53年间，中原地区相继出现后梁、后唐、后晋、后汉、后周等五代王朝，中原以外存在过吴、南唐、吴越、楚、闽、南汉、前蜀、后蜀、南平、北汉等十个小国，周边地区还有契丹、吐蕃、渤海、党项等少数民族建立的政权，史学上称之为"五代十国"。公元907年，朱温篡唐建立后梁，这是五代的开始；公元923年，盘踞太原的晋王李克用之子

李存勖（xù）灭后梁，后唐建国都洛阳；公元936年石敬瑭建立后晋；公元947年，刘知远建立后汉，收复中原定都开封。公元951年郭威篡后汉建后周，其后周世宗柴荣苦心经营，使后周隐隐有统一天下的希望，但柴荣在北伐燕云十六州时不幸病亡。公元960年，后周大将赵匡胤发动陈桥兵变，建立北宋，五代结束。除后梁太祖时期以及后唐建都洛阳外，后梁大部分时期和其他三代都以开封为都城。从而，使开封于大梁城被水淹城毁1100年后，再次成为国都，城市地位大大提高。

后梁朱温代唐之前曾为汴州宣武军节度使，在其势力范围定都则顺其自然，因连年征伐，一无时间，二无国力建设都城，只是就原节度衙署改为皇宫，主要建筑改换名号以合宫殿之称谓，基本上是因袭于唐汴州城。后晋、后汉仍之。

后周第二代世宗皇帝柴荣在位期间，整军练卒、裁汰冗弱、招抚流亡、减少赋税，使后周政治清明、百姓富庶，中原开始复苏。他又南征北战，西败后蜀，夺取秦、凤、成、阶四州；南摧南唐，尽得江北、淮南14州；北破契丹，连克二州三关。在商议取幽州时病倒，不久去世，年仅39岁。柴荣被史家称为"五代第一明君"，堪称照耀黑暗时代的一颗璀璨明星。他不仅精明强干，而且节约简朴，赢得了广泛的拥戴。除上述之外，他还增建国都，疏浚河流，为北宋东京城的高度繁荣谱写了前奏曲。

柴荣刚即位时，开封城的规模仍然如旧时唐李勉所建的汴州城。加之唐后期及五代的混乱，居民不断"侵街衢为舍"，违章建筑横行，道路狭窄。随社会日渐稳定，经济日渐复苏，京城人口不断增加，更显拥挤，远远不适应作为国都城市之需要。于是，后周显德二年（公元955年），周世宗下诏扩建东京外城："帝以大梁城中迫隘，夏四月，乙卯，诏展外城。先立标帜，俟今冬农隙兴版筑，东作动则罢之，更俟次年，以渐成之。且令自今葬埋皆出所标七里之外，其标内俟县官分画街衢、仓场、营廨之外，听民随便筑室。"⑭世宗这次增建之城名曰

外城，亦称新城，城周回48里233步。新城共设城门10座：南墙3座，中为朱凤门，东为朱明门，西为景凤门；西2门，南为迎秋门，北为肃政门；北面3门，中为爱景门，西为云德门，东为景阳门；东面置2门，南曰延春门，北谓寅宾门。世宗这次诏旨增筑外城，是有规划有准备的，规定先立标帜，等冬末春初农闲时施工；又规定，今后凡墓葬、窑灶、草市，须迁于标帜7里之外，标帜内先由官府划定军营、街巷、仓场、诸司公廨院，尔后听任百姓营造；街道改直放宽，主干道达30步以上。由京城都巡检韩通总其事。至此，开封府有三重城：宫城即唐牙城，内城即唐建中二年的罗城，外城即此次新筑，城市格局又一次发生了重大变化。此外又修复疏通了以开封为中心的水道网。显德四年疏汴水北入五丈河，又东北达于济，自是齐、鲁之舟楫皆达于京城。六年，疏汴水入蔡河，又浚五丈河。这样疏通东至齐鲁，南达江淮的水路交通命脉，可使大量物资进入新城，以满足京城众多居民和官兵的需求。就城市建设而言，为其后北宋定都于开封奠定了坚实基础。

4. 北宋东京城

公元960年正月，后周殿前都点检赵匡胤发动陈桥兵变，黄袍加身，代周称帝，建立宋朝定都开封，史称北宋。太祖在位期间，加强中央集权，提倡文人政治。采取一系列措施进行政治、经济、军事改革，革除了五代弊政，使国家呈现出和平、安定的局面。开创了中国的文治盛世。北宋东京城历经赵宋九帝168年经营，在11世纪至12世纪初成为中国乃至世界上最大最繁荣的城市。

北宋王朝定都开封，每遇战事，总有迁都的议论。是否迁都到洛阳或其他地方，是经过长期不断讨论的。古人也能认识到一座都城的形成受多种条件制约，诸如：自然地理环境、局部社会经济状况、交通通达程度、军事因素、社会文化影响力及社会认知度等。东京之不利条件即人们常说的"地势坦荡，无险可守"。尤其是四通八达的陆路交通，通达东西南北方向的水网及发达的漕运能力河设

施，这一点是国内其他古都远远不能比拟的。一个新兴政权建立伊始，首先要解决的是社会生活所必需的各种物资，而这些物资需要在都城的附近就能获得。开封到了唐代，随着京杭大运河的通航，汴州又恰巧处于通济渠（汴河）要冲（图2-2-12），又是通往东都洛阳和唐都长安的重要门户，汴河南通江淮，大批江南的物资可直达汴州。而此时的关中由于连年战乱，经济凋零不堪，长安、洛阳更是屡遭战争破坏，亦非昔日旧观。虽然在北宋初年，太祖赵匡胤欲迁都洛阳或长安，但最终还是服从了大多数人的意见，实际上也是服从了当时社会经济的客观情况。而从文化地理角度看，开封地处中原腹地，自古就有"得中原者得天下"，作为征战起家的宋太祖比其他人理解更深。尤其是辉煌时期的北宋东京城又成为"富丽甲天下"的世界名都，造成了长期以来在人们传统理念上认为开封是一座王气很盛的城市，即所谓"夷门自古帝王州"。直到明朝还有对开封铲除王气的说法。因而在历史上，开封虽饱经兵火水患，人们也轻易不愿放弃这块宝地。

东京城的布局，基本上是承袭隋唐以来的传统，但与隋唐之长安、洛阳有所不同，它不是在有完整规划和设计的情况下建设起来的，而是在旧城

图2-2-12 北宋东京地理位置与水系示意图（刘迎春. 考古开封[M]. 开封：河南大学出版社，2006：109.）

的基础上改建与扩建而来的。加之当时东京人口众多，商业经济空前繁荣等因素，对东京城的城市布局都产生了很大影响。东京三重城墙的都城模式自后周开始扩建以后即已形成。开封即有三重城墙：外城亦称罗城、内城、宫城。每重城墙外都环有护城河。关于赵宋之京城，《宋史》有详细记载：

（1）宫城及主要建筑

"宋因周之旧为都，建隆三年，广皇城东北隅，命有司画洛阳宫殿，按图修之，皇居始壮丽矣。雍熙三年，欲广宫城，诏殿前指挥使刘延翰等经度之，以居民多不欲徙，遂罢。宫城周回五里。南三门：中曰乾元，宋初依梁、晋之旧，名曰明德，太平兴国三年改丹凤，大中祥符八年改正阳，明道二年改宣德，雍熙元年改今名。东曰左掖，西曰右掖；东西面门曰东华、西华，旧名宽仁、神兽，开宝三年改今名。熙宁十年，又改东华门；北一门曰拱宸，旧名玄武，大中祥符五年改今名；熙宁十年，改门内西横门曰临华；乾元门内正南门曰大庆，东、西横门曰左、右升龙；左右北门内各二门，曰左、右长庆，熙宁间改左、右长庆隔门曰左、右嘉肃，左、右银台；东华门内一门曰左承天，祥符乾德六年赐名，大中祥符元年正月，天书降其上，诏加"祥符"二字而增葺之；西华门内一门曰右承天。左承天门内道北门曰宣祐旧名光天，大中祥符八年改大宁，明道元年改今名。"⑮

皇宫内主要建筑（图2-2-13、图2-2-14）：皇宫的正殿大庆殿，是举行大典的地方。大庆殿之南，是中央政府办公机关，二者之间有门楼相隔。大庆殿之北的紫宸殿，是皇帝视朝的前殿。每月朔望的朝会、郊庙典礼完成时的受贺及接见外国使臣都在紫宸殿举行。大庆殿西侧的垂拱殿，是皇帝平日听政的地方。紫宸、垂拱之间的文德殿，是皇帝上朝前和退朝后稍作停留、休息的地方。宫中的宴殿为集英殿、升平楼。后宫有皇帝的寝殿数座，其中宋太祖赵匡胤住的是福宁宫，除后妃的殿宇外，后宫中尚有池、阁、亭、台等娱乐之处。

宋初，皇帝为了表明勤俭爱民和对农事的重视，在皇宫中设观稼殿和亲蚕宫。在后苑的观稼殿，皇帝每年于殿前种稻，秋后收割。皇后作为一国之母，每年春天在亲蚕宫举行亲蚕仪式，并完成整个养蚕过程。

延福宫是相对独立的一处宫区，政和三年春，新作于大内北拱辰门外。宋徽宗即位后不满于宫苑的狭小，遂大肆扩建、营造。延福宫扩建以后，幽雅舒适，宋徽宗大部分时间是在这座宫苑中度过。延福宫殿、台、亭、阁众多，名称非常雅致，富于诗意，当然是富于艺术修养的宋徽宗所题。宫的东门为晨晖，西门称丽泽。大殿有延福、蕊珠；东旁的殿有移清、会宁、成平、睿谟、凝和、昆玉、群玉；阁有蕙馥、报琼、蟠桃、春锦、叠琼、芬芳、丽玉、寒香、拂云、偃盖、翠保、铅英、云锦、兰薰、摘玉；西侧的阁有繁英、雪香、披芳、铅华、琼华、文绮、绛萼、琼华、绿绮、瑶碧、清荫、秋香、从玉、扶玉、绛云；在会宁殿之北，有一座用石头叠成的小山，山上建有一殿二亭，取名为翠微殿、云归亭、层亭；在凝和殿附近，有两座小阁，名曰玉英、玉涧。背靠城墙处，筑有一个小土坡，上植杏树，名为杏岗，旁列茅亭、修竹，别有野趣；宫右侧为宴春阁，旁有一个小圆池，架石为亭，名为飞华。又有一凿开泉眼扩建成的湖，湖中做堤以接亭，又于堤上架一道梁入于湖水，梁上设茅亭栅、鹤庄栅、鹿岩栅、孔翠栅。由此到丽泽门一带，佳花名木，类聚区分，幽胜宛如天造地设。

艮岳（图2-2-15）是宋徽宗时建造的又一奇艳的宫苑，可以说巧夺天工、宛若仙境。艮岳周围十余里，人工堆土叠山，主山万岁山（艮山）设数十个大洞，洞中藏雄黄和卢甘石，雄黄据说可以驱避蛇虫，卢甘石则能发散阴气、聚集云雾，使空气濛郁如深山幽谷。艮岳中有将太湖石积叠成的各式各样的人造山。苑的中部有景物，如药寮、西庄、巢云亭、白龙沂、跃龙峡、蟠秀亭、练光亭、跨云亭、罗汉岩。再西有万松岭，岭畔立一倚翠楼，楼旁平地开凿了两处弯形的水池，东边的叫作芦渚，

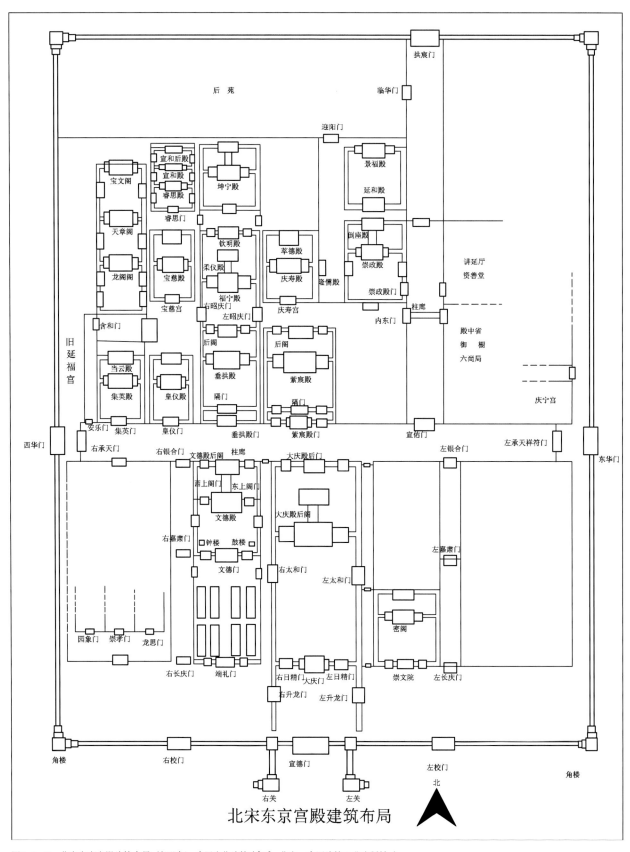

北宋东京宫殿建筑布局

图2-2-13 北宋东京宫殿建筑布局（郭黛姮. 中国古代建筑史[M]. 北京：中国建筑工业出版社.）

图2-2-14 北宋皇城模型图（摄于龙亭公园）

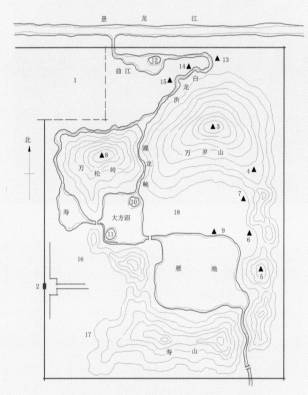

1-上清暴篆宫 2-华阳门 3-介亭 4-萧森亭 5-极目亭 6-书馆
7-萼绿华堂 8-巢云亭 9-绛霄楼 10-芦渚 11-梅渚 12-蓬壶
13-消闲馆 14-淑玉轩 15-高阳酒肆 16-西庄 17-药寮 18-射圃

图2-2-15 艮岳平面想象图（周维权．中国古典园林史[M]．北京：清华大学出版社．）

设浮阳亭；西旁的叫作梅渚，设雪浪亭。池水向东流为雁池，向西流为凤池。池周围有馆、阁、亭数座。万岁山脚下设登道直达山上最高处的介亭，介亭左右各有二亭，左为极目、萧森，右为丽云、半山。从山顶向北可俯瞰景龙江，江水的上流引一支注入山涧。苑的西侧有漱琼轩，山石间错落着炼丹

观、凝直观、圌山亭，从这里可以望见景龙江旁的高阳酒肆及清澌阁。江之北岸，小亭楚楚，江水支流流向山庄，称为回溪。艮岳的建造，耗费了大量的人力、物力，从政和到清康间10余年，各地花竹奇石，都聚于此。其中宣和五年，为运载一高数丈的巨石，动用了上千人，凿河断桥，毁堰拆闸，数月时间才运到汴京。艮岳中的楼台亭馆，除上述记载外，月增日益，难以数计。宋徽宗晚年，耽于建造苑囿，以致国力不支。琴棋书画无所不能的宋徽宗，不懂他的祖宗创立宋室基业如同针挑土，他自己败业好比浪淘沙的道理。不几年，靖康之变，金人打来，围攻汴京，北宋寿终。

（2）内城

内城又称旧城，主要布置衙署、寺观、府第、民居、商店、作坊等（图2-2-16）。"旧城周回二十里一百五十五步。东二门：北曰望春，宋初名和政。南曰丽景。南面三门：中曰朱雀。东曰保康，大中祥符五年创建。西曰崇明。西二门：南曰宜秋，北曰阊阖。北三门：中曰景龙，东曰安远，西曰天波。以上宋初仍梁、晋旧名，至太平兴国四年改今名。"⑯

（3）外城

外城又名新城，主要作居住、肆市、瓦子（演艺场所）、防御之用。"新城周回五十里百六十五步。大中祥符九年增筑，元丰元年重修。政和六年，诏有司度国之南展筑京城，移置官司军营。旧（外）城周四十八里二百三十三步，周显德三年筑。南三门：中曰南薰，东曰宣化，西曰安上；东二门：南曰朝阳，北曰含辉。太平兴国四年改寅宾，后复；西二门：南曰顺天，北曰金耀；北四门：中曰通天，天圣初改宁德，后复。东曰长景，次东曰永泰，西曰安肃。初号卫州门。以上皆因周旧名，至太平兴国四年，改今名；汴河上水门，南曰大通，太平兴国四年赐名。天圣初，改顺济，后复今名。北曰宣泽。旧南北水门皆曰大通，熙宁十年改。汴河下，南曰上善，北曰通津。天圣初，改广津，熙宁十年复；惠民河，上曰普济，下曰广利；

图2-2-16 宋东京内城与皇城模型图（摄于龙亭公园）

广济河，上曰咸丰，下曰善利，旧名咸通。上南门
曰永顺。熙宁十年赐名。"⑰

　　这种宫城居中的三重城墙的格局，基本上为
金、元、明、清的都城所沿袭。北宋时期商业和手
工业的发展，使当时开封出现了"工商外至，络绎
无穷"的局面。隋唐长安城集中所设"市"和封闭
式里坊已不能适应新的社会经济情况。因而开封改
变了用围墙包绕里坊和市场的旧制，把内城划分为
8厢121坊，外城划分为9厢14坊。道路系统呈井字
形方格网，街巷间距较密。住宅、店铺、作坊均临
街混杂而建。繁华的商业区位于可通漕运的城东南
区，通往辽、金的城东北区和通往洛阳的城西区。
如宋代张择端《清明上河图》中所反映的，主要街
道人烟稠密，屋舍鳞次，有不少二至三层的酒楼、
店肆等建筑（图2-2-17），高峻巍峨的城门楼（图
2-2-18）。中国古代城市的街巷制布局，大体自北
宋开始而沿袭下来。开封城内河道、桥梁较多，最

著名的有州桥、虹桥，均跨汴河。州桥正对御街
和大内，两旁楼观耸立，景色壮丽。虹桥在东水门
外，巨木凌空，势若飞虹。相国寺、樊楼、铁塔、
繁塔、延庆观、金明池、艮岳等建筑和御苑，构成
丰富的城市景观。北宋开封城的规划和建设，反映
了封建社会中期商品经济的发展，在中国古代都城
规划史上起着承先启后的作用。

　　北宋东京城遗址经考古工作者自1978年以来进
行多次发掘，已完全明了。城址分外城、内城、皇
城三重城墙。外城，呈东西略短，南北稍长的长方
形。东墙长约7660米，西墙长约7590米，南墙长约
6990米，北墙长约6940米，周长29180米。距今开
封市现存的明清城1.3～2公里。内城，呈正方形，
其南墙位于今城南墙北约300米的东西一线，北墙
位于龙亭大殿北约500米的东西一线，内城的东西
墙叠压在今城东西墙下面，四墙总长11550米左右。
皇城，呈东西短，南北长的长方形，周长2521米。

图2-2-17 《清明上河图》中市井建筑

图2-2-18 《清明上河图》中城门楼

皇城前正对宣德门的大街，名为御街，基本是子午向，径直越州桥贯通内城朱雀门达于外城南熏门，为城市主轴线。通过各个城门的大街即是东京城的主要街道。城内的四条御道，构成了贯通全城的中心主干道，与其两侧若干个小巷，构成交通网络。这些交通网络，纵横通向各个城门，对以后历代开封城的规划影响很大。开封在城市发展上最重要的变化，是北宋东京城在坊市制度方面的突破。北宋初年出现了"侵街"现象，之后越来越多的人开始面街而居，开设店铺。商业贸易也开始摆脱地域和经营时间的限制，自由、宽松地经营，甚至还出现了通宵达旦的夜市。

为适应城市管理，宋仁宗就诏旨京师推倒坊墙，废除晨钟暮鼓制度。从此，在中国城市建设史上脱离里坊制的建设模式，按商品经济运行规律管理和建设城市。作为京城，这种模式的引领、推广和示范效应远远大于其他任何城市，迅速遍及华夏之地，这是开封对中国古代城市建设模式的重大贡献。

原开封市文物处长邱刚先生亲自参与了对开封古城的发掘全过程，所绘开封东京时期的平面图如图2-2-19所示。图形虽然简单了点，但真实地反映出北宋东京城的外城平面形状。由图可见：外城之东西城墙并非子午向，而是北偏东7°左右；南北城墙也不是东西向，为西偏北15°左右。因开封古城是中国著名古都，社会、历史、考古、建筑、规划等方面的学者对宋东京城的兴趣很浓，纷纷对其进行研究，出现了多种版本的北宋东京平面图，且流传较广。其中，形状最接近邱刚考古实测图（图2-2-19）的当为傅熹年先生《中国古代城市规划、建筑群布局及建筑设计方法研究》一书中的北宋东京平面图和历史学者周宝珠先生《清明上河图与清明上河学》中的东京城区河流位置示意图。

5. 明清开封城

金代曾经前后两次定都开封，史称"汴京"。尽管时间都较短暂，但对当时的开封城都进行了一番营建。通过这两次营建，金代开封城的城市格局

发生了明显的变化。首先是完成了皇城和宫城的正式分离，皇城的范围进一步扩大，达到了九里三十步的规模；其次是把原北宋东京内城的南北墙向外进行了扩展，扩建后的城墙就是今天开封城墙的位置。开封作为京城的历史终结，宋东京外城从此则逐渐颓废。

元代汴梁城的建设，保持了金代南京城（即汴京）的格局。元世祖至元二十二年（1285年）和延祐六年（1319年），曾进行了两次整修。至正十七年（1357年），元将泰木花为防红巾军攻城，将汴梁城13座"四方城门只留五座，余八门俱塞"。次年红巾军攻占汴梁后将其作为起义军的首都，并未将已塞的城门打开，这是开封城从13座城门改为5座城门的开始。

明清开封城，明代开封城的总体布局，可分为土城、砖城、周王府萧墙及紫禁城四重城垣。土城，也就是原来的北宋东京城的外城，到了明代初年，已经沦为开封城周围的一条土堤，"仅余基址，有门不修，以土填塞，备防河患"，只不过是在连年不断的黄河水患中，还发挥着一定的作用。明代

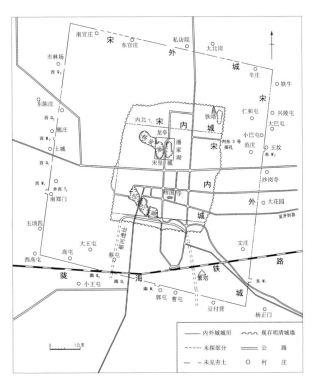

图2-2-19　北宋东京考古平面实测图（邱刚）

开封自外向内的第二道城垣叫"砖城"，是洪武元年（1368年）在汴京内城的基础上，全部采用青砖包砌而成。周王府位于全城的偏北处，筑有萧墙和紫禁城两重城垣，其中以萧墙南墙以外的东西大街为标志，将明代开封城分割为南、北两大部分，以南为居民区和商业区，以北主要是王府宫殿区。清康熙五十八年（1719年），在开封城内北隅修建一座满城。满城周围约六里，四面均为土墙，墙高一丈左右。东、西、南三面各开一门，其中南门为正门，有城楼三间，东、西二门各有城楼一间。满城的建置，可谓清代封建统治的一大特色，它随着满族军事征服的步伐而诞生，随着清王朝的鼎盛而完善，也随着清王朝的衰落而消亡。

　　元至明清时期，战争与黄河水患多次给开封带来灾难。遭受灭顶之灾的有两次：一是发生在明末崇祯十五年（1642年），农民军李自成第三次攻打开封时，守城官军企图掘开黄河放水淹起义军，结果黄河水冲破城防，城内一片汪洋，城内建筑几乎殆尽。决河20年后，清康熙元年（1688年），巡抚张自德、布政使徐化成以明代城基重建开封省城，经多年不断建设，明代开封城得以完善。第二次是清道光二十一年（1841年），黄河决口水过开封，经历200年的清初开封城几近平地。清道光二十二年三月，再次重建开封省城，也就是现在的开封城墙。清末民国期间，开封城无大变化，城墙仍为明代规模。民国8年城墙和城楼、瓮城还完整（图2-2-20、图2-2-21），20世纪30年代初，城门楼拆除改建现代防御设施。近20年来，开封市加强了对开封城墙的保护，逐步修葺城墙（图2-2-22、图2-2-23），并复建了部分城门和城门楼（图2-2-24、图2-2-25），再现了昔日开封古城墙的面貌。经实测，开封古城墙周长14.40公里，为我国现存的仅次于南京城的第二大古代城垣建筑。

　　6. 世界城市建设史奇观——城摞城

　　开封建城始于战国魏的大梁，唐代李勉对南北朝时期汴州城的扩建而形成的唐代汴州城，是开封城墙有史以来的首次明确记载。五代都城、北宋里城、金代汴京城、元代汴梁城和明清时代的开封城墙，都是建在它的基础之上的。虽历经数次战火与水患，但历代城市的坐标基本固定，城址没有移动，甚至连中轴线也逾千年不变。1986年，开封宋城考古队对北宋东京里城进行了勘探和试掘，结果表明，整个里城略呈方形，除南北二墙在金时被扩建外，东西两墙与现存的明清城墙之东西墙基本重叠。其东墙，与明清城墙东墙相叠压，宋内城东墙叠压在明清城墙下，顶端距地表3.6米左右；其西墙，内城西墙大部分地段叠压在明清西墙下面。里城顶端距地表3米左右，内城城墙残高8.2米，夯土层次分明，城墙底部垫有厚0.3～0.4米的砖瓦砖。此层距地表11.4米的砖瓦层之下为生土层。联系文献记载及同一地层，以北宋里城北墙试掘出唐代白釉瓷片等遗物来判断，这砖瓦层则是唐汴州城。由此可知开封城址的叠压关系和年代，即现代城址（明清城墙）—北宋里城—唐汴州城，从唐至明清，开封的城址是叠压在一起的。就连中轴线也逾千年不变。州桥的发现和发掘，更能证明开封城中轴线同样是重叠在一起的。州桥，为唐代"汴州桥"的简称。据明成化《河南总志》记载：唐建中年间汴州节度使李勉建，以在州之南门故名。五代称汴桥，宋代又改为天汉桥，因"正对于大内御街"，又称"御桥"。宋时，州桥已位在北宋御道同汴河的交汇处。金代称天津桥，清称周桥。1984年8月，在开封市中山路南段开封皮鞋厂门前的地下管网改造工程中，由距地表4.5米深处发现了该桥。该桥为南北向砖石结构的拱形桥，南北长17米、东西宽30米，基本保存完好。州桥位于宋皇宫到外城南薰门正中的御道上，是颇为著名的古代桥梁，皇宫—州桥—南薰门，三者处在一条中轴线上，为今日开封市的中轴线——中山大道所叠压。州桥的发现除证明开封城市道路格局在唐宋时已形成至今没变外，也证实了开封城址的中轴线在原有的位置上至少百余年不变，中轴线没移，城址得以固定，这是中国乃至世界城市建设史上罕见的实例。

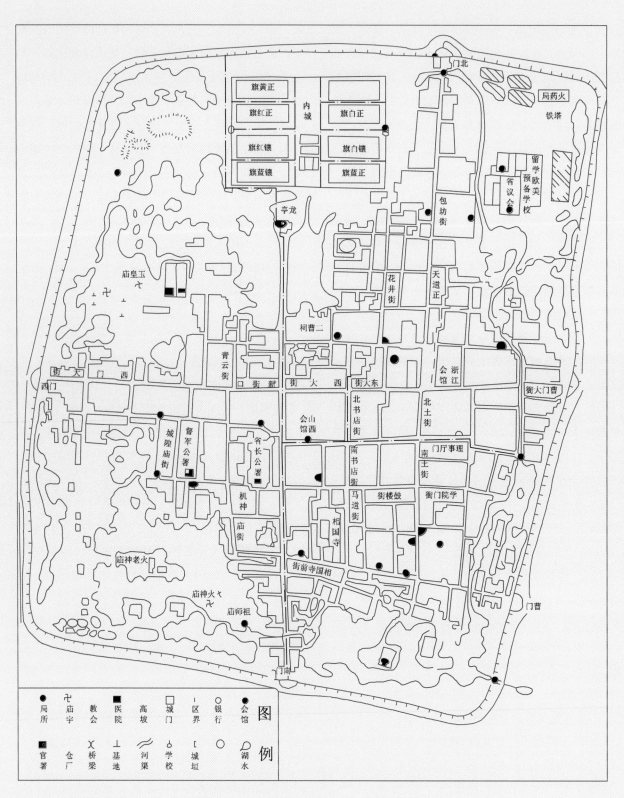

图2-2-20　民国8年河南省城（开封市）街市图（刘顺安. 开封城墙[M]. 北京：燕山出版社，2003：30.）

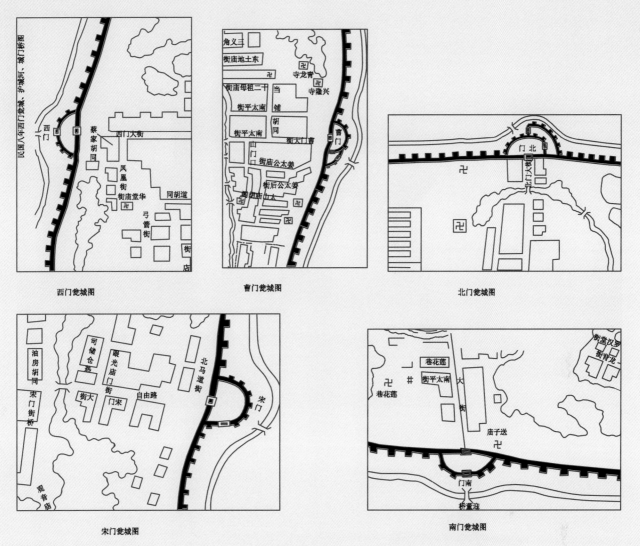

图2-2-21 民国8年开封城五门瓮城图（刘顺安．开封城墙[M]．北京：燕山出版社，2003：77~82.）

图2-2-22 经当代修葺的开封城墙与马面（大南门东段）

图2-2-23 开封城墙内坡夯土墙（大梁门南段）

图2-2-24 现代重建的开封城门楼——大梁门

图2-2-25 现代重建的开封城门楼——小南门

形成开封城下城的原因大概有朝代的变迁、战争的破坏、水患的淹没等，而其中最为重要的原因，是水患。由于黄河洪水的多次吞噬和黄河泥沙的不断淤淀，便把开封历史上的一座座城池深深地淤没在地下，从而形成开封"城下城"、"城摞城"的奇特景观（图2-2-26）。

7. 城市特色与文化传承

开封城市历史悠久，城址自战国以来没有大的迁移。文化积累丰厚。开封具有典型中原古都特色的风物民情，在中原文化中占据着十分重要的地位。南、北书店街，是开封著名的文化中心街区之一，是文人学子们经常购书的地方。传统的店铺建筑，更是名城一道亮丽的风景线。开封的民间文化自北宋时期就很繁荣，当时东京城内的"瓦肆"是最热闹的演艺场所，据《东京梦华录》记载有50余座，计有说书、杂剧、诸宫调、杂技、魔术、影戏、说诨话和吟叫等数十种。之后，元代的杂剧、明代的戏曲都在开封有一定的影响。明戏曲家周王朱有燉的《诚斋乐府》就是在开封写成的。清代至民国，有许多艺术大师在开封活动，对推动开封的文化发展作出了贡献。

豫剧，是开封的"家乡戏"，是群众喜闻乐见的艺术形式。豫剧重要流派之一的"祥符调"，在清乾隆年间已经形成，它是在豫剧长期发展的过程

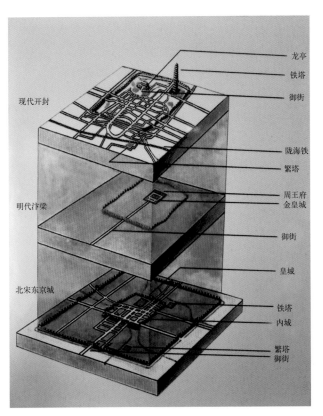

图2-2-26 开封"城摞城"示意图（摄于开封城摞城博物馆）

封人岑宗旦、段少连、吴琚和王寿卿等皆为宋代书法名家。明代左国玑，发自颜鲁公，气度宏伟庄重；明末状元杞县人刘理顺，书宗赵董，圆润流畅；清代祥符人周亮工，善分隶行草，格调雄浑。

具有悠久历史的开封绘画艺术，早在北宋就取得了巨大成就。当时各类画家集于东京，创作极为丰富，留下了大量的宝贵遗产，给后世绘画以深刻的影响。宋徽宗赵佶在艺术领域里是一位杰出的书画家，其作品有《芙蓉锦鸡图》、《腊梅山禽图》、《红蓼白鹅图》、《五色鹦鹉图》、《听琴图》、《瑞鹤图》、《桃鸠图》等。张择端的《清明上河图》长卷，以东京街市为背景，用高度概括的艺术手法，真实地描绘了各种复杂的社会现象和世俗生活，他还有《金明池争标图》传世。当时开封人才辈出，开封籍的画家被吸收入翰林图画院的就有24人之多。

开封民间工艺源远流长，汴绣、汴绸、朱仙镇木版年画、仿宋官瓷、剪纸等，工艺精湛，古今闻名。民间故事，内容广泛，多来源于历史故事和民间传说，其中"包青天"和"杨家将"不仅在中原地区广为流传，而且流传全国各地，影响深远。

三、安阳

（一）地理位置

安阳是河南省北部门户，华北平原南部重镇。西依太行山与山西接壤，北隔漳河与河北相望，东濒卫河与濮阳毗邻，南与鹤壁、新乡连接。西部是岗峦起伏的丘陵，东部为漳洹冲积的平原，整体地势自西北向东南方向递降。安阳交通便利，京广铁路纵贯市区，京珠高速公路、106国道、107国道贯穿南北，安林、汤濮铁路支线通往西部矿区和东部油田，交通四通八达。

安阳是一座具有3000多年历史的古城，也是世界上四大古文字之一甲骨文的发现地。郭沫若曾写诗赞誉"洹水安阳名不虚，三千年前是帝都"。盘庚迁都于殷，商王武丁中兴，奴隶傅说升相，妇好女将军挂帅，西门豹治邺，苏秦洹上受印，项羽破釜沉舟，曹操发迹于古邺城，宋朝宰相韩琦三治相

中受开封习俗和语言音调等因素的影响，而在唱腔音乐上形成的艺术流派。

开封曲艺历史悠久。早在北宋东京的"瓦子"里就有说书、说诨话和吟叫等诸多曲艺活动。元明清诸代都有发展。至民国初年，开封的曲艺形式主要有河南坠子、梨花大鼓、西河大鼓、道情、竹板书、相声、三弦书和评书等。其中，尤以发祥于开封、兴起于民国初年的河南坠子流传最广。

开封杂技同其他艺术一样，历史悠久，源远流长。北宋东京在军队中就曾设有杂技组织，当时称"诸军"。《东京梦华录》中则记述有宋徽宗在宝津楼前观看诸军表演百戏的情形。北宋以后多有兴衰。民国年间，开封有长太、福庆、长胜和长广等刀山班表演杂技。

东汉杞县人蔡邕之传世名作《熹平石经》，在我国书法史上享有盛誉；北魏开封人郑道昭之《郑文公碑》、《云峰山诸摩崖》，为历代习碑者所重视；宋徽宗赵佶独树一帜，首创"瘦金体"。此外，开

州等发生在这里的历史事件不胜枚举。特别是殷墟的发现和研究，为证史和补史提供了许多实物资料，将我国的信史提前到3000多年前的殷商时代，在中国和世界文明史上占有重要地位。学者称道殷墟为"中国考古学的发祥地"、"甲骨文的故乡"、"奴隶社会的缩影"。安阳老城布局严谨，层次分明，在我国城市建设规划中堪称范例。1986年安阳被国务院公布为第二批国家历史文化名城。现为中国八大古都之一。国家级"中国文字博物馆"就建在这里（图2-2-27）。

（二）历史沿革

公元前1300年，商王盘庚自奄迁都于殷（今安阳市区小屯一带），在此传八代十二王，至公元前1046年周灭商，共建都于此255年，是当时全国的政治、经济、文化中心。作为商代晚期的一个都城，为中华文明的发展奠定了坚实的基础。

春秋时期，安阳为卫国之地，公元前660年，狄人攻卫，卫懿公败死，卫国岌岌可危。齐桓公联宋援卫，击退狄人，助卫文公立国，占据殷都旧地，修筑邺城，始归齐治。齐国之后，晋国强大占据邺城，为晋国所属。

战国时期，先属魏，后归赵。魏文侯都邺，以西门豹为邺令，沉巫革俗，兴修水利，发展生产，实行藏富于民、藏兵于民的政策，使邺富河内，成为魏国的北方重镇。赵惠文王二十四年（公元前275年），"廉颇攻魏之防陵、安阳，拔之"，安阳之名始见。

秦统一中国后，分天下为36郡，安阳属邯郸郡。秦汉之际，项羽破釜沉舟渡漳河，九战九捷，大获全胜，使秦将章邯不敢再战，遂在"洹水南，殷墟上"缔结"洹上之盟"，为推翻秦朝奠定了基础。

两汉时，邺及漳洹两岸部分地区从邯郸郡划出，增设魏郡，属冀州，冀州和魏郡的治所在邺。东汉建安九年（公元204年），曹操攻占邺城，以邺城为据点自署丞相，晋封魏公。建安十七年（212年），曹操割河内郡、东郡、益魏郡，据此地逐渐统一了北方。曹操都邺期间，在政治、经济、军事、文化等各方面，采取了一系列措施提高邺都地位，巩固自己的统治，使邺地不仅成为北方的政治、经济、文化中心，而且是当时全国最富庶繁华的地区，邺城也成为最著名的大都会。

三国时期邺城属魏郡。公元401年，北魏撤邢台设相州，取河亶甲居相之义为州名，是为相州之始。公元534年，孝静帝从洛阳迁都于邺城，史称东魏，都邺16年。公元550年，东魏改国号北齐，仍以邺为都，都邺27年。北周时，仍以邺为相州，置相州总管府。北周大象二年（公元580年），相州总管尉迟迥举兵讨伐杨坚兵败，杨坚为了彻底防范以后燕赵子弟造反，焚毁邺城，将魏郡、相州、邺县三级治所迁至安阳城。从此，安阳取代邺城成为这一带的政治、经济、文化中心。

隋初，仍为相州，炀帝时，废州复置魏郡，治所安阳。唐初，复改魏郡为相州，并设都督府。唐天宝元年（公元742年），改相州为邺郡。唐至德二年（公元757年）十月，安庆绪率兵在邺郡（今安阳）称帝，改邺郡为成安府，据有七郡60余城，

图2-2-27　中国文字博物馆前甲骨文小品标志

拥兵6万余众。唐乾元元年（公元758年）复为相州，隶属河北道。五代时，后梁贞明元年（公元915年），建昭德军，后唐时为魏州的属地，后晋天福二年（公元937年），复升为彰德军，彰德之名始见于史册。宋时仍为相州，隶属河北路。宋景德三年（1006年）增筑安阳城，城郭绕围约19里。金明昌三年（1192年），升相州为彰德府，此为彰德府名称之始。金沿宋制，彰德府属河北西路管辖。元代，改彰德府为彰德路，属中书省。

明代，为彰德府，改属河南布政使司。明洪武元年（1368年），徐达率师北取中原，大败元军，夺取河北的卫辉、彰德诸路，归属明中书分省（设在汴梁）管辖。后中书分省改为布政使司，从此彰德府及其属县改属河南，至清代沿袭不变。

清初，沿袭明制，仍为彰德府，领安阳、汤阴、临漳、林县、武安、涉县、内黄7县。清末袁世凯被清廷免职，袁隐居彰德洹上，窥视北京，静观待变。

1913年，废彰德府，存安阳县，隶河南豫北道。20世纪初，随着文物出土的渐多，殷墟引起人们的注意。1928年，国民政府中央研究院派董作宾主持对殷墟进行了首次发掘，作为"甲骨之乡"、"商代国都"的安阳从此更加为世人所瞩目。

1949年2月，中共安阳市委、安阳市人民政府在安阳县水冶镇成立。同年5月安阳城新中国成立后，安阳市党、政、军机关迁址安阳。1949年8月，平原省成立，安阳市为平原省省辖市。1952年11月，平原省建制撤销，安阳市划归河南省，仍为省辖市。

（三）安阳城

秦始皇十一年（公元前236年），秦将王翦等克安阳，始建安阳城。北魏天兴元年（公元398年），在今安阳城西南烧盆窑村一带，建安阳城。东魏天平初年（公元534年），把安阳县划入邺县，自此安阳县并入邺县直到公元590年（重置安阳县）共56年时间。北周大象二年（公元580年），隋公兼丞相杨坚镇压了对自己不服的相州（今安阳）总管尉迟迥，为了防止河北反杨势力死灰复燃，遂下令火焚邺城，相州、魏郡和邺县及所有居民一并南迁至安阳城。

从此安阳城代替邺城成为这一地区的政治、经济和文化中心，成为新邺城。因邺县、魏郡、相州长期治邺城，在人们的心目中便形成一种习惯认识，即它们的治所就叫邺城，又因古邺城已不复存在，特别是邺县移治安阳后，安阳城自然就成了新的邺城。隋唐以后的邺、邺城、邺下、邺中指的都是安阳城。

宋景德三年（1006年），增筑安阳城（包括今安阳城和北魏天兴元年之安阳城），周长19里。金代将安阳改为彰德府。明洪武元年（1368年），将安阳城改筑为彰德府城。明彰德府城为方形，周长9里113步，裁得原宋安阳城之半。墙高2.5丈，厚2丈，外砖内土。设四门：东曰"永和"，西曰"大定"，南曰"镇远"，北曰"拱辰"。门上各建有楼，又建4个角楼，40个敌楼，63个警铺。城外周围有护城河，阔10丈，水深2丈。城中央建雄伟壮观的三重檐鼓楼，北大街中段建钟楼。城内街道90多条，主街道为东西南北四条大街。东西大街全长1657米，南北大街全长1548米。大街小巷，纵横交错，密如蛛网，有九府十八巷七十二胡同之说。所谓九府，即六府、平府、西府、老府、林府、铁拐府、娘娘府、洛阳府和学儒府；十八巷，即乔家巷、小颜巷、丁家巷、唐子巷、纪家巷、竹杆巷、仁义巷、裴家巷、西钟楼巷、东钟楼巷、西冠带巷、东冠带巷、豆腐巷、卜府巷、三义巷、鹅脖巷、夹巷和香巷。以南北大街为界，九府十八巷形成"东府西巷"的分布排列格局。府大部分在南北大街以东，巷大部分在南北大街以西。至于七十二胡同，现不可考。古城内的楼、阁、庙、塔布置恰当，组成了城市的空间轮廓，文峰塔（图2-2-28）、高阁寺、鼓楼、钟楼、府城隍庙等高大古建筑点缀着古城的立体景观。东西南北四条大街为古商业街，沿街多为中国传统式的民宅四合院，特别是仓巷街和东大街路北有多处九门相照四合院，还有双层楼四合院，使彰德古城形成中国传统式的古朴典雅的老城风貌。新中国成立前，鼓楼、钟楼被毁。新中国成立后，城墙和城门都被拆，但古城内的街道和民宅建筑基本完好，城内名胜古迹甚多，护城河和城

图2-2-28　安阳市地标建筑——文峰塔

内多处蓄水坑池尚存。西南城角保护完好，辟为三角湖公园。沿护城河外辟为环城公园，成为市民休闲散步之地。

安阳悠久的历史和在古都史上的重要地位，使其拥有众多的文物古迹和反映名城各历史时期文化风貌的建筑。城区现有各级文物保护单位79处。其中，世界文化遗产1处、全国重点文物保护单位5处。

世界文化遗产殷墟：位于安阳市西2.5公里的小屯村及其北面的洹水两岸，是商王朝最后一个都城遗址，东西长6公里，南北宽4公里，面积24平方公里（图2-2-29）。自1899年学者发现甲骨文，1928年前中央语言研究所派员到安阳殷墟进行考古发掘，拉开了中国科学考古的序幕。经过70余年的考古调查和发掘，发现了王陵区、宫殿宗庙区、居住区、手工业作坊遗址和以甲骨文、青铜器为代表的丰富文化遗存。殷墟是中国第一个有文字记载并

经甲骨文及考古发掘所证实的商代晚期都城遗址。2006年7月，殷墟被列入了世界文化遗产名录。

（四）城市特色与文化传承

安阳自盘庚迁都于殷之后，计有7个王朝在此建都，每个朝代都要大兴土木营建城池，或在原城改建、扩建，或另行选址新建。历史上安阳城曾有5次移址，即洹北商城、殷都、邺北城、邺南城、安阳城。因实力和地位不同，城池营建规模也有差别，城市风貌和规划各有特色。

洹北商城：位于殷墟保护区东北部，其西南就是传统意义上的殷墟遗址，二者略有重叠，时代略早于殷墟。城址略呈方形，南北长2.2公里，东西宽2.15公里，总面积约4.7平方公里。四周已确认有夯土夯筑的城墙基槽。洹北商城的宫殿区位于城址南北中轴线南段，是城内核心部分，显示出我国城市布局的早期特征。其南北长500米以上，东西宽200多米。宫殿区内现已发现大型夯土基址30余处。其中规模最大的一处基址总面积达1.6万平方米，即著名的一号宫殿基址，是迄今发现的面积最大的商代单体建筑基址。城址北部（宫殿区以北）近200万平方米的范围内，分布有密集的居民点房址、墓葬、灰坑、水井等。

殷都：作为中国第一个有文献记载，并为甲骨文及考古发掘所证实的古代都城，时代清楚，名称确凿，遗迹丰富，成为探索中国文明起源的重要基石。虽然殷都历史原貌已不存，但据考古调查和发掘，已探明的殷都范围东西6公里，南北6公里，总面积近36平方公里。殷都的总体布局以小屯宫殿宗庙区为中心，沿洹河两岸呈环形放射状分布，是一座开放形制的古代都城。现存有宫殿宗庙区、王陵区、洹北商城遗址、后岗遗址和众多聚落遗址（族邑），以及家族墓地群及甲骨窖穴、铸铜遗址、制玉作坊、制骨作坊等众多遗迹。雄伟壮阔的宫殿宗庙建筑基址、等级森严的王陵大墓、星罗棋布的居住遗址、家族墓地，密布其间的手工业作坊和以甲骨文、青铜器为代表的丰富的文化遗存，构成了殷都独特的文化内涵，展现出这座殷商王都的宏大规模和王者气派。

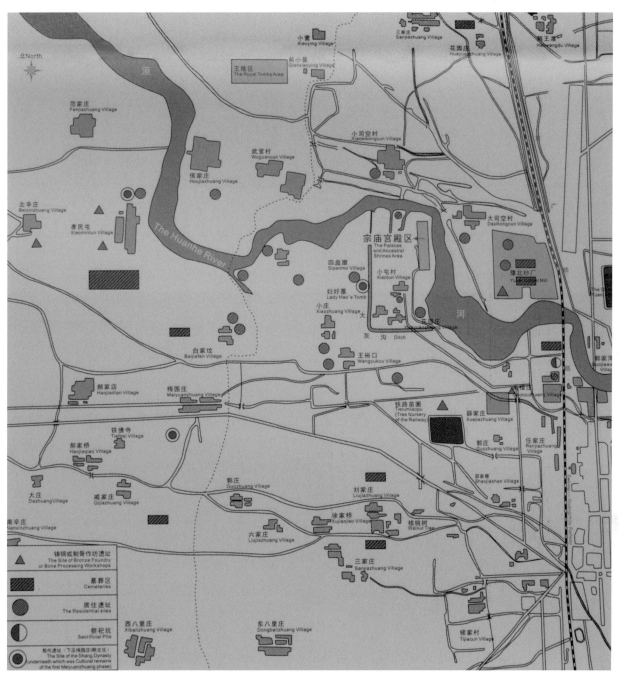

图2-2-29 安阳殷墟遗址平面示意图

殷都宫殿宗庙区是一个相对封闭的格局。其东、北两端与洹河的河曲相通，西、南两面有一条人工挖掘成的南北长1.1公里、东西长0.65公里，宽10~20米，深5~10米的深壕，将宫殿宗庙区环抱中间，起到了类似宫墙的作用，在河或壕沟的窄处设桥与外界交通。目前，在宫殿宗庙区已发现大型夯土建筑基址百余座。这些建筑基址气势恢宏、

布局严整，按照中国古代宫殿建筑"前朝后寝、左祖右社"的格局，依次排列，分布在以小屯村为中心的范围内。

殷都以其独具风格、规模巨大、规划严饬的宫殿建筑和商王陵墓体现出的恢宏的都城气派而卓绝一时；以制作精美、纹饰细腻、应用广泛的青铜器而闻名中外；以青铜冶铸、玉器制作、制车、制

骨、陶器、原始瓷器烧造等高度发达的手工业而享誉世界；以造字方法成熟、表现内容丰富、传承有序的甲骨文而在世界文明史上独领风骚。学者指出，中华文明在这里走向成年。

邺城：邺城分为邺北城和邺南城，历经曹魏、后赵、冉魏、前燕和南北朝时的东魏、北齐，建都历时126年，一直为黄河中下游大部分地区的政治中心。在那个时代里，一方面是阶级矛盾、民族矛盾酿成纷繁的农民起义，形成十六国分裂局面；另一方面，则出现了朝廷上下聚敛财富，荒淫奢侈，营建宫殿及园林之风。尤其是知识分子面对动乱不安的社会环境，普遍愤世嫉俗，儒、释、道、玄诸家争鸣，形成一股思想解放潮流，不仅促进了文学艺术的发展，也深深影响了都城营建和造园艺术。曹魏时代邺城的规制和布局，出现了宫城、官署和居民区分开的现象，改变了过去长安、洛阳官城和民居相参的情况。宫殿和官署、贵戚居所，都集中在北部，改变了"面朝后市"的传统，开创了中国都城规划严整布局的先例，对后世隋唐长安城、明清北京城的规划都有一定影响。

安阳文学，以"三曹"和"建安七子"影响最大。宋、元、明、清各有特点，代表人物也层出不穷。"三曹"指曹操和他的两个儿子曹丕和曹植。"建安七子"指孔融、陈琳、王粲、徐幹、阮瑀、应玚和刘桢。"三曹"的政治地位高，文学成就大，成为当时文坛领袖。建安七子的诗文、艺术风格各有特点，他们打破了汉代诗歌的消沉局面，作品表现出了时代精神，展示了慷慨悲凉的风格，具有强烈的艺术感染力，人们把这一时期的文学称之为"建安文学"，是历代文人反对轻艳绮靡文风的一面旗帜。

四、郑州

（一）地理位置

郑州现为河南省的省会，位于河南省的中部，北临黄河，西望中岳嵩山与洛阳相连，南部与许昌市接壤，东部面对冲积的黄淮平原与开封相邻。郑州自古以来为交通枢纽，西过虎牢关经洛阳通西域，东越古都开封达齐鲁，南穿鄂湘抵闽广，北通京畿达关东。清朝末年修建京广和陇海铁路，交会于郑州，使郑州成为中国的交通枢纽。而今107、310国道，京珠、连霍高速公路又双双交会于郑州，铁路、公路、航空交通便利，连接了中国东西南北，成为中原的中心坐标城市，更加凸显了郑州的交通枢纽地位。

（二）历史沿革

3600年前，商人在郑州筑城、发展、壮大，郑州成为与夏王朝分庭抗礼的根据地，在鸣条之战中打败夏桀，建立商王朝，建亳都于此。亳都作为商代第一个国都，是商朝的政治、经济、军事、文化中心，直到仲丁迁都于隞才告结束。然而仲丁都于隞，隞仍在郑州西北部，作为商王朝第二都。郑州作为商都，约占商王朝整个延存时间的三分之一。又据《史记·殷本纪》记载，盘庚迁殷后"遂徙河南，治亳，行汤之政"，可见郑州在商代晚期的重要作用。

西周时期，周武王封其弟叔鲜（姬鲜）于此，称管国，与蔡叔、霍叔"三监殷顽"，一度为周朝的东方重镇。管国沿袭了商代亳都城为都，为郑州"管城"名之始。周公摄政后，管叔因与蔡叔、武庚发动叛乱，被周公诛杀，管国国破城亡，其地并入周公第五子祭伯的封地。

春秋时属郑，称管邑，为郑国大夫子产的采邑，又称东里。战国时期，初属韩，后归魏。秦灭六国建立中央政权，实行郡县制，设立三川郡，郡治设在荥阳（今郑州市郊古荥镇），使荥阳一度成为"富冠海内"的天下名郡。当时李斯之子李由为郡守。秦在荥阳北敖山滨河设国家的粮仓——敖仓，以备军需。秦汉之际，荥阳成为刘邦、项羽楚汉战争的主要战场。公元前206年至公元前202年，楚汉屡争敖仓之粟，项羽围刘邦于荥阳，项羽攻陷荥阳，刘邦大将纪信被焚。项羽、刘邦广武隔涧对语，最后以鸿沟为界中分天下。西汉属河南郡，郑州降为县，为管县，后又并入中牟县。东汉，属河南尹，隶属与西汉无大区别。晋郑州属中牟隶荥阳郡。魏晋以后中原战乱频繁，归属变化不定。

隋开皇三年（公元583年）改荥州为郑州，始有郑州名出现。宋崇宁四年（1105年）郑州为西铺郡，从而成为宋代四铺郡之一，属京西北路。清雍正二年（1724年），郑州升为直隶州。辖县四，后归开封府，至1903年复为直隶州。

19世纪末期，郑州成为一座城区面积仅2.23平方公里、人口不足2万人的小县城。20世纪初，随着陇海、京汉铁路在郑州交会，郑州的民族工业、手工业和商业得到较快发展，成为中国内陆地区农副土特产品和京广杂货的重要集散地。1923年，郑州爆发了震惊中外的"二七"大罢工，在中国工人运动史上写下了光辉的篇章，郑州也因此而获得"二七名城"的美誉。

1954年，河南省省会由开封迁入郑州，郑州铁路枢纽的地位带动了城市和现代工业的快速发展。

（三）文物古迹

大河村遗址：位于郑州市金水区柳林镇大河村西南1公里的慢坡土岗上。遗址平面是椭圆形，南北长700余米，东西宽600多米，总面积40余万平方米，文化层厚达7～12.5米，为郑州附近规模最大、堆积最厚的新石器时代遗址。发现各类房基47座、窖穴291个、墓葬357座，出土各类文物4800余件，

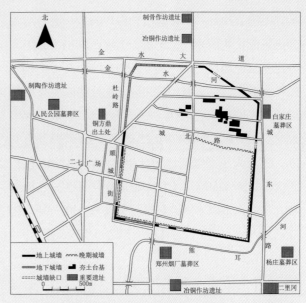

图2-2-30　郑州商城遗址平面示意图（贺业钜. 中国古代城市规划史[M]. 北京：中国建筑工业出版社，1996：160.）

其中绚丽多彩的彩陶艺术及天文图像，具有重要的研究价值。遗址包含了仰韶、龙山、夏、商各个历史时期的文化层。

郑州商代遗址：位于郑州市区，东起凤凰台以东，西到西河口以西，北到花园路北段，南到二里岗及陇海铁路，面积约25平方公里（图2-2-30）。商城东墙（图2-2-31）长约1700米，北墙长约1690

图2-2-31　郑州商城城墙遗址

米，西墙长约1870米，南墙长约1700米。城墙均由夯土筑成，北墙东段、东墙、南墙西段和西墙少部分还保留在地面之上，其余皆在今地面之下。是一座保存有内城、宫城、外郭城三重城墙的庞大商代城址。内城周长近7公里，现存最高处达9米，面积近4平方公里。宫城在内城东北部，面积35万平方米，发现大小宫殿基址20余座。外城在内城南部、西南部、西部600～1100米处，顺势而建。它与内城北部、东部以水域为自然防御设施连成一体，构成维护内城的防御性郭城，面积达13平方公里。

第三节　历史文化名城

一、南阳

（一）地理位置

南阳古称宛，位于河南省西南部，汉水支流白河中游。南与湖北省、西与陕西省接壤，因地处伏牛山以南、汉水之北而得名。南阳地貌为三面环山、南部开口的马蹄形盆地，故称南阳盆地。南阳市区北有独山、兰营水库，西为丘陵岗地，白河绕东南而去，温凉河、梅溪河、十三里河、护城河、三里河、十二里河等穿城而过。南阳交通承东启西、连南贯北。沪陕高速公路与宁西铁路横跨东西，日南高速、二广高速与焦枝铁路纵贯南北，形成我国中部地区重要的"米"字形交通枢纽，南阳机场可供各类大型客机全天候起降，两条国家级光缆通信干线会于南阳，形成便捷的信息高速网。是豫西南区域性中心城市。1986年南阳被国务院公布为国家历史文化名城。

（二）历史沿革

夏朝，南阳属豫州。夏代统治者十分重视对南阳的控制。中康时，封其子于宛西南邓。商代，武丁"奋伐荆楚"，以南阳为前哨阵地。在南阳市遗留下了十里庙遗址。周宣王时（公元前827年～公元前782年），南阳市中心城区为申伯国地，周宣王七年（公元前821年），宣王封其舅申伯于谢（今南阳），建立申国。西周将领召伯虎在谢地筑城，亦

即今日的南阳故城。公元前678年，楚文王灭申，改申邑为宛县，宛（城）即为南阳的代名词。战国时，吴起先后任过宛令和宛守。公元前292年，白起攻楚拔宛。公元前280年秦使司马错攻楚，赦罪人迁之南阳，宛始兼"南阳"之名。公元前272年，秦置南阳郡，郡治于宛。秦统一中国后，将天下分为36郡，南阳居其一。秦末世，迁"不轨之民"于南阳，有利于宛城经济文化的发展。魏国冶铸家孔氏"大鼓铸，规陂池"的经验，引起了南阳商贾的普遍效法。

西汉时，南阳郡置36县，宛居其首。宛县是全国设工官的9个地区和设铁官的46个地区之一。汉元帝时，召信臣守南阳，开通沟渎，兴修水利，使"召父渠"所在的南阳盆地、郑国渠所在的关中地区与都江堰所在的成都平原并列为汉代三大灌区。东汉时期，宛城规模宏大，周36里，与洛阳、长安、成都、临淄并列为全国五大都市之一，进入历史上的鼎盛时期，并有"陪都"之称。各行各业都有很大发展，特别是宛城冶铁业有进一步发展。太守杜诗总结劳动人民的经验，发明了水利鼓风炉，"用力少，见功多"。冶铁业的发展，给农业带来了新的景象。张衡《南都赋》云："其原野则有桑漆麻苎，菽麦稷黍，百谷繁庑，翼翼与与。"赞其："于显乐都，既丽且康。"三国时，曹操与张绣曾在此城发生过争夺战。其后，在封建割据的战争中，南阳经济遭到严重破坏，但仍显现出战略优势。东晋桓温，南朝刘裕，皆由此以向关洛。南朝宋元嘉中亦遣兵出此直抵潼关。北朝北魏时，孝文帝取南阳五郡，而南朝齐不能夺。晋至南北朝时期，宛为南阳国和南阳郡治。唐武德三年（公元620年），南阳设宛州，州治宛。唐贞观八年（公元634年），废宛州，南阳属邓州。五代时期，南阳入梁，属宣化军，后唐属威胜军，周属武胜军，皆为县。宋时属邓州。金设申州治南阳。元代升金代的申州为南阳府，府治南阳。明清相沿，俱为南阳府。至1914年废府，宛一直为府治。

1949年3月28日，成立南阳行政区专员公署，

驻南阳市。1994年7月，撤销南阳地区，设地级南阳市。

（三）文物古迹

南阳城历史悠久，文化底蕴丰厚，文物古迹众多，城区共有文物保护单位90处，其中全国重点文物保护单位6处：张衡墓、张仲景墓及祠、南阳知府衙门、南阳武侯祠、鄂城寺、瓦房庄冶铁遗址。

河南省文物保护单位宛城遗址，位于南阳市区。始建于西周申伯国，汉代城周长约15公里。今存东北角残墙，长约180米，高出地面2～5米。另有"明远顶"、"望乡台"汉代高台建筑遗迹。城内遗迹还有灰坑、窖穴、房基、墓葬、烧陶窑、古井、地下水管道及炼铜遗址等。

杨廷宝故居：位于南阳市解放路南段，是我国著名建筑大师杨廷宝（1901～1982年）的故宅。现存3处院落，保留建筑20余座。

（四）城市特色

南阳不仅历史悠久，而且独具特色，自秦汉以来，南阳历代都建有城池。其中，汉宛城、明清城（梅花寨城）最具有代表性。

汉宛城：位于现城区东北部。是一座历史悠久、规模宏大的古城，原有城两重，始建于西周，为申伯国地，西周将领召伯虎在此筑城，即为宛城。汉代南阳经济发达，宛城规模宏大。据《荆州记》曰："（南阳）郡城周三十六里。"宛城构筑有两重，所谓"大城"和"小城"，即外城和内城。外城，也称"郭城"，当为生产区、生活区和工商贸易区；内城即小城，位于大城西南隅，应是封建官吏的衙署区。大城即今人民路以东、防爆厂以南、汉城河以西、南寨墙以北部分。东西宽约1600米，南北长约2500米。小城即今约为人民路以东、建设路以南、温凉河以西、南寨墙以北部分。东汉末年，因战争频繁，宛城遭巨大破坏。北魏时期，小城已不复存在。现存有城垣遗迹、高台建筑遗迹等。城垣遗迹现残存2处，一处位于城区东北隅防爆电气研究所附近，北墙东端残长800米，高出地面4～6米；东墙北端残长600米，高出地面5～7米；

护城河道残长1800米，宽50～80米，深1～6米。城垣为夯土建筑，夯层中包含有大量汉代陶片。另一处为南部城垣，位于南阳市闸口到琉璃桥北侧，为今护城河水注入白河处。城墙地面遗迹不明显，从地下断层处可见城垣遗迹，亦为夯土筑建，夯层中亦含有大量汉代陶片和砖瓦。高台建筑遗迹残存两处，一处今称"明远顶"，坐落于老城东北隅，原为一高大的地上建筑，人称"明山"。现存台基南北长46米，东西宽44米，残高9米，为平夯堆筑。台基上部暴露有大量汉代砖瓦和陶片，当为一处宫殿基址。另一处今称"望仙台"，坐落于南阳市人民公园内。台基为夯土堆筑，东西长约80米，南北宽约70米，残高9米。地表亦暴露有大量汉砖瓦和陶片，当为一处大型建筑基址。此外，在城区内还散布有汉代灰坑遗迹、冶铁遗迹和古井等，并有陶井圈、地下水管道、汉砖瓦、陶器、陶片等大量汉代文化遗物。

明、清南阳城，系元代在宛城小城基址上修筑的。明洪武三年（1370年），南阳卫指挥使郭云始改建为砖石城。城周六里二十七步，高、宽各二丈二尺，壕深二丈二尺，阔四丈四尺，引梅溪河水注入。城有四门，东曰"延曦"，南曰"洧阳"，西曰"永安"，北曰"博望"，皆沿用古时旧名。城门之外，各筑有月城，上建角楼、敌台、窝铺。城内街道坊巷，颇为整齐，东西南北四门，皆有通衢大道。崇祯年间，明藩唐王重修，明末毁于战火。清顺治、康熙、乾隆年间，又屡有修葺。清咸丰四年（1854年），南阳知府顾嘉衡进行大修。城高二丈，南北月城直达正门，西月城门向北，东月城门向南，月城沿用明代四城门旧名。又在正门和月城门上方，拱券外面，逢中各加一块石刻横额。东门外曰"中原冲要"，内曰"楚豫雄藩"；西门外曰"控制秦关"，内曰"吕城肇封"；南门外曰"车定指南"，内曰"荆襄上游"；北门外曰"星拱神京"，内曰"源溯紫灵"。唯南月城门上镶嵌石刻对联一副，上联曰"白水真人生文叔"，下联曰"青山名士卧武侯"。四门之上皆建有城楼，城隅

皆有屋，又在东南隅城垣上，加筑"奎章阁"，置炮台30尊。清同治二年（1863年），知府傅寿彤又环城修筑四圩，因东西南北圩相互隔绝，自成一堡，状若梅萼，故名"梅花寨"。未几，通为一郭，周长十八里，又西引梅溪河水，东疏温凉河水以为寨河。新中国成立后，土城基址逐渐平毁，现仅存南寨墙部分。

二、商丘

（一）地理位置

商丘，古称睢阳、宋城、归德、南京等，位于河南东部，豫鲁苏皖四省接合部。北隔黄河故道与山东省的菏泽市搭界；西与河南省开封市毗邻；南与河南省周口市，安徽省亳州市、宿州市接壤；东与江苏省的徐州市相望。商丘水陆交通发达，陇海铁路横贯全市，京九铁路纵穿境内，105国道与310国道在市区相交，形成铁路、公路"双十字"交通枢纽。另外还有横贯东西的连霍高速和南北走向的济广高速、商周高速。沱河、涡河、惠济河的航运，可经淮河、大运河通长江，与沿海城市通航。商丘地貌属华北黄淮平原的一部分，除在东部永城市分布着低矮的芒砀群山外，均为一望无际的平原，地势平坦。境内骨干河流有涡河、惠济河、沱河、黄河故道、浍河、大沙河、王引河等，多呈西北东南流向，平行相间分布。气候属暖温带季风气候，四季分明。

商丘的建城历史久远，西周初年，商纣之庶兄微子启被封在商丘称宋国；汉代文帝之子刘武被徙封为梁王以睢阳为国都；宋朝曾定商丘为南京，居于陪都地位。历史上这里始终是一方政治、经济、文化中心和军事重镇。史书记载它为"则九州之奥区，广衍沃壤；则天下之膏腴，襟带河济，屏蔽淮徐，自古争在中原，未有不以商丘为腰膂之地"。1986年，商丘被国务院公布为第二批国家历史文化名城。

（二）历史沿革

《尚书·禹贡》记载夏朝把天下分为九州，商丘属豫州。商族、商文化、商业起源于商丘，有"三商之源"的美誉。商的始祖契曾协助大禹治水

有功，被舜任命为司徒。商部族三世先公相土驯养了马，七世先公王亥驯养了牛，并开始商业活动。商部族传到商汤为首领的时候，逐渐强大起来，在南亳（今商丘虞城县谷熟附近）建立了都城。夏桀无道，众叛亲离，商汤便在伊尹的辅佐下，挥师西进，最终取代夏，建立了强大的奴隶制商王朝。

西周初年，为安抚商族旧地遗民，周成王封殷纣之庶兄微子启于商丘为宋国。宋在古睢水之北建立都城，这是商丘建城的开始。春秋时宋国疆域有所扩大，一度被列为"春秋五霸之一"。公元前286年，宋被齐、楚、魏三分其国而亡。宋国共延续770多年。

秦统一中国后实行郡县制，商丘属砀郡，设睢阳县。西汉汉文帝封其子刘武为梁王，都睢阳（今商丘）。因梁国在平定"七国之乱"过程中立下大功，所以朝廷对其赏赐不可胜道，珠宝玉器多于京师。梁孝王挥金如土，筑梁园方三百里，大治宫室为复道，珍禽异兽，靡不具备，并招揽四方文人墨客，到梁园吟诗作赋。司马相如、邹阳等名流云集商丘，名噪一时。公元前144年梁孝王暴病而死，葬于芒砀山。公元220年曹魏篡汉，废梁国。隋初复称梁郡。唐开皇十六年（公元596年）置宋州。此时的商丘又进入了一个繁荣时期，宋城人口有9万户，数十万人。五代十国时期，商丘为后梁治地，称宋州，在此置宣武军。后唐灭后梁，后梁宣武军主将袁象先投降后唐，后唐皇帝李存勖把宣武军更名为归德军，归德之名自此始。公元959年，后周归德军节度使（驻商丘）赵匡胤挥师西进，发动陈桥兵变，建立了北宋政权。商丘初为宋州，州治宋城。1006年，由于宋州乃赵匡胤的发迹之地，遂改宋州为应天府。北宋大中祥符七年（1014年），再改应天府为南京。南宋建炎元年（1127年），康王赵构在南京（今商丘）登基称帝，建立南宋。金人占领商丘后在此设归德府，属南京路。元代，商丘仍称归德府，属河南行省。明初，改归德府为归德州，属河南布政司。明洪武二十二年（1389年），改隶开封府。清沿明制，归德府和商丘县衙署均设于商丘古城。1913年裁归德府而设豫东道隶属河南

省，1914年改豫东道为开封道。

1949年2月，设商丘行政专员公署，隶河南省。1997年10月，商丘撤地设市，为省辖市。

（三）商丘古城

宋国故城：位于商丘市睢阳区，叠压于商丘古城（即归德府城）之下，南临古睢水。故城西墙大部、南墙和北墙的西段保存较好，城墙顶部距地表浅处有的不到1米。宋国古城的四面城墙都很直，但城墙走向不是正南正北，东墙和西墙走向偏东北和西南，南墙和北墙则偏东南和西北；而西南角和东北角为锐角。东墙长2900米，南墙长3550米，西墙长3019米，北墙长3252米，周长为12721米，面积10.2平方公里。城墙由五花土夯筑而成，横断面呈梯形，现存最高约10米，最低不足1米。宋国故城的年代最早可到商末周初，春秋战国直至汉代一直沿用并进行了修补。宋国故城是我国历史上具有代表性的一处都城，具有较高的历史价值和科学价值，现为国家级文物保护单位。

归德府城墙，位于商丘市睢阳区，是我国目前保存最好的古城墙之一。现存城池与文献记载基本相同，分别由砖城墙、护城湖、土城郭三部分组成，城内道路格局等，都保存基本完好。该城外圆内方。土城墙为圆形，周长8公里，宽30米，高1.5米。砖城墙平面近似长方形，东西城墙各长1210.1米，南城墙长950.6米，北城墙长993.14米，周长4363.94米。城墙用黄土分层夯筑而起，每层厚30～50厘米，内外用青砖包砌，收分比较明显。高6.6米，底宽10米，顶宽7米，城上有3600个垛口，四角设有四个凸出墙外的角楼，楼已毁仅存角台。城周有9个方形马面，凸出墙外6.70米，东西南北各设砖券城门（图2-3-1）。

城内面积1.13平方公里，共有93条街道，每条街道长200米，纵横交错，横平竖直，呈棋盘状，主要街巷以忠、孝、节、义、仁、礼、廉、泽、利、训、化、教、习、贞、信、正人、君子等命名。从南门到北门的街道为一条直线，是全城的

图2-3-1　归德府（商丘古城）北城门

中轴线。由于东、西门不相照，故从南北大街通向东、西门的街道不相连接。全城地势北高南低，城内地势呈龟背状，城中心大隅首最高，四面逐渐下降，南墙地势最低。南门东西两侧各建有一座水门，全城的积水、废水沿两条最凹的街沟，通过水门排进护城湖内。

城内衙署寺庙等公用建筑的分布疏密有致，归德府衙、府文庙、府学在东大街路北一字排列，府仓、察院位于府衙之南。商丘县衙和县学、县文庙处于南北大街之西。教场位于西门南侧、土城郭以里、砖城以外。水井、厕所相互错开，呈梅花状分布。

城内民居建筑多见走马门楼、五门相照、前庭后院、东西配房的四合院建筑群，青砖灰瓦，硬山式结构，最后一进院落的主房多为二层楼房。明嘉靖以后至清初，城内住过三位大学士、七位尚书以及众多侍郎、巡抚、御史、总兵和著名文人雅士。

护城湖，距砖城墙约3.5米，环城一周，宽一般在500米左右，只是在与四门对应处逐渐变窄，各建一座石拱桥通向四关，为进出古城之要道。护城湖水下叠压着宋国故城、唐宋州城、宋南京城和元归德府城故址。湖中有许多突出水面的小岛，即是原有的名胜古迹遗址，如周时宋国的蠡台，孔子游宋后留下的文雅台，西汉梁孝王的耀华宫、吹官、女郎台、钓台、望云亭，北宋时的应天书院等。昔日胜景，传留至今，唯存岛屿，在水中浮没。春夏之季，湖岸两侧，垂柳依依，芳草如茵，花团锦簇，鸟语欢歌。泛舟湖上，仰望古城，令人心旷神怡，浮想联翩。

土城郭，也叫护城大堤，环绕护城湖一周，近似圆形，与砖城隔湖相望，二者相距一般在550米左右，用黄土夯筑而成，基宽20米，顶宽7米，残高约5米，周长约9公里，其上遍植多种果树花草。

归德府城有鲜明的个性和特点，其外城郭为圆形，内城（即砖城）呈方形，外圆内方，形似古铜钱，寓意深刻。一方面是表示天圆地方，代表阴阳合气；另一方面寓意"金戈之象"。古人认为金戈之象预示着招财进宝，也就是说归德府城是一座福城。建城之初，希望归德府城做到与天地自然和谐，在此生活居住的人们财源旺盛，幸福美满。

（四）城市与文化传承特色

商丘历史悠久，物阜民丰。这里的风土民情植根于丰厚的文化土壤中，有其独特的文化内涵。文学艺术源远流长，土特名产丰富多彩。

教育，应天书院的创办、发展和鼎盛充分说明了这一点。明清时期，商丘的文学创作又一次达到高峰，出现了影响全国的文学团体"雪苑社"，开展有组织的文学创作和文学理论研讨活动，先后参加雪苑社的有侯方域、贾开宗、徐作霖、刘伯愚、吴伯胤、张谓、徐世琛、宋荦、徐邻唐等人。其作品丰富，如被列为清初"三大家"之一的侯方域有《壮悔堂文集》和《四忆堂诗集》；宋荦诗词俱佳，有《西陂类稿》、《绵津山人诗集》等。雪苑社在中国文学史上占有一席之地。

豫剧：主要流派豫东调在商丘形成并发展。传统剧目主要有《诸葛亮吊孝》、《封神榜》、《单刀赴会》、《十五贯》、《包青天》等百余部。产生许多在国内久负盛名的著名演员，如黑脸王段春、李斯忠，红脸王唐玉成等。

三、许昌

（一）地理位置

许昌位于河南省中部，北依郑州市，南接漯河市，西靠平顶山市，东连周口市。地处豫西山地向黄淮海平原过渡地区，地势西北高，东南低，自西北向东南缓慢倾斜。西部为低山丘陵，东部为淮海平原西缘。主要河流有北汝河、颍河、双泊河、清潩河、沙河、清流河、清泥河等，属淮河流域颍河水系。许昌地处中原腹地，成为衔接各方的通衢之所。京广铁路、京珠高速公路、107国道、219省道和103省道纵贯南北；南（阳）日（照）高速公路、311国道、325省道、237省道和329省道横穿东西；北距新郑国际航空港50公里。交通条件良好，可谓纵横交错，四通八达。国家"南水北调"、"西气东输"两大战略工程，都经过许昌境内。京广铁路、

"米"字形的公路交通骨架使许昌作为区域交通枢纽的地位进一步突出。

许昌地处"中州之中"，地理位置十分重要。清人顾祖禹在《读史方舆纪要》载："自天下而言，河南为适中之地；自河南而言，许州又适中之地也。北限大河，曾无溃溢之患；西控虎牢，不乏山 之阻；南通蔡、邓，实包淮、汉之防，许亦形胜之区矣。岂惟土田沃衍，人民殷阜，足称地利乎？"许昌历史悠久，是古许国都邑和三国曹魏发祥之地，享有"魏都"之称。郭沫若曾言，"闻听三国事，每欲到许昌。"源远流长的历史，优越的地理位置与自然资源，不仅使许昌成为先民们安居乐业之所，也是历代政治家、军事家瞩目之地。1989年，许昌被河南省人民政府公布为河南省第一批历史文化名城。

（二）历史沿革

夏代许地属豫州之域，禹封皋陶之后于许。商灭夏，夏的同盟部落昆吾族也移居许地。西周初，周武王分封诸侯，封太岳伯夷之后文叔于许，史称"许国"。春秋时，五霸争雄，许国国小力弱，又处中原要冲，成为霸主争夺的对象，不得已先依附郑、后依附楚。周敬王十六年（公元前504年），郑国游速率师灭掉许国，称其地为"旧许"。战国时，原许国封地被韩、魏占有。秦始皇统一六国，废除分封制，实行郡县制，以原韩国地置颍川郡，治所在阳翟（今禹州市），以原许国地置许县，许地始称许县，隶于颍川郡。

东汉建安元年（公元196年），曹操迎汉献帝刘协于许县，扩建城郭，修筑宫殿，遂称"许都"。曹操大兴屯田，广揽人才，南征北讨，克平群雄，使许都成为当时北方政治、经济、军事中心和建安文学的发祥地。建安二十五年，曹丕代汉，改国号为魏，徙都洛阳。魏文帝黄初二年（公元221年），曹丕以汉亡于许、魏昌于许，改许县为许昌，列为魏五都之一。西晋初，颍川郡治所从阳翟移许昌城，许昌为中原政治、军事重镇。北宋时，许州隶京西北路。皇祐五年改隶京畿路，为辅郡。北宋元丰三年（1080年），升许州为颍昌府。南宋建炎二年（1128年），金人破颍昌府。金代，改颍昌府为昌武军许州。清雍正二年（1724年）升为直隶州，十二年又升为许州府，设石梁县为附郭，临颍、郾城、襄城、长葛、石梁、禹州、密县、新郑属之。清乾隆六年复为直隶州。1913年废许州复称许昌县，属河南开封道。1928年，废道改区，为河南省中区第二区行政长驻地。1945年秋，日本投降后，许昌仍为专署所在地。1949年2月，豫西行署二专区与五专区合并，成立许昌专区。1986年2月，许昌地区撤销，许昌改为省辖市。

（三）许昌古城

许昌位处要冲，地腴物丰，自古为兵家必争之地。许昌城随着朝代的更迭、战争的破坏、治所的变化及政治形势发展的需要，城址也随之发生变动。历史上共有三次较大的变迁，即汉魏许都故城、许田城和许昌城。

汉魏许都故城：位于许昌县张潘镇古城村、盆李村一带。故城分内城和外城，今外城遗址依稀可见。内城在外城东南区，轮廓较为分明，呈土丘状，高出地面约3米，西南隅遗存有毓秀台，为汉献帝祭天之坛。内城基本呈方形，东西大街长1220米，南北大街长1180米，宽均为7米。内城周长4650米，宽22米，面积约1.44平方公里；设有东、西、南、北四座城门，宽均为6米；有城河，宽8米。古城村、门道张、城后徐、城后董、城角徐、城南董等村名是这座都城的历史见证。

许昌城，即现许昌城位置。明万历年间，知州范锡砌为砖城。明崇祯年间，李自成攻陷许州，城遭破坏，署州事徐珩又砌筑。清顺治、乾隆年间又多次整修。清道光年间，知州汪根敬再修，增建敌楼更房，使之坚固。城设四门，门楼上悬挂匾额。四角各建有角楼，城垣周围有敌楼34座，城池深1丈3尺，阔20丈3尺。城河与天然水系相连，有进有出，既利漕运又利防御。许昌解放以后，城门、城墙逐渐拆除，仅存护城河环绕旧城周围，标示着古城的规模，古城风貌余韵犹存。城内有以方位命名

的东、西、南、北四条大街，东西大街横贯东西二门，南北大街因州衙坐北向南而不相对应。古城格局犹如两条清晰的轴线，一条轴线自城南正门街道（南大街）直抵衙门，形成全城的中轴线，另一条轴线是东大街、天平街和西大街，将古城自然分隔为南北两半部。南半部被南大街分割为两大区，布置居住的里坊、市和军营；北半部被分为三区，东区是居住区，西区是园林区，中区为州府衙门。南大街直贯衙前街，至西大街东口处交错构成大十字街；北大街贯通安怀街，至东大街西口处交错构成小十字街。现今仍有"大十字街"、"小十字街"之称。两十字街之间为平稳均衡的中央隆起部位，故名天平街，为全城制高点。旧时，南大街为全城最繁华地段，交易有绸缎、首饰、医药、杂货等，著名商号有豫茂、隆和、福聚通、志盛德等；北大街和安怀街有干果行28家；西大街经营白铁、土产日杂业；东大街多住官绅人家，东门内路南葛家大院并排四座插花门楼，房舍数百间。天平街东口建穿心阁，西口建钟楼，路北有天增仁、宏康两钱庄，俗有"金银库"街之称。城东南隅有文昌阁、奎星楼、文明寺等。天平街与四周护城河的相对高差5米有余，使古城中心高，四周低，呈现出明显的龟背形，这种地形十分有利于古城排水，充分体现了古人筑城的聪明智慧与规划设计的科学性。

目前，虽然古建筑所剩无几，但许昌街巷仍保留了完好的格局，南大街、衙前街、北大街、西大街、东大街、天平街、文庙街、学巷街、奎楼街、九曲街、安怀街、清虚街、古槐街、井巷街、寇家巷等仍然可清晰地展示出历史文化街区的风貌与文脉特征。

许昌钟灵毓秀，文人荟萃，诗画文风，悠远深湛；戏曲艺术，广为流传；名吃特产，经久不衰。

四、濮阳

（一）地理位置

濮阳位于河南省东北部，黄河下游的冀鲁豫三省交界处。西连安阳，南接新乡，北部、东部与河北省、山东省毗邻。地势西南高东北低。境内有黄河、卫河、金堤河、马颊河等河流，分别属黄河和海河两大水系。106国道和京九铁路纵贯南北，汤濮、濮台铁路横贯东西。

濮阳古称帝丘，据传五帝之一的颛顼曾以此为都，故有"帝都"之誉。其名始于战国时期，因位于濮水（黄河支流，后因黄河泛滥淤没）之阳而得名，是古代文明的重要发祥地之一。1987年，在西水坡发掘出土的仰韶文化时期三组蚌壳砌龙虎图案，被誉为"中华第一龙"，中华炎黄文化及龙文化研究会将濮阳命名为"龙乡"，成为中华龙文化的发源圣地。2004年10月1日，濮阳被国务院公布为国家历史文化名城。

（二）历史沿革

公元前11世纪，武王伐纣，灭掉了殷商，分商畿内之地为邶、鄘、卫三国，濮阳属卫。春秋时期，濮阳逐渐成为卫国统治的中心地域。公元前216年，秦废分封、置郡县，濮阳始得县名。西汉袭秦制，濮阳依旧称县。西晋咸宁三年（公元277年），司马允封于东郡，置濮阳国。五代时，濮阳称澶州，为梁、唐、晋纷争地，梁将王彦章与唐将李存审在此"大小百余战"，州治几易。后梁贞明五年（公元919年）始修濮阳城。

宋代建隆元年（公元960年），濮阳称澶州，崇宁五年（1106年）升开德府。1120年仍名澶州。北宋真宗景德元年（1004年），辽军南下入宋境，兵抵澶州，直逼北宋都城东京。宋真宗畏敌，欲迁都南逃，宰相寇准力促真宗皇帝御驾亲征至澶州督战。宋军士气大振，在澶州城下大胜辽军，后宋真宗以"屈己安民"为借口，与辽订立和约，每年向辽输岁币10万两、绢20万匹，史称"澶渊之盟"。

金皇统四年（1144年），澶州改称开州，属大名府。元袭金制。明洪武二年（1369年），濮阳县并入开州，治所在今濮阳县城，属大名府。清弘治十三年（1500年），开州知州李嘉祥役使民工增修城池。

1912年，改开州为开县，1914年复名濮阳县，隶大名道。1936年濮阳设专员公署，归河北省。1941年为抗日需要，中共冀鲁豫行署将濮阳划分为濮阳、尚和、昆吾三县。1945年9月，中共中央平原分局、冀鲁豫行署、军区迁到濮阳城，曾设立濮阳市。

中华人民共和国成立后，置濮阳专区，隶属平原省。1952年，平原省撤销，濮阳专区归河南省。1954年6月21日，政务院决定撤销濮阳专区，并入安阳地区。1983年9月1日，为支援中原油田的开发建设，国务院决定成立濮阳市。

（三）濮阳古城

濮阳古城自宋至清，相继沿用，且历代皆有整修，以明代规模最大。明弘治十三年（1500年），开州知州李嘉祥在原土城基础上大加修整，将城墙加高至三丈五尺，加厚至三丈，城池较前高深许多。并在城墙东西南北各面筑一城门，东门名德胜门，西门名昆吾门，南门名开德门，北门名镇宁门。各门皆筑瓮城，瓮城之外环筑围墙，直达各关门。濮阳古城自五代修筑以来，一直是城池广阔而人烟稀少。明正德十二年（1517年），为充实城内人口、扩充市面，曾大规模迁徙乡民入城。后又经多次增修，建城铺84座，城角望楼4座，重修城门楼及女墙，使明代开州城"颇极壮丽，十郡县莫先焉"。

清康熙初年，知州孙榘再次对州城城墙重加版筑。至清道光年间，在东南城角建文峰塔一座，七层，高十余丈，形制似开封铁塔，巍然峭拔，为全城制高点。

濮阳城垣多数毁于20世纪40～60年代，现仅残存7公里，高10米，上部厚26米，下部厚46米，断崖处夯层清晰可辨，墙土内包含丰富的唐宋时期的碎瓷片及朽木孔。虽然城垣多数已毁，但濮阳古城格局保存较好，街道里巷名称基本未变。整体平面呈半圆形，民间俗称"马蹄"形。街道呈棋盘式分布，中轴线偏西，形成四大街、八小街、二十四条布袋街的布局。尤其以中心阁（四牌楼）向四周辐射的东、西、南、北四条大街两侧，仍保留着清代

以来的传统商业店铺，一派古色古香的景象。其中位于南街的王家大院，属典型的清代风格的四合院，保存最好。大院坐北朝南，门楼上装饰有木雕挂落、墀头，雕刻题材多鸟兽虫鱼等传统吉祥内容，手法细腻，栩栩如生。

濮阳是一座有悠久历史的古城，丰厚积淀的传统文化自古至今经久不衰，传统的土特名产、风味小吃也丰富多彩。

五、浚县

（一）地理位置

浚县地处河南省的北部，西连鹤壁市区，北接安阳，东临濮阳，南处于太行山东麓与华北平原的过渡地带，为地质学所称的华北凹陷区。中部略高，西部和东部低缓，素有"六架山，三条河，大小三十二个坡，西有火龙岗，东有大沙窝"的地形地貌特点。京广铁路、107国道和京珠、鹤濮高速公路在县城西北过境。浚县地处中华民族的发祥地，历史悠久，县城紧傍大伾山、浮丘山和卫河，"两座青山一溪水，十里城池半入山"是对浚县独特自然景观的写照。1994年浚县被国务院公布为国家历史文化名城。

（二）历史沿革

浚县地处古黄河之滨，夏代浚地处冀、兖、豫三州之交，是夏文化和先商文化、东夷文化的交会之地。

周武王元年（公元前1046年），武王伐纣，诸侯会师于今浚县同山。武王克殷，分其畿内为邶、鄘、卫，浚地属邶、卫，后康叔封卫，领浚地。春秋时，分属晋、卫。战国时属魏国。秦置郡县，分属东郡、河内郡和邯郸郡。秦始皇三十三年（公元前214年），始皇东巡经黎地，于今白寺山祭祀西岳，立无字巨碑。

西汉高祖初年，置黎阳县，县治在今大伾山东北，属冀州魏郡。东汉建武元年（公元25年），刘秀镇压河北王朗农民军，撤军黎阳时，在大伾山筑青坛祭告天地，后人曾一度称大伾山为青坛山。三

国时，浚地属魏国，黎阳县属冀州魏郡。隋开皇三年（公元583年），黎州、黎阳郡俱撤，归属卫州。唐武德二年（公元619年），置黎州总管府，治所在今大伾山北麓。唐贞观十七年（公元643年）废黎州，黎阳县属卫州。是年，在浮丘山巅始凿石窟造像，此后唐开耀、永淳、如意等年间又有续雕，窟内雕佛像990余个，后人称为"千佛洞"。

北宋端拱元年（公元988年），在黎阳置通利军，属河北道。治所在今县城东，辖黎阳县，县治仍旧。金天会七年（1129年），河北路分为东西两路，浚州属河北西路。元初，设省辖路，浚州属中书省真定路。元世祖至元二年（1265年），改属中书省大名路。明洪武元年（1368年），改路为府，浚州属中书省大名府；洪武三年，浚州人口不足五千，改州为县，名浚县，属直隶（京师）大名府，县治徙浮丘山东北平坡。清顺治元年（1644年），浚县属直隶省大名府。清雍正三年（1725年），河南巡抚田文镜奏请以河南省磁州换直隶内黄、浚县、滑县以利漕运获准，浚县改属河南省卫辉府。

1940年秋，中共浚县抗日民主政府成立，隶属冀鲁豫边区行署。1949年5月，浚县解放，浚县民主政府改为人民政府，隶属平原省安阳行署。1952年10月撤平原省，浚县改属河南省安阳行署。1986年划归鹤壁市。

（三）浚县古城

城垣西濒卫河，东临大伾，南包浮丘之半于城中，城垣周长十里，四周有排列整齐之雉堞、城垛。四面开正门四座，横额分别为"东望澶云"、"南控黄流"、"西瞻行翠"、"北迎紫极"，显示了城池的古老、雍雅。城门上皆建两层飞檐高楼，上挂悬匾，东为"长春"，南为"叠翠"，西为"长清"，北为"拱极"。四门均有瓮城，西门北面设有便门两处，一曰"观澜门"，一曰"允淑门"。城区内分乐西南北四条大街，中心建有一座两层十字拱券高阁名曰"文治阁"。城南大伾山、浮丘山平地突兀，景色宜人，文物古迹荟萃，摩崖题记遍布，有"登浮丘即朝东岳，攀大伾如游三壶"之称。古城与两山紧依相连，十里城池半入山，具有城市园林特色。古城设计新颖，建造坚固，在国内城池中享有盛名。

六、汤阴

（一）地理位置

汤阴位于河南省北部，处于华北平原与太行山的过渡地带。北临古都安阳，西靠著名的煤城鹤壁，东与枣乡内黄县交界，南与鹤壁和浚县相邻。地势西为丘陵，东为平原，处于华北平原与太行山脉交会的山前地带，整体地势自西北向东南方向递降。自古以来为南北交通的要冲，107国道、京珠高速公路穿境而过，京广、汤濮、汤鹤铁路在这里交会，交通十分便利。汤河、羑河、永通河自西向东流过。气候温和，四季分明，日照充足，土地肥沃，是著名的小麦、棉花产区。

汤阴是闻名世界的《易经》发祥地，《诗经·邶风》的衍生地，著名民族英雄岳飞的故乡。悠久的历史、深厚的文化内涵，凝结形成诸如"易经文化"、"岳飞文化"等历史文化积淀，构成了汤阴历史文化的绚丽篇章。1993年被河南省人民政府公布为河南省历史文化名城。

（二）历史沿革

夏代，据《禹贡》、《竹书纪年》等记载，汤阴属冀州域。公元前1720至公元前1681年夏十三、十四帝廑（胤甲）、孔甲第六次迁都居西河（今城东）。

殷商时期，汤阴是王都畿辅之地。公元前1066年前后，殷纣王囚禁西伯姬昌于羑里（今城北羑里城），成就了"文王拘而演《周易》"的历史，使这里成了《周易》的发祥地和中国历史上有文字记载的最早的国家监狱。

汤阴古称荡阴，因居荡水之南而得名。据史料记载，荡阴地名最早出现于公元前350年。秦，属邯郸。西汉，高祖二年（公元前205年）置县，属河内郡，治今县城。东汉，改属魏郡。三国，属魏郡。晋，属魏郡。唐武德四年（公元621年），复置汤源县，入古荡阴城，属卫州；六年，改属相州。

唐贞观元年（公元627年）改名汤阴。宋，属相州。1103年，岳飞出生于汤阴，20岁后三次投军，背刺"尽忠报国"，致力抗金，四举北伐，收复襄汉六郡等大片失地，缔建纪律严明、能征善战的岳家军，并在戎马倥偬之际写下了《满江红·怒发冲冠》等千古绝唱。金，属彰德府。元属彰德路。明属彰德府。明洪武三十（1397年），重筑汤阴县土城墙。明景泰元年（1450年），大学士徐有贞奏请皇帝准允，建岳飞庙，赐名"精忠庙"。清，属彰德府。民国时期，属第三专员公署。

新中国成立后，属平原省。1952年平原省撤销，改属河南省安阳地区。

（三）汤阴古城

汤阴县境东西广，县城随县境东西长。城市格局则严格按照旧制兴建，城池整体呈龟背形，城内街道对称布局，胡同星罗棋布。俗称"汤阴县龟背城，六门四马道，九街一路三十六胡同"。

汤阴县城始建于唐武德四年（公元621年），旧时分外城、内城。外城纪时无考，内城墙毁于20世纪70年代。整个城区呈长方形，东西长1250米，南北宽750米；古城墙底宽30余米，上宽10余米，高10余米；旧护城河底宽7余米。城区地势中间高出四周3～4米。分6座城门，东西各1门，南2门（大南门、小南门），北2门（大北门、小北门）。六门之雅称：向水门（东门）、映山门（西门）、连道门（大南门）、瞻淇门（小南门）、迎恩门（大北门）、拱辰门（小北门）。如此构成了一个相对完整的龟背形，东为头，西为尾，南北4门4只脚。旧时东门外南北有两口水井，传为神龟的眼睛。城区的街道胡同布局，亦按龟背形设计建造，构成方格网状，主街道东西大街位于明清县衙前。县衙居城中偏西，街道以县衙分称东上街、大南街、大北街、西上街、小南街（今岳庙街）、小北街（今甜水井街）、学街（今文化街）、官墙后街（今政法街）、寓贤（古音）街。大南街与大北街对称，过东十字路口相通；小南街与小北街对称，过西十字路口相通；小南街与大南街东西对称，过寓贤街丁字路口相通；小北街与大北街东西对称，过神路（古名）丁字路口与官墙后街相通；神路与缑家胡同对应；官墙后街与学街对应；东张家胡同与苏家胡同对称，西唐家胡同与卢家胡同对称；东西两区的胡同又相对称等。这种小巧玲珑、布局严谨、街道规整的县城在中原地区及全国也甚为少见。

民居中以传统式四合院民居居多，其中保留传统风貌的有甜水井街的唐家大院、文化街张家大院、东大街的张家大院、大北街的苏家大院等，其布局或为"四进四合院"（俗称九门相照），或为"三进四合院"，多为清代康熙、乾隆、嘉庆年间所建。

汤阴人文荟萃，汤阴籍及在汤阴任职、勾留的文人达士，为汤阴留下了丰富多彩的文学、史学、哲学、经济学、诗文著作和书画艺术作品。传统文化自古至今经久不衰，历史遗传下来的民风习俗、土特名产、风味小吃等也丰富多彩，成为汤阴县历史文化名城的亮点。

七、淇县

（一）地理位置

淇县，地处豫北，东临淇河与浚县共水，西依太行与林州连山，南与卫辉市接壤，北与鹤壁市毗邻，北、东、南有淇、卫、沧三河环绕。京广铁路、京珠高速公路、107国道纵贯南北。西部是连绵起伏的太行山，东部是河渠纵横的沃土平原。境内有淇河、恩德河、赵家渠、折胫河、沧河，均经卫河入海。

淇县历史悠久，文化灿烂，曾为殷商帝都、卫国国都，是一座具有3000多年文明史的古城。驰名中外的牧野古战场，久负盛名的云梦山战国军庠和淇园，都体现着淇县的厚重历史。1988年被河南省人民政府公布为河南省历史文化名城。

（二）历史沿革

《竹书纪年》云："（武乙）三年自殷迁于河北，十五年自河北迁于 。"帝辛（纣王）时，将沬易名"朝歌"，即高歌黎明、喜迎朝阳、蒸蒸日上、兴旺发达之意。公元前1046年，周武王兴师克商伐纣，在王都朝歌畿内之地设"三监"，监管殷商遗民。3年后，武庚、管叔、蔡叔反周叛乱，被周公旦平定，改"三监"之地为卫国。成王封康叔为卫君，仍都朝歌，直至卫懿公被北狄攻杀，历15君达403年之久。春秋时改为朝歌邑，属晋。战国时属魏。鬼谷子（王诩）在云梦山创办了军庠，培养出孙膑、庞涓、苏秦、张仪、毛遂等军事家、政治家。西汉始置朝歌县，属河内郡。东汉沿袭前制。三国魏置朝歌郡。晋改朝歌县。唐初卫县升为州，朝歌属卫州。元代改为淇州。明洪武元年又降为淇县，属于卫辉府辖。明英宗正统十二年（1447年），知县董英重修淇县城。清代仍为淇县，属卫辉府辖。民国仍为淇县。

中华人民共和国成立时仍为县。1954年撤销淇县并入汤阴县，县城改为朝歌镇。1962年恢复淇县，隶属安阳地区。1986年改属鹤壁市管辖。

（三）文物古迹

卫国故城：位于淇县县城。城址平面呈长方形，南北长2250米，东西宽1650米，城墙宽70米，面积约420万平方米。地面现存城墙4段，即西城墙3段，北城墙1段，共长1150米，宽3～60米，高1～4米。城内现有殷商摘心台遗址，西坛村战国冶铁遗址，在东南城墙南段外侧的东关村东头发现一处春秋时期制骨作坊遗址和付庄战国冶铁遗址。卫国是当时170多个诸侯国中之大国。故城城址之大、城墙之宽，在东周古城址中不多见，具有较高的历史研究价值，现为国家级文物保护单位。

（四）城市特色与文化传承

淇县古称朝歌，曾为殷末四代帝都、卫国国都。自战国之后，虽然古都的辉煌不复存在，但历史的记忆和古都的文化却永远留在这块沃土上，彰显着它的古老和文明。

殷、卫朝歌都城：有三道城墙，第一道城，东临淇水，西依太行，南城墙在县城南9公里的常屯村附近，北城墙在县城北10公里的高村附近。第二道城，北城墙在三里桥，向东到石岗洼新庄西，南

折与县城东城墙合，向西到煤建公司北，南折直到稻庄与南城墙合。第三道城在西坛、三海村四周。朝歌古城墙地面现残存第二道城。城址呈长方形，南北长2250米，东西宽1650米。城内面积约420万平方米。城内宫殿区、墓葬区尚未进行全面钻探，不知其详。

淇县城：是明清时期在殷、卫朝歌城和历代淇县城旧址上修建的。城近似棋盘状，城内外星罗棋布的名胜古迹，显现出城市的厚重历史。城内除殷商和卫国时期的遗址外，还有白杨寺、崇庆寺、一脊三座庙、财神庙、城隍庙、石佛堂、三仙庙、火神庙、骑河楼、牛王庙、鲁班庙、农神庙、关帝庙、菩萨庙与一步三孔桥、文庙、康叔祠、中心阁、过街棚、八角楼、古朝歌坊、威灵坊、三仁祠、三圣庙、白衣庵等明清古建筑分布在县城内不同地点。城内中山街、西街、北上关街等街巷保存比较完整，还有很多传统的清代民居分布在城内各个街巷。

八、卫辉

（一）地理位置

卫辉，地处中原腹地，原为豫北三府之一。位于河南省北部，东连濮阳，西依太行，南临黄河，北接安阳。卫辉是一座拥有2000多年历史的古城，自殷商时期为京畿之地的牧野，历代郡、州、路、府、道、县治所选设于此，是豫北地区政治、经济、文化中心。历史上著名的以少胜多的牧野大战、曹操征讨袁绍、郭子仪大败安庆绪等历史事件不胜枚举。特别是汲冢书的发现和研究，为正史和补史提供了许多实物资料。史学界把汲冢书与鲁壁书、甲骨文、敦煌藏经洞誉为我国古文化历史上的四大发现。1993年卫辉市被河南省人民政府公布为河南省历史文化名城。

（二）历史沿革

夏属冀州，殷商时为京畿牧野。中国历史上第一次大规模的战争——牧野大战就发生在这里。周武王灭纣后，封殷商畿内地为邶、鄘、卫三国，卫

辉属汲地。成王平武庚叛乱后，邶并于卫，汲地属卫。春秋时期，卫遭狄侵，戴公东渡，汲地更属于晋。战国时期，韩、赵、魏三家分晋，汲地属魏，始有汲邑之称。秦统一中国后，分天下为三十六郡，卫辉属河内郡。西汉高祖二年（公元前205年），始置汲县，属河内郡。三国时期，汲县属曹魏朝歌郡。西晋设汲郡，郡治汲县。明、清属卫辉府，府治汲县。明万历年间卫辉形成丁南关、北关、城内、德胜关和南北马市街六处集市。并设卫辉盐仓，经销临近各县官盐。盐店街大小盐店、盐仓、商铺、旅栈林立。河运繁忙，商贾货船多达千只。1913年，废府设道，属河南省豫北道，道治汲县。1914年，豫北道改称河北道，道治汲县。

1948年县城解放，县政府机关迁驻县城。成立卫辉市，同属太行五专署。1949年8月，平原省建立汲县，属平原省焦作专署。1952年冬，平原省撤销，改属河南省新乡专署。1983年9月1日，改属河南省新乡市。1988年10月，撤销汲县，建立卫辉市。

（三）卫辉古城

卫辉历史悠久、文化灿烂，拥有众多的文物古迹和反映名城各历史时期文化风貌的建筑，城区现存各级文物51处。

卫辉城最早建于东汉顺帝时，是由汲县县令崔瑗在城区汲城村修筑的县城。城池呈梯形，总面积168万平方米。现卫辉古城始建于东魏年间，因周武王在牧野伐纣列阵，古"陈"、"阵"二字相通，故称陈城。原为土城，辟有南、西、北三门。唐开元年间和金大定年间曾有两次河水决堤毁城。元至正十一年（1351年）重修，元末又毁于兵祸。明洪武年间重筑城池。城墙为夯土，周长六里，高、宽各2丈5。护城河深1丈2，宽6丈余。城墙设南、西、北三城门，敌楼、警铺各30座。明英宗年间城墙外壁包以砖石。明万历十三年（1585年），潞王封藩于此，在城内东部修建王府。古城跨过原有的护城河向南扩建，使周长增加732丈。同时增建了东门，名曰宾阳。原有的城门，南称迎薰，西称眺行，北称拱极。4座门楼，高耸壮丽，各有瓮城。城墙上又建敌台、角楼警铺共30所，形成内皇城、外古城的双城格局。

九、沁阳

（一）地理位置

沁阳古称覃怀、河内，位于河南省的西北部。北依太行，与山西省晋城市交界；南眺黄河，与温县、孟州市相连；西望王屋，同济源市接壤；东连广袤的平原，与博爱县毗邻。沁河横贯市区中部，丹河南出太行汇入沁河，济水从市境西南流淌而过，其间泉涌渠流、星罗棋布，水系发达。沁阳历史上古道纵横，兼有水运，交通比较发达。古之通衢要道有4纵、6横、23个驿铺。4纵道是太行道、古邘道、古商道、古盐道，六横道是古邘国道、西北盐路、小官路、大官路、沁孟路、汴梁官道。现有焦（作）枝（城）铁路沿山麓从市境北部穿行。新（乡）济（源）公路与太（原）洛（阳）公路交叉于中部市区，长（垣）济（源）高速公路在市区南横贯穿越，交通公路网络发达。

沁阳历代为郡、州、路、府治，豫西北政治、经济、文化中心，是豫晋商贸的重要商品集散地，著名的"四大怀药"生产地。1989年被河南省人民政府公布为河南省历史文化名城。

（二）沁阳古城

沁阳城古为野王城，傍沁水之阴，故而得名。沁、丹二水交汇于城东，广利河渠横贯于城南，周围是广袤的田野。

野王城始筑于西周，以后历代均有修筑。元至正二十年（1360年）重筑城池。明洪武初再次重筑，并设怀庆卫守之。此次重筑城围9里148步，高3.5丈，宽2丈；壕深2.5丈，宽5丈；修城阙4座，角楼4座，敌台6座，警铺39个。明崇祯十四年（1641年），将城墙增高5尺，加宽3尺，并易4城楼以砖，增刻门额，东谓"朝曦"，西曰"万城"，南名"朔南"，北称"拱极"。民国17年将城内32铺并为14街，并易4城门额，东曰"中山"，西曰"自由"，南曰"平等"，北曰"共和"。民国28年于府西街西端破城开"新西门"。

沁阳老城自古为豫西北政治、经济、文化中心，占地1.3平方公里。居民人口较为密集，街区巷道为棋盘状。古有"十四街七十二条胡同"之称。如仁义胡同、营房顶、九府院、二府胡同等。古城的规划特色为"四门不照、藩府居中、一水穿怀、湖塘相连、商铺林立、府县并列"的形制。由于怀庆府治设于河内县城中，故在行政机关设置上为双建置。怀庆府衙坐落在城东西大街中段，县衙位于城东南县前街北侧，明郑藩王府城处于府衙东侧城中心部位，北邻为怀庆卫。府、县学及文庙分置于县衙两侧。城中还建有过街牌坊30多座，天宁寺、兴隆寺两个佛寺分建在西北、东南两隅。清真寺位于城中北寺街中段西侧。此外，城内还建有府、县城隍庙，6个书院，10多个名宦祠庙，3个文昌阁，两个关帝庙，另有药王庙、玉清宫、观音阁、三官庙、圣水观等。

沁阳古代经贸发达，是河南、山西商贸的重要商品集散地之一。城中商业店铺林立，商业区主要集中在东西大街、府前街、勾楼街、水亭街、桥口街、县前街、西门街、南门街、东关南北大街。东西大街中段及府前街以经营布匹、纺织、百货为主，西门街、南门街、桥口街经营文房四宝、刊印书业，明郑藩王府城废后，营房地经营鱼市，水亭街经营蔬菜副食业，勾楼街、府前街经营餐饮业，东西大街东段及东关南北大街以经销"四大怀药"为主。

沁阳老城古代有"北方水城"的美誉，城中湖塘渠系发达，至少在汉代，先民已将沁水引入城中。北魏郦道元《水经注》载之较详，如在沁河的右岸引出干渠（朱沟水），渠长160里，流入武陟陂湖。东南分出奉沟水与沙沟水两大支渠。向北分出支渠入野王（沁阳）城壕，余水在城东北退入沁河。宋代又引济水入城，史称"济水穿怀"。城中湖、塘、渠、桥及闸门、涵洞经历代开挖、疏浚、修理，至明清已日益完善，开挖湖塘12个，均以渠道相连通，并设穿城水闸门各3个。在西城墙下修筑涵洞，引水入城，以小官河为主渠道穿越6个主要桥梁，自西向东分别为西石桥、利津桥、举仙桥、中柱桥、览胜桥、指方桥。城中居民在湖塘中种莲、养鱼，每逢夏季，芳香四溢，沁人心脾，既得益于水产，又改善了居住环境。同时，通过对水的蓄泄调节，起到了减少旱涝灾害的作用。

沁阳地处暖温带，气候适宜，土特名产及风味名膳也非常丰富。自古以来怀庆一带盛产地黄、山药、牛膝、菊花，被称为"四大怀药"，而尤以河内为正宗，系珍贵药材，古代一直作为皇宫的供品岁征，明清时怀药贸易达到鼎盛。明代，怀药出口到国外，被国外称之为"华药"。1914年，在美国旧金山和菲律宾马尼拉举办的万国商品赛会上，"四大怀药"作为国药展出，受到各国医药学家和药商的赞誉与称道。

十、济源

（一）地理位置

济源位于黄河中游北岸，河南省西北部，晋豫交界处的王屋山脚下。西北依太行、王屋二山，与山西晋城、垣曲两市交界；南临黄河，与古都洛阳隔河相望；东与沁阳、孟州二市毗连，自古有"豫西北门户"之称。济源地势西北高，东南低，山区面积占一半之多，故有"牛角川"之称。焦（作）枝（城）和侯（马）月（山）铁路纵贯南北，济晋、济洛、济焦、济邵等高速公路和207国道相互交织，四通八达。济源是黄河途经地、济水发源地，沁河、小有河越境而过，漭河环城东南流去，水源丰富。

济源历史文化源远流长，古时济水与长江、黄河、淮河并称"四渎"，济源就因为济水发源地而得名。这里是轩辕黄帝设坛祭教的"天下第一洞天"，古代寓言故事"愚公移山"之地。风光旖旎、山奇水秀、济水独清、温泉喷涌是对济源山水的写照，祭祖圣地、洞天福地、济水之源、愚公移山是济源的名胜概括。这里曾被清乾隆皇帝誉为"名山胜迹"之所。1989年被河南省人民政府公布为河南省历史文化名城。

（二）历史沿革

商代，济源为向国、召国所在地。西周为东都畿内地，先后为武王封弟原叔之原国（今存原城遗址），宣王封仲山甫为樊侯之樊国，幽王五年（公元前777年）皇父作都于向之向国。春秋时先后属郑国、晋国。战国时期封轵国（今存轵国故城），先为韩都，后属魏之重镇。秦代，秦始皇并七国置郡县，济源属三川郡，设轵县。汉代，属司隶河内郡，先后设轵县、沁水县和波县；高后元年封惠帝子朝为轵侯，文帝元年封薄昭为轵侯。三国时期，境内设轵县、沁水县，属魏国河内郡。隋开皇十六年（公元596年），析轵县北部置济源县，属河内郡，至此始有济源县。明洪武年间济源县改属河南省怀庆府。清代袭明制。

1942年7月，济源县抗日民主政府成立。1946年，抗日民主政府更名为济源县民主政府。1975年5月，设济源工区办事处，辖虎岭区、济源县。1977年济源县隶属新乡地区。1986年济源撤县建市，归焦作代管。1997年1月，济源市实行省直管体制。

（三）济源古城

济源古城始建于隋开皇十六年（公元596年），析轵县北部置济源县，与轵县皆属河内郡。在此之前，济源的前身是轵县，隋开皇二年，隋文帝颁诏在古"四渎"之一济水源头修建济渎庙，为了方便和配合朝廷对济渎庙的祭祀，在14年后设置济源县和修筑济源县城。济源古城选址是因地制宜，南北城墙外以南北漭河为护城河，漭河自上（西）游而下分为两支注入城内，至下游（东）又合而为一，形成济源古城的天然屏障，它横贯城区，是济源市发展的历史见证。

济源古城呈长方形，周长5里250步，墙高2.5丈，宽2丈，池年深1丈，阔2丈5尺。隋开皇十六年筑。明景泰四年（1453年），知县李珩增筑。明成化十九年（1483年）重修，明崇祯十一年（1638年）知县卢时昇甃以砖石。清代又多次修葺。城置4门，南、北、西皆正向，独东门辟向东北隅，似北门，县署衙门在城中宣化街正北。

济源城内街道保留原来格局，宣化街、文昌路、汤帝路仍在使用；文昌阁、城隍庙遗址尚存，紧临城池的西关汤帝庙和望春桥建筑保留完整；城外济渎庙、奉仙观等庙宇完好如故；城南、北护城河（即今南北漭河）规模依旧，经过治理的河水已成为城市亮丽的景色。抗日战争和解放战争时期，城池毁没，现仅存北城墙遗址，遗址旁立《固若金汤》碑一通。

济源古城池虽然毁没，但城墙遗址尚存，城内街道基本保留了历史格局。特别是北街保留有10余座古民居院落和白衣堂、卢仝泉、古皂角树、古槐树等古城遗存，以及古城标志性建筑文昌阁、城隍庙、舞楼、夜香台等建筑遗址，仍能显示古城历史规模和风貌。

济源传统民居建筑多讲究方位朝向，大多靠山依水临路，或坐北向南，或坐西向东，建筑布局呈四合院，或上主两厢的三合院，或上窑（洞）、两厢加过道的半窑院。院形上大下小呈长方形，谓之"聚气存财"。在建筑用材方面，早年木结构房屋居多，近年砖木结构风行，但尚保留传统的三间一座、四间一座风格。

阳台宫：位于济源市西北40公里的王屋乡愚公村。唐开元十二年（公元724年）司马承祯奉敕，自选形胜创建。道院依山而建，占地面积9314平方米，建筑面积3238平方米。建筑采用中国传统中轴线对称式布局，现存山门、东西厢房、大罗三境殿、玉皇阁和两侧的白云道院、过厅、厢房等，计8座35间。三清殿面阔五间，进深四间，为明代单檐歇山殿堂式灰瓦顶建筑，木构件保留有许多宋元时期的营造手法。玉皇阁建在高5米的台基上，面阔七间、进深五间，为三重檐歇山楼阁式琉璃瓦顶建筑（图2-3-2），梁架及一层的20根蟠龙石质檐柱均为明代遗物，部分柱子上刻有明代题记。另有元、明、清碑碣11通，明代铁镬（huò）与雕花石槽各1件，千年娑罗树1株，千年桧柏5株。

图2-3-2　济源阳台宫玉皇阁全景图

河南历史文化名城还有登封、巩义、新郑、禹州、睢县、淮阳、邓州、汝南、新县等，这些地方各有特点，限于篇幅，不再一一介绍。

第四节　历史文化名镇名村

一、社旗镇

（一）地理位置

社旗镇，史称许封镇、赊旗店、兴隆店、兴隆集、赊旗镇，现名赊店镇。位于河南省西南部，南阳盆地东北部，北依伏牛山余脉，南连汉水达长江。镇周有河水环绕，潘河流经镇北、东，赵河流经镇西、南，至镇东南交汇入唐河，注汉水，连接长江。历史上社旗是南方水运和北方陆运的交通中枢，西达山、陕、甘，北通冀、鲁、津及内蒙古，南连云、贵、川、湘、鄂、赣、粤、闽、浙。正是社旗"水旱码头"的强大吸引力，才使全国16省商人云集此地，开埠立店结社，南船北马，转运八方货物，成为当时的商家圣地、全国最繁华的贸易中

心之一。随着京汉铁路、陇海铁路通车，形成南北东西运输大动脉，货运改道而行，社旗镇日见萧条。而今社旗交通又逐渐恢复昔日的辉煌，是方（城）枣（阳）公路与南（阳）驻（马店）公路交会地，西临焦（作）枝（城）铁路、许（昌）平（顶山）南（阳）高速公路和许（昌）南（阳）公路，南毗312国道、宁西铁路和南阳飞机场等，交通便利。

社旗兴于春秋战国至汉代，盛于明、清。民间有"天下店，数赊店"，"金汉口，银赊店"，"填不满的北舞渡，拉不完的赊旗店"等佳话。南来航运快捷便利，北上陆路官道四通八达，可谓"依伏牛而襟汉水，望金盆而掬琼浆，仰天时而居地利，富物产而畅人和"，历史上是商家必争之地。特别是社旗的布局和特征，体现着当地浓郁纯朴的民风民俗，渗透着忠孝节义的封建思想和诚实守信的商业理念，彰显着中华民族的传统文化。悠久的历史，丰厚的文化底蕴，使"社旗镇"于1989年被河南省人民政府公布为河南省历史文化名镇。

2007年5月，被住房和城乡建设部、国家文物局命名为中国历史文化名镇。

（二）赊店古镇

社旗镇四周平坦，潘、赵两河环抱，两河在镇南交汇入唐河，注汉水，连长江。城镇建设依周边河道及地势修建，高大的砖砌寨墙留9门，建8座威武的寨门楼，俯视恰似一条金鱼形状，可称为"金鱼寨"，寓意商贸活动"如鱼得水"、"年年有余"、"年年发财"。镇中心区域占地面积1.95平方公里，分布着纵横交错的72条商业街、36条胡同。其中72条商业街在布局上分行划市，街名都冠以商品的特色，如山货街经营山货，瓷器街经营瓷器，铜器街经营铜器，骡店街经营骡马旅店，木场街经营竹、木器，麻花街经营小吃等，这是我国商业史上出现的专业化市场。

社旗镇在清乾、嘉年间，云集于此的商贾为联合诚信经营、规范商业行为，便以成立同乡会来制定行规。同时为通商情、叙乡谊、帮贫济弱，各地商贾集资修建聚会场所——会馆。据统计，当时各类同乡会馆10余座，庙宇30余座，会馆和庙宇也成为社旗镇一大特色。

社旗镇在繁华时期，各类生意门店1000余家，凝聚着16省的商贾，人口达13万之众。码头和河岸日泊货船500多艘，21家骡马店朝夕客满，48家过载行日夜装卸不停。经营商品涉及粮、棉、油、盐、茶叶、药材、竹木、生漆、桐油、瓷器、铜器、山货、皮革、布匹等。镇中各商号货堆如山，庙会连日不断，热闹非凡，形成无日不变易的繁华景象，成为中原地区著名的水旱码头、商品集散地，享有"金汉口、银赊店"的美誉，彰显商贸古镇的历史特色。

社旗镇在保护历史文化遗产和古镇风貌（图2-4-1）的同时，复建了西寨门和永庆街木牌坊等。

图2-4-1　社旗镇古商业街今貌

二、朱仙镇

（一）地理位置

朱仙镇位于古都开封城南22.5公里，镇区面积为1.5平方公里。属黄河冲积平原的组成部分，地势自西北向东南倾斜，其地貌由黄河冲积平地、风积冲击沙丘地和丘陵地带构成。气候属暖温带大陆气候，春季干旱风沙多，夏季炎热雨水集中，秋季凉爽温差大，冬季寒冷雨露较少。

朱仙镇相传曾是魏国勇士朱亥的故里而得名。朱仙镇在春秋时为启封城西北附近的居民点。五代时期，由于开挖蔡河与汴河相通，此居民点濒临西蔡河，凭水运便利条件，逐渐发展成汴梁附近的重要集镇。北宋末年，朱仙镇又名延嘉镇。清康熙朝极盛时，江淮之吴粳、楚稻、绿茶、糖、纸、杂货，由此北运，西北之山货等物产，由此南输，南船北马皆集于此，成为华北地区最大的水陆交通联运码头。朱仙镇与湖北的汉口镇、广东的佛山镇、江西的景德镇并称为中国的四大名镇。现为国家级历史文化名镇。

（二）城镇特色

朱仙镇是中、西部至开封的陆路要冲，南运水路起点，自明代开始逐步进入兴盛时期，到清康熙年间朱仙镇已进入鼎盛时期。最繁盛时镇区范围北至小店王，南至腰铺，东至宋寨，西至豆腐店。镇寨墙原为土寨，清同治元年（1862年）因防捻军而改筑砖墙，整体作不规则的圆形，纵横各三里许，周十里许，辟有四门。

朱仙镇街区主要在寨内，四关也有市街。因北关通开封大道，南关通尉氏大道，比较发达。寨内街区以贾鲁河为界而分为东西二镇。在清乾隆以前东镇繁盛过于西镇，清道光二十三年（1843年）遭水患，因东镇较低，水深丈余，水退后积沙数尺，商店多西移，此后西镇盛于东镇。各种行业集中在一条街道，具有我国封建社会后期商业行会形成后的特点。

东镇：南北向主要街道有车店街、杂货街、曲米街、油篓街；东西向主要有仙人桥、杂货街（多南北杂货）、曲米街（多米麦商铺）、炮房街（多爆竹作坊）、油篓街（多油业行店）、仙人桥街（多普通商店），其中以杂货街最为繁盛。

西镇：南北向主要街道有顺河街、西大街，多为普通商店。东西向有估衣街以估衣店及当铺为主，京货街以苏广时货为主，铜货街以铜器作坊为主。尤以西大街最为繁盛。

朱仙镇的街道布局整齐，南北向的街道宽约4米，东西向的街道宽约3米。建筑多为商号，为传统店铺式建筑。住宅具有北方民居的典型特色，院落布局习俗是"前厅后寝"的"三合院"或"四合院"。房屋建筑讲究"明三暗五"、"四梁八柱"。此外，还有官署与寺庙等建筑。官署建筑有巡检署、千总署。寺庙建筑在朱仙镇是一大特色，全盛时期有110多座，最大的为关帝庙、岳飞庙，其他的寺庙有清真寺、救苦庙、郎神庙、土地庙、瘟神庙、三皇庙、吕祖庙、财神殿等。

朱仙镇全盛时，有4万户，20余万人。外省商人有山西、陕西、甘肃、安徽、福建诸省人，以山西帮商人最有实力，山西票号掌握着全镇的金融权，设有山西会馆（俗名小关帝庙）和关帝庙。陕甘帮商人多经营山货皮毛，安徽帮多经营酒馆饭店及一般工商业。少数民族有回族，多从事小商贩和手工业，建有清真寺2座（北大寺、南大寺）。朱仙镇运出货物以西北山货、本省的牲口与土特产为大宗，运入货物以木材、瓷器、茶、盐、糖、纸、布匹、粮食、杂货、京广货为大宗。

朱仙镇南门外贾鲁河沿岸，码头林立，长达5里。贾鲁河是北端的航运终点，下达周家口，由淮河通安徽、江、浙，舟楫通畅。小舟更可上溯到京水镇，北与黄河联系。故西北山货由此南输，东南杂货由此北运。更因接近开封省城，犹如省城外港。陆运则由驿道南下经尉氏许州以达武汉，北上经开封、卫辉、彰德以达北京。南船北马，便利的交通条件，决定了朱仙镇商业的繁荣。目前其他三镇均已发展为现代化城市，唯有朱仙镇由于受地理与交通的制约，仍保持着乡镇型的规模和布局，一些传统街道和民居建筑，还保留着明显的历史名镇特色。

朱仙镇木版年画是中国木版年画之鼻祖，它继承汉唐壁画艺术，由"桃符"演变而来，历史悠久，源远流长。它风格独特、取材广泛，构图饱满、线条粗犷流畅，形象夸张、色彩鲜艳，具有浓郁的地方特色和民间乡土气息。其制作采用木版和镂印相结合，使用中药材配制调色，水印套色，用纸讲究，色彩艳丽庄重。题材和内容大多取材于历史戏曲、小说演义、神话故事和民间传说等。年画制作多出自民间艺术大师之手，乡土气息浓郁，民间情趣强烈，具有独特的地方特色和淳朴古老的民族风格。20世纪30年代，法国出版了《朱仙镇木版年画》专集，在西方美术界引起强烈反响，法国、比利时、联邦德国、日本、缅甸等许多国家的专家、学者和字画研究生不远万里专程光临朱仙镇，探讨年画的制版艺术和印刷技巧，并将其誉为中国的国宝。

仙镇商业的日益发展，木版年画业得以勃兴和繁荣。鼎盛时期，年画作坊多达300余家。年画商号有"门神商号"，供奉关帝。作坊艺人有"门神匠会"，祭祀鲁班。较著名的年画商号有：万同、老振兴德、德源长、天义德、万和、德隆泰、二合、永盛祥、振永源、万盛昌、祥瑞成、天成德、大天成、二天成、义和成、松茂义、三成义、庆源长、马天兴、协恒、晋源涌等门神老店。以万同、老振兴德年画商号历史最为悠久，万同、天义德、天成等经营木版年画最为著名。当时朱仙镇木版年画南销江苏及沿海各地，西到青海、甘肃、陕西、新疆，北售天津、北平、沽口、内蒙古、黑龙江，东至徐州，外销日本、缅甸、泰国、印度、俄国等国。

三、陈桥镇

（一）地理位置

陈桥镇，地处开封市北的黄河北岸，隶属封丘县，与古都开封隔河相望。古镇环境优美，气候温和，四季分明。南临滔滔黄河，镇东是一望无际的芦苇荡和悬河湿地，芦花飘荡，野鸟出没，珍禽聚集，有白天鹅、鹭丝鸟、灰鹤、雉等多种鸟类栖息，百鸟齐鸣，空气清新宜人。镇西有石榴、金银花植物园，五月石榴花红似火，金银花散发清香。镇北广阔的稻田边林成行，树成荫，渠成网。陈桥因为历史上宋太祖赵匡胤发动陈桥兵变而名声大震。它是宋王朝发迹之地和宋文化的源头，也是宋都北方的门户和皇家御苑。现为国家级历史文化名镇。

（二）主要省级文物保护单位

东岳庙：唐代为上元驿，五代时，后晋为都亭驿，后汉、后周叫陈桥驿，宋初为班荆馆，后改为"显烈观"，明代改为东岳庙。1447年赵冕捐资倡修大殿、大门、东西庑、寝宫、子孙殿、太尉殿，两年后落成。清顺治、乾隆、咸丰、光绪年间多次重修。现存有大殿、东西厢房、系马槐。大门面阔三间，进深一间。东西厢房为硬山式建筑，碑刻、古井等。东岳庙大殿，为单檐歇山式建筑，面阔五间，带前廊，灰瓦顶。

古碑刻："宋太祖黄袍加身处"碑，高1.7米，宽0.57米，碑阳刻有"宋太祖黄袍加身处"8个大字，无款。碑阴为《题系马槐》诗："黄袍初进御，系马耀军威。翠盖开皇极，清阴护紫薇。风声惊虎啸，日影动龙飞。千古兴王地，擎天一柱巍。"古越金梦麟题。书体行草相间，铁划银钩。

陈桥兵变后，陈桥历史地位迅猛提升，在宋史中占有显赫位置。北宋初，陈桥驿改为接待辽国使臣的"班荆馆"，成了宋朝的重要政治活动场所。陈桥是宋都北边的门户，通向河北东西两条大道都在这里交会，它担负着宋廷大量的政令军事情报传递和迎送过往官员的职能。它又是京畿地，陈桥东北的8个马牧村，是当年的皇家御苑。北宋大政治家、文学家王安石《陈桥》诗云："走马黄昏渡河水，夜争归路春风里。指点韦城太白高，投鞭日午陈桥市。杨柳初回陌上尘，胭脂洗出杏花匀。纷纷塞路堪追惜，失却新年一半春。"后更名为"显烈观”。皇族高官，云集陈桥，其地位更为重要。北宋定都开封后，陈桥被发展成为京城周围四大镇之一，护卫着开封，政治地位日益提高，镇貌得到发展，形成京城东北第一大镇。金、元、明、清四代，开封的地位虽有较大的变化，但作为七朝古都开封东北部第一商贸基地的陈桥，却始终保持着原来的格局。金代祥符县只有三个镇，而陈桥镇居其中之一。明代时，开封素有"南有朱仙镇，北有陈桥镇"之称。明末，水淹开封城，清顺治二年（1645年），开封县衙迁至陈桥镇，陈桥地位更进一步提高。

经过宋、金、元、明、清五代的兴建，陈桥镇主要布局为东西南北四门和镇墙，街道有南北向一条，东西向两条。南部是官府衙门，分南北道、东西司，冀鲁豫三省河台（河务机构长官）在这里居住。陈桥有"七十二条街，七十二眼井，七十二座庙"之称。商业店铺、手工业作坊、茶坊酒肆林立，临街开市。众多庙宇散落于民居区域。天爷庙的戏楼庄严威武，南街宋家花牌坊雕刻精湛。72座庙形成庞大的古建筑群，满布全镇。到清末民国初年，陈桥还保持着原来古镇的风貌，有寨墙、四门、官府衙门、南北道、东西司，以及冀鲁豫三省河台和传统民居等。由于军阀割据，战乱不休，特别是日寇侵华之后，黄河改道，民不聊生，陈桥趋向萧条。

陈桥从整体上看，居民聚落呈梯形，紧贴大堤，形成传统主街三条，南北向一条最长，与东西向两条街垂直交叉，形成两个十字街口。南边十字街口古老，地势中间高，四周低，呈现龟背状，排水便利。镇近黄河，古今皆有渡口。街面低洼，水位高，坑塘多，悬河湿地珍禽栖息，自然生态环境极佳。

四、荆紫关镇

（一）地理位置

荆紫关镇位于淅川县西部的丹江河畔，豫、鄂、陕三省交界处。东面靠猴山，西面临丹江。西接陕西商南，南连湖北郧县，北与河南卢氏、栾川、西峡等县接壤，东和东北与淅川县寺湾、西簧两乡镇相邻。

荆紫关自古就是水陆交通要道，丹江由西北向东南流经该镇西侧，依靠丹江水运，下达江汉，上达陕西省丹凤县，具有水路交通优势。而今交通更为方便，经312国道及209国道南行可到襄樊、十堰，西去可至西安。荆紫关周围群山环抱，地形险峻，是一个典型的山间盆地，地处暖温带与亚热带过渡区，具有明显的过渡性气候特征。

巍巍雄关，"西接秦川，南通鄂渚"。荆紫关凭着优越独特的地理位置，历代贾客竞商云集。商客以食盐、纺织品、冶铁产品、竹编、草织品加工、山货为依托进行通商贸易，逐渐将荆紫关发展成为外来商品和本地山货的集散地，大批物资通过荆紫关商贸市场发往豫、鄂、陕腹心地区。

荆紫关不仅是贾客竞商云集之处，同时也有武将挥戈跃马的足迹和文人雅士瀚墨风骚的履痕。形胜显赫的荆紫关，襟秦楚而扼三省，自秦汉以来就是一处军事要塞。从秦楚丹阳之战到汉高祖西征咸阳，从李自成商洛起兵到白莲教转战豫西，从红二十五军迂回北上到李先念率部抗日……荆紫关战马萧萧，烽烟不绝。文人雅士南到荆楚大地，西往长安，也多经此地，如李白西进长安，韩愈南贬潮州，以及杜牧、欧阳修等历代文豪都曾朝登雄关，夜泊江曲。关后峥山中的千年古刹——法海寺里亦有不少名人手迹。

荆紫关镇文化底蕴丰富，自然景观秀丽，观赏景点众多，素以"鸡鸣三省荆紫关"、"一脚踏三省"而名扬天下。1989年荆紫关镇被河南省人民政府公布为第一批河南省历史文化名镇。2001年荆紫关古建筑群被国务院公布为第五批全国重点文物保护单位。2005年，被住房和城乡建设部、国家文物局公布为中国历史文化名镇。

（二）荆紫关古镇

荆紫关古建筑群，悠久的历史、重要的地理位置，使荆紫关镇保留了丰富的文物古迹。现存主要文物建筑有：荆紫关古街道（图2-4-2）、关门、

图2-4-2 荆紫关古商业街

山陕会馆、禹王宫、平浪宫、万寿宫、法海寺、清真寺、"一脚踏三省"界碑等。现存2200多间房舍和700多间店铺，均为明清建筑。

荆紫关古街道，呈南北走向，长2.5公里，地面均系青石铺砌，两侧700余间板门店铺，均为传统的清代民间商业建筑风格，翘檐雕饰，古色古香，房门为木板嵌成，昼摘夜闭，多层院落，两边厢房对称。相邻院落均有一堵2米长的封火山墙相隔，屋脊上多有花鸟人物作为装饰，高低错落，相互重叠，街道规整古朴。

关门，重建于1914年，位于古街南端，坐北向南，单拱门宽6.6米，高7.7米，门楼上部为叠涩层，门额嵌青石横匾，上刻"荆紫关"三字（图2-4-3）。

图2-4-3 荆紫关关门

山陕会馆，位于荆紫关中街东侧，坐东面西，临街而建，面朝丹江，创建于清道光年间，是山西、陕西两地商人集资兴建的行业会馆。主要用于聚会、议事、祈祷、团拜、酬酢、观剧、娱乐，占地面积4000平方米。现存建筑6座，中轴线上依次有大门楼、过道楼（即戏楼）、春秋阁（即中殿）、钟鼓楼、后殿、卷棚等。

平浪宫，又名杨四将军祠、杨四爷庙，始建于明崇祯年间（1628～1644年），位于南街北端，坐东面西，建筑面积近460平方米，现存房舍7座23间。平浪宫是丹江流域的船工为了祈求风平浪静、一路平安而捐资兴建的。该宫保护较好，建筑布局较完整，中轴线上现存有前宫、中宫、后宫及配房。前宫临街而建，面阔三间，进深二间，灰色瓦顶，中开大门，门楣上方嵌有大理石匾额，南为"风平"，北为"浪静"。前宫两侧各开一边门，边门外侧为钟楼和鼓楼。中宫面阔和进深各三间，硬山式建筑，正脊和垂脊有砖雕。后宫面阔和进深各五间，其造型与中宫大致相同。宫内纪念杨将军治水有功，祈雨辄应，广大船工皆敬而祀之。该宫建筑的精品为钟楼和鼓楼，均建于临街的砖石基座上，为方形三重檐攒尖顶建筑。

禹王宫（湖广会馆），位于荆紫关中街东侧，坐东面西，临街而建，依街傍水，位置优越。现有宫房3栋9间，即正房、前殿、后殿、厢房等，占地18亩。现存宫门楼一座，后殿一座，侧房两排30余间，有保存完整的彩绘和木雕，皆为清代建筑。禹王宫是荆紫关古街建筑群中规模大、品位高的宫殿建筑群。

万寿宫（江浙会馆），位于南街，坐东面西，占地8亩，现存宫房3栋20间。现存大门、正殿及药王殿。大门面阔三间，进深一间，中间门楼二层略高于两侧门房，硬山式灰瓦顶建筑；药王殿，平面近方形，面阔三间，硬山式灰瓦顶建筑；正殿，面阔三间，硬山式灰瓦顶建筑。

江西会馆，在荆紫关南街东侧，重建于清同治十三年（1874年），是江浙商人集资兴建的工商会馆。

其功能为聚会议事、祈神团拜及酬酢娱乐。该宫坐东面西，临街而建。现存门楼3间，房屋3座9间。

"一脚踏三省"界碑，距荆紫关清代一条街2.5公里，此地为豫、鄂、陕三省交界处。在此立有竖锥状三面体界碑一座，碑座每面分别刻有"豫、鄂、秦"三字。碑身按省所在方位，镌刻有各省标志石刻碑文，碑文上方亦按各省方位，刻有各省名称（图2-4-4）。

古民居，现存有约1500幢清代及民国初年遗留下来的传统民居，这些古民居将南北建筑风格有机结合于一体，错落有致地排列于街道东西两侧。多为两层、砖木结构，底层多设门面，安装有木质油漆铺板，便于经商，二层多为镶嵌木质花格窗的阁楼，通风干燥，便于居民储存杂物。

荆紫关因发达的古代贸易和集中的古建筑而成为历史文化名镇。古街道保存完整，均为清代民间商业建筑风格，翘檐雕饰，古色古香，木板房门，昼摘夜闭。因荆紫关地处我国南北方过渡地带，建筑也介于南北方之间，在风格上融合了南北方的建

图2-4-4　荆紫关豫鄂秦"一脚踏三省"界碑

筑特色，除了公用建筑和商铺外，商铺后面还留存有别具地方特色的清代民居，在沿丹江的河街一侧尚存有吊脚楼这种带有鲜明地方特色的建筑。院落布局以四合天井院为主，院内用鹅卵石做花砖铺地，甬路两侧有卵石明沟，形成清幽典雅、富有特色的庭院景观。建筑外观有南方民居特色，内部结构则将北方的抬梁式与南方的穿斗式结构相结合，墙体材料由砖、木、石、土坯混合使用，屋面以小灰板瓦覆顶。建筑装饰接近于南方，多处院落的装饰、木雕、石雕、砖雕均有很高的艺术水平。

五、神镇

（一）地理位置

神垕镇，河南省禹州市辖地，距禹州市区西南20公里。镇区因山就势坐落在乾明山与大龙山夹峙的驺虞河中段两岸。东邻鸿畅镇，西连磨街乡，北接文殊镇，南界郏县境。地属箕山山脉与豫东平原过渡地带的浅山区。左望凤翅山，右观牛头山、凤阳山，前览大刘山，后瞰角子山、云盖山。东西走向横亘在中部的乾明山把全镇分成两个狭窄的盆地。

神垕是我国钧瓷文化的发祥地，是中国古代四大瓷都之一。明清时期还流行一首民谣："进入神垕山，七里长街观，七十二座窑，烟火遮住天，客商遍地走，日进斗金钱。"由此可见当时之繁华和钧瓷在该镇的历史地位。2005年，神垕镇被住房和城乡建设部和国家文物局公布为中国历史文化名镇。

明永乐二年（1404年）秋，周定王朱橚于此获驺虞兽，献于朝，明成祖朱棣对其赏赐甚厚。周王认为获驺虞乃神佑，将大刘山改名神垕山，山下之村命名为神垕。由此，神垕地名沿称至今。

（二）神垕古镇

神垕古镇俗称"七里长街"，原是由肖河两岸的邓禹寨、怡园寨、天保寨、望嵩寨、威远寨5个古寨堡连片而成。目前，神垕古镇比较完好地保存了清末以前的老街道，如东大街、老大街、西大街、白衣堂街、北寨街、祠堂街、红石桥街、杨家楼街，总长度约4公里。其间的建筑群、单体建筑

物和许多有价值的建筑细部，乃至周边环境基本上做到了原貌保存。

神垕老街建筑沿街两侧布置，景观独特，建筑类型十分丰富，主要建筑包括宗教建筑、民居建筑、特色市场和店铺等。其中，主要宗教建筑有伯灵翁庙、关帝庙、文庙、老君庙、白衣堂、老君庙等，主要传统民居有郜家院、白家院、温家院、霍家院、王家院、辛家院等。此外，还有钧瓷一条街、古玩市场、望嵩门、驺虞桥、天保寨、邓禹寨等。

神垕是陶瓷生产集散的重镇，窑场与作坊挨肩毗邻，沿河岸而依山就势，随着生产而结聚，跟着规模而扩展，逐渐辐射外延。神垕镇周边山峦叠嶂，层峰耸翠，沟壑纵横，环境优美。神垕是钧瓷的主产地，因煤、瓷土、釉土资源蕴藏丰富而闻名中原。神垕得天独厚的自然和物质条件促进了神垕陶瓷生产与商贸经济的发展，加之钧釉开陶瓷铜红釉的先河，更有窑变"入窑一色，出窑万彩"之特色，故有"家有万贯，不抵钧瓷一片"之说。神垕钧瓷的生产始于唐，盛于宋。唐朝神垕瓷器多系白、青、黄、灰单色。因釉料混有铜质，在还原气氛下，釉的流动使其渗化，出现了铜红釉为主的五彩缤纷釉色，即唐彩斑釉。

六、历史文化名村——临沣寨

（一）地理位置

临沣寨属平顶山市郏县堂街镇南朱洼行政村。东去堂街镇政府所在地5公里，西北距县城3公里，北与王集乡隔北汝河相望。临沣寨地处北汝河冲积平原，地势平坦，略呈洼状。石河、沣溪绕村北上。西、南、北分别有郑（郑州）石（石人山）高速公路，南（南口）石（石龙区）公路，郏（郏县）平（平顶山）公路等主要干线擦境而过，乡间支道村村相通。

临沣寨以清代的红石寨墙及典型的清代民居为主体。现存古建筑120多栋（处），460多间。寨周围自然地势低洼，曾常年积水，曾是千亩芦苇荡，百亩翠竹林，寨隐其中，加之寨外壕沟，屏障层

叠，显出其易守难攻之势，清至民国，为御匪患起到了重要作用。中华人民共和国成立后，村民对古建筑精心保护，很少有新建住宅破坏寨内古老建筑格局的情况。2005年，被住房和城乡建设部、国家文物局公布为中国历史文化名村。2006年被河南省人民政府公布为河南省文物保护单位。

（二）古村寨

寨内现存主要有寨墙、寨门、民居和关帝庙。

寨墙，鸟瞰略呈椭圆形，围330丈，高2丈4尺，墙上布哨楼5座，垛口800个。筑寨红石取自临沣寨东10公里的紫云山，山石纹理细腻，质地坚硬，耐风雨剥蚀，其色紫红，象征尊贵，巧合"朱"字，寓朱氏家族身份尊贵。红石寨依水而建，呈船形，寓水涨船高，寄托着朱氏三兄弟物阜丁繁、财运发达、官运亨通的希望。西南门有暗堡、炮楼，东北角有北炮台。

寨门（图2-4-5），按后天八卦布设。东南门"溥滨"，以其临利溥渠而名；西北门称"临沣"，以其濒临沣溪之水而得名；西南门称"来薰"，意出古诗《南风歌》，寄寓着主人对家庭和睦安宁、财源广进的美好愿望。三座寨门皆用红石砌券，高盈丈，宽8尺有余，门首刻寨门名，字体遒劲，工艺精湛。寨门两边，各突出红石垛3尺许，与寨墙一体，高5尺，沿红石垛上下各有两条3寸宽沟槽，用于插入木板或铁板，槽间距1.2尺，中间可填充

泥土，用于防水；寨门的门扇厚五寸，外裹铁衣；关上寨门，两扇门上方各凿一个8寸见方的红石漏水孔，与门楼上的水池相通，遇到火攻即可放水灭火；下方3尺许，各设枪眼；紧靠寨门两边墙上各有两个石凿圆孔，直径6寸，用于穿杠加固寨门，防匪、防洪、防火设施齐全。

朱镇府：位于南大街中路北侧，建于清道光二十九年（1849年）四月。占地2516平方米。大门正开（图2-4-6），门楼高两丈有余，"百福并臻"的红石匾额悬于门楣，威严气派。饰砖雕花脊，五脊六兽。正脊中央有"双鹿回头"图案。5级红石板台阶上门楼，第一道门为木雕，为示富贵荣华的饰品，工艺精湛；第二道门，青石雕刻箱形门枕带狮子。两扇大门后的中间与大门对应的地上，有两大块红石，刻4寸许方形凹槽，与大门约呈45°，特为用木桩固定大门设置；门两侧墙上，有圆形孔洞，直径6寸许，为用穿杠加固大门用。进院下3级台阶，正对大门处有一小天井，自天井把宅院分开为东西两个跨院和后院。

临沣寨虽仅为一自然村落，却长期自成一体，形成独特的风土民情。村民沿街而居，红石被广泛采用做基石、扒石等建筑构件。民居多为砖木结构的抬梁式小灰瓦或楼房。宅院多明、清传统一进三院或一进五院的四合院。南大街进门，前走曲径通幽，北大街出门，回头难觅来路，日常生活全在封

图2-4-5　临沣寨东寨门

图2-4-6　临沣寨古民居

闭的四合院内。前、后大门关闭，形成一个完整的庭院。由于庭院墙高屋深，绿化时以竹子、石榴、桂花以及盆景为主，不种高大乔木，既不失富贵，又充分顾及通风透光。宅院内的雨水沿地势自然排放，房檐下有雨水截流沟，院门处有出水口通大街。庭院设计讲究，接待居住分开，互不干扰。

注释

① 以上据杨焕成，张家泰.中原文化大典·文物典·历史文化名城[M].郑州：中州古籍出版社，2008：19～23改编。

② 贺业钜.中国古代城市规划史[M].北京：中国建筑工业出版社，1996：94.

③《逸周书·作洛》原文为："乃作大邑成周于土中，立城方千七百二十丈，郭方七十里，南系于雒水，北因于郏山"。

④ 戴吾三.考工记图说[M]·济南：山东画报出版社，2003.

⑤ 王铎.洛阳古代城市与园林[M].呼和浩特：远方出版社，2005：30.

⑥ 同②：200.

⑦ 同⑤：84～87.

⑧ 同②：474.

⑨ 司马光.资治通鉴（卷二百四·唐记二十）.

⑩ 司马光.资治通鉴（卷二百四·唐记二十一）.

⑪ 同⑩

⑫ 刘迎春.考古开封[M].开封：河南大学出版社，2006：39.

⑬ 同⑫：50.

⑭ 司马光.资治通鉴（卷292·后周记3）.

⑮ 宋史·志第三十八·地理志一.

⑯ 同⑮.

⑰ 同⑮.

河南古建筑

河南古建筑

第三章　河南衙署类建筑

河南衙署分布图

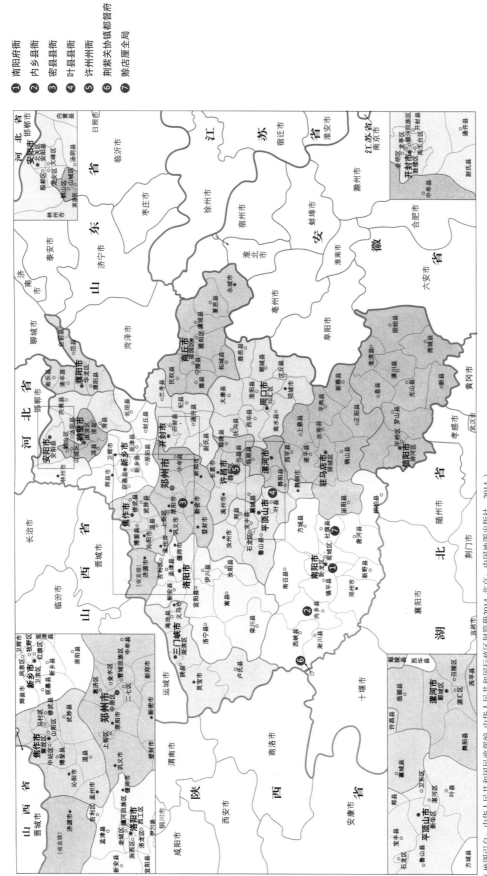

① 南阳府衙
② 内乡县衙
③ 密县县衙
④ 叶县县衙
⑤ 许州州衙
⑥ 荆紫关协镇都督府
⑦ 赊店厘金局

（地图引自：中华人民共和国民政部编. 中华人民共和国行政区划简册2014. 北京：中国地图出版社，2014.）

衙署建筑是我国古代一种重要的建筑类型，它是中国古代城市的主要建筑和官吏处理公务的场所，也是封建统治者的权力象征。在等级森严的封建社会里，统治者基于"民非政不治，政非官不举，官非署不立"之识，对衙署的设置都十分重视，且有一定规制。这类建筑大多采用庭院式布局，建筑规模视其等第而定。衙署中的正厅（堂）为主建筑，设在主庭院正中，正厅前设仪门、廊庑，遇有重要情况才开启正门、使用正厅。正厅的附属建筑为官吏办理公务的处所。衙署内有架阁库保存文牍、档案，有的还有仓库。地方府、县衙署一般还附设有军器库、监狱和供官员、眷属居住的官邸。

我国现存衙署建筑虽然不多，但体系完整，上至故宫，下到县衙，其中以保定直隶总督衙门、南阳知府衙门、内乡知县衙门等为代表。从这些现存衙署规制可以看出，中国古代衙署类建筑到明、清时已经高度标准化、定型化、制度化，渗透着浓厚的文化意蕴。主要表现在中国古代衙署建筑的布局设计和建筑形制，体现了封建统治权威性、宗法观念与伦理意识，也体现了中国人内向、克制的民族性格特征和一定的地域文化特征。

第一节　衙署功能和建筑组成

衙署建筑是中国古代主要建筑类型之一，在中国古代建筑史上它是权力的象征，具有极其重要的地位。衙门，原指的是牙门。中国古代衙署规制和布局同时要受多方面的制约。明、清衙署建筑规制大体遵循以下原则：一是坐北朝南；二是左尊右卑；三是左文右武。中国古代官署衙门，既受封建礼教制度制约，也有衙署建筑功能上的要求，形成严格的建筑组群形制和建筑规模。据清代《钦定大清会典》载："国家建立藩屏，各设治事之所，自督抚以下，建牙口幢，拥旄列戟，所以表率百僚，总理兆庶，匪徒示威重观瞻而已。"至此，衙门作为封建时代地方政府机构的意义得到最终确定。

一、衙署功能

中国古代官署衙门，既受封建礼教制度制约，也有衙门建筑功能上的要求。概括而言，中国古代衙门建筑形制具有以下四个方面的特点：

一是作为封建统治的权利象征，衙署在城市格局中起着主宰作用，因而它通常在城市布局中占有显要的位置，衙署建筑极为醒目。京城衙署大多集中布置在皇宫附近，地方衙署一般集中建于一个相对固定的区域，并自成体系，形成大城中的小城，又称子城、牙城或衙城。

二是衙门建筑在总体布局上，已经形成了统一的规制形式。整个衙门建筑群由高大的围墙围合。衙门建筑的每一个功能区都是由大大小小的被一道道围墙围成的四合院院落组成，通常多达十多个。这些院落按照传统的南北轴线对称布局方式分布，一般有三条轴线，一主二副，正中的一串院落是整个建筑群的主轴线。从南到北依次有大门院落、大堂院落、二堂院落、三堂院落，有的还有内宅院落。衙署的主体建筑为正堂，其院落占地面积也最大，主要用于处理公务的六部房分列两侧，因此成为整个衙门建筑群的中心。二堂和三堂也是衙门里两座主要建筑。除此之外，衙署内还设有仪门、廊庑、架阁库（即文件库）、仓库、军械库、监狱、庙堂等，有的衙署还附设有供官吏日常生活的官邸等居住建筑，布置在衙署的后部或两侧。

三是无论从建筑形式还是建筑体量、建筑规模来看，每一个细节都体现着深厚的官署文化意蕴。如现存的清代南阳府衙大堂，明间东前檐柱础北向刻"云雁"图案，代表了知府为四品官的等级身份；西向刻"行龙回首"，表示尊奉皇命行使政令；南向刻"飞马腾云"，寓意飞黄腾达；东向刻"莲花荷包"表示为政清廉。再如南阳府衙宾兴馆为清代知府会见生员、举行宾兴活动的场所，在其正房额枋上的雕花云墩图案为一盆莲花、三支戟，"莲"寓意"连"，"三支戟"谐音"三级"，合为"连升三级"。旧时学子的向往，为官者平步青云，连升三级则是大福。

四是既重视衙署威严，又多因陋就简，体现出浓烈的地方建筑手法，绝少追求奢华。在中国古代，由于衙署建筑少有专项的营造经费，衙门建设多靠地方官员捐廉修建。因此，衙门建筑在尽可能体现统治阶级权威与尊严的同时，实用功能占据主要位置，这也是衙门建筑较之于中国古代其他建筑如庙观、祠堂、会馆、园林等建筑的显著不同之处。

二、衙署建筑组成

中国古代城市有三个基本要素，即统治机构（宫廷、官署）、手工业和商业区、居民区。由于城市是按照京城、省城、府城、州城、县城的等级秩序排列而成，体现着封建官僚体制对城市体系的决定性影响，因而衙门建筑在城市体系中占据重要地位。据清代同治《河南通志》记载："凡建制曰省（布政使所治为省城），曰府（除省城知府外，其余知府所治为府城），曰厅（直隶同知及府属分管地方之同知、通判所治皆为厅城），曰州（直隶州知州及知州所治皆为州城），曰县（除省城、府城知县外其余知县所治为县城），皆围以城（城制：方圆随其地势，城墙中筑坚土为土牛，外镶砌以砖，上为雉碟，城门外围以月城），而备其衙署，各省文官武官皆设衙署，其制治仪门，大门之外为辕门，宴息之所为内室，为众室，吏攒办事之所为科房；官大者规制具备，官小者以此而减，佐二官复视正印为减；布政使司、盐运使司、粮道、盐道署侧皆设库；按察使司及府、厅、州、县署侧皆设库、狱；教官署皆依于明伦堂；各府及直隶州皆设考棚；武官大者，于衙署之外别设教场、演武厅。"

在等级森严的封建社会里，统治者基于"民非政不治，政非官不举，官非署不立"之观念，对衙署的设置都十分重视，且规制甚严。特别是明永乐间京城迁徙北京并营建故宫后，这种规制显得更加严格、规范。各级官员府第的建筑和规模以及油漆

彩饰等都有严格的规制。明代规定：一、二品官，厅堂五间九架，屋脊用瓦兽，梁栋檐角青碧绘饰，梁栋饰以土黄。明代官式体制的建筑法则，源自于明初凤阳、南京的宫殿衙署。从建筑的总体格局看，庭院宽阔，比例方正，有独立的东西配房，有钻山耳房加前廊，园林布局疏朗而规整。

在总体占地规模上，除了花园、箭亭等游憩宴乐部分外，衙署的必备建筑，即官廨府邸部分，也都有严格的规定。如清代就规定：京师部级衙门（一、二品官衙）规模为1.82～2公顷（27～30亩）；寺、监、院级衙门（三、四品官衙）规模为0.6～1公顷（9～15亩）；以上规定均不带官眷住所。据《顺天府志》记载，顺天府为三品官衙，带官眷住所，全部衙署占地19亩。

在建筑规格上，不同级别的官府也有不同的等级约束。《大清律例》将一、二品官厅堂由明代的五间九架青碧绘饰，提高为七间九架可以彩绘，"三品至五品官，厅堂五间九架，正门三间五架"，只是尺度的变化，等级制度更趋严格。

根据皇家定制，主体建筑要中规中矩，不可追求奢华而僭越皇宫。具体而言，明清衙署建筑形制大体遵循以下原则：一是坐北朝南。即以一条南北向的主体通道为中轴线，主要建筑如照壁、大门、仪门、戒石坊，以及主体建筑，如大堂、二堂、三堂依次排列在这条中轴线上，然后由这条中轴线向左右排开，保持对称格局。规模较大者，还可以有东西两侧副轴线建筑。二是"左尊右卑"。在中国传统建筑思想影响下，衙署建筑布局以左为尊，以右为卑，如县丞、主簿佐贰官，县丞居东，主簿居西；府同知、通判佐贰官，同知居东，通判居西；东南为巽地，较为尊贵，寅宾馆、衙神庙多设东南。三是"左文右武"。衙署六曹均处大堂之前，其排列按左右各三房，东列吏、户、礼，西列兵、刑、工；然后再分先后：即吏（文）、兵（武）二房为前行，户、刑二房为中行，礼、工二房为后行。四是"监狱居南"。明、清衙署监狱多设在西南，仪门之外，故俗称"南监"。五是"前衙后

邸"。衙署的大堂、二堂为行使权利的治事之堂，二堂之后则为长官办公起居及家人居住之所。特别是到了清代中后期，地方各级衙署俨然成了北京故宫在地方的缩影，就连大堂、二堂、三堂的使用功能和体量规律也分别比附皇宫的太和、中和、保和三大殿：大堂最为高大，三堂次之，二堂最小。外衙在前部，是衙署官吏发布政令、举行仪式及正式办公的行政区；后邸是衙署长官处理一般公务及家人的居住区。传统的封建礼教和皇权意识是衙署文化追求的首要内容。

三、河南衙署类建筑现存概况

河南现存衙署类建筑主要是地方政权之府、县衙署，数量不多却是我国封建社会府、县两级官府衙署的代表。保存较完整的衙署主要有南阳知府衙门和内乡县衙，另有叶县县衙、密县县衙等，保存也比较好。此外，淅川县荆紫关协镇都督府之设，充分说明了明、清时期荆紫关的重要战略地位；社旗县赊店镇在明、清时期是中国南北九省商品经济往来之重要枢纽，河南省巡抚在此设赊店厘金局，直属河南厘金局。民国年间，赊店厘金局改称"南（阳）泌（阳）方（城）统税征收局"，负责南阳、唐河、方城、泌阳四县的厘金征收，足见其地位之重要。

第二节　南阳府衙

一、南阳府衙概述

南阳知府衙门始建于元朝元世祖至元八年（1271年），历经元、明、清、中华民国和当代，已740多年历史。据记载："南阳府，唐初为宛州，而县名南阳，后州废，以县属邓州。历五代至宋皆为县。金正大三年（1226年）升为申州。元至元八年又升为南阳府，以唐、邓裕、嵩、汝州隶焉。"元朝在南阳府政权一经确立，就在汉宛城西南隅申州署旧址上重建府衙。时立府署，规模宏大，建筑轩敞，奠定了南阳府作为豫南首郡之恢宏气势。

明朝在全国设布政使司13个，司下辖府，府辖州，州下设县。当时南阳府领二州、十一县。明洪武三年（1370年），府同知程本初在元故址上修建衙署。明正统五年（1440年），府同知汪重又重修。当时的府署有正堂（匾为"公廉"）、后堂（匾为"燕思"）、左右列六房，前竖戒石碑亭，还建有大门、仪门，后列官宅，东西列吏舍，其他府属机构位列两侧。至明末，南阳府衙已建成一座典型的府级官署衙门建筑群：大门前建照壁，左右置东西辕门，其间又设豫南首郡坊，过大门穿辕门，大堂前竖戒石亭，东有承发司，西筑永平库，三班六房居左右，衙皂刑房列前堂；大堂后的府衙二进院，前有寅恭门（屏门），后有思补堂（二堂），堂左侧有书简房，右设招稿房；经过暖阁过道直进三堂，堂后辟地十余亩为假山、为绿水、竹木环抱、亭榭掩映、鸟语花香，别具一番景色。花园之北又建官廨，为知府宴息之内室。轴线两侧，东有申明亭、狱神祠、寅宾馆、税课司与军、粮二廨和东花厅；西侧副线建筑有旌善亭、司狱司、昭磨所、理刑厅和西花厅。此时的南阳知府衙门，功能完备，建筑形制完备，礼制等级分明，左文右武，左尊右卑，前堂后寝，是一处大型庭院式封建官府建筑群。明朝南阳府衙处于地方政权鼎盛时期，号称豫南首郡，朝气蓬勃，因而能对府衙建设作出整体规划，统筹施建，以体现封建政权的统治意图和要求。

明末乱世，清军入关，地方建筑受到严重破坏，南阳府衙也难于幸免，衙署内不少建筑殆于废弃，尤其是中路两侧之附属建筑损毁严重。清朝当权，又不得不进行修葺或重建。清代大规模修建南阳知府衙门共有四次：第一次是在清顺治四至八年（1647~1651年），先有知府辛丙翰修思补堂（二堂）、仪门和磅房；继而知府张献捷修大堂并六曹房、承发司及永平库。第二次是清康熙二十三年（1684年），知府佟应琦在大门两侧增建召父坊、杜母坊，又增建军粮厅、经历司、照磨所、司狱司、税课司等。第三次是清道光二十七年（1843年），现存寅恭门、二堂等建筑有这次修缮留下的题记。主持修建工作的是曾五任南阳知府的顾嘉蘅，他还是清代书法家，长于诗词联对，南阳武侯祠不少楹联出自其手。其中最著名的"心在朝廷无论先主后主，名高天下何必辩襄阳南阳"誉满神州。关于诸葛亮躬耕于南阳，襄阳、南阳两地之争久矣，顾知府主政南阳时应是躬耕之地争论的高潮期。对于说不明、道不清的市侩纷争，顾知府以"和稀泥"的雅量劝告世人，无谓的争辩应当休矣。最后一次大修于清光绪二十三至二十七年（1897～1901年），主要工程围绕二堂进行。清末，南阳知府衙门建筑群不仅体现着封建统治的政治威严，还体现出知府官吏们的为政理念和"燕居憩息"的生活追求，有着丰富的文化内涵。南阳知府衙门经元、明、清三代不断重修、增建和修缮，至清末，已是规模宏大、布局严整、壁垒森严、气宇轩昂的大型府级衙门建筑群。其东有察院、镇台衙门郾城府街；北有南阳县衙、黉（hóng）学书院；西有城墙、护城河；南部察院街穿照壁与大门直达南门大街。背（紫）山面水（白河），向阳，地势至高，为南阳府城的一座子城。

民国时期，南阳府衙先后成为南阳县署，河南省第六行政区公署所在地。

新中国成立至1965年，南阳府衙为南阳专员公署所在地，因长期为政府机关之地，故而得到妥善保护。1987年南阳府衙被河南省人民政府公布为河南省重点文物保护单位，2001年6月被国务院公布为全国重点文物保护单位（图3-2-1）。

二、府衙建筑

（一）南阳府衙平面布局

南阳知府衙门坐落在南阳市老城区西南隅，位于民主街西端，东临共和街，西临城墙，背靠联合街，坐北面南。南北长240米，东西宽150米，占地3.6公顷，大体上相当于清末时期的主体规模。

由图3-2-1所示可见，南阳知府衙门坐北向南，轴线对称，主从有序，中央殿堂，两侧辅助，

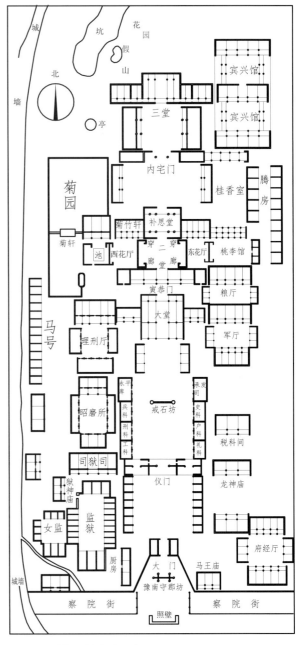

图3-2-1 南阳知府衙门总平面图

布局三路，院落五进，后有花园。中路五进非常规整，左右两路之进数则无严格分界，推测是为所属办事机构来往方便而有意为之，很人性化。

（二）南阳知府衙门的主要建筑及其功能

南阳府衙现存单体建筑30余座130余间，中轴线上由前至后有照壁、大门、仪门、六科房、大堂及东耳配房、寅恭门及其东西耳房配房、二堂及其东西厢房、内宅门、三堂、三堂左列的厢房及三堂

图3-2-2　南阳府衙大门（大图）

东西耳房配房等，且基本保存完整。在中轴线的东侧保存有军粮厅、宾兴馆，西侧保存有二堂西花厅及其厢房、倒座等主要建筑。

府衙照壁、大门与两侧的八字墙构成了大门空间，大门面阔三间，通面阔12.6米，进深两间，通进深7.4米，分心中柱四架椽对前后双步梁结构，硬山建筑。次间脊檩下为扇面墙，内侧两次间砌砖墙封为门房。大门门钉九行五列，黑底锡环，等级鲜明（图3-2-2）。

仪门（图3-2-3）即礼仪之门，迎来送往到此止步。此门平时是不开的，人们出入府衙，要走东侧便门。大门至仪门为第一进院，步入府衙大门26米迎面正中三间则为仪门，两侧置有配房，曰东、西便门。仪门面阔三间，通面阔12.13米，进深两间，通进深6.66米，明间为板门，次间檩脊下为扇面墙，梁架结构与大门相同，硬山建筑。

大堂，府衙内体量最大的单体建筑，坐落在1.2米的台基之上，更显高峻威严，气势宏大。现在的大堂重建于清顺治五至八年（1648~1651年），

现已有360多年历史，虽经后世几次修缮，主体结构基本是原物，通体保持着清代建筑风格和技术手法。大堂建筑由主体和前面的卷棚两部分组成，这种前卷棚后主体以勾连搭接的形式可有效加大单体建筑的进深，扩大体量；从视觉上显出前低后高，主次分明。大堂面阔五间，通面阔21.3米，通进深17.08米。大堂卷棚为五椽架，主体梁架为五架梁对前后双步梁结构，彻上露明造（图3-2-4），檐高4.34米，脊高11.35米。明间两缝梁架采用减柱造，减去了前金柱。前檐柱头科为一斗二升斗栱，明间平身科为方形正面带雕刻的云木，次梢间为一斗二升交麻叶头。堂后为砌砖封护檐。大堂也叫正堂、正厅，是古代知府"听政"、"布令"之所，是府署的标志性建筑，是整个府衙建筑群平面布局的中心，与前边的仪门构成二进院空间。府署的主要职能部门都在此布置。堂左为承发司，右为记平库。堂前两侧为六部，左列吏、户、礼，右列兵、刑、工，与清中央国务机构设置相对应。

寅恭门，面阔五间，通面阔18.475米，进深三

图3-2-3 南阳府衙一进院全景及仪门

图3-2-4 南阳府衙大堂

间，通进深7.14米，三架梁对前后单步梁结构，硬山建筑。前后外廊通过拱券门洞与两侧建筑相通。明间脊枋下有"道光二十七年岁次丁未荷月上浣"墨书题记。柱头科为一斗二升斗栱，平身科为线雕云墩形状。

二堂，硬山建筑，面阔五间，通面阔18.91米，进深三间，通进深12.45米，五架梁对前后单步梁结构（图3-2-5）。为了出檐深远，在前后单步梁下各增加一挑尖梁，出檐1.5米。檐高4.34米，脊高11.35米（图3-2-6）。明次间在五架梁随梁下做进口天花，梢间砌隔墙辟为夹室。柱头科为一斗二升异形斗栱。

二堂又名"退思堂"、"思补堂"、"慎思堂"，是府衙内仅次于大堂的办公场所，知府的日常公务活动主要是在这里完成的，所有需要预审及不宜公开审理的案件一般都先在二堂审理笔录。由于是知府日常的主要办公场所，府署内部的主要办公机构多在此设置。堂左为书简房，右为招稿房。二堂之西为接待会客之所，设"花厅以听事，对厅以肃容"。厅之北宇，设签判所。据《清光绪·重修南

图3-2-5　南阳府衙大堂内景

阳府署记碑》记载，清代后期二堂建筑群的西侧建莲池和爱莲堂等建筑，为衙署的休闲场所、陶冶情操之地。

内宅门，建在35厘米高的台基之上，面阔五间，通面阔18.85米，进深二间，通进深3.7米，分心中柱两架椽结构。明间屋面比两侧高出约60厘米，为悬山结构，次梢间硬山。次梢间脊檩下为扇面墙，两侧各成外廊，通过山墙上的拱券门洞与周围建筑相连。

图3-2-6　府衙二堂（思补堂）

图3-2-7 府衙三堂内景

三堂，面阔五间，通面阔18.78米，进深三间，通进深12.33米。五架梁对前后单步梁结构，单檐硬山建筑，檐高4.65米，前外廊带轩顶，后檐为老檐出结构，其后为后园。三堂梢间用木隔断辟为夹室，夹室有暗门与两侧耳房相通，明次间后檐墙上开窗以采光和取景。

三堂又叫"燕思堂"，是知府接待上级官员、商议政事、处理公务及燕居的地方（图3-2-7）。院内设有会客厅、接待室、书房、更衣室、知府及内眷等的休息室。由于是内宅院落，各座建筑之间均有廊庑相通，形成廊院。

军粮厅，面阔五间，通面阔17.78米，进深三间，通进深7.53米，五架梁对前后单步梁结构，单檐更山建筑。明间后墙开门，后金柱间为屏风门。从现场勘察情况看，两梢间与次间应有隔断。

宾兴馆，坐北面南，为一平面呈"回"字形的独立封闭型小庭院。正房面阔五间，通面阔19.18米，进深三间6.89米；厢房面阔三间9.97米，进深两间4.48米；门房平面布局与正房基本相同，前后设廊，明间为门道。正房、厢房与门房在结构上的

节点由一斜梁架承托，内廊回环相通，厢房地坪略低于正房与门房的。从两侧厢房保留的屋面形态来看，原来为仰合瓦屋面。据府衙内新出土的碑刻记载，咸丰年间南阳捻军起义，为了兴团练抗"捻匪"，"合郡官绅商民"共创此馆，亦称"宾兴团练公局"。

据《周礼》记载，旧时地方官仿古乡之风，设宴招待应举之士，谓之宾兴，后又通称乡试为"宾兴"。清代的宾兴制度是清政府"公车费"的补充，实为接济贫穷的学生参加科考的一种制度。南阳府衙宾兴馆的存在是一份了解科举制度历史难得的参考资料。

（三）南阳知府衙门的地形特点及建筑布局

南阳位于南阳盆地的北部边沿地带，古称"宛"，因居于中土之南、汉水之阳，故又称"南阳"。北偏西约8公里处为紫山，其南麓相传曾是汉末名士庞统的寓居处，明藩九位唐王的陵寝也坐落于此。东北紧靠独山（古称豫山），白河（古称清水）自独山东侧顺流直下，在南阳东约2公里处折而向西，经城南门外后又折而向西南流去，与发源

于紫山的梅溪河、三里河相交汇。

按照传统的风水观念，城市村落的选址要背靠山丘面朝流水，缓坡阶地，植被葱郁。南阳古城，东有白河蜿蜒屈曲而来，面临长岗（卧龙岗），背靠浅山，南绕"清流锦带"，可谓一处十足的风水宝地。古淯水不但哺育了世代在此居住的南阳先民，而且还是一条重要的水路运输通道。北宋初年为了缩短中原与富庶的荆湖地区的距离，曾一度动工开凿南阳至京师的运河以通漕运。民国以前货运商船沿汉水而上，经新野、南阳仍可达独山北的石桥。

南阳明清老城区的自然地形基本以南北向的解放路为中心，呈鱼脊状，中间高四周低。南阳知府衙门位于老城区的西南隅，自然地势西南低东北高，西侧紧邻城墙和护城河，排水通畅，其建筑布局也很自然地利用了这一地形并按照功能不同的需要，结合空间艺术层次及意识形态领域里的需求，巧妙地进行了布置，把自然地理环境与建筑立体设计恰如其分地融合在一起，使人初入衙门步步登高。面对大堂，给人一种高峻雄伟、威严肃穆的感觉。

南阳府衙中轴线上的地势前低后高，建筑布局疏密有致。从大门到三堂，整个轴线纵长187.7米，地坪相差约167厘米。整个中轴线以大堂为中心分为前后两部分，前部建筑布局疏朗，自然地势高差较大，视野开阔。后部建筑分别围绕二堂和三堂进行布置，相对较为紧凑、严谨，自然地势也较为平缓。进入大门不远处是仪门，大门距仪门25.9米，地坪比大门高了7厘米；仪门距大堂48.5米，地坪比仪门高出1.15米。为了保持与周围建筑的协调，大堂前两侧六科房（通面阔34.58米），地坪呈缓坡状，其北端比南端高出20余厘米。

寅恭门紧邻大堂而建，是中轴线上前后分区的过渡性建筑。一方面寅恭门及其东西耳房、配房与大堂两侧耳配房通过回廊相连，并且共同对大堂构成环围之势；另一方面寅恭门、二堂及东西厢房又组成一个较为紧凑、布局严密的四合院。二堂西侧为花厅，花厅由两侧耳房、厢房及倒座组成，花厅前置卷棚，内设便门与两侧耳房相通。由于二堂为府署的重要日常办公场所，因此花厅为一处堂务前后研究案件、纵横论政的静谧之所。

二堂之后为内宅院落，与大堂所追求的高耸庄严开阔、二堂的紧凑静谧不同，三堂是整个建筑群中单体檐高最高的建筑，也是中轴线上地坪最高的建筑，整个院落由东西厢房、东西耳房配房及连接各建筑之间的廊道组成。三堂距二堂34.7米，室内坪却高出51厘米。因为是内宅院落，其建筑布局相对疏缓一些，少了一些局促，多了一些宜人化的空间。

南阳知府衙门古建筑群是目前我国唯一保存完好的封建社会"府"级官署衙门建筑标本，是研究我国古代衙署建筑形态、特征、布局、营造制度及其当时社会政治、经济制度等方面的重要实物资料。作为古代地方政府的办公机构，其建筑布局在建设初期也强烈受到宫廷建筑的影响，强调轴线对称，前堂后寝，左文右武。清代时期，由于社会及政治经济发展的需要，府署内军厅、理刑厅、照磨所、司狱司、税科司等相继或裁或并或废，其建筑格局随时代的迁移又有微弱的变异。

（四）南阳知府衙门建筑特征

南阳明、清时期的古建筑大部分屋面平缓，歇山亭阁翼角起翘适度，但也有屋面较陡的或带有封火墙的建筑及翼角高挑的亭阁。梁架绝大部分为抬梁结构，也有穿斗式构架，甚至还有抬梁和穿斗相结合的混合型结构。屋面以干槎瓦和筒瓦屋面为主，也有合瓦和冷摊瓦屋面等。这些都构成了南阳古建筑的多样性特征。

1. 南阳知府衙门始建于元代，历经明、清、中华民国，保存至今。现存的南阳府衙是在元、明衙署的基础上兴建起来的，现存的30余座130余间古建筑全部为清代建筑，基本体现了清中后期的建筑特征。由于政治、经济等方面的原因和古建筑砖木结构自身特点，现存古建筑在始建年代、技术做法、工艺水平等方面存在着不小的差异。

2. 南阳府衙属衙署建筑，是封建政权在各地的代表，是中央皇权的象征，其建筑群的布局朝向是非常讲究的。"天子当阳而立，向明而治"，明、清北京故宫即坐北向南，南北中轴线取地磁子午线方向。南阳府衙大堂以前中轴线为185°，基本取当地地理子午线方向，大堂以后为186°，稍有偏斜。

3. 南阳府衙的建筑全部为硬山建筑，维修前中轴线上大门、仪门、大堂、二堂、三堂屋面为干槎瓦，梢间尽端扣两垄筒瓦，作披水梢垄，具有鲜明的地方建筑风格早期做法，中檐墙内有柱，后期逐渐取消墙内柱，山墙中一般不使用墙内柱。

在梁架用材上，除二堂、三堂及厢房、配房等建筑，由于内装修等方面的需要，梁架经过修整（形材），其他次要建筑梁架使用时大部分随形就势，多为自然材。大堂东次间梁架部分构件甚至还存在二次使用的迹象。

府衙建筑的砌筑工程在做法上重内轻外，重实用轻观感。除三堂外，包括大堂、二堂在内，内墙下碱和前后墀头部位采用淌白工艺，六顺一丁砌筑，灰缝严密直顺，重要建筑基本达到丝缝工艺标准，其余部位为糙砌或"碎"砖墙，内墙下碱以上为土坯墙，即俗称的"里生外熟"。三堂是所有府衙古建筑中工艺要求最高的单体建筑，也是府衙中单体檐高最高的建筑，其墙体内外一致，全部采用淌白工艺，并且在山花部位和后墙檐下用丁石内外拉结，以增强墙体的整体稳定性。少部分小体量的晚期建筑采用一种"空斗"砌法，即每皮砖采用"一陡一丁"的工艺方法，上下皮之间错缝砌筑。

4. 南阳府衙大堂以后的所有建筑，几乎都带有前（后）廊，以保持和周围建筑的有机组合与联系，从而在整个衙署建筑群内部自仪门至三堂形成一种檐角相接、廊庑相连、回环相通的奇曲幽妙景观（图3-2-8、图3-2-9）。显要位置和重要建筑的廊顶都做"轩"，瓜柱刻成宝瓶、花饰等各种造型。二堂西厢房（即西花厅东厢房）两山墙后部及西花厅西厢房北山墙前部，从金檩部位平砌伸出成马头墙，这种类似于封火山墙的做法，在府衙甚至南阳地区其他古建筑上出现较少。

图3-2-8　府衙内院廊道

图3-2-9　府衙大堂木结构

5. 在南阳府衙古建筑群中，斗栱不作为主要的承重结构构件，多使用于柱头，为一斗二升，平身科除大堂的次间和梢间为一斗二升交麻叶头外多为带雕刻的木块（方形或云形）。大斗全部无"幽"，"底"面以下堂垫一正方形木块，耳底比例随意性较大，部分大斗根本无腰。大堂明间柱头科大斗甚至仅从侧面刻出轮廓贴于梁头两侧，其作用完全沦为一种装饰。梁架也不似官式做法那么规整，且多有简化，地方手法明显。

6．雕刻艺术是我国古代建筑艺术的重要组成部分，其内容往往借物比附，寓意深刻，表达了一种良好的祝愿和美好的向往。南阳府衙的雕刻多为平面剔底浅浮雕，主要体现在斗栱、雀替、梁头、云墩和柱顶石等处，雕刻内容与建筑的功能紧密结合，主题鲜明。如在大堂柱础石鼓上刻犀牛望月、清莲（廉）碧波等；在宾兴馆云墩上刻连（莲）升三级（载）等。

此外，宾兴馆角梁、三堂及其厢房、寅恭门东侧陪房单步梁梁头还雕刻成龙头形状。或其侧面刻夔龙纹。《明史·舆服志》载："百官第宅……不许雕刻古帝后圣贤人物，及龙凤狻猊麒麟犀象之形"，清代官民建房基本沿用明制但稍有变异，按《清律例》职官三至五品房舍"许用兽吻"，但帐幔、鞍辔、器皿等不许用龙凤纹，僭用违禁者"官民各杖一百"。府衙建筑局部使用龙形雕刻的现象，从另一个方面也说明了在清中后期皇权威仪的衰微。各地的建筑文化特征又互有差别，并且这种文化特征在一定地域范围之内大多是约定俗成、相沿成习的。因此，一处历史建筑的文化内涵，不但受当时政治、经济、法规、律例、法式、则例的约束，更受到当地自然环境、自然资源、民俗民风等的影响。南阳知府衙门古建筑所承载的历史信息更多地体现出浓郁的地方建筑文化特征。

南阳知府衙门古建筑群是河南乃至全国保存最为完整、规模最大的古代"府"一级官署衙门建筑群落，其严谨的建筑布局和朴素的建筑特征不但反映了当时社会的政治结构状况、经济发展水平、营造技术等方面的思想，而且还对研究明、清南阳的历史、地理、城市建设、交通、教育、司法、堪舆学说、建筑的地方做法等方面提供了翔实的资料，是研究明、清古建筑群落，尤其在地方衙署建筑群规划布局方面不可多得的实物标本。

第三节　内乡县衙

一、内乡县衙概述

内乡历史悠久，春秋时为楚国郦邑，战国属秦。秦昭王设置南阳郡，辖有郦县，唐初改菊潭县，又经变更，于唐武德八年（公元583年）定名内乡，虽辖地范围屡有变化，但县名延续至今，仍为南阳市属地。此地属北亚热带季风型大陆性气候。东接镇平县，南连邓州，西邻淅川县、西峡县，北依嵩县、南召县。自古有"守八百里伏牛之门户，扼秦楚交通之要津"和"东接宛镇、南瞩荆襄、西带丹江、北枕嵩邙"之说。地形呈南北条状，总面积2465平方公里。

据明、清、民国等志书记载：县治居城之中。元大德八年（1304年），县尹潘遂始建厅堂廨舍；明洪武二年（1369年）知县史惟一重建，明景泰、天顺年间有修有建；明成化十五年（1479年），沃頖（pàn）以监察御史左迁知内乡县，见厅廨颓废，基址狭窄，不堪观瞻。于是开拓基址，凡厅堂廨舍仓库之类，一切鼎新增置，而其制始备。当时的县衙中为正堂，其后为退思堂，再后为知县廨，东南为典史廨，西北为主簿廨，堂东为幕厅，西为搁架库，两厢设六房，前有仪门，西南辟监房，东南为土地司，外为樵楼（大门），门东有申明亭、西为旌善亭。明成化十九年（1483年）增建宣化坊①。此时的内乡县衙，已成定制规模，为其后的县衙奠定了坚实的基础。可惜战乱无情，明末李自成起义，起义军攻取内乡，县衙毁于战火。

清顺治、康熙、嘉庆、道光、咸丰年间俱有复建、修葺，又具规模。咸丰年间因捻军起义，内乡县衙再次全毁。此后30多年，县衙无定所。清光绪十八年（1892年），钦加同知衔正五品官章炳焘知内乡县事，历任9年，得以专心土木工程，庞大的内乡县衙在此期间得以恢复重建。民国内乡县志称"迄今观其规模，不可谓不宏远也"。内乡县衙历经元、明、清和民国时期均为县治。

自1948年5月内乡解放到1968年，仍是新中国

内乡县政府办公之地，其后一直为人民武装部和政府机构办公之地。古老的县衙长期服务于政府，得以保全，成为中国最完好的县级官署衙门标本。我国改革开放以来，当地政府更是注重历史文物保护，加大经济投入，对周边影响环境、有碍观瞻的非历史建筑进行拆迁，并对县衙修葺一新，使其成为"县衙博物馆"，蜚声海内外。

二、县衙建筑

（一）县衙平面布局

内乡县衙位于内乡县东大街中段北侧，明、清、民国时期均为县治所。现存建筑群为清光绪年间营建，占地2公顷。现有厅堂房屋260余间，有五进院落，高低错落，左右对称，廊道相通。中轴线上依次分布有照壁、宣化坊、大门、仪门及主体建筑大堂、二堂、三堂等。东西辅线上分别有县丞衙、主簿衙、典史衙及花厅、库房、账房、狱房等（图3-3-1）。整个建筑群为清代小式建筑，小青瓦屋顶，脊饰为瓦兽，体现了清代地方衙署建筑坐北面南、左文右武、中央厅堂、前衙后邸和狱房居西南的传统礼制。大堂、二堂、三堂为中轴线上的三大主体建筑，是知县举行重大政务活动、预审案件和办公起居之所，均面阔五间，单檐硬山式建筑。县衙门首之左有明万历三十九年（1611年）知县易三才所立的《三院禁约碑》，是整饬吏治、倡导廉政的珍贵实物资料。

（二）县衙建筑

照壁隔大街与县衙宣化坊相对，宽12.94米，厚62厘米（图3-3-2）。壁心正中的"犭贪"，是传说中的贪婪之兽，能吞下金银财宝。尽管它四周都是珍宝，但它并不满足，张着血盆大口，还想吞吃天上的太阳，真可谓贪得无厌。明清官府照壁，以此图案警示官员不可贪赃枉法。

宣化坊距县衙大门12.4米，为四柱三楼式木牌楼（图3-3-3），面阔12.73米，通高9米，檐下用九踩四昂斗栱，青瓦覆顶。除标志性、引导性外，知县每月初一、十五在这里宣讲圣谕、教化百姓。

如此形体高大、制作精良的木牌楼现今已很少见。

县衙大门面两边八字形影壁与之相连，面阔三间14.58米，进深两间7米，单檐硬山式建筑，灰瓦覆顶。平面用前后檐柱及中柱，构架为前后双步梁（图3-3-4）。东次间放置"喊冤鼓"，是百姓击鼓鸣冤的地方，是县衙的第一道正门。

入大门，通过百米甬道，是县衙的礼仪之门即仪门（图3-3-5）。仪门面阔三间11米，进深三间6.2米。仪门东西两边设便门，供日常出入。

仪门与大门之间为县衙的第一进院，是整个衙门里空间较为宽敞的庭院。院左前侧为寅宾馆（图3-3-6）。"寅宾"即恭敬引导之意，是县衙接待安置客人的处所，对面就是膳馆，吃住方便。院左后侧为三班院，"三班"是指：皂、壮、快三班。皂班主管内勤，司仪仗、护卫；壮班负责催征税赋；快班负责治安缉捕。三班房屋是衙门里最简单朴实的，形同民房，少装饰而重实用（图3-3-7）。三班院之对面就是监狱，缉拿来罪犯以最近距离即刻投入监狱（图3-3-8），方便使用，功能突出。监狱由狱神庙和监狱两部分组成，监狱就几间房而已。

仪门以北是大堂（图3-3-9），又称正堂，是县衙体量最大的单体建筑。这是知县审理案件的地方，也是县衙举行重大活动的场所。走进大堂，檐下匾额上"内乡县正堂"五个大字赫然醒目，其下的楹联"欺人如欺天，毋自欺也；负民即负国，何忍负之"发人深省。大堂面阔五间22.2米。平面用檐柱一排，直径40厘米，鼓形柱础，前后金柱各一排，直径66厘米，鼓形柱础。构架为五架梁对前后双步梁结构。大堂台基前设宽22.32米，深6.1米的月台。大堂虽面阔五间，但只有明间和东西次间为堂，东西梢间用墙分隔，形成夹室，这种做法应是规避封建等级制度要求的特殊做法。

仪门与大堂围成的庭院是二进院，也是衙门大院中最大的庭院。中间矗立"公生明"石牌坊，东西分列县衙的职能办事机构——六房。东侧为吏、

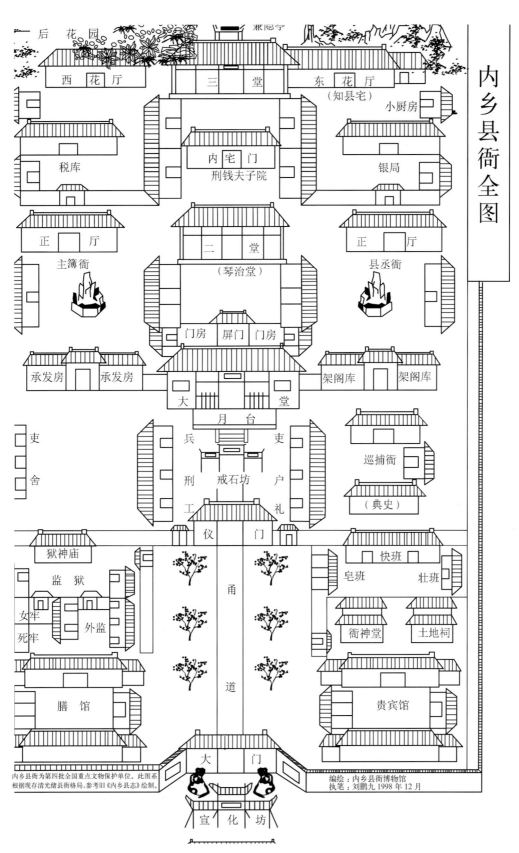

图3-3-1　内乡县衙总平面示意图

图3-3-2 内乡县衙照壁

图3-3-3 内乡县衙古牌楼

户、礼三房，西侧为兵、刑、工三房（图3-3-10），反映了左文右武的规制。

大堂之后为屏门，进入屏门后即为二堂，又称公署，是知县处理日常政务的地方，也审理部分案件。二堂也称"退思堂"、"思补堂"、"琴治堂"、"双柏堂"（图3-3-11）。二堂面阔五间20.3米，进深三间10.3米，高8米，单檐硬山式建筑，灰瓦覆顶。二堂有高58厘米的台基，平面用檐柱一排，直径30厘米，鼓形柱础。金柱两排，直径37厘米，鼓形柱础，构架为五架梁对前后单步梁。二堂同大堂一样，明、次间为堂，东西梢间仍为夹室。

二堂后就是内宅门，以此门为界，划分出"前衙后邸"（又称"前堂后宅"）的格局。门外为知县处理公务的地方，门内为知县的内宅。

三堂是知县的内邸，也是知县接待上级官员、商议政事、办公起居的场所，一些事关机密的案件也在三堂审理。三堂面阔五间21.18米，进深三间10.7米，为单檐硬山式建筑，灰瓦覆顶。三堂有高45厘米的台基，平面用檐柱一排，直径30厘米，鼓形柱础。金柱两排，直径37厘米，鼓形柱础，构架为五架梁对前后单步梁。

县衙东路建筑从前到后依次为寅宾馆、衙神

图3-3-4 内乡县衙大门

图3-3-5　内乡县衙仪门

图3-3-6　县衙寅宾馆外景

图3-3-7　县衙三班院外景

图3-3-8　监狱门原貌

图3-3-9　县衙大堂

图3-3-10　县衙二进院

庙、典史衙、架阁库、县丞衙（图3-3-12）、东账房、东花厅等附属建筑，西路建筑从前到后依次为膳馆、监狱、史舍、承发房、主簿衙（图3-3-13）、西花厅等建筑。县衙后部为后花园，花园外北侧有大仙阁等建筑。

在两侧附属建筑中，位于中路第三进院两侧的小庭院最为重要。它们分别是位于东路的县丞衙和西侧的主簿衙。从主人的职务来说，县丞与主簿是知县的佐贰官，分掌粮马、户籍、巡捕等事宜，它们是知县的左膀右臂；从两座衙门建筑来说，庭院位置跨二堂院两边，便于知县、县丞、主簿之间的联系；小庭院相对宽敞宁静，建筑装饰与主人身份相适应（图3-3-14）。

县衙最后是后花园，现在也整理得像一座花园了。旧时这里只供知县及其眷属休闲，现在有客到此也可稍事休憩，缓解疲劳（图3-3-15）。

县衙内还遗留下来一批珍贵文物，有600多年

历史的三尺法案、清咸丰皇帝的圣旨、宣讲圣谕广训的牌、关押重犯的脚镣、县官们的生活用品，以及光绪皇帝和慈禧太后的彩色画像等。

内乡县衙是我国目前保存最完整的封建时代县级官署衙门，其建筑和文物遗存，从各个不同侧面反映了我国封建社会基层政权运作模式和官吏的生活起居情况，是研究封建社会的一座珍贵的"文史资料库"，被称为神州大地绝无仅有的县衙历史标本。

内乡县衙建筑群具有独特的建筑风格。它在整体布局上严格按照清代地方官署规制，表现了"坐北朝南、左文右武、前朝后寝、狱房居西南"的传统礼制。同时，内乡县衙受南北气候交界线和南北文化交融过渡地带的影响，整个建筑群以北方建筑风格为主，融南方风格于一体，规模宏大，布局严谨，为研究衙门建筑规制提供了珍贵的实物例证。

（三）县衙楹联

匾额、楹联是中国传统建筑中独有的一种文

图3-3-11　县衙二堂内景

图3-3-12　县衙内之县丞衙外景

图3-3-13　县衙内之主簿衙外景

化现象，是中国独特的文学艺术形式，它利用汉字一字一音一意的特点，组成上下联对称的形式。联语篇幅可长可短，十分灵活。民居中的对联短者四言、五言，长者不过二三十言。无论长短，均在流畅的语言中寄寓着深邃的理趣。又是一种集书法艺术、雕刻艺术、工艺美术和建筑艺术密切融合的特殊艺术形式。它不仅在官方建筑中如皇宫、官府衙门、园林、寺观等类建筑中得到广泛应用，在民居等各类建筑中都有广泛应用，有极高的审美价值和深厚的文化内涵。匾额、楹联在美化建筑的同时，又为建筑增添了灵

魂（图3-3-16）。内县衙里记录下来的楹联完整，内容丰富，得到世人称颂。摘录部分楹联如下，供欣赏：

治菊潭，一柱擎天头势重；爱郦民，十年踏地脚跟牢。（县衙大门楹联）

东襟白水西带丹江商圣故里，北接嵩邙南通襄楚郦邑菊源。（仪门楹联）

欺人如欺天，毋自欺也；负民即负国，何忍负之。（大堂楹联）

法行无亲，令行无故；赏疑唯重，罚疑唯轻。（二堂楹联）

图3-3-14　县丞衙庭院内景

图3-3-15　县衙内后花园

图3-3-16　主簿衙大门外楹联实例

吃百姓之饭，穿百姓之衣，莫道百姓可欺，自己也是百姓；得一官不荣，失一官不辱，勿说一官无用，地方全靠一官。（三堂楹联）

宽一分，民多受一分赐；取一文，官不值一文钱。（县丞衙大门楹联）

与百姓有缘，才来此地；期寸心无愧，不鄙斯民。（主簿衙大门楹联）

法规有度天心顺；官吏无私民意安。（典吏衙大门楹联）

选官擢吏贤而举；考政核绩廉以衡。（吏房对联）

编户方田勤并慎；征赋敛财公亦平。（户房对联）

倡礼兴学崇孔孟；制章定典尚萧曹。（礼房对联）

厉兵秣马备不懈；枕戈待旦防未然。（兵房对联）

鸠工庀材精营选；通路开渠细耕耘。（工房对联）

忙里有余闲登山临水触泳；身外无长物布衣蔬食琴书。（西花厅楹联）

宠辱不惊看庭前花开花落；去留无意望天上云卷云舒。（东花厅楹联）

上述联语中，尤其是三堂楹联，告诫官员：人

民是衣食父母，为官要为民着想，以人为本，为官一任，造福一方。

内乡县衙为我们留下了封建社会县级衙门的实物标本和历史见证，是研究中国封建时代县级政权职官设置、机构职能、司法审判、衙门文化的珍贵的翔实资料，具有很高的历史、科学、艺术价值。

第四节　其他衙门

一、密县县衙

密县县衙始建于隋大业十二年（公元616年），明洪武三年（1370年）知县冯万金在废址上重建，明崇祯和清顺治均有修葺。清康熙二十二至二十四年（1683～1685年）知县主持重建。民国13年（1924年）增建东西花厅及配房。从1949年至1958年密县县衙为密县人民政府各职能部门办公所在地，1959～2003年县衙监狱作为县公安局看守所使用。

密县县衙位于新密市老城区十字街，县衙坐北朝南，占地面积约2.1公顷，由中轴线上的主院和侧院组成。主院中轴线上原依次排列有钟鼓楼、牌坊、大门、仪门、大堂、二堂、三堂、大仙楼、马号等，现仅存大门、仪门、大堂、二堂、三堂（重建）、监狱等建筑。大门，面阔三间，进深一间，硬山式建筑，灰瓦顶，五架梁结构。实榻大门，门前砌八字墙，门首横额楷书"密县县衙"四大字。

仪门，为县衙第二道大门，面阔三间，进深两间，硬山式建筑，灰瓦顶，五架梁结构。门两侧配东西便门（俗称生、死门）。

大堂，面阔五间，进深三间，五架梁对前后双步梁，单檐硬山式建筑，灰瓦顶，为县衙的主体建筑。由大堂及前部卷棚两部分组成，二者以地沟相连。建筑坐落在高0.6米的青石台基上，前设月台、踏道及两级踏步。

二堂，又名"琴治堂"，位于大堂之后，面阔五间，进深三间，五架梁对前后双步梁，单檐硬山布瓦顶。

三堂，面阔五间，进深三间，五架梁对前后单步梁，单檐硬山布瓦顶，为县衙的主体建筑之一。

密县县衙建筑保存尚可，基本规模未。2010年以来，密县投入大量资金，对县衙进行全面修建，以期恢复本来面目，总平面图如图3-4-1所示。

密县县衙西南角的监狱，自古代启用，至2003年方停止使用，是目前我国使用时间最长的县级监狱（图3-4-2），对研究古代的监狱制度具有重要的价值。

笔者于2011年带领学生到此考查，建筑工地热火朝天。已经建成的大仙楼还是用传统材料和传统技法建造成的（图3-4-3）。

二、叶县县衙

叶县县衙始建于明洪武二年（1369年），历经明、清、民国，直到20世纪70年代初，一直作为县级官署办公所在地。明嘉靖二十一年（1542年）《叶县志·公署》载：叶县治在城东。正堂、幕厅、架阁库在堂西，库楼在幕厅前，诸吏房在堂前左右。戒石碑在仪门内，鼓楼在仪门外，衙神庙在鼓楼内，东銮架库在鼓楼内西。知县宅在堂北，县丞宅在堂东，主簿宅在知县宅东，典史宅在仪门东。史舍二区，一在典史宅南，一在狱南。狱房在堂西南，厩房在堂西北。申明亭在门外东，旌善亭在门外西。明清之间，朝代更迭，几经修复。清康熙三年（1664）年《叶县志·廨宇》载：县治在城东街。大堂五间，后有穿堂。清咸丰七年（1857年）二堂大火，八年（1858年）知县钮达璋重修。清同治辛未年（1871年）《叶县志·舆地·廨宇》载：县衙在城内东街，大堂五间，后有穿堂，知县宅在堂东，大楼五间。科房长楼库俱在堂前。寅宾馆在仪门东，土地祠在仪门西，旌善亭、申明亭皆废，狱在县治东。盖经明季兵燹，烬余所存，故零落不完如此。

叶县县衙位于叶县县城中心街，县衙占地面积1.7公顷，平面呈不规则长方形，南北长140.4米，东西宽120米。西南分别与叶县县城北大街、中心

街相邻，东、北邻居民区。总体建筑布局分为中轴线和东、西辅线。

中轴线上建筑由南向北依次为：大门，面阔三间，进深三间，单檐硬山造，屋面为灰筒板瓦。仪门，面阔三间，进深二间，单檐硬山造，屋面为小青瓦。县衙大堂由大堂及其前部卷棚两部分构成，卷棚面阔三间，进深一间，大堂正房面阔五间，进深三间，单檐硬山。梁架为五架梁对前后双步梁。两梢间为相对封闭空间，前檐金柱下均置走马板，除梢间为槛窗外，前檐下无其他装修。大堂虽经几次修缮，但基本保持了明代的建筑风格和艺术手法。二堂，面阔五间，进深三间，单檐硬山造。梁架为五架梁对前后单步梁，两梢间为相对封闭空间，前檐金柱下均置走马板，除梢间为槛窗外，前檐下无其他装修。明间后金柱设屏风一道，后檐墙辟门通三堂，屋面为小青瓦。三堂，面阔五间，进深三间，单檐硬山造小青瓦顶。梁架为五架梁对前后双步梁，前檐金柱下均置走马板，下为通隔扇门，前檐下无其他装修。

东侧跨院建筑依次为狱房、宅院、厨院。西侧跨院依次为西群房、虚受堂、思补斋、书房、大仙祠。叶县县衙最后为后花园，整个花园假山耸峙，绿水长流，亭榭掩映，花香鸟语，保存有石榴、桂花等珍花异木。春季花草繁盛，秋季硕果飘香。

叶县县衙整座建筑群以硬山式砖木结构为主。其中中轴线上建筑群采用严格的北方四合院结构布局，建筑整体雄浑而不失端庄。同时，以木雕、砖饰等方面工艺精巧、细腻的特征，形成了自身独特的建筑风格，给人以古朴、秀美的艺术感受。

叶县县衙大门三间，大堂、二堂、三堂均为五间七架。木柱油漆为暗群青色，这与《明史·舆服志》载"三至五品，厅堂五间七架，檐桷梁栋青碧绘饰，屋脊饰瓦兽，大门三间……"的记载相符。这说明，叶县县衙不是作为一般的七品县衙而存的，这在等级制度森严的明朝是十分罕见的。加之从现存的大堂脊枋上"大清同治八年岁次已巳夏四

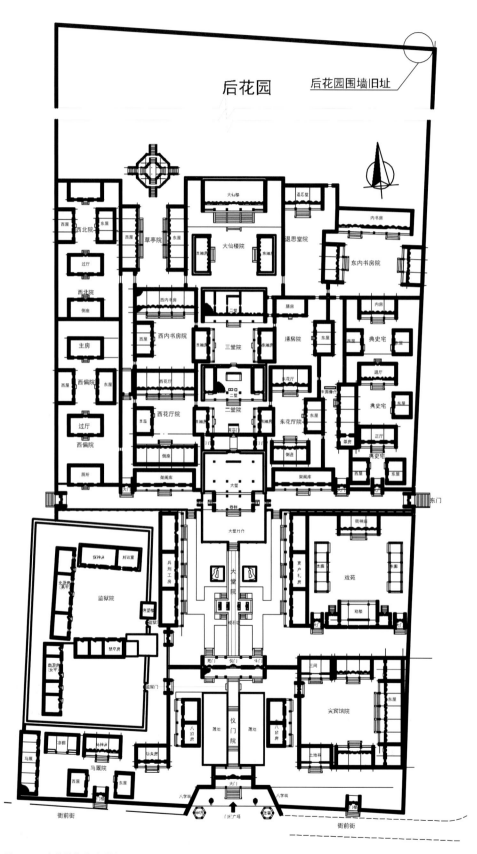

图3-4-1 密县县衙总平面图

图3-4-2 密县县衙监狱

图3-4-3 密县县衙复建的大仙楼

月同知衔调署叶县事中牟县知县彭泽欧阳霖重修户部主事邑人杜鹤慈监修"的题记，以及二堂脊枋上"大清咸丰八年同知衔叶县知县钮达璋重修"的题记中看，两任官员均为"同知衔"，即正五品。再加之清代于大堂前增建卷棚三间，可充分证明叶县县衙在明、清时期的县级官署衙门中的建置级别较高，这对研究明、清时期的政权机构设置具有重要价值。这是一座古代衙署文化的博物馆，具有丰富的历史信息和深厚的文化内涵。

三、许州州衙

据历代《许州志》、《许昌县志》记载：夏、商代许昌属豫州管辖；西周、春秋时，许昌为许国，都邑在今许昌县张潘；战国时，原许国被韩国、魏国瓜分；秦代属颍川郡，郡治在阳翟（今禹州市）；西汉时，隶属颍川郡，称颍阴县，治所在今许昌市区；东汉建安元年（公元196年），曹操迎献帝于许，称许都，治所在今许昌县张潘乡古城村；西晋时，属颍川郡，郡治由阳翟迁至许昌县治所；南北朝时期，魏周几毁许昌县城（张潘故城），颍川郡治所迁至长社县（今长葛市城东），北周时改郑州为许州，将治所迁回许昌市区；隋、唐、五代时期，许州治所未有大的变动；宋元丰三年（1080年）许州升为颍昌府，治所同上；元、明两代复称许州；清雍正十二年（1734年）许州升为府，后又改为直隶州；民国年间，许州州衙为许昌行政督察

专员公署、县府官衙。新中国成立后，许昌专署、许昌县人民政府也曾以此为办公处所。

许州州衙位于许昌市原州城中轴线北端，为清直隶州州署，是河南现存唯一一处直隶州署衙。坐北朝南，南北长80丈，宽22丈，即汉、唐以来旧基而建。自南往北，其中线上的主要建筑有"古颍郡坊"、大门、仪门、大堂、中和堂（二堂）、梅花堂（三堂）、喜雨台（后厅）。惜多已毁，现仅存三堂和后厅两座建筑，皆为清代遗构。

三堂，也称梅花堂，明嘉靖《许州志》记载："梅花堂在正宅，梅数株，腊月开，故名梅花堂。"

这里是知州接待上级官员、商议政务及起居的地方。为硬山式建筑，面阔五间18.18米，进深三间8.4米，构架为七架梁接前廊单步梁，檐下饰一斗二升斗栱。建筑整体给人以高敞轩昂、宏丽精致之感。

后厅，即为正宅，是知州起居及家人的居住场所。该建筑面阔五间17.6米，进深二间9.05米，构架为七架梁带前单步梁，硬山式建筑。

许州州衙创建于南北朝时期，一直为许州州治，并在宋代和清代中期曾一度升为府治，是河南省保存的一处州治衙署，具有较高的历史价值。

四、荆紫关协镇都督府

荆紫关扼中原通向山陕、湖北、云贵川之交通要冲，古为兵家必争之地，中国南北商品周转

衢冲。西汉时期，荆紫关称"草桥关"，南宋改称为"荆籽关"，明清改为"荆紫关"。荆紫关在明清进入了鼎盛时期。据史志记载，明朝前期的荆紫关是"康衢数里，巨室千家，码头上百艇接墙，千蹄接踵，熙熙攘攘，异常繁华"。明成化十年（1474年），官府为加强对荆紫关的管理，在此设置了巡检司，有营千总镇守，对维持该地的社会治安秩序、促进经济繁荣起到了一定的作用。清代政府亦极为重视荆紫关，将此地作为一个特殊地域实行综合管理。清嘉庆三年（1798年），白莲教从湖北起义，郧西首领徐二寡妇和王廷绍等率领起义军曾攻破荆紫关。嘉庆七年（1802年），南阳府水利署迁往荆紫关驻防，作为特殊机构管理豫、鄂、陕三边地区的社会秩序。当时在荆紫关古街南面，设置了威武森严的协镇都督府、二大堂、三衙门道等。据《清史稿》记载："河南设总兵三人，南阳镇、河北镇俱顺治六年置，归德镇咸丰八年置。副将二人，荆紫关协，嘉庆六年置；信阳协，咸丰八年改营置。"清道光十二年（1832年），官府撤销了府台衙门，就地设立了分防县承，配有营副将1员，千总1员，墩堡外委1员，护兵40员，余兵50员，驻扎在城里把守，作为一个军事重地。清同治元年（1862年），太平起义军陈德才率部到白浪街进寨杀富济贫后，又攻克荆紫关。抗日战争爆发后，河南大学随着战局的变化搬迁到荆紫关，河南大学师生为了表示对荆紫关群众的谢意，帮助荆紫关创办了七七中学，协镇都督府正位于校园内。

协镇都督府位于淅川县荆紫关镇古街道南侧1000米处，现仅存建筑3座10间，自南向北分别为门楼（道房）、厢房和正房（局部），占地面积约1.3公顷。

门楼（道房）三间，硬山式灰瓦顶，明间设门楼，门楼高出门房结顶为歇山式。门楼后两侧为厢房，各面阔三间，单檐硬山式建筑，灰瓦顶，后人改动较大。

正房位于北部，原为"工"字形布置，现仅存中部廊房。面阔三间，进深七步架，单檐卷棚歇山

式建筑，灰瓦顶。构架为六架梁带前后单步梁用四柱，主体梁架采用抬梁式与穿斗式相结合的手法，金柱直承下金檩，六架梁、四架梁及月梁插在金柱及瓜柱上，瓜柱直承檩，前檐金柱间原有装修，现已毁，前后檐柱间为后砌砖墙。正房北部及东西部尚存建筑基址和青砖围墙。

荆紫关协镇都督府主体建筑带有显著的南北方相结合的风格。内部结构将北方的抬梁式与南方的穿斗式结构相结合，柱子之间由穿梁将结构连为排架，穿梁有承重、横向连接双重功能。墙体为夹坯砖墙，屋面覆以小灰板瓦。这种兼容南北风格的衙署建筑为中国气候分界区域所独有，具有珍贵的学术价值。

荆紫关面临丹江，背负群山，地势险要，扼三省交通之咽喉。丹江航运与汉江、长江航运连为一体，陆路不发达时期，荆紫关是我国南部与西北地区的货物中转站，为中国重要的政治、军事、交通、商品经济中心。紫荆关协镇都督府之设，是紫荆关重要战略地位的直接证据。

五、赊店厘金局

清咸丰三年（1853年），为镇压太平军，在扬州仙女庙等地设卡筹款，以济军饷，对过卡货物值百抽一，谓之厘金。厘金分两种：一为行厘，一为坐厘，前者为通过税性质，取之于行商，后者为交易税性质，取于坐商。税率由开始值百抽一，后增到值百抽三。起初仅就米征收，后因军饷所迫，所有过往货物都要捐税，故又称百货厘金。清咸丰四年（1854年），清政府为增加收入、巩固统治，把临时的"厘金"改为正式制度，皇帝发令各地成立厘金公局。

河南厘金局始建于清咸丰八年，同年十月在赊店试办厘金，咸丰十年在赊店设厘金局，因此该厘金局是河南最早推行厘金制的地方之一。赊店厘金局直属河南巡抚，厘金总局的官员为三品道台衔，南阳府则指派赊店镇镇衙协助厘金局"理事"。主要抽收百货、麻豆、杂粮之厘税，年收税达15470

两银子。由于厘金系各省自办，中央不予干涉，故厘金机构由各省巡抚把持，且都用承包制，年有定额，余额可自由处理，不足则要赔垫，所以各地官员都把厘金作为自己搜刮民脂民膏的工具，老百姓深受其苦。这些弊端使商民特别是劳苦大众负担日益沉重。到了民国年间，赊店厘金局改称"南（阳）泌（阳）方（城）统税征收局"，岁收银洋17万元。1931年1月1日，国民政府取消了厘金制度，改征统税和营业税，赊店厘金局走完了它近80年的历程。

赊店厘金局位于社旗县赊店镇清代一条街的瓷器街中心，是河南仅存的一处古代部门衙署建筑群，占地面积0.3公顷，坐西朝东，临街而建，是赊店镇少有的一进四庭院建筑。厘金局现存建筑28间，建筑面积1139平方米。均为单檐硬山式建筑，木构架采用抬梁式结构。目前整个建筑群布局完整，单体建筑保存较好。庭院由正院、陪院、侧院组成，正门"奉旨抽厘"四个大字依稀可辨。进正门向后三座后院，均南北各三间厢房，每个过厅内均有四扇透窗亮格的屏风，形成庄重、典雅、严谨的风格。院中为辅砖甬道，花坛相衬，给人以幽雅、肃穆之感。最后为正厅，是明三暗五、单檐硬山二层砖木结构建筑。两侧为南北各三间配房，形成别具一格的三合院。厘金局机构设置有总管委委员会、文牍处、会计处、庶务处、书记处、稽查处、监印处、开票处、队长巡士处等，虽经百年的风雨沧桑，其旧貌犹存。

注释

① 根据刘鹏久·内乡县衙与衙门文化，郑州：中州古籍出版社，1999：3改编.

河南古建筑

河南古建筑

第四章 宗教类建筑

河南宗教类建筑分布图

① 白马寺
② 少林寺
③ 风穴寺
④ 相国寺
⑤ 千佛阁
⑥ 会善寺
⑦ 法王寺
⑧ 月山寺
⑨ 慈胜寺
⑩ 大明寺
⑪ 奉仙观
⑫ 延庆观
⑬ 天宝宫
⑭ 遇仙观
⑮ 吕祖庙
⑯ 静应庙
⑰ 碧霞宫
⑱ 清真观
⑲ 沁阳北大寺
⑳ 朱仙镇清真寺
㉑ 开封东大寺
㉒ 博爱法真寺
㉓ 宁陵法真寺
㉔ 沈丘法真寺
㉕ 郑州法真寺
㉖ 开封善义堂义法真寺

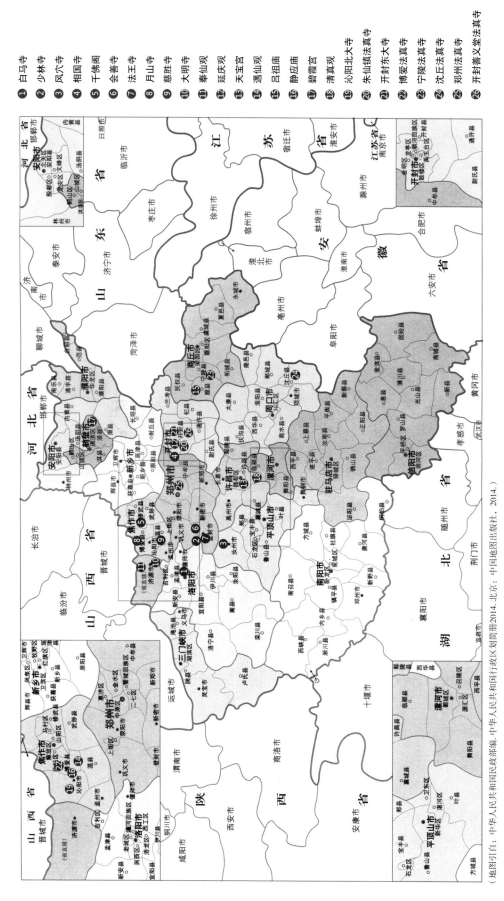

（地图引自：中华人民共和国民政部编. 中华人民共和国行政区划简册2014. 北京：中国地图出版社，2014.）

第一节　河南宗教类建筑概述

河南地处中原，由于历代各种教派争相在中原谋求发展，使得河南各地佛教、道教、伊斯兰教建筑星罗棋布。

河南是中华文明的主要发源地，也是中国佛教文化的发源地。佛教在东汉时传入中国，在洛阳兴建第一座寺院白马寺后，佛教便由洛阳向中国各地乃至东南亚迅速传播发展。佛教的"释源"、"祖庭"洛阳白马寺、登封少林寺、开封相国寺等古代著名寺院，在中国古代佛教文化发展中发挥了巨大作用。河南现存的佛寺多为明、清所遗留原物，其布局多为主殿、配房等组成的严格对称的多进院落形式。整个寺院的入口为山门，山门内左右两侧分设钟、鼓楼，中轴正对山门的是天王殿，多为三开间穿堂式殿堂。穿过天王殿进入二进院，中间正殿为大雄宝殿，是整个寺院建筑群的中心建筑，其规模形制都在其他单体建筑之上。大雄宝殿的左右配殿，多为单层或两层楼阁形式。三进院多是以藏经楼为中心的四合院。河南的佛教建筑中多有精美的建筑、雕刻、壁画，既显示出河南对佛教在中国的发展中所处的重要地位，也显示了古代佛教建筑中所蕴含的中国传统艺术和文化。

河南现存道教建筑也很多，其数量和规模仅次于佛教建筑，重要的有济源奉仙观、开封延庆观、许昌天宝宫等道教建筑。道教是中国的本土文化，所以一般道观的建筑布局基本遵从中国传统建筑组群形态。除此之外，道观中的塑像与壁画多为世俗常见的题材，建筑风格也比较接近世俗建筑，因此其宗教气氛不如佛寺浓厚。

河南的伊斯兰教建筑中，沁阳北大寺是中原地区时代最早、规模最大、保存最为完整的伊斯兰教建筑群，对研究伊斯兰教在中原地区的传播和发展有着非常重要的价值；朱仙镇清真寺、开封东大寺等都是伊斯兰教建筑中的精华，充分体现了历史上中外文化交流与交融的活跃。清真寺建筑遵循伊斯兰教的规则，如礼拜堂的朝向必须面东、礼拜殿内不设偶像、建筑装饰纹样不能用动物等。河南的清真寺建筑是遵循中国传统建筑的技艺发展起来的，也可以说是最具东方情调的伊斯兰教建筑。首先，它采用的是中国传统的院落式布局，并且有明确的轴线对称关系。其次它大量应用了中国传统特色小品建筑，如牌楼、影壁、砖门楼、屋宇式门房等。第三，由于礼拜堂要求的空间纵深很大，又要解决采光和防水的问题，因此礼拜殿多为组合式坡屋顶，多的甚至达五座屋顶勾连相接。第四清真寺的内檐应用了大量传统建筑的装饰装修手法，同时又结合伊斯兰文化，创造出了别具特色的宗教艺术。第五传统建筑的砖雕、木刻也在清真寺中大量应用，成为珍贵的艺术品。

第二节　佛教建筑

佛教起源于印度，传入中国在东汉，滋生发展在曹魏、西晋、北魏，鼎盛于隋唐。从佛教传入到鼎盛时期，国都主要在洛阳。北魏时期，洛阳号称佛国，佛寺多达1360多座。佛教自东汉初传入，经魏晋南北朝500年之久的弘扬、传播与发展，已深深扎根于中华大地，佛教中国化也得以实现，著名典籍《洛阳伽蓝记》也诞生于此时。自古中原多战火，众多寺庙建筑都是屡毁屡建，规模逐渐变小，形体随时代变迁而改变。洛阳白马寺、登封少林寺、汝州风穴寺、开封相国寺、武陵千佛阁等寺历史名气大，现今保存好，为本节重点描述对象。

一、洛阳白马寺

河南洛阳白马寺位于河南省洛阳老城以东12公里处，北依邙山、南临洛水。创建于东汉永平十一年（公元68年），至今已有近2000年的历史，为中国第一古刹，世界著名伽蓝，是佛教传入中国后兴建的第一座寺院（图4-2-1），有中国佛教的"祖庭"和"释源"之称。现存的遗址古迹为元、明、清时所留。寺内保存了大量元代夹纻干漆造像，如三世佛、二天将、十八罗汉等，弥足珍贵。1961

图4-2-1　白马寺山门

年，白马寺被中华人民共和国国务院公布为第一批全国重点文物保护单位。

白马寺是我国第一座佛寺，自此佛教在中国正式传播。它也是中国历史上时间跨度最长的佛寺，它的兴衰嬗变，是中国佛教史的一个缩影。它在各个历史时期的弘法活动及其建筑艺术、雕塑艺术、书法艺术、绘画艺术、音乐艺术等，基本反映了各时代中国佛教及其术的面貌和特色，可以描绘出中国佛教及其文化艺术发展演变的轨迹。

白马寺坐北朝南，总面积约6万平方米，主要建筑分布在由南向北的中轴线上，依次为山门、天王殿、大佛殿、大雄殿、接引殿、毗卢阁等。东西两侧分别有钟楼、鼓楼、斋堂、客堂、禅堂、祖堂、藏经阁、法宝阁等附属建筑，左右对称，布局规整。在其周围还分布着齐云塔、焚经台、狄仁杰和魏咸信墓等重要历史遗迹。白马寺内现存佛像40余尊，多为元、明、清时期作品，另有历代碑刻40余方。

山门（图4-2-1），位于寺院南北中轴线的最南端，为明嘉靖三十五年（1556年）年太监黄锦所建。建筑形式为砖石混合的栱券三门洞，单檐歇山式建筑，覆之灰色筒板瓦，其中间门洞高3.08米，宽2.35米，深3.6米。门洞两侧有砖砌仿木小八角柱，其上承托砖砌平板枋。檐下施一斗二升交麻叶头斗栱四攒。两侧门洞高2.55米，宽1.8米，深2.1米。三洞皆以砖和青石券砌而成。部分券石上刻有工匠的姓氏名字，如"左"、"左仲"、"李部"、"李伯"等。寺院的东南角和西南角，分别有民国时期修建的钟楼、鼓楼，均为平面呈方形的重檐歇山式建筑（图4-2-2）。

天王殿（图4-2-3），面阔五间，进深四间，单檐歇山式建筑。檐下斗栱较为疏朗，明间与次间各施五踩双下昂平身科斗栱两攒，要头刻成龙首形状，梢间一攒。室内的梁架形式为五架梁对前后步梁用四柱，用材较为规整。殿内梁上墨书"中华民国二十四年岁次乙亥国历十二月佛成道日"、"重建"字样，系1935年德浩和尚等修葺此殿后所留。

大佛殿（图4-2-4），以殿内供奉主尊为大佛（释迦牟尼）而得名，面阔五间，通面阔17.84米，通进深11.86米，高11.5米（不含台基），单檐歇山顶，是寺内体量最大的单体建筑。檐下斗栱较为疏朗，明间与次间各施五踩双下昂平身科斗栱两攒，

梢间一攒。殿内用前后金柱各四根，均为素面鼓镜石柱础。室内的梁架形式与天王殿相似，为五架梁对前后双步梁用四柱。殿内脊檩墨书"民国二十四年重建"字样。在大佛殿内东南角悬挂一口明代大钟，由黄锦以及内掌家内监太监田子用、内掌班御马监太监梁经等铸于明代嘉靖三十四年（1555年）。钟上注明钟重2500斤，通高1.65米。造型古朴大

图4-2-2　白马寺钟楼

图4-2-3　白马寺天王殿

图4-2-4　白马寺大佛殿

方，其声浑厚悠扬，轻轻一击，余音袅袅，数久方息。"马寺钟声"是著名的洛阳八大景之一。

大雄殿（图4-2-5），供奉主尊为释迦牟尼。初建于元，明清时重修。现存建筑为悬山式建筑，面阔五间，进深四间，殿前建有一月台。明间与次间檐下各施平身科斗栱两攒，梢间一攒，为五踩双下昂斗栱。前檐柱柱头均被卷杀出斜面，具有明代地方建筑特征。殿内天花上绘有鲜艳的莲花图案。殿中央置巨大的木雕贴金双层佛龛，精雕细刻，金碧辉煌（图4-2-6）。在上层龛额正中，浮雕着一只大鹏金翅鸟。在大鹏金翅鸟的两边，各浮雕有三条龙。佛龛内的三尊主佛，皆盘双膝坐于莲花宝座中，其形制、风格大体相同。三主佛前侧左右相对站立两尊护法神。殿内两侧供置十八罗汉，均为坐像，形态各异。大雄宝殿的三主佛、二天将、十八罗汉都是元代夹伫干漆造像，均为1973年从北京慈宁宫大佛堂请入，是稀有的传世文物瑰宝。东西山墙上为木雕千佛壁龛，供有壁佛5056尊。大殿后侧有天将一尊，为寺内仅存的一尊元代泥雕作品。

接引殿，因殿内供站立佛像三尊，故此殿也称立佛殿（图4-2-7）。现存建筑为清光绪年间重建的悬山式建筑，是白马寺内规模最小的殿。面阔三间9.27米，进深二间7.47米，高7米。建于两层砖石砌筑的台基上，明间施三踩平身科斗栱两攒，次间一攒。殿堂南面明间有四扇六抹隔扇门。

清凉台，又叫清源台，位于白马寺后部。相传，清凉台原是汉明帝避暑、读书的地方。后来两位印度僧人摄摩腾、竺法兰来到洛阳，被安排在此居住并译经传教。第一本汉文佛经《四十二章经》就是在清凉台上译出的。两位印度僧人在清凉台上的翻译经卷工作，奠定了白马寺作为中国第一佛寺之地位。

清凉台是一座砖砌的高台，东西长42.8米，南北宽32.4米，高约6米，雄浑古朴，蔚为壮观。现存乃明代嘉靖三十四年（1555年）所重修。清凉台是"祖庭"白马寺独有的胜迹，被誉为白马寺"六景"之首。清凉台上重楼高阁，飞檐挑角，腊梅

图4-2-5　大雄殿外景

图4-2-6　大雄殿内景

图4-2-7　白马寺接引殿

俏丽，丹桂常青。两株高大的古柏，已有400余年，现仍郁郁葱葱。建筑以毗卢阁为中心，周围环绕配殿、僧房、廊庑等，在白马寺整个古建筑群中高高在上，自成体系。自东汉后，此台均为历代藏经之处。在清凉台西北隅挂有"方丈"二字，为现任方丈禅居之处。清凉台高度6米，前有接引殿，位置狭窄，建设者以横置双跑梯接天桥的设计，解决上下的交通问题，还兼有景观作用，很是巧妙（图4-2-8、图4-2-9）。

图4-2-8 清凉台入口天桥

图4-2-9 清凉台

图4-2-10 白马寺内之毗卢阁

毗卢阁，以供主尊为毗卢遮那佛（释迦牟尼法身像）而得名，位于清凉台上中心处（图4-2-10）。始建于唐代，元代重建，明代重修。重檐歇山式建筑，面阔五间17.03米，进深四间11.07米，高18米（不含清凉台）。明间有四扇隔扇门，裙板上分别刻有"种蕉学书"、"荷经宣教"等佛教故事，次间有四扇直棂窗。额枋施彩绘。殿顶正脊两端为鸱吻，南北两侧饰花卉图案砖雕，垂脊、岔脊上分置走兽，檐角起翘，灰筒板瓦覆顶。毗卢阁与大佛殿一前一后，一高一低，使中轴线的主要建筑错落有致，层次感很强。以南北中轴线为基准，两侧的附属建筑左右对称，使白马寺整个建筑群结构严谨，主次分明，布局紧凑而规整。

白马寺保存有元、明、清以及近、现代不同时期、不同质地的佛、菩萨造像等40余尊。元代夹纻干漆造像三世佛（释迦牟尼、药师、阿弥陀）、二天将、十八罗汉，均为国家一级文物，是一组价值极高、驰誉中外的佛教文物瑰宝。

寺内现存历代碑碣、塔志（铭）、石刻40多通。以碑碣数量最多，其中宋代3通、金代1通、元代3通、明代7通、清代15通、民国2通。塔铭1通，石刻10余方。这批石刻文字记载了寺院历代修葺的情况，是研究白马寺创建、沿革、兴废盛衰及与此相连的社会政治、经济、文化的珍贵文字资料，从中可窥见白马寺在中国佛教史上所具有的独特历史地位，具有重要的历史价值，均为文物珍品。

白马寺院内南部，左边有初传佛教的摄摩腾墓（图4-2-11），右侧埋葬着竺法兰，另有唐朝名相狄仁杰之墓。还有经考古鉴定为唐代建筑构件的石柱础（图4-2-12）。唐代遗构柱础共有四枚，方形，大小相同。其边长1.7米，接柱圆径0.85米，中心开凿榫窝，是难得一见的大型构件。这些都是白马寺历史悠久的实物例证。

图4-2-11 白马寺祖师——摄摩腾墓

图4-2-12 白马寺内唐代遗构——青石柱础

二、登封少林寺

（一）历史沿革

嵩山少林寺创建于北魏太和十九年（公元495年），孝文帝为了安置他所敬仰的印度高僧跋陀，在嵩山少室山北麓敕建少林寺。北魏永平元年（公元508年），印度高僧勒拿摩提和菩提流支，先后来到少林寺，开辟译场，少林寺西台舍利塔后建翻经堂，由慧光助译，共同翻译印度世亲菩萨《十地经论》，历经3年完成。《十地经论》译出后，慧光在少林寺弘扬师说，内容包括《四分律》。《四分》一宗之确立，实始于慧光。《四分》在少林寺内传承有序。少林早期律学，以《四分》为先，先导之以戒行、律学，其后学之以经论。少林弟子沿此双轨并进，成果累累。至初唐，根基已固，律宗开山，水到渠成。唐长安四年（公元704年），义净自印度取经回国，至少林寺结戒坛，尽源于少林寺悠久的律学传统。

隋文帝崇佛，于开皇年间（公元581～600年），诏赐少林寺土地一百顷，支持少林寺发展。由于皇帝的赏赐，少林寺从此成为拥有众多农田和庞大寺产的大寺院。隋朝末年，朝廷失政，群雄蜂起，天下大乱，拥有庞大寺产的少林寺，成为山贼攻击的目标，"僧徒拒之，塔院被焚"。为了保护寺产，少林寺僧人组织起武装力量与山贼官兵作战，少林功夫作为少林寺的武装力量初步形成。唐武德二年（公元619年），隋将军王世充在洛阳称帝，号"郑国"。其侄王仁则占据少林寺属地柏谷坞，建辕州城。武德四年（公元621年），少林寺昙宗等十三位僧人，擒拿王仁则，夺取辕州城，归顺了秦王李世民。秦王派特使来少林寺宣慰，参战僧人皆受到封赏，昙宗还被封为大将军僧，并赐给少林寺柏谷坞田地40顷，少林寺自此以武勇闻名于世，少林僧众习武蔚然成风，代代相传。

在唐代，少林寺为当时禅学重地。唐弘道元年（公元683年），达摩禅派重要领袖法如禅师驻锡少林寺，6年后圆寂于少林寺。当时著名禅师如慧安、元珪、灵运、同光等，皆驻锡于少林寺。一代名僧玄奘法师曾先后两次上表，请求入少林寺修禅译经，却未获准。随着达摩开创的禅宗教派兴盛并成为中国佛教最大宗派后，特别是进入宋朝以后，少林寺开始成为禅宗教派的朝圣地。为了纪念达摩，在少林寺后山达摩曾经坐禅传法的地方，修建初祖庵，并建立高大的"面壁之塔"。

元朝时期，少林寺名僧辈出，是少林寺的第二个辉煌时期。少林寺作为禅宗祖庭，曹洞宗法脉回归祖庭，人才济济，高僧辈出，由此开启了少林寺一个最辉煌的时代，为该时期中国禅宗教派的中心。元代中期，以邵元为代表的一批日本僧人到少林寺求法，成为中日文化交流史上的佳话。雪庭福裕禅师住持少林寺期间，还创立了寺院宗法门头制度，使少林寺僧人皆视少林寺为家，成为明朝少林武术水平崛起和门派形成的重要基础。

明王朝是在汉人反抗蒙古人的战争中建立的。所以，在冷兵器时代的明朝，民间习武风气盛行。这是少林武术水平精进和体系、门派形成的大环境。明代，是少林功夫武术水平大发展时期。少林寺僧人至少有六次受朝廷征调，参与官方的战争活动，屡建功勋，多次受到朝廷的嘉奖，并在少林寺树碑立坊修殿，达到历史最大规模。少林功夫也在实战中经受了检验，少林功夫威名远扬，也因此确立了少林功夫在全国武术界的权威地位。

自满清入关建立政权以后，受战乱影响，此时的少林寺僧人规模逐渐缩小。朝廷对少林寺非常重视。清雍正十三年（1735年），帝亲览寺院规划图，审定方案，重建了山门，并重修了千佛殿。清乾隆十五年（1750年），乾隆皇帝亲临少林寺，夜宿方丈室，并亲笔题诗立碑。少林寺僧人白天照常经课坐禅，夜间坚持在少林寺最隐蔽的后殿——千佛殿，习武不辍，以至大殿地面因长期练功发力形成陷坑，至今遗迹仍存。从清朝白衣殿壁画和文献记载显示，少林功夫在清朝以来，仍维持着很高的水平。

民国期间少林寺遭受了一场人为的重大火灾。1928年，军阀混战，殃及少林寺，大雄宝殿、藏经阁楼等重要建筑及典藏，皆被烧毁，损失惨重。

中华人民共和国建立以后，特别是20世纪80年代政府颁布新的宗教政策以来，随着国家的开放政策和全球多元文化时代的到来，少林寺继承和发扬自己独特的优良传统，先后恢复禅堂，每年举行精进禅七。收集整理古籍善本，少林寺藏经阁已被国家列为全国古籍重点保护单位，并整理出版《中国佛教医药全书》、《中华武藏》等多部著作。广泛开展中外文化交流活动，少林文化已被世界越来越多的民族认同，成为连接世界人民友谊的纽带。在世界各地热爱中国文化的人们心目中，少林文化成了中华传统文化的象征。

（二）少林寺建筑群组成

少林寺位于登封市西北13公里的少室山下，后有印度僧人菩提达摩在此创立禅宗，并发扬光大，被后人尊为禅宗初祖，登封少林寺也被誉为禅宗祖庭。少林寺现存常住院、初祖庵、二祖庵、塔林及附属建筑等几部分，其中初祖庵大殿及塔林为全国重点文物保护单位，其余建筑为河南省文物保护单位，有着较高的文物价值，是研究历史、艺术和建筑的重要实物资料。

（三）少林寺常住院建筑

少林寺常住院坐北朝南（图4-2-13），中轴线为七进院落，两侧附属建筑呈对称布局，其中除天王殿、大雄宝殿、藏经阁、钟鼓楼及部分厢房为原址恢复重建者外，余为古代遗存。院前有少溪河潺潺流过，河上有清道光十六年（1836年）建石桥一座；山门前为一广场，广场东西两侧各有明代建造的石牌坊一座（图4-2-14），这两座石牌坊，样式相同，高低一致，样式古朴，为少林原物。门前柏树郁郁葱葱，寺院红墙绿瓦，环境幽静神秘，一派"深山藏古寺，碧溪锁少林"的景象。

山门（图4-2-15）为高台单檐歇山式建筑，面阔三间，上置五踩斗栱，屋面绿色琉璃瓦覆顶。山门创建于清雍正十三年（1735年），门楣上方悬挂清康熙皇帝御书"少林寺"额匾。正门内供大肚弥勒佛坐像，屏后供站立的韦驮像。山门两侧建有两掖门，用于平时车马出入。

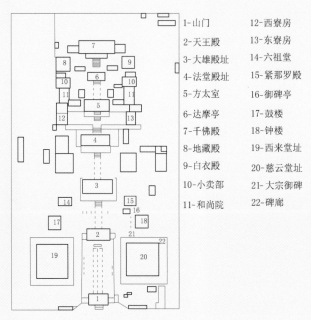

1-山门	12-西寮房
2-天王殿	13-东寮房
3-大雄殿址	14-六祖堂
4-法堂殿址	15-紧那罗殿
5-方太室	16-御碑亭
6-达摩亭	17-鼓楼
7-千佛殿	18-钟楼
8-地藏殿	19-西来堂址
9-白衣殿	20-慈云堂址
10-小卖部	21-大宗御碑
11-和尚院	22-碑廊

图4-2-13 少林寺常住院总平面示意图

图4-2-14 少林寺石牌坊

图4-2-15 少林寺山门

图4-2-16 少林寺天王殿外景

　　天王殿（图4-2-16）是少林寺院内第一座殿宇，与大雄宝殿、藏经阁并称三大殿。此殿原为少林寺山门，初建于元，明、清时期多次整修。清雍正十三年少林寺大修时，在此殿前另建一山门，此建筑改称天王殿。1928年毁于战火。现在的天王殿是根据中国文物研究所提供的研究资料，于1982～1983年重建的。其平面布局仍以原址结构为准。新殿面阔五间，进深两间，加前、后廊。少林寺天王殿为重檐歇山顶建筑。上下层屋檐之间，悬挂由楚图南题的"天王殿"风字匾。门前半圆月台为原构，原址柱顶石，除个别崩裂外，均使用原有构件。殿内塑像内容、位置皆如旧制。殿前重塑了两座高大的佛教金刚护法神像，殿后重塑了四大天王像，均栩栩如生。四大天王是保护佛教、保护众生的神，又称护世四天王。在少林寺，自东向西依次为：身为白色、持琵琶者，名东方持国天王；身为青色、持宝剑者，名南方增长天王；身为红色、持伞者，名西方广目天王；身为绿色、拖塔者，为北方多闻天王。

图4-2-17 少林寺大雄宝殿外景

大雄宝殿（图4-2-17）位于少林寺常住院的中间位置，是全寺佛事活动的中心。在古代又称"三世佛殿"、"琉璃大殿"，通常简称为大殿、正殿、宝殿等。据唐《少林寺碑》"山间宝殿"、"妙楼香阁"等记载，大约从唐代起已在现址上建造宫殿式的常住院。同时，也有了少林寺中的主殿和各类楼阁建筑。金、元、明、清历代，都曾对大雄宝殿进行过整修。1928年毁于兵火。1984年，由河南省古代建筑保护研究所张家泰先生根据现场勘测资料、毁前有关照片以及老僧的回忆，设计重建，

1986年告竣。新建的大雄宝殿是在原址上，完全按照原有柱子、墙体、佛台、前后门、月台等的位置和尺度，进行复原设计并建造的。大殿面阔五间，进深四间，为重檐歇山顶建筑。殿内金柱下麒麟柱顶石、狮子柱顶石各一对，皆用整石雕刻而成，式样与毁前相同。门匾"大雄宝殿"四字由赵朴初题书。殿内供奉三世佛像，正中为娑婆世界的释迦牟尼，胁侍为文殊、普贤两菩萨，他们合称"华严三圣"。左侧为药师佛，又称"大医王师"，其胁侍为日光、月光两菩萨；右侧为西方极乐世界的阿弥陀佛，胁侍为观音、大势至两菩萨，他们合称西方三圣。佛像端庄肃穆、耐人寻味。其两侧新塑菩提达摩像及紧那罗王像，具有明显的少林寺文化特色，与其他寺院有所不同。东、西山墙边的神台上塑十八罗汉像，人物形象生动，姿态各异，栩栩如生，表现出不同的人物性格。殿前月台及边沿的石柱基本为原物。正面垂带栏杆下端放抱鼓石处，用一龙一虎代替了抱鼓石，形式罕见，雕工精致，是寺内重要石刻作品之一。

藏经阁（图4-2-18），又名法堂，位于少林寺

图4-2-18 少林寺藏经阁外景

大雄宝殿之后的中轴线上，为高僧讲经说法和贮存佛经典籍之所。少林寺藏经阁现存《中华大藏经》、《龙藏》、《大正藏》、《高丽藏》及其他典籍计数万册。据碑铭记载，此阁创建于元代至正（1341～1368年）年间。少林寺藏经阁殿内原供达摩面壁石、法器及包括明代大藏经在内的5000余卷佛经图籍等。1928年，该殿被石友三军队焚烧，殿内经卷、武术书籍、达摩影石等俱被毁，仅存殿基及墙体石柱14根。现藏经阁是依据毁前资料，于1992～1993年在原址上重新设计建造的单檐歇山顶建筑，设置五踩双下昂斗栱。

方丈室是寺中方丈起居与理事的地方。清乾隆十五年（1750年）九月三十日，清高宗弘历游少林寺时即以方丈室为行宫，故又称"龙庭"。该室初建年代约为明初，经历代维修，现存建筑为清代遗物。今室内正中置1995年少林寺建寺1500周年时信徒赠送的鸡血石"佛祖讲法"浮雕，北壁内侧置少林寺传代世系谱。今门额改题"静中静"，为少林寺二十九代方丈行正法师（1914～1987年）圆寂前久

居之所。方丈室正西为方丈退居，坐北向南，面阔三间，出前廊，为硬山式建筑。方丈退居是离任后的方丈住所。退居室前有对联"少室山下禅林静，五乳峰前钟磬悠"。在方丈院东、西两侧，为方丈院的东、西厢房，各为面阔五间的硬山式出前廊建筑，是常住执事僧起居和处理佛事活动的场所。

立雪亭，又称达摩亭（图4-2-19）。据元代至元二十八年（1291年）所立《少林住持泰公禅师之碑》载，初祖殿（即今立雪亭）最晚当建于元代初年。但从现存结构特点及殿内石柱题记可知，当为明正德六年前后始建，正德七年（1512年）后建成。明、清两代多有维修。立雪亭面阔三间11.37米，进深三间7.39米，通高8.829米。平面近方形，是寺内唯一的一座单檐庑殿式建筑。此殿虽小，但外形大方秀丽，具有较高的艺术性。立雪亭檐下用三踩单昂斗栱，平身科斗栱正背面、次间各用两攒，侧面各间均用一攒。南面明间装四扇隔扇门，左右为方窗。殿内悬有清乾隆皇帝御题"雪印心

图4-2-19　少林寺立雪亭外景

珠"横匾。明间佛台上置木雕佛龛，本尊供明正德年间造的铜铸达摩坐像。铜像前六祖塑像为近年新塑。殿内东南隅有明万历十七年（1589年）铸造的铁钟一口。此殿于1983年进行了维修。外壁原有碑刻，现已移于碑廊处。

立雪亭北为千佛殿（图4-2-20），亦称毗卢阁，是少林寺常住院内最大的殿宇，面阔七间，硬山绿琉璃瓦顶建筑。该殿始建于明万历十六年（1588年），后人改建成现今面貌。该殿前设有宽敞的月台，月台三面筑有石踏道和石雕栏板望柱，正面踏道中部有浮雕云龙莲鹤图案的御路，把大殿陪衬得十分高大壮观。外檐明间悬挂"西方圣人"竖匾。殿内供铜铸毗卢佛像和明代汉白玉南无阿弥陀佛像，东、西、北三壁上有明代所绘"五百罗汉朝毗卢"大型彩色壁画，面积达320余平方米，画面云气山水把人物群像区分为上中下三层，每层又以不同的人数组成群组，这些罗汉姿态各异，栩栩如生，其规模、工艺是国内同时代壁画中所罕见，其内容则是国内独一无二的。砖铺地面上有48个陷坑，相传是少林寺武僧练武天长日久留下的站桩坑。

常住院西侧有一座塔院，内有北宋元祐二年（1087年）建造的佛塔两座，其中较低的一座塔内保存有一尊唐代石雕弥勒佛像，像的脖子和手足均有断裂残损，据该塔塔铭记载，这是唐武宗"会昌灭法"造成的结果。

千佛殿与立雪亭之间的东侧厢房为白衣殿（亦名观音殿），面阔五间，硬山布瓦顶建筑。殿内供奉白衣观音像，殿内南、北、东三面墙壁上绘有彩色壁画，具体创作年代不详，南北两壁绘制少林拳谱及文殊菩萨骑狮图、普贤菩萨骑象图，东壁则分别绘制"十三棍僧救唐王"和"紧那罗王御红巾"，中间佛龛南北两侧分别绘制降龙罗汉图和伏虎罗汉图，具有重要的历史研究价值。

常住院西墙外有一高土台，相传为跋陀在台上译经，天降甘露，故名甘露台。其上建筑无存，现残留有部分建筑石构件。

图4-2-20　少林寺千佛殿外景

钟楼与鼓楼（图4-2-21），位于少林寺大雄宝殿前左右两侧，创建于元明时期，1928年毁于战火。今天的钟、鼓楼是1994年在原址上重建的。通

高27.51米，为3层楼阁。钟架为自地面单独建立的木构体系，与钟楼结构分开，撞钟的震动不会影响楼阁。钟架上悬挂新铸铜钟一口，是仿照原钟楼内已毁的铁钟设计，高2米，口径1.7米，重1.3万斤。原铁钟铸于金章宗泰和四年（1204年），重1.1万斤。原少林寺钟楼内有明弘治元年（1488年）铸造的地藏王菩萨铁像一尊，高1.75米，身披袈裟，跏趺坐于宝装莲花座上。钟楼被焚毁时，铁像被损，经过修复后，仍供奉在钟楼一层佛台上。

少林寺常住院内保存有唐至清各代古碑200余通，其中重要的碑刻有唐永淳二年（公元683年）王知敬书《大唐天后御制诗书碑》，唐天宝九年（公元750年）崔琪撰《少林寺灵运禅师功德塔碑铭》，北宋建中靖国元年（1101年）僧昙潜书《三十六峰赋》及日本国僧人邵元撰、法然书《息庵禅师行之碑》，元延祐元（1314年）程矩夫撰、赵孟頫书《裕公之碑》和明万历三十七年（1609年）年董其昌撰书《道公碑铭》等。

（四）少林寺塔林

少林寺常住院西约300米处为塔林（图4-2-22），

图4-2-21　少林寺钟楼外景

图4-2-22　少林寺塔林局部

是少林寺历代大德高僧的墓地，塔林沿山坡而建，呈不规则分布。共有唐、宋、元、明、清历代墓塔228座，占地1.4万多平方米，共248座塔，是目前全国现存最大的塔林。塔的造型各异，有方形、圆形、六角形、小八角形等，多为砖砌，少量为石雕或砖石混合结构。其中重要的古塔有唐贞元七年（公元791年）建的法玩禅师塔、无名唐塔、北宋宣和三年（1121年）建的普通塔、金代的衍公长老窣堵坡、元代建的照公和尚塔、明代建的书公禅师灵塔等。

（五）少林寺初祖庵

少林寺初祖庵位于少林寺常住院西北方向，嵩山少室山五乳峰下小土丘上，距离少林寺约2公里。此庵是宋代人为纪念禅宗初祖菩提达摩而营造的纪念建筑。因达摩常游化于嵩洛之间，修禅的主要方式是面壁静坐，所以此庵又称作"达摩面壁之庵"。

置身初祖庵山门前，会有置身世外、心旷神怡的感觉。这里地势高耸，背依五乳峰，建筑群虽不大，却给人以深刻印象。除了这深藏群山之间的神奇环境外，那古老而精美的宝刹更是令人留连忘

返。宋代，初祖庵曾建有"面壁之塔"，塔毁额存。蔡京所书"面壁之塔"石额今存于寺内。另有古碑40余通。1983年～1986年初祖庵全面整修时，建围墙200余米，恢复了完整的院落。现在初祖庵中建筑有山门（图4-2-23）、大殿、面壁亭、千佛阁等。

大殿面阔三间，进深六架椽，平面近方形，单檐歇山顶建筑（图4-2-24）。灰筒板瓦覆顶，瓦条脊（恢复），绿琉璃吻兽。大殿正面明间设青石踏道，踏道中间置素面御路，两侧设青石踏步，踏道

图4-2-23　初祖庵山门

图4-2-24　初祖庵大殿外景

两侧斫出层层内收的凹三角形象眼，前后明间置板门，前两次间设破子棂窗（恢复），均体现典型的早期做法。该大殿建于北宋宣和七年（1125年）。元代、明代曾进行过大修，现存部分梁架和吻兽即为当初遗存，是迄今所知河南省内现存最古的木结构建筑，更是国内最有学术研究价值的木结构建筑物之一，是研究宋代建筑名著《营造法式》的罕贵实物例证。大殿柱梁结构、斗栱等主要部分均保存着北宋建筑规制，尤其斗栱更合宋制（图4-2-25、图4-2-26），尤为珍贵。整个大殿用石柱16根，采取移柱造手法，把后内柱后移至上平槫和下平槫之间。石柱之表体雕刻化生童子、牡丹、瑞禽、天王像及蟠龙，价值极高。檐墙下部石质护脚内外浮雕出鱼龙、僧侣官宦、山水、建筑、神兽等图案，特别是石质神台，须弥座四周雕出力士、狮子、卷草图案，至为精湛，其中北面浮雕出的禅宗及初祖的历史长卷，雕刻精细，为其他建筑所罕见，是研究初祖庵历史及北宋建筑装饰艺术的代表性作品，具有极高的文物价值，在我国古代建筑史中有重要地位。殿之木构和内外16根石雕八角柱及墙下部的护脚石、佛台四面的北宋浮雕石刻，是研究宋《营造法式》木结构及石雕艺术的最重要的实物例证。

两座面壁亭位于大殿后边左右两侧对称位置。其后的千佛阁与厢房另组成院落，现为尼僧住地。初祖庵内的黄庭坚、蔡卞等名家的碑刻也都是极为重要的文物（图4-2-27）。

图4-2-25 大殿外檐铺作

图4-2-26 大殿木结构局部

图4-2-27 初祖庵大殿后全景

图4-2-28　风穴寺环境风貌

三、汝州风穴寺

(一) 地理位置

　　风穴寺,位于河南省平顶山市所辖汝州市城区东北9公里处的嵩山少室山南麓。这里峰峦秀拔,苍柏叠翠,清泉侧流,风景如画;宝塔高耸,殿阁巍峨,碑碣林立,典雅古朴。风穴寺随山就势,整个建筑群具有园林特点。进入风穴山口,两山夹道,万木葱茏,流水潺潺。沿河北行1.5公里,方能发现寺院,确有"深山藏古寺"、曲径通幽的诗情画意。寺院北有紫霄峰,侧有紫云峰、纱帽峰、香炉峰、石榴嘴峰等9条山脉逶迤相连,朝向寺院,是典型的宝地。因此,风穴寺被赞誉为"九龙朝风穴,连台建古刹"(图4-2-28)。

(二) 历史沿革

　　风穴寺创建于北魏,距今已有1400多年历史。原名为"香积寺",隋代更名"千峰寺",唐代扩建后又易名为"白云寺",俗称"风穴寺"。现存殿堂禅台140余间、石桥5座、碑碣百余通,占地面积17公顷。以寺庙园林式布局独树一帜,其四周山、林、泉、石等自然景观绝佳,与寺院本身浑然一体。寺院背靠玉皇山,前对崇山(寺前丘阜),东西龙山、虎山环抱,溪水自西北蜿蜒向东南而出,并在寺西汇合成黑龙潭,潭边的水口山上建奎光塔,这种典型的古代堪舆的理想模式极其难得,是中国古代"天人合一"思想的体现。从平面布局来看,寺院南半部以中佛殿为中心规划整齐,突出佛教的尊严;北半部结合山势和自然景观自由布局,望州亭、观音阁等散布在山壑林间,成为各自然景点的点睛之笔。珍珠帘、龙泉、大慈泉等将各景点有机连为一体。整个风穴寺,既有北方建筑之浑厚庄重,又有南方园林灵活秀丽之风貌(图4-2-29)。现为国家级文物保护单位。

(三) 主要建筑

　　从少室山南边沿沿河行走3华里,便来到风穴寺山门(图4-2-30)。明显可见这是现代新建的大门。

　　大门内一座孤立的建筑就是天王殿(图4-2-31),面阔三间,进深三间,悬山式建筑。天王殿建于明弘治年间,前檐下斗拱为四铺作单下昂,古朴壮观,内供四大天王和哼哈二将。

　　中佛殿。该殿坐落在高0.6米的高砖砌台基上,面阔三间,进深三间,单檐歇山式。据《风穴寺七

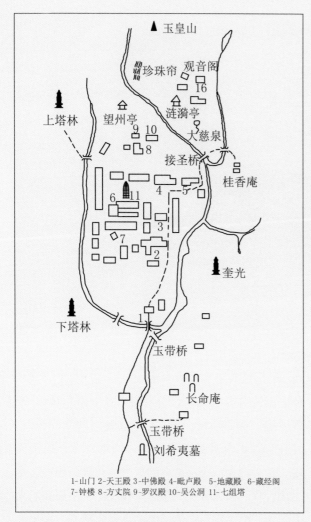

图4-2-29　风穴寺建筑布局示意图

1-山门 2-天王殿 3-中佛殿 4-毗卢殿 5-地藏殿 6-藏经阁
7-钟楼 8-方丈院 9-罗汉殿 10-吴公洞 11-七组塔

图4-2-30　风穴寺山门

图4-31　风穴寺天王殿

祖千峰白云禅院记》碑记载，殿始建于五代后汉时期，但从平面布局、斗栱造型、梁架结构、用材大小及艺术风格分析，当属金代建筑。梁架结构为六架椽屋四椽栿对乳栿彻上露明造。明嘉靖年间重修该殿时，梁枋已被抽换，唯有铺作和下架柱额仍为原来结构。檐下铺作为四铺作单下昂，昂为真昂，下置华头子。斗栱硕大疏朗，内檐做法近于《营造法式》制度。为河南省现存纯度较高的早期木构建筑（图4-2-32、图4-2-33）。殿内供奉有一佛二弟子，即佛祖释迦牟尼和其弟子阿难、迦叶，为清代的木雕像。旁边为后汉乾祐三年八月十五日立的石碑，详细地记载了风穴寺的历史沿革。

大雄宝殿（图4-2-34）。该殿建于明成化十一年（1475年），是寺内唯一的琉璃瓦大殿，是风穴寺中的珍品，殿为单檐悬山式建筑，五开间，殿顶全是琉璃制品，绿筒瓦，黄滴水，脊饰驮宝瓶及佛光普照和八条浮雕腾龙，两端饰五尺多高的大龙吻，垂脊饰独角兽。

藏经阁。风穴寺藏经阁原建设年代不详，现在的建筑是在原基址上建起来的，五开间，重檐歇山顶。两层檐下均设五踩双下昂斗栱（图4-2-35）。

悬钟阁。初建于宋代的高大的悬钟阁，面阔、进深各三间（图4-2-36），是一座气势恢宏的钟楼。该殿阁三重檐歇山顶，翼角反翘，坐落于3米高的石质台基之上，更显高峻，蔚为壮观。钟楼中有4根粗大的木柱，顶天立地，柱端架着一横梁，

图4-2-32　风穴寺中佛殿外景

图4-2-33　风穴寺中佛殿大木作局部

图4-2-34　风穴寺大雄宝殿

图4-2-35　风穴寺藏经阁

梁上吊挂一口大钟，重达800多公斤，为宋宣和年间所铸，也是河南省现存最完整最大的一口铁钟。此钟铸造精巧，声音响亮，故而明人张维新就留有"一声法撞飘空界，满地松阴宝月寒"的诗句。因此，"风穴钟声"也成为汝州八景之一。风穴寺里只有这座钟楼，而无鼓楼，也是该寺别致之处。

　　七祖塔（图4-2-37）。七祖塔是一座9层密檐式空心砖塔，建于唐开元二十六年（公元738年），距今有1270多年历史。是唐开元年间寺内一位"贞禅师"的墓塔，为寺内最高建筑，这位"贞禅师"曾经重修风穴寺，并继达摩之后传授禅宗，被称为风穴寺的开山七祖，圆寂后，弟子建塔供奉，唐玄宗御赐名"七祖塔"。

　　七祖塔塔身为典型的唐代四边形密檐式空心

图4-2-36　风穴寺悬钟阁

图4-2-37 七祖塔外景

图4-2-38 风穴寺内之望州亭

图4-2-39 风穴寺下塔林局部

砖塔，塔高24.17米，塔体轮廓为优美的抛物线形，塔体建在1.5米高的基石之上，第一层没有真门，其余各层设拱券假门，涩叠出檐，比例匀称，形态优雅，塔门之内上方有一石匾额，上书"贞禅师塔"四个大字，右侧写"大唐开元寺禅师贞和尚塔"等铭文，左侧落款为"大清道光二十四年二月某某某"，说明清代有修葺。第二层以上为实心结构，塔刹由相轮十重、宝盖及火焰纹构成，是唐代原物，虽已锈迹斑斑，但保存的非常完整。1983年9月上旬，河南省古建研究所在对临汝县（今汝州）风穴寺七祖塔测绘中，于正南第七层假门内发现铜佛一尊。这尊铜佛的造型肃穆端庄，神形兼备，比例适当，衣纹流畅，栩栩如生。

望州亭。这是一座体量较小的建筑（图4-2-38），建在风穴寺内最后最高处。顾名思义，在此处可望汝州。此亭的作用主要是观景，说明风穴寺历史上就特别重视园林风景建设。

塔林分布在寺院外的山坡上，依其地势高低分为上、下塔林（图4-2-39）。原有塔115座，现尚存元、明、清历代砖石塔73座。仅次于少林寺塔林，是河南省第二大塔林。其中元塔16座，多为方形和六角形，3层居多，5层较少，最高者8米，最低者3.5米。合葬塔一座，即瑞公、显公大禅师之塔，是我国塔林中所少见的类型。明塔52座，多为方形，其中六角形6座，八角形1座，石塔1座。清塔14座，民国年间塔1座，大部分仿明代手法。

寺内碑碣林立，上自五代后汉乾祐三年（公元950年）的《风穴寺七祖千峰白云禅院记》碑，下至宋、元、明、清所立之碑，或纪事，或刻诗，字体真草隶篆各体具备。这些碑碣比较完整地记录了风穴寺的历史全过程。

四、开封相国寺

大相国寺（图4-2-40）位于开封市鼓楼区自由路北侧。相国寺在北宋时期达到鼎盛，为当时的国都汴梁最大的佛寺，号称皇家寺院，之后历代均有兴修，是我国著名的佛教寺院和禅宗圣地，在中国佛教

图4-2-40 相国寺山门

图4-2-41 相国寺天王殿外景

史上占有重要的地位，现为河南省文物保护单位。

（一）历史沿革

相国寺初创于南北朝北齐天保六年（公元555年），名曰建国寺，后毁于战火。唐景云二年（公元711年），在郑审宅院基础上改为寺院，因在修建中掘出北齐建国寺旧碑，故仍名建国寺。唐延和二年（公元713年），唐睿宗为纪念其由相王继皇位，诏命改建国寺为相国寺，并亲书"大相国寺"匾额。唐玄宗天宝四年（公元745年），建资圣阁（又称排云阁），据记载阁高三百尺，崇极一时。

北宋时，相国寺发展到了鼎盛，寺内楼殿塔台，宏伟壮丽，壁画塑像，精妙奇绝，不仅是京城最大的佛寺，还是管理全国寺院的左右司僧录的驻地之一，负责委派各寺的住持僧侣。此外帝王巡幸、生辰忌日、重大节日及活动多在寺内举行，号称皇家寺院，尊崇无比。宋太宗晚年曾对相国寺进行大规模修葺增建，加之历朝增修，使当时的相国寺占地达540亩，分为慧林、智海等六十四禅、律院，有"广殿庭门廊楼阁，凡四百五十区"之说。

元代末，相国寺再次因战火而损毁严重。明代初年将南、北大黄寺和景福寺三座寺院并入相国寺，开封府僧纲司也设于寺中，虽不及宋时之盛，却仍为中原巨刹。明成化二十年（1484年），曾一度改寺名为"崇法禅寺"。明崇祯十五年（1642年），黄河在开封决口，寺院"廊庑僧舍多被淤塌"。

清顺治、康熙年间相国寺有所恢复。自清乾隆

三十一年（1766年）年四月动工，乾隆三十三年十月告讫，修葺、增建了山门、钟楼、鼓楼、接引殿、大殿、罗汉殿、藏经楼、观音阁、地藏阁、西院各配殿及戒坛等，并于寺西南修建了一座名为"祇园小筑"的园林建筑。现存建筑均系清乾隆三十一年（1766年）所修或增建，保留有浓厚的明清建筑特征和地方风格。大相国寺至今已有1500多年历史，是我国历史上四大名寺之一。现寺院格局基本完整，主体建筑保存尚好，所存文物精湛，具有极高的文物价值。

（二）相国寺建筑

相国寺坐北朝南，东西宽62米，南北长310米，占地1.9万余平方米。现存四进院落，格局基本完整，殿宇宏伟。中轴线自南向北依次有山门、钟鼓楼、天王殿（接引殿）、大雄宝殿、罗汉殿、藏经楼等。中轴线两侧有配房。藏经楼东、西两侧有观音阁、地藏阁及东、西配殿。

天王殿（图4-2-41），亦称二殿或接引殿，面阔五间，进深四间，单檐歇山式建筑，屋面覆绿色琉璃瓦。柱列整齐，鼓镜式柱础，柱头平直。梁架为七檩前后廊式。外檐施斗栱62攒，斗栱尺寸较小，攒挡不一，皆为一斗二升交麻叶头，形制简单。两山面为封护墙，前后檐柱间皆装六抹隔扇门。该殿收山尺寸大，自山面檐柱中至山花板外皮达1.12米，两山坡面长，颇具早期建筑风格。由于历次黄河泛滥淤积，天王殿台基已大部湮埋于地

图4-2-42 相国寺大雄宝殿外景

图4-2-43 相国寺罗汉店外景

下，现室内地坪仅高出室外地面40厘米。

大雄宝殿（图4-2-42），又称大殿、正殿，处于中轴线正中位置，为重檐歇山式建筑，屋面覆绿色琉璃瓦。建筑翼角高耸，巍峨壮观又不失灵巧之气。该殿面阔七间，明、次、梢、尽间面阔依次缩小，进深六间。两山砌封护墙，前后檐柱间有六抹隔扇门。殿前有月台，月台与殿宇台基相连，周立石质望柱、栏板，柱头雕刻狮子，姿态各异，形象逼真。该殿平面采用周围廊柱网形式，下层檐下施60攒斗栱，均为五踩双下昂（象鼻昂），里转五踩双翘重栱造，耍头前后端均为麻叶头，后端有构件斜撑承椽构件，形如琵琶，俗称"琵琶撑"。上层檐下施斗栱52攒，为五踩单翘单昂重栱造，里转双翘重栱造。殿内顶部有天花藻井，绘盘龙图案。建筑收山尺寸较符合清代收一檩径的制度，两山坡面较短。山尖为木质山花板封护。因水患，大雄宝殿台基及月台现淤没地下约1.5米。

罗汉殿（图4-2-43），殿内原供奉罗汉像，屋面覆绿色琉璃瓦，俗称八角琉璃殿，实为八角形回廊和八角攒尖亭（图4-2-44）两座建筑组成。该建筑基座（石质须弥座）原亦淤埋于地下，20世纪80年代将建筑抬升了1.67米，使建筑原貌得以展现于世人面前。基座为八边形，高1.6米，占地840平方米，东、西、南、北四面有台阶。罗汉殿回廊为抬梁式六架廊式结构，五架梁下立有中柱。前后檐均施三踩斗栱，前檐出单昂，共72攒，内檐出单

图4-2-44 罗汉店内之八角琉璃亭

翘，共40攒。回廊每面面阔三间，进深三间；前檐翼角高耸，后檐翼角无起翘。罗汉殿八角亭位于八角回廊围合的天井院正中，台基每边长4.32米，占地89平方米，亭通高20.54米，廊、亭间距3.22米。亭为重檐攒尖式，外围檐柱8根，里围8根金柱为通柱，直达上层。檐，上、下层檐均施三踩单昂斗栱，各24攒，形式相同。亭顶置铜质喇嘛塔式宝顶，亭内供奉镇寺之宝木雕千手千眼观音像。

藏经楼（图4-2-45），是寺院现存最高的建

图4-2-45　相国寺藏经楼外景　　　　　　　　　　　　　　　　图4-2-46　千手千眼佛

筑，位于中轴线北端，是历代僧人存放经书的场所。建筑为两层，重檐歇山式，底层面阔七间，进深五间，前有月台。二层檐下正中悬"藏经楼"篆书匾额，相传为清代书法家孙星衍的墨迹。建筑平面为矩形，周围廊式柱网，立柱排列规整，柱础为鼓镜式。该建筑一层檐部施斗栱56攒，二层檐部施48攒，形式相同，皆五踩单翘单下昂斗栱，里转五踩出双翘并偷心。内部梁枋及檩枋间施隔架科，形式古朴，为荷叶墩承一斗三升单栱，其荷叶墩形式尚有宋元时期鹰嘴驼峰的特征，反映了河南明清建筑的尚古之风。藏经楼收山符合清代规制，两山坡面较短，山尖为木质山花板封护。藏经楼台基及月台亦因水患而部分淤没地下。

寺内现存千手千眼观音像（图4-2-46）和铜钟尤为珍贵。千手千眼观音像立于罗汉殿八角亭内，高约7米，约雕成于清乾隆三十一年（1766年）前后，银杏木质地，为观音菩萨四面造像，观音眉目慈祥，每面有大手6只，小手200余只，每个手掌心又各有一目，故名千手千眼观音。该像为1927年废寺后相国寺仅存的完整佛像，雕工精细，栩栩如生，造型别具一格，为国内佛教造像中罕见。铜钟，悬于钟楼内，铸于清乾隆三十三年，高2.23米，最大口径1.81米，重达万斤。钟身铸有"皇图巩固，帝道遐昌，佛日增辉，法轮常转"16个阳文大字及铸

钟官员和工匠的名字。钟下缘饰有万字花纹，以示吉祥如意。相传在霜天击钟，声音可传数十里，有"相国霜钟"的美誉，被列为汴京八景之一。

五、武陟千佛阁

千佛阁位于武陟县城东西大街交会处路北，正对南大街。为武陟现存规模较大的古代建筑群，占地约15亩，原有山门、中佛殿、千佛阁、关帝殿、城隍庙、白衣殿、财神庙等建筑。近年来，经修葺与重建，焕然一新。现存仅剩中佛殿、千佛阁主体建筑为原物，属全国重点文物保护单位。

千佛阁创建于明嘉靖三十六年（1557年），为镇沁河在木栾店（今武陟县城）决口而创建，为佛道二教共有的庙宇。清咸丰六年（1856年）进行过大修，保留了明代主要建筑和建筑风格。主体建筑宏伟，高大古朴，体现了北方古代建筑的特点，为河南省现存两座保存最完整的三重檐建筑之一；也是中原地区不可多得的大型单体木构建筑，具有较高的文物价值。建筑物上保留了大量的木雕、砖雕、琉璃等附属艺术品，其雕刻刀法娴熟，工艺精美，形象生动逼真，具有很高的艺术价值。千佛阁是河南省内少见的佛道合一的祭祀场所。中轴建筑"三不照"为千佛阁的一大地方特征，实为罕见。历史名人朱载堉为千佛阁创建亲书"吉庆"两字，

图4-2-47　武陟千佛阁中佛殿外景

图4-2-48　千佛阁外景

更增添了它的历史价值。

　　整个院落前窄后宽，其总体布局与一般佛教寺院和道教庙观相似，特别是主体建筑千佛阁、中佛殿、山门不在一条中轴线上即"三不照"建筑，为一大特征。现存建筑大量使用略作加工的自然材，粗犷而挺拔，建筑风格沿袭了豫北古代建筑的金元遗风，出檐较一般明清建筑为深，体现了早期建筑的地方特色。在建筑细部方面，斗栱及小木作采用了较多的雕刻和细部装饰，建筑技术高超，雕刻工艺精湛，充分体现了明代建筑精雕细琢的特点。

　　中佛殿（图4-2-47），位于山门和千佛阁之间，面阔三间，进深一间，单檐悬山式建筑。明间面阔3.85米，次间面阔2.95米，明间两柱粗壮，墙内柱相对较细，施覆盆式柱础。前后檐皆有装修，次间为槛墙槛窗。梁架由七架梁、五架梁、三架梁相叠（河南民间谓之"三重梁起架"），之间施瓜柱，三架梁上置脊瓜柱和叉手，柱头置斗栱承脊檩。梁枋檩枋间施隔架科斗栱。山面为五花山墙。前檐下施五踩双下昂斗栱，耍头处作卷云雕刻，柱头科上承七架梁头，次间平身科斗栱施斜栱。后檐施单昂三踩斗栱，前后檐均无正心檩。前后檐明间为六抹隔扇门四扇，次间为隔扇窗四扇。正脊两端置大吻，中置狮驮宝瓶。其檐部椽头盖透雕卷云纹花头。

　　千佛阁（图4-2-48）位于中轴线中偏后，是

整个院落古建筑群的建筑主体，也是院落的制高点，为三重檐歇山回廊式建筑。一、二楼层间在东次间沿山墙墙体有一木质楼梯相连，墙体外壁有明显的收分。

　　第一层，面阔五间，进深五间，平面柱网排列整齐。明间面阔3.77米，次间面阔3.30米，尽间（山面廊）2.16米，通进深15米。墙体位于内圈柱间。下层回廊结构双步梁，承托第二层檐柱。第一层共用20根檐柱，柱头微有卷杀，覆莲式柱础。平板枋与大额枋呈"T"形，檐下置五踩重昂斗栱，斗栱昂嘴刻三浮云，耍头处作卷云，并高于足材，转角斗栱透雕龙首，斗栱瓣呈圆弧形。平身科明间两朵，其余皆为一朵。斗栱制作精湛，雕工细腻。柱头五踩斗栱上承托单步梁，后尾插入墙体内部金柱柱体之中，明次间平身科斗栱尾部穿插于室内垂莲柱上，顶部承托檩枋。次间平身科斗栱出30度和45度斜栱，山面及背面明次间平身科斗栱结构同正面明次间平身科斗栱相同。大梁为七架梁，檐部均无正心檩。尽间各有两扒梁，四角用抹角梁，老角梁、仔角梁大木构架齐全，老角梁前端搭在正、侧面撩檐檩交接处，后尾插入瓜柱中。明间大额枋正面雕人物、花卉及动物三组，中间雕人物、松鹤，东为双狮滚绣球，西为龙凤牡丹，其下连体雀替透雕二龙戏珠（图4-2-49），均栩栩如生。明间设六

图4-2-49　千佛阁木雕

抹隔扇门四扇，梢间为墙体。

第二层平面呈长方形，布局同一层面阔，进深为9.62米，墙体位于内圈柱轴线上。檐部结构为单步梁，梁上立瓜柱，以承托二层廊步脊檩，脊檩大部砌于墙中，檐下施40攒斗栱，均为五踩双下昂斗栱，檐柱共有20根，柱头微有卷杀，覆莲式柱础。明间、次间平身科斗栱和第一层相同。第二层明间次间正面设六抹隔扇门各四扇，檐上覆盖绿色琉璃瓦。

第三层明代建筑手法明显，平面不设回廊，结构为七架梁上立短柱，间用随梁枋联系，五架梁上立短柱承三架梁，三架梁中间立脊瓜柱，上端用斗栱承接脊檩，尽间均设扒梁，四角抹角梁，老角梁、子角梁结构齐全，檐部正心均不设正心檩。第三层檐下置斗栱40攒，均为七踩三下昂斗栱，琴面昂嘴，柱头斗栱承托大梁头，大梁头刻成蚂蚱头，前后檐额枋、平板枋由老檐柱支撑。阁顶部望砖上绘有18组天干地支、阴阳五行、八卦太极图，甚为少见。

这座千佛阁，各部分比例恰当，体量高大，气势宏伟。细部做工精巧，雕刻技法细腻，是河南现存建筑中的精品之一。

千佛阁院内的其他建筑（图4-2-50）多为近年来在旧址上重建，建筑做法基本按当地传统技法兴建，和谐耐看。

图4-2-50　千佛阁内其他建筑

六、其他寺阁

（一）登封会善寺

位于登封嵩山太室之西南麓积翠峰下的会善寺，山环水绕，石笋林立，古迹生辉，宝塔点缀，佛生灵气，动人心绪，是佛教传入中国后所创的早期寺院，与少室山少林寺、嵩岳寺、大法王寺并称为嵩山之名刹。据北宋开宝五年（公元972年）嵩山会善寺《重修佛殿碑记》所载，该寺原为北魏孝文帝夏季之离宫，其后捐为佛寺。隋开皇年间（公元581～600年）改名为会善寺。但据北魏神龟三年（公元520年）七月会善寺浮图铭、北齐武平七年（公元576年）之会善寺碑等所载，会善寺之名自隋以前即存。寺西山坡上原有唐代名僧一行禅师创建的琉璃戒坛，四方禅僧来住受戒者渐多。戒坛毁于五代，尚存唐代残石柱2根，柱面雕天王像，柱础雕鬼怪神兽。

会善寺坐北向南。山门面阔五间，进深三间，硬山小灰瓦顶。明、次间砌券门，明间门券上嵌长方形横匾书"会善寺"（图4-2-51）。内供白玉阿弥陀佛一尊。山门东西两侧各建单间硬山造掖门。

大雄宝殿（图4-2-52），位于山门之后。大殿面阔五间，进深三间，单檐歇山顶。出檐深远，斗栱硕大，各间补间铺作均为一朵，造型朴实。外跳五铺作重栱双下昂，模仿宋代做法，昂首下垂，昂的后尾是卡接的假昂尾，不及宋代通昂的实用价值高。角梁的后尾嵌入殿角下的垂柱上面，而不是和相邻的斗栱后尾互相交叉；梁架以自然材为主，表面粗糙。檩、柱也有同样特点。殿内作减柱造，即当心间减前金柱两根，次间减后金柱两根（图4-2-

53）。梁架为四椽栿搭牵，结构严谨，保存完整。其斗栱、角梁、乳栿、劄牵、丁顶栿、丁华抹颏栱等典型做法（图4-2-54），均反映了元代建筑技术的重要特征，在建筑技术方面具有很高的价值。

月台上有明成化七年（1471年）铁钟1口，高1米余，重650公斤。寺西有唐净藏禅师塔，西南和东南有清代砖塔5座。

寺内现存的主要碑刻有东魏《中岳嵩阳寺碑》、北齐《会善寺碑》、唐《道安禅师碑》、《会善寺戒坛记》等，具有重要的书法艺术价值和历史文献价值。寺西有唐净藏禅师塔一座。2001年6月25日，会善寺作为元至清时代古建筑，被国务院批准列入第五批全国重点文物保护单位。

（二）登封大法王寺

大法王寺位于登封市北五公里的嵩山玉柱峰下。寺院东西北三面群山环抱，苍松翠柏，郁郁葱

图4-2-51 登封会善寺山门

图4-2-52 会善寺大雄宝殿外景

图4-2-53 大雄宝殿梁架结构

图4-2-54 大雄宝殿内檐铺作局部

葱，以形取胜（图4-2-55）。"寺前两山对峙，天下皆山，惟嵩高当天地之中。占名山皆寺，惟法王据形势之最佳。"在古刹林立的嵩山，大法王寺被誉为"嵩山第一胜地"是当之无愧的。晶莹宝塔、碑刻造像、殿堂楼阁、文物典籍等佛教文化的精粹，已经成为伟大的华夏文化不可分割的组成部分。大法王寺同全国其他名寺古刹一样，既是陶冶人们情操的著名幽境胜地，又是重要的历史文物。中间辟有公路上通寺院。大法王寺建于东汉明帝永平十四年（公元71年），距今已将近20个世纪，兴盛于唐宋时期，是佛教传入中国后建造最早的寺院之一。是汉明帝专为印度高僧摄摩腾和竺法兰译经传教而下令修建的，为中国第一所菩提道场。

岁月沧桑，大法王寺难免荒凉。1987年，重修古寺，佛教活动和旅游事业蓬勃发展，海内外宗教界人士和游客高度赞誉。如今大法王寺宗风再

图4-2-55 登封大法王寺外景

图4-2-56 大法王寺唐代舍利塔

振，名声远扬，千年古刹，光辉重现。在法王寺的寺内甬道两侧，有2株千年以上的银杏树，均高30米，树围5米，盛夏之际，树叶茂密葱绿，犹如大伞遮掩。法王寺周围现存有古塔6座，现为镇寺之宝。其中密檐式唐塔1座（图4-2-56），单层唐塔3座，元塔和清塔各1座。

（三）焦作月山寺

月山寺始建于金大定十七年（1177年），曾名"清风寺"、"大名禅院"、"宝光寺"，明永乐三年更名为"月山寺"，沿用至今。月山寺鼎盛时期是明、清两代。当时寺院规模宏大，有房舍千余间，寺僧数百名，经版、经书收藏甚多，尤其藏经阁中收录的佛经最为完整。为豫北地区最大的佛教活动场所，历史上著名的佛教圣地，曾与大相国寺、少林寺、白马寺并称为"中原四大古寺"。清乾隆皇帝与圣母皇太后也曾到此游览、拜佛，曾赐匾额和对联，并题诗一首赞美南太行的优美风光（图4-2-57）。

月山寺坐落于南太行山的一处山坳里，东西北三面山峰拱卫，南向渐低，曲径通向山下的月山镇。寺院处在山水秀丽，环境优雅的风水宝地。寺内现存有"清风殿、连环井、凤凰台、苍公洞、大士阁、望景台、将军柏、课蜜泉"8大景和"迎风壁、七皇塔、钟鼓楼、水龙头"等7小景。月山寺内的古建筑遗存无几，但现存的几处古塔建造精细。图4-2-58所示为月山寺山门外前左侧凤凰台上的三座清代砖石塔，体量不大，乃塔中之精品。现存的六公塔两座，同样精致。另有塔林将在塔幢类一章专述。

（四）温县慈胜寺

慈胜寺始建于唐贞观年间，历经唐、宋，毁于战火，元代至元年间重建。占地面积7000平方米。现存山门、天王殿、大雄殿3座纯度很高的古建筑。该寺位于温县、孟州和沁阳三县（市）交界处的温县辖地，前临黄河，后依太行山，为全国重点文物保护单位。现存山门为近代复建，其中天王殿和大雄殿虽经修葺，但仍保持着元代的结构特征和建筑手法。

图4-2-57 焦作月山寺外景

图4-2-58 月山寺凤凰台塔林

图4-2-59 温县慈胜寺天王殿

从总体布局看，第一进院落空间狭小，建筑低矮，穿过天王殿进入第二进院落，空间变得豁然开朗，大雄宝殿建在高高的台阶上，显得雄伟挺拔，这种平面布局和建筑高度的艺术处理是对比手法的巧妙运用。其中天王殿残存的四大天王壁画及寺内保存的《佛顶尊胜陀罗尼经》石幢，为国内少见的艺术珍品。

天王殿。面阔三间，进深四椽架，单檐悬山式建筑（图4-2-59）。前后檐下施四铺作斗栱，明间补间铺作两朵，两次间各一朵。两端悬山悬挑出五根椽子，外封博封板。室内木构架设计独特，匠心独运。由图4-2-60所示可见，脊檩下设柱，柱头上置四铺作斗栱，再由斗栱承托二架梁；二架梁上又设短柱支撑其上的三架梁；再上为立柱支顶脊檩。这样的木构架是笔者在中原地区仅见的一例。

大雄宝殿（图4-2-61）。面阔三间11.6米，进深六椽架10米，单檐歇山顶建筑，歇山收山半间房屋的尺寸，造型庄重优美。大雄殿斗栱古朴硕大，五铺作单抄单下昂重栱计心造，出挑深远，上檐出足有两米以上。歇山收山构架不甚规范，但也科学合理，实用性强（图4-2-62），充分反映出元代的结构技术特征，可认为是高纯度的元代木结构。殿内墙壁上，尚存有人物、楼阁、城郭、山水、树木、花卉等彩色壁画，现在仍依稀可见，表现了元代民间画风。内檐的栱眼壁间，皆有彩绘坐佛等绘画。大殿前门额上方的"凤"字形牌匾上书"大雄之殿"四个字，笔力刚劲，落款为"大元至元五年"（1304年），被认为是中原地区现存寺院牌匾中时代最早的。

慈胜寺之所以珍贵，是因为上述两座元代建筑

图4-2-60 慈胜寺天王殿木结构

图4-2-61 慈胜寺大雄宝殿及五代时期的经幢

图4—62 慈胜寺大雄宝殿木结构局部

图4-2-63 济源大明寺山门

和一座后晋石经幢（经幢在另外章节详述）历史悠久，价值很高，能成为国家级保护单位当之无愧。

（五）济源大明寺

大明寺位于济源市轵城镇（春秋时期的古轵国城内），为国家级重点文物保护单位。现存元、明、清各代建筑13座40余间（图4-2-63）。始建于西汉，原为诸侯轵王祖庙，北宋时改为寺院。这一演变正是佛教在当地传播的真实写照，为研究佛教的发展和佛教寺院的演变提供了重要的例证。

寺院整体布局紧凑，中轴线两侧建筑矮小，衬托出中轴线上的中佛殿（图4-2-64）、后佛殿建筑宏大。中佛殿前有一棵千年菩提树，古树与佛殿相互映衬，愈发彰显寺院的古朴。中佛殿面阔、进深各三间，平面近于正方形，单檐歇山顶建筑。柱头铺作为五铺作单抄单下昂重栱计心造；补间铺作心

间两朵，次间一朵，均为五铺作双下昂重栱计心造，用真昂。室内彻上明造，梁栿使用弯曲的自然材，且构件制作粗糙，是非常典型的草栿造梁架。平面采用减柱造，六架椽屋。金柱制作系叉柱造手法（图4-2-65）。这座建筑体量不大名声大，"是河南现存元代木构建筑保留原有构件和风格最多的单体建筑之一。"[①]

大明寺的建筑风格受到官式和地方特色的双重影响。多数明清建筑保留了宋金时期的构造特点，例如沿用宋元时期的直棂窗（图4-2-64）、六瓣栌斗、大叉手等，是古建筑中河南地方手法演变的实物展现。

此外还有辉县的白云寺、宜阳的灵山寺、博爱的观音寺、安阳的高阁寺等古建筑，均为河南佛教建筑中的上品。

图4-2-64 大明寺中佛殿

图4-2-65 大明寺中佛殿原始梁架

第三节 道教建筑

一、济源奉仙观

（一）历史沿革

奉仙观始建于唐垂拱元年（公元685年），距今已有1330年的历史。位于济源市荆梁北街，是道教圣地王屋山最古老的道观之一，现为国家级重点文物保护单位。奉仙观全称奉仙万寿宫，因观内三清大殿用荆木、柿木作梁，桑木、枣木作柱，故俗称荆梁观。其所在的街道也据此命名为"荆梁街"。作为我国重要的道教活动场所，唐二鲁真人（鲁希言、鲁和光）曾在此修道。武则天遣使祭济水时在此沐浴斋戒。宋代贺兰栖真在此修道时受宋真宗召见，并被赐号宗真大师。金代重建了三清大殿等建筑，使其规模达到了全盛。元世祖至元二十七年（1290年），道士卫葆光重修玉皇殿、三宫殿等。清乾隆十七年（1752年）年重修三宫殿，重建山门和厢房4座16间。院落布局合理，保存完整（图4—3-1）。

观内现存唐、宋、元、明重要碑刻6通，唐《太上老君石像碑》系创观所立，李审几撰文，沮渠智烈书丹，清叶昌炽《语石》云："文章宏瞻，书法遒美，为唐代道教碑碣之冠。"建筑史学家刘敦桢大师评价，"碑身权衡匀妥，远胜偃师县武后御书诸碑"，具有很高的文物价值和艺术价值。

（二）观内建筑

奉仙观坐北面南，南北长90.5米，东西宽45.5米，占地4118平方米，主要建筑依中轴线对称布置，依次为山门、东西厢房、玉皇殿、东西配殿和三清大殿。

山门。面阔三间9.1米，进深两间4.85米，清代单檐悬山式木构建筑。梁架采用中柱式，前后为双步梁、单步梁对搭，脊枋下刻"清乾隆十七年重建"题记。建筑平面呈长方形，正门明间置实榻大门，门枕石形象为明代披毛狮抱鼓石，刻工精细，形象生动（图4-3-2）。所幸的是，这对抱鼓石经历几百年的历史，现在无一处破损。次间施八角形梅花窗。山门两侧置掖门，为悬山垂花门式。

玉皇殿（图4—3-3）。面阔三间10.1米，进深两间5.9米，明代所建单檐悬山式木构建筑。殿身前檐置小八角形石柱，有柱生起和柱侧脚。前后檐柱头间置额枋和平板枋，额枋出头刻海棠线。额枋断面广度不足，而平板枋加厚呈正方形。前檐斗栱为三踩单下昂，平身科明间二攒，次间各一攒。昂嘴扁瘦，为琴面昂嘴，后出翘。外拽厢栱栱身卷杀，内拽厢栱均为异形栱。耍头后尾刻成卷云头（平身科）或蝉肚状雀替（柱头科）。后檐施三踩柱头科斗栱。屋内梁架为露明造，五架梁屋，金、脊檩下施替木，三架梁上施脊瓜柱、丁华抹颏栱和叉手。斗栱和梁架上存有明代彩画遗迹。

三清大殿（图4-3-4），为奉仙观内的主体建筑，面阔五间21.51米，进深七架椽12.31米，单檐不厦两头造。根据建筑用材、技术手法和维修时发现山柱上之刀刻"大定二十四年"题记，断定该建

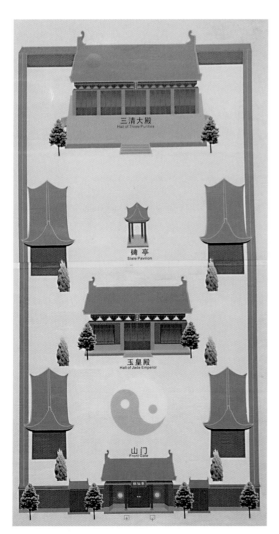

图4-3-1　济源奉仙观鸟瞰示意图

图4-3-2　奉仙观山门抱鼓石

图4-3-3　奉仙观玉皇殿外景

图4-3-4 济源奉仙观三清大殿及唐代碑

图4-3-5 奉仙观三清大殿斗栱、博风

筑为金大定二十四年（1184年）重建，是一座纯度极高的金代建筑，代表了这一时期的建筑特点，在建筑科学和建筑史研究上具有很高的学术价值。大殿平面采用室内单槽布局，分别减去前排4根和后排次、梢间缝上的两根金柱，仅施后排中间两根后金柱，使殿内空间宏阔，同五台山佛光寺金代文殊殿有异曲同工之妙，是国内减柱造建筑物的典型代表作。殿前以青砖和条石砌成长12.87米、宽9.21米的长方形月台，前角柱石上置角兽，前端和左右置踏跺。大殿台基自上而下四周砌阶条石、毛石和青砖，室外地坪为砖铺散水，室内方砖铺地。墙体下碱为干摆砖，上身采用土坯砌筑，收分率为千分之九；两山墙做成五花山墙，梁栿外露，出山博枋由宽大的博风板遮盖保护（图4-3-5）；后檐墙砌至阑额下。前檐柱为小八角石柱，柱头呈覆盆状，有明显卷杀。柱头间施阑额，断面狭而高，两山不出头，阑额上未施普拍枋。殿顶覆以灰色筒瓦和板瓦，龙纹勾头，施瓦条脊和降龙鸱吻。

三清大殿当心间施补间铺作两朵，次、梢间各一朵。后檐不施补间铺作。补间铺作为五铺作重栱出单杪单下昂（真昂）计心造，内转五铺作双抄偷心造。材广21.5厘米，厚15厘米，栔高9厘米。壁内施足材泥道栱和泥道慢栱各一重，上为单材素枋和散斗。外檐出两跳，第一跳华栱上置单材瓜栱、慢栱、散斗和枋。第二跳琴面昂上置交互斗、单材耍头、单材令栱、散斗和 檐枋；内檐下昂尾部挑

斡直至下平槫下，与槫下襻间枋相交，铺作内檐出华栱两跳，偷心造；栌斗近方形。前檐柱头铺作为五铺作重栱出单杪单下昂（假昂）计心造，里转五铺作出双杪偷心造。正心枋上施重栱素枋，后尾华栱两跳于四椽栿下承耍头后尾。后檐柱头铺作为四铺作重栱出单杪计心造，里转四铺作单杪。

三清大殿殿内为彻上露明（图4-3-6），草栿造，进深七架椽屋。当心间梁栿结构为四椽栿对乳栿、劄牵用三柱。三椽栿与四椽栿后端直插内柱内，四椽栿前檐由铺作承托，三椽栿前檐由四椽栿上驼峰与大斗承托；平梁前后端分别由内柱和三椽栿上栌斗、蜀柱承托。乳栿和搭牵端直插内柱内，檐部由柱头铺作和蜀柱承托。次、梢间梁栿采用丁栿上立蜀柱以承受次间梁栿形式，其余结构同当心间。山面施四根檐柱，当心间檐柱直接承托平梁两端，前后檐梁栿直接插入相邻的山面檐柱内。大殿前檐当心间、次间各置四扇四抹头隔扇门，格芯为述纹状；尽间各置四扇三抹头隔扇窗，格芯为述纹状；后檐当心间置板门，连楹上施方形门簪四枚，门上设门钹各一。三清大殿采用罕见的荆木梁、枣木柱、柿木梁、桑木柱，并且是古代忌讳的"早经死丧"的谐音，用材甚奇特，体现了古代劳动人民在建筑、石刻等方面的创新意识和艺术成就。

《太上老君石像碑》，位于玉皇殿和三清大殿之间的六角亭内（图4-3-4），唐垂拱元年刻立。碑高3米，宽1米，厚0.32米，座高0.7米。碑首雕

图4-3-6 奉仙观三清大殿内木结构

图4-3-7 开封延庆观

蟠龙，背面题额处镌刻道教造像三尊，主像盘膝坐于莲花座上，侍者棋手侍立莲花座侧。碑文为楷书，采用骈体文书写，为唐代颂扬高宗功德之碑。其拓片收于《金石录》。《章圣皇帝御制诗碑记》，宋仁宗天圣九年（1031年）刻立，碑高1.3米，宽0.62米，厚0.12米，碑体内容分三段，上部是宋真宗赐贺兰栖真的七言诗，中部线刻贺兰栖真对话内容。碑文字体系杨虚己习王羲之书法而成。这两通碑不仅是奉仙观的镇观之宝，也是国内不多见的珍贵金石。

二、开封延庆观

延庆观（图4-3-7）位于开封市自由路西段北侧，原名重阳观，是为纪念道教全真宗师王重阳而兴建的道观，现为全国重点文物保护单位。金大定九年（1169年），王重阳带马钰、丘处机等弟子来开封布道，在此居住。观此处有固道兴业之气，曰：吾后必宅是。后来，其弟子遵师嘱建立道观，即重阳观。金末观毁。元太宗五年（1233年），受丘处机遗命，全真七子之一的郝大通的弟子王志瑾重修重阳阁。历时30年，广袤七里，规模宏伟，殿宇壮丽。元帝忽必烈赐名大朝元万寿宫。元末毁于兵火，仅存玉皇阁一座。明洪武元年（1368年），恢复道观，更名延庆观。明崇祯十五年（1642年），道观被黄河水淹毁。清康熙七年（1668年），赵足行等人倡约善男信女捐资重修延庆观。清道光

二十一年（1841年），黄河决口，洪水入城，道观又一次被淹。水退后，于道光二十七年（1847年）再度修葺。清光绪二十年（1894年）和三十四年（1908年）又两次修葺，使道观稍复规模。

玉皇阁（图4-3-7）位于延庆观中部，坐北朝南，砖石砌筑而成，外形仿木结构楼阁形式。通高18.17米，基座为石砌，上部阁体为砖砌，外表镶嵌蓝、绿、黄等多色琉璃件，色彩绚丽，华贵典雅。琉璃构件历经数百年日晒雨浸，仍绚丽如初。阁整体结构可分为底、中、上三部分。底层为四边形，边长9.7米，南部开门。内部为穹隆顶式结构。屋顶四角位置，自墙边向内出挑十余层砖雕斗栱，呈放射状，与上部顶面连在一起，密密麻麻，重叠交错。斗栱位于墙体与穹隆顶的交接处，增大了屋顶与墙体的接触面积，也起到了一定的结构支撑作用。屋顶中部，另有菊花、葵花、石榴、牡丹等吉祥图案的砖雕点缀其间，使整个大厅显得富丽堂皇，充满生机。底层檐口位置，墙外有仿木构五铺作重杪砖雕斗栱，斗栱之上为砖雕飞椽，屋面覆盖绿琉璃筒板瓦，四角安放琉璃脊件及各种吻兽。中层为八边形实心砖体。立面有八个仿木构圆柱，檐口位置的砖雕斗栱，尺度略小于底层，与底层不同的是，斗栱下增加了普拍枋、阑额、卷草大雀替等砖雕构件。突出阁身外还有环绕一周的连续的琉璃件山花。上层为八角空心砌体，内部为穹隆顶结构，屋顶下环布斗栱及各种吉祥图案的砖雕。上层

立为八角攒尖顶绿琉璃瓦屋面，铜质火焰宝刹，八条垂脊通过铁链与宝刹连接在一起。上层檐下的斗栱及普拍枋、阑额为绿黄蓝三种不同色彩的琉璃件，琉璃阑额上浮雕有二龙戏珠、仙人行云、灵芝、仙鹤等传统图案，上层腰檐位置还用琉璃件砌出平座及栏杆望柱（图4-3-8）。

玉皇阁为仿木楼阁式砖砌建筑，结构设计科学、合理，砌筑工艺高超，虽历经近千年，仍然稳定如初。如一层室内屋顶四角自墙边向内出挑十余层砖雕斗栱，呈放射状，增大了屋顶与墙体的接触面积，起到了很好的结构支撑作用。由此可见，当初的设计者已具备较多的力学知识并已广泛运用于工程实践中，为我们研究我国的自然科学发展史、力学发展史及古代建筑史均提供了重要的实物例证。屋面琉璃构件色彩艳丽，种类繁多，大小各异，而且基本没有脱釉及褪色等现象，足以证明当时的琉璃烧制技术已达到非常高超的水平。

玉皇阁结构设计独特，雕刻艺术精湛，对于研究我国砖石类建筑的构造及发展、琉璃构件的烧制技术及元代中原地区的砖雕特色等方面，均具有非常重要的价值。

三、许昌天宝宫

天宝宫位于许昌县艾庄乡北面的石梁河畔，是著名的道教宫观，真大道祖庭和圣地之一，在道教

图4-3-8　延庆观玉皇阁平座细部

历史上有着重要的地位。是许昌现存最为完整的古建筑群，是研究元、明庙宇建筑和民风民俗的重要实物例证，现为国家级文物保护单位。

据《汴梁路许州长社县创建天宝宫碑》碑文记载："自五祖太玄广惠真人（郦希诚）命举师卢德清往河南典教，其后教法流行……庚子岁（1240年）至长社沈村，得会首解定等知所敬奉，毅然割所养地为施，因创立道观，名曰'天宝'。"以此推断天宝宫的创建时间是南宋嘉熙四年（1240年），天宝宫距今已有700多年的历史。初名为天宝观，由当地人士解定割地兴建。而道观名称则是根据道教尊神玉清元始天尊（又称天宝君）的名字而来。建观之初，只有一座殿宇叫祖师殿，其后，经旋真大师孙德通、圆明大师朱德宝的共同努力，"创建宝殿，绘塑金容，堂辟云栖，厨开香积"，又"辟田畴，置桑果"，从而使天宝观规模宏大，1269年奉昌童大王令旨，易观为宫。元朝建立后，尊崇道教，天宝观因而得到重视。不久，又奉势都儿大王令旨，护持宫门，勉励道化。从此，天宝宫逐渐走上了昌盛之路。又因当时的许州天宝宫地处郑、许之间，位置优越，环境宜人，有许多官员、官兵、使臣把这里作为朝拜悟道的佳境。同时，宫内房舍众多，田产广大，有些人将该宫内财物任意征用，因此元代泰定帝于泰定三年（1326年）以汉文颁发圣旨，保护天宝宫。此后元顺帝至元四年又用八思巴文（蒙文）颁发圣旨，保护天宝宫。在元代统治者的推崇下，许州天宝宫影响也随真大道的传播逐渐扩大，历经130余年后，在元代末年的战乱中荒废。

明代天宝宫再度复兴，现存各殿宇的石柱上明确记载了修建时间，明成化十一年（1475年）创建祖师殿，明万历二年（1574年）重修真武殿（原祖师殿），明万历三十一年（1603年）重修玉皇殿，明万历四十七年（1619年）重修三宫殿，明天启七年（1627年）建围墙，明崇祯八年（1635年）重修关圣殿（原名关公殿）。经历代住宫住持、道人与乡里缙绅的努力经营和修建，天宝宫形成有七进院

落，廊庑百余间的宏大规模。清沿明制，清康熙八年（1669年）在山门前创建舞楼。此后从康熙二十年到康熙五十八年先后重修真武殿、雷祖殿并金妆神像。清乾隆十二年（1747年）重修四帅殿、三公殿、火神殿、广生殿并金妆神像。

天宝宫经宋、元、明、清、民国数百年风雨沧桑，至今保存基本完整。现存殿宇均为明、清和民国时期建筑，中轴线上由南到北长达200余米，依次有山门、四帅殿、关圣殿、玉皇殿、雷祖殿、真武殿等殿宇，两厢还建有配殿、斋舍、道房等，共七进院落。另有老君殿和三皇殿遗址。

山门（图4-3-9），门上方镶嵌着一方青石，镌刻"天宝宫"三字，笔力遒劲，风韵天成。墙体镶嵌有"明嘉靖二十二年重修"方石两块。其上部原有巍峨耸立的楼阁，后已坍塌不存，现有楼阁为近代依史料所记重修。

拜亭（图4-3-10），创建于民国初年，方形三重檐亭式建筑，高约8米，边长4.5米。四角为4根青石方柱，石柱上有"上八仙"、"中八仙"人物和花草虫鱼浮雕，构图优美、刻工精湛、形象逼真、栩栩如生。三重檐屋顶构架设计巧妙合理、简单实用、节省材料（图4-3-11）。

四帅殿（图4-3-12），是天宝宫古建筑中轴线上第一座殿宇。原为四圣殿，也叫岳王殿，俗称四将军殿，创建于元代，明朝正德十二年（1517年）和天启四年（1624年）四月曾重修。大殿为单檐硬山式建筑，面阔三间，进深一间，前后檐柱承托七架梁，檐下施三踩斗栱。大殿两侧现存东庑、西庑，均面阔五间，进深两间，五架梁外接前廊，小青瓦屋面。

关圣殿，是天宝宫中轴线上第二座殿宇，殿面阔三间，进深两间，单檐硬山式建筑，檐下施五踩重昂斗栱（图4-3-13），小青瓦屋面，琉璃瓦剪边，整个殿宇气势雄伟。关圣殿之后是老君殿，始建于元代中叶，元末被毁，明代重修，以后屡经修建，至20世纪70年代被毁，现仅存遗址。

玉皇殿，是天宝宫中轴线上第四座殿宇，始建

图4-3-9　许昌天宝宫山门

图4-3-10　许昌天宝宫拜亭外景

图4-3-11　许昌天宝宫拜亭屋顶仰视

图4-3-12 许昌天宝宫岳王殿

图4-3-13 许昌天宝宫关圣殿

图4-3-14 许昌天宝宫真武大殿盘龙柱

于元世祖忽必烈至元年间，也是天宝宫创建最早的殿宇之一，明万历三十二年（1604年）十一月重建。该殿为单檐悬山式建筑，面阔三间，进深三间，檐下施五踩重昂斗栱，小青瓦屋面，琉璃瓦剪边。玉皇殿前旧时有回龙壁，敲击能发出一种动听的声音。

三皇殿，面阔七间，是宫中仅次于真武殿的第二座大殿。创建于元代中叶，明成化二十年（1484年）重修。1976年这座大殿被毁，现仅存石柱。

真武殿，俗称祖师殿，是天宝宫中轴线上最后一座殿宇，也是最为宏伟、最为壮丽的古建筑。始建于元代中叶，明万历二年（1574年）重建，是模仿明成祖敕修武当山的某一座大殿而建造的单檐歇山式建筑。该殿面阔十一间，进深四间，建在一座1.6米的高台上，前檐下置五踩重昂斗栱，后檐下置三踩斗栱，东、南、西三面环廊，两侧山面为木质红柱，正面前檐有10根方形石柱，上饰龙凤浮雕（图4-3-14），刻工精湛，形象逼真，具有很高的艺术价值。

《大元宣谕圣旨之碑》简称圣旨碑，俗称八思巴文碑，立于元顺帝至元二年（1336年）七月十二日。碑身高4.1米，宽1.1米，厚0.32米，碑上部为八思巴字蒙古语，下部为八思巴字蒙古语的汉译文，碑额篆书"大元宣谕圣旨之碑"，饰以蟠龙。圣旨碑对研究元代的宗教政策和蒙古语的演变发展，具有重要的史料价值。

《创建建天宝宫碑》首题为"汴梁路许州长社县创建天宝宫碑"，碑身高2.8米，宽1.24米，厚0.38米，字21行，行80字，楷书，阴刻，字画遒劲挺秀，刻工精湛。长社县主簿张英撰文，天宝宫知宫陈清辛、王清贵等立石。立石年月为元成宗元贞元年（1295年）乙未三月。这通碑记述了真大道教的历史和教义、真大道教自河北传至河南的经过、天宝宫的创建经过，以及1240～1295年间修建的殿宇、山门、道房等情况。《创建建天宝宫碑》不仅是一件书法艺术珍品，而且为研究天宝宫的创建和真大道派的发展历史提供了珍贵的文物资料。

《明真广德大师道行碑》，碑身高2.98米，宽1.2米。立于元顺帝至元五年（1339年）。吴居仁撰文，宫门提点杨进贵、赵进淳立石。碑文记述了明真广德大师天宝宫住持王清贵的道行事迹，还透露了真大道教一些"严若君父，罔敢怠弛"的严格教规，以及过去尚有疑问的真大道教九祖、十二祖的情况。

天宝宫的碑碣，经数百年的历史沉淀，现存有元、明、清、民国石碑50余通。特别是《大元宣谕圣旨之碑》、《创建建天宝宫碑》，更是碑中之宝，可以补充真大道教史的若干空白，也可以印证教史中的若干问题，是研究金、元宗教史的重要史料。

四、温县遇仙观

遇仙观位于温县徐家堡村北沁河堤下，始建于元世祖年间（1280～1294年），经历明、清、民国历代维修，现保存完整。观内碑文记载和现状完全一致，中轴线上有两进院落，三座殿宇，分边为山门、玉皇殿、三清殿。两旁配殿有关圣殿、三宫殿、三皇殿、广生殿、四圣殿、瘟神殿、天将西殿、天将东殿、土地殿。占地1173.04平方米，建筑61间770平方米，为河南省文物保护单位。

山门（图4-3-15），位于中轴线最南端，平面为长方形，面阔三间，进深两间，单檐悬山造，绿色琉璃瓦覆顶，檐下为三踩斗栱，明次间平身科各两攒，昂嘴底宽和高基本相等。前檐明间为板门，次间为石窗，门前有石踏跺三级。

玉皇殿，位于道观中部，前距山门20米，建于台基之上，长方形，面阔三间，进深三间，单檐悬山式建筑，体量较小。造型古朴，门两边各置一石狮，雕刻精湛。

三清殿（图4-3-16），位于中轴线上最北端，建于台基之上，面阔三间，进深三间，殿为单檐歇山式建筑，琉璃瓦剪边。台基随殿呈长方形，东西长12.52米，南北宽9.60米，高0.35米，门前设青石台阶三级。明次间各置平身科斗栱两攒。前檐斗栱为五踩重昂，昂嘴底宽和高基本相等。檐柱无侧

图4-3-15　温县遇仙观山门

图4-3-16　温县遇仙观三清殿

脚、无生起、无卷杀，施大额枋、平板枋。梁架为六步架，单步梁搭于金柱和后檐柱头斗栱之上，并伸出作蚂蚱头。前檐明间置四隔扇门，两次间各开一方形窗，古朴典雅。

遇仙观建筑群从平面布局、梁架结构到斗栱形式，均受清代官式建筑影响，是研究明清官式建筑特点的重要实物资料。

五、睢县吕祖庙

吕祖庙位于睢县县城文化路中段北侧，东临袁山路，现为河南省文物保护单位。建筑建在高大的黄土台基上，坐北面南，占地面积约7000平方米。是一处少见的清代仿船形布局的建筑群，布局独特，气势宏伟，保存完好。以山门、大殿、八仙亭象征船的三个桅杆，纯阳洞表示船舱，四周碧水环绕，远远望去，似一艘大船行驶在水中，其设计理

念别具匠心，是我国古代建筑中的一枝奇葩，为研究我国古代建筑的布局特点、造型艺术提供了实物例证。庙内砖石、木雕造型精美，雕刻手法高超，充分体现了古代劳动人民的聪明智慧。

该建筑始建于明朝天启年间（1621~1627年），是明朝兵部尚书袁可立为还愿在其别墅"陆园"中仿山东蓬莱阁规制所建。因其四面环水，地势颇高，又是袁可立出资所建，所以当地人称"袁家山"、"小蓬莱"。其建筑群前有山门，中有连体建筑纯阳大殿，左右为东、西厢房，后建望月台，台上有"八仙亭"，台下有"纯阳洞"。建筑前低后高，远远望去，恰似一艘船荡漾在水中。旧址曾被列为"睢州八景"之一，数百年不减伟壮美之色。大书法家王铎于明崇祯六年（1633年）在此作《甘露台》诗一首，赞美此风景。清道光二十九年（1849年）年，当地官府曾对吕祖庙进行大修，并立《重修袁家山吕祖庙碑记》。

山门（图4-3-17），面阔一间，进深一间，单檐硬山式建筑，灰瓦覆顶，正脊置大吻，垂脊施走兽。前檐里施板门，下置雕刻精美的抱鼓门枕石；后檐墙辟拱券门；前檐山墙设砖雕墀头。

纯阳大殿是该建筑群的主体。前为拜殿，后为正殿，均为面阔三间，其前为进深一间的四架梁卷棚顶建筑，后为进深两间的硬山五架抬梁式建筑。室内设三排金柱。檐柱柱础为雕刻覆、仰莲的束腰高脚石础。前檐明间装修四扇隔扇门，两次间置槛窗；后檐墙明间辟门，两次间置窗。卷棚屋面覆绿琉璃瓦，硬山式建筑，屋面覆小灰瓦，正脊两端置大吻，垂脊设五兽，前后檐山墙均设雕刻精美的墀头。

八仙亭（图4-3-18），位于大殿后侧的土台上，是该建筑群的制高点，两侧有踏步可拾阶而上。为单檐歇山，亭阁式建筑。每面用4根小八角石柱承托檐檩，柱间施透雕彩绘额枋及透雕花卉雀替，四翼角用角梁高高挑起。屋面为仰、合布瓦，正脊略有弧度，两端置大吻，垂脊、戗脊置走兽。亭南侧有月台。

纯阳洞，位于八仙亭前月台下方，为砖砌拱券顶，窑洞形式。宽3.5米，进深3.7米，高3.4米。后人建廊将其与大殿后檐门连接，内塑吕洞宾卧像。

六、其他庙观

沁阳静应庙位于沁阳市邘邰村，占地4800平方米，现存古建筑17座，为河南省文物保护单位。静应庙布局完整，古建筑保存数量较多，且庙中供奉儒、佛、道教派繁杂，为研究寺庙建筑布局及儒、佛、道三教合流文化提供了重要物证。

浚县碧霞宫位于浚县城区浮丘山顶，始建于明代，后经历代重修，虽有自然和人为损坏，但至今保存完好。整个碧霞宫布局紧凑，依山就势，利用地形十分合理，建筑也随地形逐层升高增大。其建筑装饰构件技艺精湛，也是难得的艺术精品，现为河南省文物保护单位。

图4-3-17 睢县吕祖庙山门

图4-3-18 吕祖庙八仙亭、纯阳洞

许昌清真观位于许昌县西25公里的灵井镇小宫村北侧,又称"小乐宫"。建于明代,后经历代损毁,现仅存关公殿和真武殿,均为明代建筑,关公殿前接卷棚、后出抱厦,这种建筑形式较为少见,因此具有很高的历史价值。真武殿保存有26根明代石质檐柱和前檐石枋,其上所雕图案保存完整,造型生动,刀法古朴,有很高的艺术价值,现为河南省文物保护单位。

第四节 清真寺

一、沁阳北大寺

沁阳北大寺位于沁阳市区北寺大街中段,创建于元代,重修于明代,增建于清代,现为全国重点文物保护单位。其建筑结构严谨,厅、殿造型别具一格,为中原地区时代最早、规模最大、保存最为完整的伊斯兰教建筑群,对研究伊斯兰教在中原地区的传播和发展有着非常重要的价值。清真北大寺主体建筑呈中轴线对称布局,建筑体量由前至后递增,礼拜殿由客厅、前后两重拜殿及窑殿共同组成,浑然成为一体,纵深达36米,建筑风格别具特色。清真北大寺融中国传统建筑与伊斯兰教建筑风格于一体,其中窑殿内部施以三个穹隆顶,殿顶将亭塔式与楼阁式巧妙结合,并且在建筑装饰上多采用莲花图案的做法,不但具有鲜明的伊斯兰教建筑风格,同时也是古代建筑匠师们高超建筑艺术和技术的集中体现。清真北大寺主体建筑屋面均用琉璃构件装饰,色彩华丽,其木雕刻工精湛,殿内木作梁架通体彩绘,沥粉贴金,与建筑同时代彩绘,堪称我国伊斯兰教古建筑的精品之作,具有较高的历史、科学和艺术价值,为研究我国伊斯兰教建筑史及其宗教艺术提供了重要的实物资料。

整个寺院坐西面东,由男寺和女寺两部分组成,现存殿堂与附属古建筑80余间,占地3100多平方米。清真北大寺以男寺建筑为主体,总体平面呈长方形,由厦殿、过厅、四讲堂、客厅、前后拜殿、窑殿及两侧沐浴室、居家仓储等建筑组成。

厦殿(图4-4-1),即大门,面阔三间,进深两

图4-4-1 沁阳北大寺山门

间，单檐歇山造。殿前置八字墙，孔雀蓝琉璃脊兽和筒板瓦屋顶，檐下混枭砖叠涩至墙体，墙体顶部镶砌仿木的琉璃斗栱、平板枋、额枋及垂莲柱装饰，栱枋上施以牡丹、莲花、云线图案。厦殿为孔雀蓝琉璃瓦覆顶，脊兽齐全。檐下置单栱造异形栱，透雕花鸟图案，明间和次间各一攒。殿内梁架露明，内置隔架科斗栱，施五架梁和三架梁。脊枋上阴刻"大清龙飞嘉庆岁次己巳月拾玖日吉时创建"，彩画为创建时所绘。殿内明间两侧立碑刻多通。

四讲堂，面阔三间，进深两间，卷棚式单檐硬山式建筑，灰筒板瓦覆顶。檐下一斗三升交卷云头斗栱，明间两攒，次间各一攒。明间施四扇五抹头隔扇门，次间为木质槛墙和隔扇窗。

过厅，面阔三间，进深两间，单檐悬山式，卷棚顶。厅内置七架梁、五架梁和三架梁。前后檐施三踩斗栱，明、次间平身科斗栱各两攒，柱头科为龙首昂，平身科为三幅云昂，栱眼壁上墨绘山水、花鸟图案。明间仅置余塞板，次间置槛墙和隔扇窗。

客厅，面阔三间，进深两间，单檐歇山卷棚式建筑。殿内施六架梁、四架梁和平梁，翼角处施抹角梁和垂莲柱。殿顶覆绿琉璃瓦。前后檐下置三踩斗栱，要头雕作龙首状，檐下悬挂《明太祖高皇帝御制至圣百字》匾额一块。

前拜殿（图4-4-2），俗称二拜殿，面阔五间，进深两间，与窑殿、后拜殿连为一体，单檐歇山卷棚式建筑，绿琉璃瓦覆顶。檐下斗栱为五踩双下昂计心造，转角坐斗为三个大斗合并，形成连珠斗。殿内置七架梁、五架梁和三架梁。转角处施抹角梁、垂莲柱。

后拜殿，面阔三间，进深三间，单檐悬山式建筑。殿内结构为七架梁，后檐施双排柱，金、脊檩下均施一斗二升交三幅云隔架科，整体建筑空间较大。檐下斗栱为五踩重昂。殿内雕梁画栋，沥粉贴金，彩绘图案以牡丹为主，手法接近旋子彩绘，年代与建筑为同时代，系明末清初作品。

窑殿（图4-4-3），面阔三间，进深两间，系砖砌无梁殿。前为三个圆券门，明间后壁正中为圣

图4-4-2　沁阳北大寺拜殿

图4-4-3　沁阳北大寺窑殿外景

龛。殿内分三室，砌作三穹隆顶，中室高，左右两室略低。明间殿顶为单檐十字歇山式建筑，两次间为单檐"T"字形歇山式建筑，均为琉璃瓦覆顶，脊刹为宝瓶。檐椽、飞椽、老角梁、仔角梁均为仿木琉璃砖雕做法。檐下镶嵌琉璃斗栱、平板枋、额枋及垂莲柱，并雕饰牡丹花卉图案。外观看去，玲珑多姿，巍峨壮观，为我国伊斯兰教建筑的精品。

女寺，位于男寺西北，与男寺相邻。创建于清道光年间。坐北朝南，占地625平方米，四合院布局。主殿面阔六间，进深两间，绿琉璃瓦覆顶。另

置东上房、西厢房、仓储房和伙房等。

二、朱仙镇清真寺

朱仙镇清真寺位于开封市朱仙镇的老虎洞街，俗称北大寺。始建于明代，清代重修，现为全国重点文物保护单位。是一座保存较为完整、建筑艺术精湛的清代伊斯兰教寺院，至今仍保留完整的宗教礼仪及传统的经堂教育，是研究清代伊斯兰教清真寺建筑文化的典型实例。寺内建筑所施木雕、石雕、砖雕分别采用了透雕、浮雕、平雕等手法，技艺精湛，内容丰富，题材广泛，并将阿拉伯文字融入建筑装饰中，表现出强烈的民族宗教特点，具有很高的艺术价值。清真寺的清代彩绘，具有浓郁的河南地域特色，地方手法明显，且保存较好，是研究彩绘发展演变的宝贵资料。寺内保存有一通完整的清代阿拉伯文石刻，文字清晰，笔法流畅，如行云流水，一气呵成，是研究清真寺历史和清代中国阿拉伯文艺术的珍贵文物。清真寺大殿使用蚌壳（俗称鱼鳞片）装入隔扇门，代替纸张，起到了良好的观赏与采光作用，这种方式为其他古建筑上所稀有，具有不菲的艺术价值。

寺院坐西朝东，格局严谨，呈中轴线对称布局（图4-4-4）。现存山门、拜殿均系清代所建，气势雄伟、光彩夺目。

山门（图4-4-5），面阔三间，进深二间，有小型月台。单檐歇山式建筑，绿色琉璃瓦覆顶，两山施琉璃博风和悬鱼。阑额、雀替木雕精致异常（图4-4-6）。前、后檐柱均为石质，方形，共8根。柱表面雕饰花鸟、山水、树木、楹联文字等各种精美图案（图4-4-7），种类繁多。檐下施斗栱，明间平身科三攒，次间平身科两攒，进深每间平身科一攒，共28攒斗栱，形制相同，均为五踩重栱出双翘斗栱。

拜殿（图4-4-8）为清真寺布局中的高潮和中心，是最显要的建筑，为穆斯林进行礼拜和祈祷的场所。由卷棚前厅、大殿、后窑殿三部分连体组成，前有宽大的月台。

卷棚前厅，系硬山式建筑，面阔五间，进深三间，为十二架前后对双步梁用四柱结构。该建筑柱网排列规整，柱础皆为两层式，下为立莲，上为鼓形（图4-4-9）。前后檐每间施雀替，镂空雕刻花鸟图案，工艺细腻，形象逼真。室内梁、柱、檩、椽等构架上保留有清代彩绘，色彩淡雅，乡土气息浓郁。建筑前、后檐下俱施斗栱，共44攒，形式相同，为五踩重栱出双翘斗栱。卷棚前厅两山墙上部有精美的砖雕墀头，雕刻有花卉和阿拉伯文字，极富民族、宗教色彩。屋面覆绿色琉璃瓦。

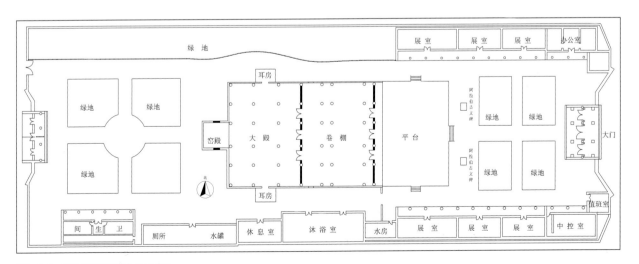

图4-4-4　开封朱仙镇清真寺总平面图

图4-4-5　朱仙镇清真寺大门外景（摄影：李东禧）

图4-4-6　朱仙镇清真寺大门木雕与斗栱（摄影：李东禧）

图4-4-7　朱仙镇清真寺大门石雕

图4-4-8　朱仙镇清真寺拜殿外景（摄影：李东禧）

图4-4-9　朱仙镇清真寺拜殿前卷后殿结合部（摄影：李东禧）

大殿，硬山式建筑，面阔五间，进深三间，为十三架前后对三步梁用四柱结构（图4-3-10）。该建筑柱网排列整齐，柱础全为鼓镜式，地面铺设木质地板。木构架亦保留有清代彩绘。前檐柱间设六抹头隔扇门，其中明间隔扇门棂心镶蚌壳，既有蛤蜊幻彩光泽，又有一定的透光性，俗称"鱼鳞窗"，为寺中一绝。大殿前檐施五踩重昂重栱，里转重翘

斗栱24攒。后檐为砖砌封护檐墙，仿木构做出椽、飞、檩、枋，其下为一斗两升交麻叶式斗栱及平板枋、额枋、雀替、垂柱等仿木构砖件，做工精细。两山墙前后墀头均满饰花草砖雕。大殿两山墙正中还辟有圆券门，墙外壁有卷棚式门楼，外围以木质栅栏，主要用于大殿的采光和通风。大殿屋面覆绿色琉璃瓦，琉璃正脊中心置有一紫铜宝瓶，并以铁链固定，号称"巨瓶生辉"。大殿后檐墙明间开圆券门，直通后窑殿。后窑殿为硬山式，面阔进深均一间，约5米见方，紧贴大殿后檐墙而建。卷棚前厅和大殿之间设地沟排水（图4-4-9）。

卷棚前厅和大殿内还分别悬有"恪守清真"和"至诚无息"两方匾额，为清咸丰元年（1851年）和道光十五年（1835年）所制。

"拜殿是清真寺最核心的地方，中国清真寺里的拜殿无论是什么形式，一律都是坐西向东的。因为世界穆斯林礼拜的朝向都面向沙特麦加天房。而中国位处沙特的东方，所以，礼拜的方向应面向

图4-4-10　朱仙镇清真寺拜殿后殿木构架（摄影：李东禧）

西。这座拜殿的构成，还有窑殿、两侧耳房和坐静房与前卷后殿共同构成。位于平面西正中位置的叫'窑殿'，阿拉伯语为'米哈拉布'，也可翻译为'凹壁'，西方称为'圣龛'。窑殿存在的意义就在于标志礼拜的正向，信众们礼拜时必须面向圣龛行大礼。"②

拜殿月台前立有古代碑刻两方，一为清乾隆三十二年（1767年）所刻"清真古行正教条例"，另一为清嘉庆十年（1805年）所立阿拉伯文石碑。其中阿拉伯文碑完整、清晰，价值颇高。

三、开封东大寺

开封东大寺（图4-4-11）位于开封市清平南北街7号，是河南省历史悠久、规模宏大、保持完整的一处伊斯兰教建筑群，东大寺的建筑风格充分体现了伊斯兰教根植中国后，其建筑与中国传统建筑融合而形成的新的特征，是伊斯兰建筑与中国传统建筑融合的典范。并且开封东大寺至今保留有完整的民族宗教仪式及生活习俗，寺院内各配套设施如经堂、沐浴室、礼拜大殿等齐备，是研究伊斯兰教民俗的重要范例。该寺相传建于唐宋时期，后多次毁于水患，现存建筑均为清代重建，为全国重点文物保护单位。

整个寺院坐西朝东，东西长159.78米，南北宽50.6米，占地面积8085平方米。内分三进院落，现存有山门、东西厢房、二门、东西配房、礼拜大殿、东西配殿、沐浴室等建筑，为中轴线对称布局。

山门面阔五间，进深三间，硬山式建筑，占地面积128.7平方米。前檐明、次间柱间装隔扇门，梢间砌封护墙，明间门楣正中悬挂穆青手书"东大寺"匾额。柱础为多层式。屋面覆绿色琉璃瓦，正脊正中琉璃饰件上有"敕建清真寺"的字样。

二门（图4-4-12），面阔三间，进深两间，为中柱式硬山式建筑。柱础为多层式，下为仰覆莲，上为鼓形。明间设门，有鼓式门枕。后檐明间设屏门。檐下密置斗栱，每间平身科4攒，前后檐共32攒，皆为三踩斗栱。屋面为绿色琉璃瓦覆顶。两侧对称的垂花门与二门相映成趣，形成一幅美丽的园林画卷。

礼拜大殿，占地585.2平方米。由前厅、中殿、

图4-4-11 开封东大寺大门（背立面）

图4-4-12 开封东大寺二门

图4-4-13 开封东大寺拜殿外景

拜殿三部分勾连组成宽敞高大的室内空间，气势恢宏，能同时容纳数百人举行宗教仪式。

前厅面阔五间（图4-4-13），进深一间，为单檐卷棚歇山式建筑。前后檐不设门、窗，两山砌封护墙。其两山前檐一步架处设山柱，以便于山面开券门，与两侧配房前廊相通，后檐柱同时作为中殿前檐柱。柱础为多层式，下为仰覆莲，上为鼓形。前檐及南、北山面置斗栱58攒，均为三踩单下昂

（象鼻昂）斗栱。

中殿面阔五间，进深两间，为硬山式建筑。前设隔扇门，鼓式柱础。其后檐柱与拜殿前檐柱合一，两山砌封护墙。屋面覆绿色琉璃瓦，正脊当中有铜质火焰宝瓶。

拜殿面阔五间，进深三间，为硬山式建筑。两山封护墙上各辟一个券门，外有垂花门楼，以供通行及采光、通风。后檐墙内壁明间设壁龛，供奉阿

文经典。外壁檐部为砖仿木构，仿制出椽、飞、一斗两升交麻叶头斗栱、平板枋、额枋、雀替、垂花柱等构件，并饰以雕刻，题材多为花草、锦纹等，工艺考究。屋面亦为绿色琉璃瓦，正脊中立有高大的火焰宝瓶，顶端饰有星月，伊斯兰教风格突出。

四、博爱西关清真寺

西关清真寺位于博爱县城西关街中段路北。始建于明万历年间，明、清以来又重修多次，逐步扩大。其建筑宏伟，为河南省规模较大的穆斯林清真寺之一，充分体现了伊斯兰教民族艺术特色，对研究中原地区伊斯兰教文化和建筑有较高的参考价值。现为国家级文物保护单位。

西关清真寺始建于明万历年间，仅三间殿房。明清以来增修了大门、二门、三座大殿及厢房、讲堂等古建筑99间，现共有殿房114间，均为清代建筑。整个寺院坐西向东，现存建筑有大门、照壁、月台、卷棚、拜殿、窑殿等。

大门为二层歇山楼阁式建筑（图4-4-14），蓝琉璃瓦顶，檐下施斗栱。门口有石狮一对。进入大门迎面是照壁，为彩色琉璃烧制而成，中间塑牡丹花，两侧塑莲花。照壁西侧为二门，亦称"望月楼"，面向东，面阔三间，二层歇山式建筑。二门

中轴线往西20米，有一大型台基。台基上有卷棚，面阔三间，进深三间，蓝琉璃瓦覆顶，檐下施斗栱。拜殿与卷棚紧连，面阔五间，覆绿琉璃瓦顶。再西为窑殿，为重檐歇山式，蓝色琉璃瓦覆顶，内置木构藻井。殿内讲经楼，高3米，由楼梯到楼台皆精雕细琢，堪称木雕之精品。卷棚、拜殿、窑殿三殿互为一体，南北宽80余米，东西长40余米，非常壮观（图4-4-15、图4-4-16）。

寺院有南北厢房各9间。其中6间为卷棚式，3间为楼阁式，作为讲经堂和办公所用。主殿两侧南北各有教长室和掌教室3间。

进二门往北东边是沐浴室，能同时容纳百余人沐浴。南边3间是退思轩，均为西式建筑。寺内原有碑碣多通，部分已无存，现仅存拜殿北侧清咸丰等年代重修碑3通。

五、宁陵县清真寺

宁陵县清真寺，位于宁陵县城东大街路南50米处，占地面积约1公顷。其建于明代万历年间，历经明、清两代逐步落成。建筑布局巧妙，层次分明，雕刻精美，古朴典雅，舒适大方，独具风格，是商丘地区具有代表性的古建筑群之一。它不仅是研究明清民族建筑的实物资料，而且也有一定的历

图4-4-14 博爱清真寺大门背立面

图4-4-15 博爱清真寺拜殿外景

图4-4-16 博爱清真寺拜殿前卷棚木构架

史价值和艺术价值。现为河南省文物保护单位。

寺院坐西向东，由东向西整体布局为门楼、过厅和大殿。门楼、过厅均为面阔三间，进深一间，单檐硬山式建筑，装饰简单。大殿和前后殿相连，为勾连搭式硬山建筑，始建于明万历辛巳年（1581年），为穆斯林民众瞻拜之圣地，因战乱而频遭侵袭，几乎不存，清光绪六年（1880年）重修。两殿建在高1.1米、边长18.3米的土台之上，平面为正方形，建筑面积289平方米，殿顶覆蓝、绿琉璃瓦。殿内地面铺木地板。殿内正中原嵌有"明万历九年"的匾额。正脊由大吻、宝瓶、牡丹花脊组成，"铁索链子四面走，五脊六兽四摆头，勾檐滴水琉璃瓦"是脊饰形象的真实写照，整体龙飞凤舞，形象生动，栩栩如生。前殿面阔五间，进深10米，硬山式建筑，前带走廊，殿高11.8米。檐下施一斗三升斗栱，上有木质浮雕，并饰有丰富多彩的花鸟图案，绚丽多姿。隔扇门窗，雕花精细，其上悬有一匾，书"报本追远……李世勋敬立，大清光绪十五年十月"等字样。后殿高9.9米，面阔五间，进深10米，前后殿中间有木刻葡萄架花纹图案的夹山，后殿为阿訇的传经处。后殿再往里是面阔一间、进深2米的后窑，高约17米许，四角攒尖顶，脊顶高树新月标志。寺内以大殿为中心，周围还有廊房、过厅、门楼、谕台、浴室、教室、办公室等多座清代木构建筑。

六、其他伊斯兰教建筑

沈丘至元清真寺位于沈丘县槐店镇清真寺街，因始建于元代至元年间而得名，现为河南省文物保护单位。现占地4304平方米，坐西朝东，两进四院，建筑格局呈四方形。是豫东地区创建时代早、规模大、保存好并正在使用的伊斯兰教寺院。

郑州清真寺，原名城内清真寺，位于郑州市管城回族区清真寺街北段。始建于元代，经历代重修，是郑州市区规模最大、历史最悠久的古建筑群之一。整个建筑群布局严谨、风格清雅，既具中国传统色彩，又富有伊斯兰文化风貌。该古寺从整体布局到单体外观、局部装饰构件、院内绿化环境、金石文物都有较高的艺术价值，现为河南省文物保护单位。

开封善义堂清真寺位于开封市鹁鸽市街路西，创建于清代，现存一进院落，是一个既具有教育职能，又可议事礼拜的场所，而非完全意义上的"清真寺"，现为河南省文物保护单位。整个院内建筑屋面相连，装饰精巧，布局紧凑，清幽雅致，建筑风格充分体现了伊斯兰教建筑与中国传统建筑相融合的艺术特征。

注释

① 杨换成. 河南古代建筑概况与研究·张家泰，左满常. 中国营造学研究. 开封：河南大学出版社，2005.7：52.

② 贺子奇. 朱仙镇清真寺研究. 河南大学硕士学位论文. 2010.5：72.

河南古建筑

河南古建筑

第五章 会馆类建筑

河南会馆类建筑分布图

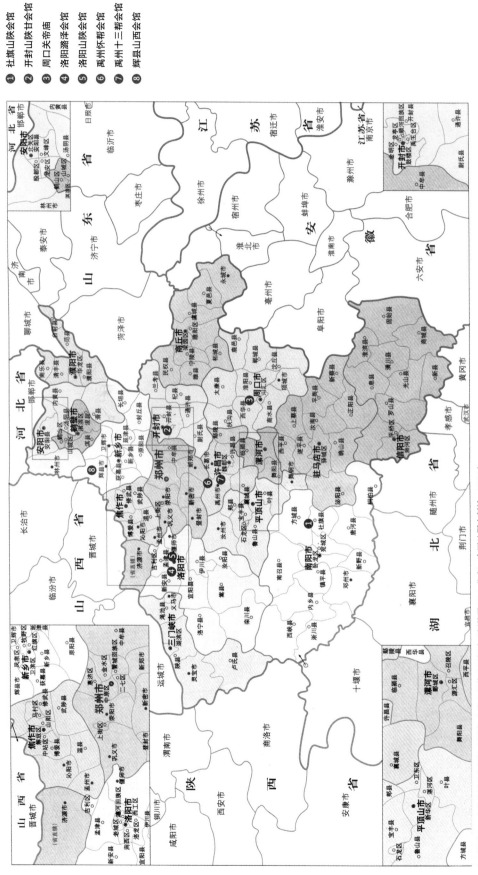

① 社旗山陕会馆
② 开封山陕甘会馆
③ 周口关帝庙
④ 洛阳潞泽会馆
⑤ 洛阳山陕会馆
⑥ 禹州怀帮会馆
⑦ 禹州十三帮会馆
⑧ 辉县山西会馆

（地图引自：中华人民共和国民政部编. 中华人民共和国行政区划简册2014. 北京：中国地图出版社，2014.）

第一节 会馆类建筑概述

会馆类建筑在中国是出现比较晚的建筑类型，首建于明代，至清代而盛。河南在明清时期政治地位衰微，但作为连接中国东南西北的交通枢纽，商业会馆类建筑曾经在中原大地上的水陆要冲、工商重镇广为设立。其中规模较大者，为多进院组合，建筑体量规格较大，砖、木、石雕及泥塑等装饰华丽，多为山陕商人会馆。规模小者仅为小型一进四合院，或为前店后院的店铺形式，如陆陈会馆、社旗福建会馆等。

河南现存会馆多为商业会馆，多数处于水陆交通要冲的商业集镇。主要功能是集联乡谊、通商情、敬关公、集祭神、乡聚、娱乐、议事、寓居等功能为一体，同时也为过往客商提供食宿服务和交易场所。商贾遵循"雕红翠绿，流连顾客"的经商要诀，不惜花费巨金对会馆建筑进行雕饰，将建造技术与艺术完美的融为一体，使河南的会馆建筑成为明清公共建筑类型中的一枝奇葩。明清时期，会馆在河南发展迅速，分布广，建筑豪华，有其内在动因：首先，会馆建筑在整体上是庙馆合一的布局形式，通常以戏楼、正殿、后殿为主体建筑，依次排列在中轴线上，分别形成前后两大院落空间。其中戏楼与正殿之间的前院，集中了观戏、宴请、祭祀等公共活动，成为公共共享空间，一般处于中轴线的前端，形成会馆空间的主体。同时，由于靠近入口，也为公共活动的大批人流提供了便捷的集散条件。在戏楼前，往往还有照壁与山门和两侧建筑形成的过渡空间。会馆多以本土神或行业神信仰来强化同乡同业观念与内部原则秩序，因此，供奉神位的正殿成为整个布局的中心。为了强化主体建筑的雄伟和尊贵，会馆建筑采用加强对称性的方式，以钟鼓楼、配殿等分设在戏楼和正殿的两侧，围合成庭院，用造型简单和体量较小的附属建筑来烘托主体建筑的宏伟和华丽。

河南会馆建筑的典型代表是位于中国古代两大古都的洛阳潞泽会馆、山陕会馆和开封的山陕甘会馆。淮河流域的沙颖河两岸分布着周口关帝庙、怀帮会馆及舞阳北舞渡会馆等会馆建筑，是河南怀帮商人打出省界的重要基地。明、清时期，河南最为发达的商品交流中心是南阳盆地，以东部的赊店古镇、西部的荆紫关古镇和中部的南阳府，形成了以众多会馆为核心的三大商业建筑族群。保存至今的社旗山陕会馆，是中国现存规模最大、最完整，建筑与艺术价值最高的会馆建筑。

第二节 会馆建筑实例

一、社旗山陕会馆

（一）会馆商业环境与地理位置

社旗地名与汉刘秀在此赊旗访将，起兵兴汉密切相关，汉刘秀称帝后封此地"赊旗店"。历史上社会上简称"赊旗"或"赊店"，1965年设县，遂易名社旗。赊店于明清时期，水陆交通便利，为河南商业重镇，"招致十多个省的精明商贾来此投资经商"。①据记载，明万历年间山西解州商人已在此活动，以后相继在潘赵二河交汇处建造关帝庙，后又兴土木，建起山陕会馆。山陕商贾巧借汉光武帝刘秀于此地赊旗拜将、起师讨莽的传说，托敬山西籍汉室忠臣、武圣及财神关羽，以馆为庙，故民间又称山陕庙。会馆内的建筑主要由两次大的营建活动所成。第一次始于清乾隆年间，首创主体建筑春秋楼，竣工于清乾隆四十七年（1782年），建造活动一直延续至清道光年间，所成建筑雄伟壮丽，精美细致。清咸丰七年（1857年）被捻军烧毁后半部。现存悬鉴楼、东西辕门、东西马棚、琉璃照壁、铁旗杆、双石狮即为历史原物。第二次营建始于清同治八年（1869年），终于清光绪十八年（1892年），建造了今日所见之大拜殿、大座殿、药王殿、马王殿、东西廊房及腰楼等建筑。道坊院的建筑规制不同于大拜殿、大座殿等神殿群，或当为另行设计、施工。钟鼓二楼风格自成，但多仿悬鉴楼造型，疑其为两次营建活动间所构。

社旗山陕会馆兴建于清乾隆二十一年（1756年），位于社旗县城内（图5-2-1），坐北朝南，中轴方向偏西16°。会馆南对瓷器街，北依五魁厂街，东临永庆街，西伴绿布厂街，院落南部随街向内收敛，目前东西最宽处62米，南北最长处152.5米，总面积9518.4平方米，现有建筑20余座，为国家级重点文物保护单位。

（二）会馆建筑概况

山陕会馆建于清代，这一时期虽其官式建筑已完全程式化、定型化，渐趋没落，但大量的民间建筑却呈现着不断尝试创新的多样化发展状态。这一特点在山陕会馆建筑结构中亦得到明确的反映：减柱与移柱、移梁与减梁、通长的平板枋结构、为保持斗栱平衡而设计的压枋结构、对角背与随梁枋的灵活运用、穿斗式与抬梁式结构的混合运用等。

会馆建筑设计模数主要采用营造尺模数制。除钟楼、鼓楼的建筑尺寸与其斗口之间存在着整倍数比例关系，系以斗口为设计模数外，其余会馆大多数建筑的面阔、进深等数据多为营造尺的整倍数，而折合斗口数则多为无穷尽的小数。这一现象在主体或重要建筑如中轴三大建筑悬鉴楼、大拜殿、大

座殿及道坊院凉亭等上表现得更为明显。若考虑建筑施工误差、历史变形及测绘误差，则这一结果更为清晰，说明清代的建筑设计普遍使用着营造尺模数制。营造尺模数灵活、随意的特点，是会馆建筑空间与艺术形象得以丰富多变、感人至深的关键之一。会馆建筑各部比例多不符合清官式规定，而是根据实际功能需要而灵活设计的，结构设计模数较清官式制度更为灵活和科学。

社旗山陕会馆的建筑艺术博大精深，其建筑集宫殿、商馆、民居建筑艺术之精粹，既雄伟壮观、雍容华贵，又玲珑秀丽、典雅有致；既具有宫殿的气势和庙宇的肃穆，又充满民居般柔美的色彩和诗情画意，给人以艺术整体美的震撼力。特别是其建筑装饰，如木雕、石雕、砖雕、琉璃、泥塑、彩画等，技术精巧，内容丰富，色彩华丽，为中国优秀文化遗产中的精美之作。

（三）主要建筑

琉璃照壁（图5-2-2）。位于会馆中轴线最南端。面阔10.02米，厚1.5米，高8.8米。照壁下为雕饰华丽的石须弥座，其上以高浮雕琉璃砖砌筑壁面。北侧壁身为正面，其上雕饰二龙戏珠、狮子滚

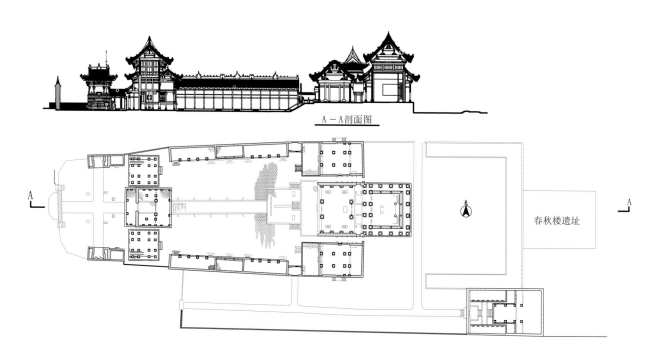

A－A剖面图

春秋楼遗址

图5-2-1　周口关帝庙总平面、剖面图

图5-2-2 社旗山陕会馆琉璃照壁南立面

图5-2-3 会馆一进院南向内景

绣球、麒麟海水及福寿图案。照壁之顶为绿琉璃硬山式，吻兽造型生动（图5-2-3）。影壁东西两边设便门，门楣题字分别为"秉忠"、"仗义"，以彰显关帝庙的性格。

悬鉴楼（图5-2-4），位于会馆的一进院迎面偏南，南有琉璃照壁，木、铁旗杆和大铁狮（图5-2-5）。

东西两侧是钟楼、鼓楼。北部为广场，与大拜殿、大座殿遥相呼应，是会馆的主要建筑之一。悬鉴楼亦称"舞楼"，坐南朝北，分三层，自台基散水至正脊、正吻高达20米有余。楼被分为南北两部分。南部为门楼，俗称"山门"。门楼底层为硬山卷棚式，面阔三间，进深三步架，五踩单栱双下昂斗栱，瓦用六样。明间东西两缝四架梁背立一柱，是为二层檐柱，两山面则将第一层山柱直达二层为檐

图5-2-4 会馆一进院（北向）铁旗杆、悬鉴楼、钟鼓楼景观

图5-2-5 社旗会馆铁狮及铁旗杆

柱。二层屋顶与楼北抱厦屋顶交圈相连为一，六角翼角飞翘，五踩重翘单栱造斗栱，瓦用六样。二层大梁之背，复立一柱，至三层作为檐柱。三层南北构造对称，面阔三间，进深六间，外设回廊，歇山造。三层南北老檐柱间有隔扇门可入室内，两山面则为隔扇窗。老檐柱之间置五架梁为大栿，其上立瓜柱承三架梁，再上复置脊瓜柱承脊桁。第三层斗栱分为上下两层，下层斗栱为五踩重翘单造，柱头科、角科头翘及耍头向外延伸承垂花柱，垂花柱头置平板枋，枋顶置上层斗栱。上层斗栱为三踩单下昂单栱造，耍头尾入老檐柱，其上立正心瓜柱承正心桁。悬鉴楼之北部为楼之主体部分。为便于观戏，不仅台基低矮，且底层亦被压低，室内北部穿行空间高度仅1.94米。底层南部划为三区：中区为通道，北部三分之二净空高度2.11米，南部升至5.42米，以供大门开启，同时也为楼之南部高大的门楼空间起到过渡作用；东西两区，为演员化妆间，复起石台基，观其遗痕，系北部开偏门，余以木装修封闭式。每个化妆间内各有一石级通达二层。底层虽低矮，然露明的24根巨柱立于雕饰华丽的硕大石础上，使其视觉效果刚健，与上部高大的两层楼体协调统一。

楼之北部二层，以木装修分为前后台。

前台即舞台，通围"U"形石栏板，精雕历史故事和狮形望柱。明间为抱厦，屋顶兀然高耸，作歇山式（图5-2-6），五踩双下昂单栱造斗栱，檐下挂"悬鉴楼"巨匾一块，其字体雄浑遒劲，苍润兼得。明间南部屏风上部又悬一巨匾，上书"既和且平"，字极端庄韵致。两次间屋顶作卷棚歇山式，位低于抱厦。舞台上两次间屏风作"八"字形布置，雕历史故事，上覆木雕斗栱及屋顶，十分秀巧玲珑。屏风内侧为演员出入之木门。后台空阔，西部设木梯通达三层。其屋顶瓦用六样，琉璃雕饰华丽无比。正脊北龙南凤，垂脊牡丹缠枝。腾龙大吻，跑狮垂兽，四角仙人栩栩如生。正脊端立十二仙人，神采奕奕。脊正中立一平面"凸"字形之三重檐琉璃楼阁，峙立云端，匾曰"天五尺"，极显其峻极巍峨之势，两侧立麒麟驮宝瓶。其下部二层、一层之琉璃屋顶，脊部或雕化生戏莲，或塑行龙、牡丹，尤其是北部戏台屋顶的行龙垂兽，蟠虬有力，呼之欲出，艺术水平十分高超。悬鉴楼的各层额枋、雀替通体雕图案，以南部下层及北部二层最为精美。图案为高浮雕加透雕，内容有神话故事、龙、牡丹、山水及动物等。

大拜殿（图5-2-7），位于山陕会馆二进院后部，南与悬鉴楼遥相呼应，北侧紧连大座殿（图5-2-8）。大殿面阔、进深各三间，单檐歇山卷棚琉璃屋面，为信徒参拜大座殿内关羽神像及商贾聚会议事之处。殿前有宽阔月台。月台地面为黑白相间的石板铺地，南部正中及两侧均有青石踏道。正中踏道上部为一石雕御路石，其上雕精美的云龙图案，俗称"九龙口"。月台东、西、南面有雕刻精美的望柱栏板。望柱柱头雕刻形象各异、栩栩如生的狮子。对应三踏道，月台南部立三石坊。中坊三间四柱，两侧各为单间两柱。坊体遍刻精美的神仙、人物、龙凤、花草等图案，雕刻手法丰富多变。大拜殿台基高于月台地面。台基南部东西两端立石雕八字墙，其上分别雕刻"十八学士登瀛洲"和"渔樵耕读"图。

图5-2-6 会馆二进院（南向即悬鉴楼、钟楼、鼓楼北立面）景观

图5-2-7 社旗会馆二进院（北向）景观

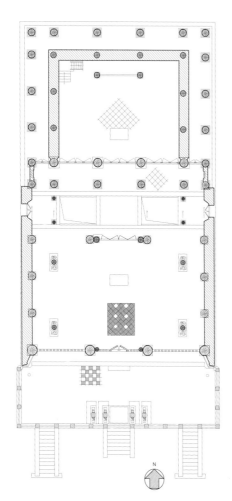

图5-2-8 大拜殿、大座殿平面图

梁架间置隔架科。前檐两老角梁水平出檐，后尾穿入金柱内，前部之上另叠加两层仔角梁。在檐柱心位置斜上续角梁与下桁相交。北部两翼角不再加仔角梁，转角无冲无翘，形成独特的翼角形式。大殿额枋、雀替均有保存完整的精美木雕。前、后檐柱柱头覆泥塑兽面。后檐平板枋出头部位及斗栱攒挡内饰彩色人物、动物悬塑。在斗栱、木雕、平板枋及泥塑表面，均存彩绘痕迹，其中后檐彩绘保存较好，当年所贴金箔至今仍发出灿光。大拜殿屋面为绿琉璃歇山卷棚顶，瓦用六样。垂脊内侧为龙穿牡丹图案，外侧为缠枝牡丹图案。垂兽为奔狮，戗兽作龙形，四角饰仙人。在大拜殿之后、大座殿之前东西两侧，有东、西亭门及东、西铜池。两殿檐部以勾连搭形式相连，檐口间设木构天沟，雨水经天沟泄至亭顶后流入铜池内，排至殿外东西侧。

大座殿，位于大拜殿之后，是会馆最高的主体建筑（图5-2-10），亦为目前现存中轴线最后一座殿宇与大拜殿组成一座庞大的大殿（图5-2-11）。重檐歇山琉璃顶，通高20余米，巍峨壮观。大座殿台基高大，底层面阔、进深俱五间，回廊周匝。殿内供奉关羽坐像，并于西北角设楼梯通至二层。二层面阔、进深各三间。大座殿的上下檐斗栱俱为五踩单栱造，且均无正心桁。屋顶构架为七架梁支承在前后檐柱柱头斗栱上，梁架间置隔架科，屋面坡度较大。该殿外廊额枋、雀替上雕刻精美的人物故事和动植物图案。前檐斗栱、平板枋和木雕表面均存有精美彩绘，至今贴金仍闪烁光芒。前檐柱头上端，亦有兽面泥塑。大座殿屋面中间置黄琉璃方心。殿正脊正面雕行龙，背面雕凤凰牡丹图案，正中及其两侧置麒麟、白象驮宝瓶装饰等。

更值得一提的是，会馆的主体建筑斗栱，大多数都是河南地方做法（图5-2-12）。这种斗栱式样流行于黄河以南的广大地区，制作更加复杂，装饰性也更强。

道坊院，位于山陕会馆附院的北部，由垂花门、厢房、凉亭及接官厅组成，整组建筑秀巧玲珑，亲切宜人。垂花门为道坊院的正门，为四檩单

台基之表以黑白相间之方石铺出地面，后部正中镶拜石一方。大拜殿平面有檐柱8根、角柱4根、金柱4根；4根金柱不在檐柱的轴线上，而是向四角移动一步架，这样使大殿内部空间增大，便于众人参拜。各柱石础雕刻精美华丽，尤其是殿内四金柱的石础，以整块巨石雕作雌雄麒麟和狮子，形态生动，为不可多得的石雕珍品（图5-2-9）。

大拜殿斗栱为五踩斗栱，其构造特点与清官式做法不同，均为单栱造，且正心不设正心檩。斗栱昂嘴之上刻形象各异的动物造型。要头为龙首形。明间两侧的两缝梁架，大柁（十架梁）两端的支承点并非在檐柱柱头斗栱上，而是向中轴移动40厘米，直接压在明间额枋上，其下另设两根木柱承托其荷载。据勘查及老人回忆，这种构造为原始结构。大柁以上依次为单步梁、六架梁、四架梁等。

图5-2-9　会馆大殿内兽形柱础石

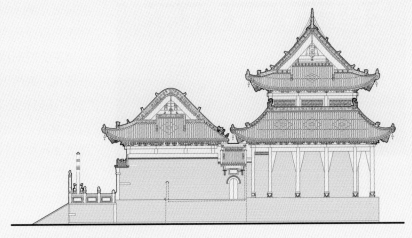

图5-2-10　社旗会馆大殿东立面图

图5-2-11　社旗会馆大殿木构架

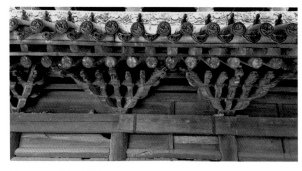

图5-2-12 社旗会馆斗栱

檐悬山式，两根后檐柱落地，脊檩及悬挑之前檐直接由围墙承托。后檐柱直接支顶麻叶抱头梁后端，该梁横穿围墙，前端穿于垂花柱身。梁之北部上立瓜柱，承檐三架梁。三架梁亦横穿围墙，在前檐支顶檐檩。墙身辟门洞，木板包门框。门楣上部砖砌一區，古名"掖垣"。后檐柱间原有屏风门。厢房东西各一，相向而立，各面阔五间，进深一间。明间原为隔扇门，两次间为隔扇窗。屋顶南端为悬山式，北端作硬山式，灰瓦顶。凉亭位于道坊院中心稍北，与其后的接官厅作勾连搭形式相连。亭为四柱歇山卷棚式，平面东西向长方，四周通透。柱头间有雕刻华丽的额枋、雀替。斗栱为五踩单栱造。四角分设抹角梁，其上设瓜柱承托三架梁。南部两角老角梁水平出檐，其上复置两层相叠向上翘起的仔角梁，梁尾入瓜柱。北部两角构成平直无冲无翘。三架梁上依次为脊瓜柱、脊桁、角背、罗锅椽等构件。亭之屋面为歇山卷棚屋顶，绿琉璃剪边。接官厅为面阔三间、檐柱间皆设木隔扇门的硬山建筑。该厅檐柱与金柱同高，其上设六架梁。六架梁后尾插入檐墙内，其上置三架梁、单步梁等构件。接官厅是道坊院最高大的建筑。

二、开封山陕甘会馆

（一）山陕甘会馆历史沿革

明、清时期，开封交通便利，为晋商贸易重地，随着旅居开封的山西商人日益增多，遂于清康熙年间在开封老会馆街（今龙亭东侧）集资建造"山西旅汴同乡会馆"，简称山西会馆，目的在于同乡联谊互助、节日庆典、贸易洽谈等。清乾隆年间陕西与山西旅汴商人联合，选定徐府旧址修建山陕会馆。会馆的前半部为关帝庙，西部和后半部为办公场馆。据馆内所立石碑载，会馆关帝庙初建时为"修立大殿祀关圣帝君，接檐香亭五间，旁构两庑，前起歌楼，外设大门，庙貌赫赫奕奕，规模闳敞"。清道光四年（1824年），大殿前又建前厅，以天沟相连，形成一座规模宏伟的正殿。清道光五年，于大殿前建牌楼一座。道光十八年重修牌楼，之后又扩建厢房，并建钟、鼓二楼。清同治三年（1864年）重修后道院。清光绪年间甘肃旅汴商人加入会馆，改称山陕甘会馆。光绪二十八年（1902年）于大殿后建春秋楼。

山陕甘会馆位于开封市徐府街路北，是一座布局严谨、建造考究、装饰华丽的清代古建筑群，以其精美的木、石、砖雕等巧夺天工的建筑装饰和幽雅恬静的庭院建筑形式而闻名遐迩，是我国古代建筑艺术宝库中的一颗璀璨的明珠。现为全国重点文物保护单位。其建筑留存至今，客观而真实地反映了当时的生活、生产和文化艺术等方面的状况和水平，为研究清代的政治经济、文化艺术，特别是商业贸易提供了可靠的依据，是难得的实物资料，具有较高的历史价值。

（二）会馆主要建筑

山陕甘会馆现仅存关帝庙部分，整体布局坐北朝南，中轴线对称布局，东西宽约38～45米，南北长97米，面积3880平方米。由南向北依次有照壁、东西翼门、戏楼、钟鼓楼、牌楼、正殿、东西厢房、东西跨院等建筑（图5-2-13）。

照壁（图5-2-14），通高8.6米，宽16.5米，厚0.65米。下部为石质须弥座，束腰部位雕有行龙图案；上承青砖墙体。庑殿顶，覆绿色琉璃瓦。檐部为青砖仿木结构，梁头雕"寿"字纹饰。照壁分为五开间，里外遍施砖雕，雕琢精致，题材丰富，檐下置龙头垂柱28根，柱头均雕以荷花、莲蓬、石榴等花果。垂柱间嵌砖雕人物、山水、花卉、鸟兽、花瓶、文房、乐器、算盘等，这些生动的艺术形象，构成了一幅幅绚丽多彩的画面，是砖雕艺术的珍品，也是会馆砖雕的精华所在。照壁内外侧壁心，以砖雕缠枝牡丹和回纹装饰边框，内壁框内四角嵌有"夔龙捧寿"石雕，中心嵌石质高浮雕"二龙戏珠"，构图丰满华贵，技法细腻精湛，外围12条砖雕小龙衬托，为清代石雕精品。整座照壁古朴素雅，高大威严。

戏楼（图5-2-15、图5-2-16），为1988年从开封火神庙戏楼迁建而来，坐南朝北，平面呈"凸"字形，共两层，分前后两部分，前侧为门楼，后侧为戏台。上层前侧为五架硬山式建筑，绿琉璃瓦覆顶，后侧为六架歇山卷棚式戏台，绿琉璃瓦覆顶，前后檐部用天沟相连。下层前侧面阔三间，明间与戏台下层相通，形成可供穿行的门洞。

钟、鼓（图5-2-17）楼东西对峙，形式相同，通高12.14米，重檐歇山式建筑。钟、鼓楼下皆为砖砌正方形台基，每边长6.06米，圆券门。内有通柱4根，檐柱12根。绿琉璃瓦覆顶，脊正中饰象驮葫芦宝瓶。下檐有斗栱32攒，上檐有斗栱16攒，皆为五踩重昂（象鼻昂）里转重翘斗栱。额枋饰木雕二龙戏珠、人物、花卉，内容有"普天同庆"、"昭君出塞"、"古城会"、"踏雪寻梅"等。方

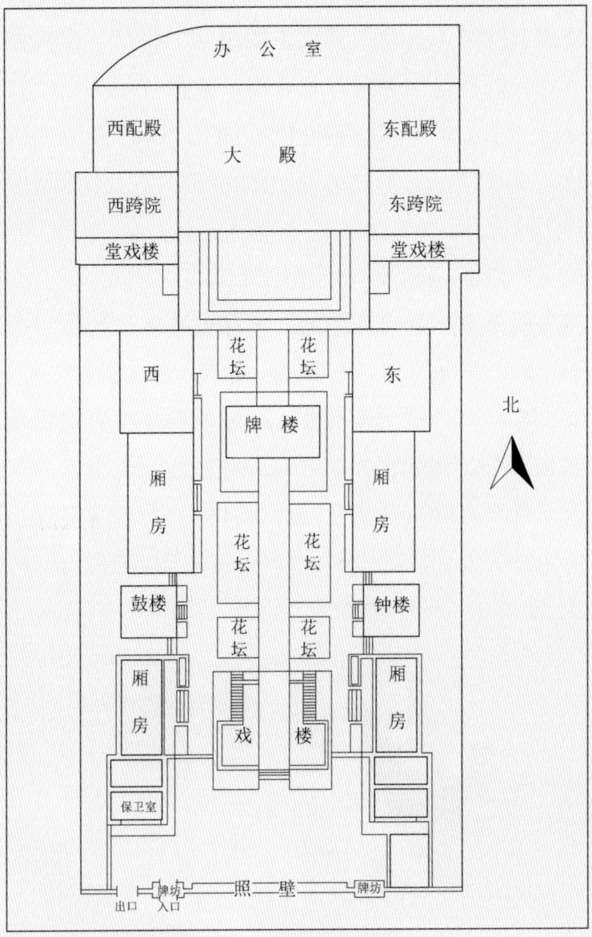

图5-2-13　开封山陕甘会馆总平面示意图

图5-2-15　山陕甘会馆戏楼南立面

图5-2-14　山陕甘会馆照壁

图5-2-16　山陕甘会馆戏楼北立面

图5-2-17 山陕甘会馆鼓楼

形基座内有木质楼梯可以登临，楼内悬钟置鼓，击之，钟声嘹亮，鼓音雄浑。

牌楼（图5-2-18），为三间六柱五楼式，由一主楼、四次楼共5个屋面组成，均为歇山顶，覆绿色琉璃瓦。主楼正脊中部置六角亭，两侧各立狮、象驮葫芦宝瓶，形象生动。牌楼明间面阔4.54米，次间面阔1.65米，两明柱高6.3米，4根边柱高3.7米，均施上为鼓形下为方形的双层柱础。明柱

均施抱杆石，抱杆石表面浅浮雕龙、凤、狮、鹤、蝙蝠、牡丹、人物等。其中东侧抱杆石上雕有戏曲故事"井台会"，西侧雕有"狄仁杰登山望母"，皆表现细致，极富感染力。明、次间均由额枋、走马板、斗栱、檐楼等部分组成。主楼施双层斗栱，下层施斗栱7攒，两柱头为如意斗栱，平身科施九踩四昂斗栱，均用象鼻昂，要头为麻叶头状。上层置18攒三踩单昂斗栱，其中六攒出45°斜昂。次楼檐下为九踩四昂（象鼻昂）斗栱，次楼各施斗栱4攒，要头上置一斗两升交麻叶头斗栱。该牌楼造型别致，工艺精湛，雕刻细腻，是河南省现存木牌楼中的上乘之作。

牌楼东、西两侧各有两座厢房（图5-2-18），南厢房面阔五间，进深两间，六架前廊式。北厢房面阔三间，进深三间，七架前后廊式。皆为鼓形柱础，硬山式建筑，屋面覆灰瓦，前坡屋面正中有黄色琉璃瓦菱心。相邻南北两厢房前廊相通，檐下均为一斗二升交麻叶头斗栱（南厢房16攒，北厢房10攒），但正心栱及升的部位全为木雕所遮掩，檐下雀替、

图5-2-18 山陕甘会馆牌楼

额枋、平板枋、栱眼壁、挑檐枋等建筑构件遍布木雕。所施木雕技法多样，题材广泛，内容丰富，有动物、花卉、人物、场景、故事等，一个个都刻画得细致入微，惟妙惟肖，具有重要的历史和艺术价值，其木雕技术的成就令人叹为观止。

正殿，为会馆现存中轴线最北端的建筑。从南向北依次由前厅、拜殿、大殿三座建筑以天沟联结而成，平面布局呈"凸"字形。殿内柱础颇具特色，为多层式，皆制作精良。大部分柱础上部为鼓式，中部为八棱，下部有方形和八角形两种，雕刻有动物、山果、花卉、阴阳图、海浪山石等图案，为清代石雕中的精品。

前厅，面阔三间，进深三间，单檐歇山式建筑。内部七架前后廊，4根金柱全部减去以扩大使用空间，室内中心地面嵌有拜石一块。屋面以绿琉璃瓦覆顶，前坡有黄色琉璃瓦菱心。正脊为二龙戏珠、牡丹花卉等形式的透雕花脊，脊端置龙形大吻，脊中央安有雄狮宝瓶，其下为手卷式匾额，上书"城圣大帝"四字。两山置琉璃悬鱼，上书八字，东边为"公平交易"，西边为"义中求财"。从檐檩至额枋高1.7米范围内，里外7层，全部木雕装饰，精雕细琢，是会馆木雕中最为精彩的部位。里外檐斗栱均出三跳，正心及内外拽皆单栱。外拽斗栱以层层木雕装饰，将结构及装饰巧妙结合，形成华丽的殿堂。内拽为七踩三翘斗栱，最上一翘做云头装饰。梁、檩间接点不用瓜柱而置雕刻为卷草、花卉纹饰的驼峰，脊檩两侧施叉手，脊檩下皮有"道光四年"的墨书题记。建筑收山尺寸较大，上檐出檐深远，达2.24米，两山面施木质山花板。

拜殿（图5-2-19），面阔五间，进深一间，单檐硬山式建筑，顶覆绿色琉璃瓦，六架卷棚结构。前、后檐施斗栱，前檐斗栱为单栱交麻叶头，后檐斗栱为一斗两升交麻叶头。额枋遍施彩绘，每个栱眼板两面均有彩绘木雕，计有120幅，皆绚丽多彩。卷棚中央有一个石质香案，高0.85米，长2米，宽0.88米，为清代嘉庆十二年（1807年）所制，正面浮雕"八仙庆寿"，上部雕云龙及火焰宝

图5-2-19　山陕甘会馆拜殿

图5-2-20　山陕甘会馆拜殿内景

图5-2-21　拜殿、大殿勾连搭接木水槽构造

图5-2-22　山陕甘会馆西跨院内景

珠，但有别于传统的二龙戏珠，而是龙头向外，龙尾朝内，然后掉头回视，显示出龙的动感和力度，雕刻刀法娴熟圆润。案前有周饰"万字"纹的拜石。

大殿，面阔五间，进深三间，单檐硬山式建筑。九架前后廊结构，九檩八架椽。前后檐部无斗栱，后檐明间设门。屋面灰筒板瓦覆顶，绿琉璃瓦剪边，正脊为浮雕龙凤牡丹花脊，脊中央置狮驮宝瓶。拜殿、大殿共同组成一座大殿堂，显得房屋非常深邃（图5-2-20）。河南其他大型殿堂都是前后两座房屋组合而成的，但绝大多数前后房子完全独立，相邻两屋檐各自独立，留出一条缝以便自由排水。这座建筑的排水则是两屋檐缝隙下设置木槽向两端排水（图5-2-21）。设置巧妙，100多年过去了，仍然安全可靠。

大殿东西两侧的小型跨院安静恬然（图5-2-22），适宜于古代人在此静思、小型接待。南段设有小舞台，当然是大东家的堂会之所。

山陕甘会馆建筑群中有庑殿、歇山、硬山、卷棚、悬山等形式和单檐、重檐等种类，涵盖古代建筑的大部分类型，其建筑造型优美，建筑工艺精良，堪称古代建筑之杰作。建筑装饰精美，其木、石、砖雕题材广泛，施用于建筑的不同部位，将构件的力学功能和装饰功能集于一体，采用了高浮雕、浅浮雕、半圆雕、圆雕、悬雕、镂空雕等各种雕刻技法，并充分考虑视线、光影等因素，设计独具匠心，形式活泼生动，达到了非常美妙的艺术效果。

（三）山陕甘会馆砖雕、石雕、木雕

雕刻在河南这块沃土上起步应当是很早的，雕刻技艺何时直接用于建筑难以考证。但间接用于建筑可追溯到我国最早的瓦当纹饰。据《中国古代建筑史》（第二版）38页所载出土于洛阳的周代瓦当立体纹饰，应与制瓦当模具雕刻有直接关系。建筑界比较了解的南阳汉代画像砖也是如此。《营造法式》中木雕、石雕制度则是在建筑上的直接应用，虽为官式建筑的规定，也必影响到民间建筑。雕刻艺术也同样占有重要比重。开封山陕甘会馆建筑之木雕、砖雕、石雕最为突出，大大提高了其建筑的美学价值，也丰富了该馆建筑的文化含量。

会馆砖雕主要在建筑山墙的墀头部位（图5-2-23），更多集中在会馆的影壁上。壁的檐口全

图5-2-23　会馆厢房墀头砖雕

图5-2-24　会馆影壁砖雕局部之一

图5-2-25　会馆影壁砖雕局部之二

图5-2-26　会馆影壁砖雕局部之三

部为砖雕。随桁枋为回字边饰，由斗栱承托的四个"寿"字纹梁头，把上部分成五个部分，每间两攒斗栱，上托雕刻精美的龙头，斗栱之间的雕刻全部是按照会馆主人的情趣而设计雕刻的吉祥图案。各种吉祥花卉、熏炉、书函、画卷、乐器置放其间，最有意思的是"算盘"（图5-2-24）这一计算工具也在其中。"算盘一响，黄金万两"的信念在商人心里根深蒂固。其他常见的"山雀玉兰"、"鹭鸶荷花"等图案均栩栩如生。"松鼠葡萄"是以大串晶莹欲滴的葡萄悬挂在藤枝上（图5-2-25），使欣赏者垂涎欲滴。纵观照壁的砖雕画面，给人以一种紧凑而不拥挤、繁丽而不冗杂、布局严谨匀称、凸凹处理得当得体的精美之感（图5-2-26）。

　　会馆的木雕用精美绝伦形容恰如其分，木雕十分讲究刀法，以及利用材料本身自然的特点去寻找材料

图5-2-27 会馆木雕实例之一

图5-2-28 会馆木雕实例之二

图5-2-29 会馆木雕实例之三

内在的表现力。在表面的色泽、纹理、结构等微妙变化中相形度势、因材施艺。量形取材，加以斧凿，在艺术上有独特的韵味。中国有长期的木雕传统，发展到清代，和古建筑一样达到炉火纯青的地步。会馆的木雕艺术成就最高、规模最大、数量最多、题材最丰，在中原地区首屈一指。山陕甘会馆每座建筑物的木构件，特别是大殿和厢房檐下的桁、枋、雀替、挡板、垂柱等，几乎遍布木雕装饰。采取的雕刻手法有圆雕、半圆雕、高浮雕、浅浮雕、悬雕、透雕等多种娴熟技法。在人的视点与雕刻画面的关系上处理十分得当。题材多种多样，丰富多彩（图5-2-27～图

5-2-29）。山陕甘会馆的木雕艺术，布局精巧、繁而不乱、构图紧凑、疏密相间、豪华精丽、巧夺天工。

开封山陕甘会馆与省内其他会馆比较，占地面积不丰，建筑体量不大，然以其"雕梁画栋"、"鬼斧神工"的三雕艺术使会馆独占头筹。

三、周口关帝庙

周口关帝庙，原名山陕会馆，坐落在周口市沙河北岸富强街，是清代山西、陕西两省旅居此地的商贾为"叙乡谊，通商情，敬关爷，崇忠、义"而集资兴建的一座雄伟富丽、具有鲜明地方特点的古建筑群。现为全国重点文物保护单位。

（一）历史沿革

周口关帝庙始建于清康熙三十二年（1693年），五十二年傍建河伯、炎帝二殿，丁酉年建药王殿并东廊房，壬寅年建财神殿并西廊房禅院僧舍。清雍正九年重修大殿建香亭，十三年建午楼、山门。清乾隆八年建老君殿，十五年建钟鼓楼，三十年建马王、酒神、瘟神殿及石牌坊、马亭、戏房……"又《山陕会馆碑记》曰："道光十八年新班按手循旧规，抽厘金、化布施，日积月累，余庚戌（道光三十年）、辛亥（咸丰元年）之间创建后院香亭，修葺前后殿廊楼阁，咸丰二年（1852年）全部落成。"清末，捻军与清军激战于此，"殃及庙宇，三次被焚，几至十室九空"，钟楼、鼓楼毁于兵火，大部主要建筑得以留存。

（二）关帝庙主要建筑

周口关帝庙坐北朝南，三进院落，占地2.56公顷，现存建筑140余间，保存较好。现存前院有山门、铁旗杆、石牌坊、碑亭、缮殿、大殿、炎帝殿、河伯殿、老君殿及东西廊房等。中院有戏楼及东西廊房、东西配楼、两掖门。后院为一花园。道房位于西院。庙内围墙为城垛式围墙。整座庙宇布局疏密得当，错落有致，主次分明，雕刻华丽，是河南省最大的关帝庙，具有重要的历史、艺术和科学价值（图5-2-30）。

铁旗杆（图5-2-31），为清嘉庆二年（1797年）

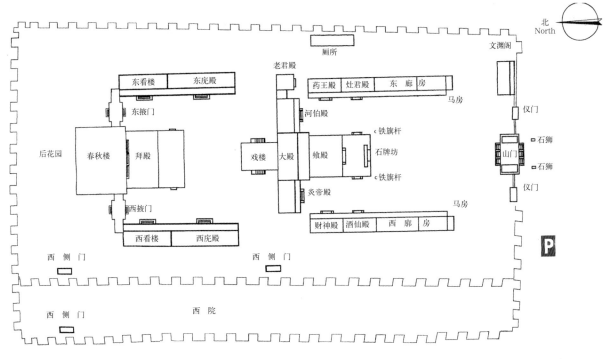

图5-2-30　周口关帝庙平面示意图

图5-2-31　关帝庙旗杆、石牌坊与碑亭

陕西同州大荔、朝邑、澄城县天平会众商敬献。造型别致，铸造精湛，高22米，重3万余斤，直径0.28米。下部为正六棱柱青石底座，高1米，边长0.7米。石座上为六角须弥式铸铁座。石雕底座和铸铁座上雕铸有人物花卉、龙凤及"八吉祥"图案。铁旗杆除插入基座部分外，露明部分分为五段，每段之接点铸镂空寿字如意铁方斗遮蔽，自下而上第四节分挂"大义"和"参天"铁牌，边饰牙子。紧接铁牌下两节，分铸遒劲飞腾的蟠龙。其余部分饰有莲花、飞凤、日徽、月徽，象征关公一生忠义与日月同辉。杆身顶端铸镂空铁方斗，下垂风铎。

石牌坊和碑亭（图5-2-31），在铁旗杆之北的月台上。台四周安装雕刻有竹、荷、云龙及人物故事的石栏板。石牌坊建于清乾隆三十年（1765年）。四柱三楼，石雕歇山顶，龙凤正脊，中置瑞兽。额枋高浮雕"二龙戏珠"、"八仙过海"及其他传说故事。石牌坊两侧是两座碑亭，建于清道光十八年（1838年）。均六角攒尖，屋面覆灰色瓦件脊饰。通高4.25米，造型玲珑。亭内各立《重修关帝庙碑》和《岁积厘金碑》，碑首透雕"二龙戏珠"、"丹凤朝阳"。

缮殿，位于月台后，建于清雍正九年（1731年）。面阔五间，进深三间，单檐歇山式建筑。石雕麒麟、狮子柱础，造型生动，祥和健美。莲花卧鼓六角须弥式柱础上，雕"二龙戏珠""丹凤朝阳"等花卉鸟兽吉祥图案。殿内木构架皆施彩绘，色以青绿、蓝色为主。明间两大梁之表面以大红为底，满绘蟠龙，龙体沥粉贴金，白线勾鳞，白色绘腹饰边，绿色绘须、尾，体边绘蓝、绿、黄三色祥云，白色云勾，虽经百年沧桑，其飘逸之云气、色彩之热烈、气势之大，仍不同凡响，其艺术及科学价值可见一斑。室内其余木作部分分别修饰黑红二色，愈显其庄重之气氛。屋面覆绿色琉璃瓦件，高浮雕龙凤牡丹脊饰吻兽，造型生动。正面檐下木作透雕"八仙庆寿"、"龙凤呈祥"等神话传说故事，刀法细腻，层次分明。

大殿，创建于清康熙三十二年（1693年），是庙宇中建造最早的殿堂。面阔五间，进深三间，悬山式建筑。屋面覆黄色琉璃瓦件，三彩高浮雕龙凤牡丹脊饰，造型生动，色泽艳丽，虽历经300余年，依然光彩夺目。正脊上的16条行龙，曲折翻转，姿态各异，鳞甲细密，蜿蜒生动，奔腾于海涛云气之间。斗栱为五踩，无正心桁，耍头为多变的龙首与象首形象。殿内梁枋斗栱彩绘富丽精美。河伯殿、炎帝殿于清康熙五十二年（1713年）建于大殿两侧。

戏楼建于清乾隆三十年（1765年），重檐歇山式建筑。面阔三间，进深三间，面北，背依大殿。戏楼共计两层，一层低矮，二层是高架的戏台，平面共计11根檐柱，4根金柱，4根角柱，减少了4根金柱，以使戏台空间扩大。戏楼斗栱为五踩斗栱，均无正心桁，耍头均有雕刻，造型多为龙首、云朵、花卉等，柱头科斗栱为五踩斗栱，施斜栱，其中正身耍头雕龙首，翘雕龙身，斜栱雕龙爪，栩栩如生。戏楼明间平板枋下镶蓝底金字"声振灵霄"匾，匾下精雕龙凤牡丹及戏剧人物故事，次间额枋、雀替均有精美木雕和彩绘痕迹。戏楼屋面为绿色琉璃瓦。脊饰为高浮雕龙凤牡丹。

拜殿（图5-2-32）建于清嘉庆五年（1800年），单檐歇山卷棚式建筑，面阔五间，进深三间，与春秋楼组成庞大殿堂，为祭祀关羽之殿堂。拜殿平面共计12根檐柱，4根角柱，8根金柱，各金柱均向檐柱移动了40厘米，使得拜殿内部空间增大。柱础上均有雕刻，多为浮雕，尤其是前檐柱与前金柱柱础雕刻更为精美（图5-2-33），内容多为历史传说故事。如"王祥卧冰"、"张良进履"、"鲤鱼跳龙门"、"马上封猴（侯）"等。拜殿梁架为八架梁对前后廊，檐柱与金柱间用抱头梁与穿插枋连接，金柱上置八架梁，以上依次为柁墩、六架梁、四架梁。殿内额枋、雀替是雕饰艺术展示最为集中之地，廊檐柱间及额枋之间均以高浮雕加透雕技法雕饰。内容为"二龙戏珠"、"凤凰牡丹"、"富禄博古"等，构图巧妙，刀法娴熟。"二龙戏珠"中置蜘蛛，利用谐音，生动而富喜庆（图5-2-34、图5-2-35）。殿内梁架上下木雕琳琅满目，彩画金碧辉煌。拜殿屋面为灰色琉璃瓦，垂脊为龙凤牡丹，垂兽，戗兽为龙首。整个拜殿造型庄重肃穆，朴素凝重。

春秋楼建于清嘉庆五年（1800年），重檐歇山式建筑，面阔五间，进深三间，四周回廊。该建筑台基高大，为关帝庙的主体建筑，也是中轴线上的最后一座殿宇。春秋楼平面共计24根青石檐柱，12根老檐柱，4根金柱，4根角柱，此阁减少了4根金柱，为人们参拜关羽留出了空间。檐柱均为四方石柱，柱础上均有雕刻，青石柱上雕有"赤面表亦心千里常怀赤帝，青灯观青史一生不愧青天"、"秉烛持纲常顾影何惭心上日，封金完节义对人不愧性中天"、"霸业已空间吴魏强梁安在，英风如昨与天地悠久无疆"、"鲁夫子晋夫子两位夫子，著麟经看麟经一部麟经"楹联，柱础四周雕有"天宫赐福"、"姜太公钓鱼"、"渊明赏菊"、"瓶（平）升三级"等历史传说故事及仙灵鸟兽等。春秋楼斗栱均为五踩斗栱，与前面建筑一样，也无正心桁，耍头、昂头与栱多为雕刻（图5-2-36）。春秋楼梁架一层为抱头梁插在老檐柱上，二层梁架依次为九架梁、瓜柱、单步梁、五架梁、三架梁、脊桁、上金桁、中金桁、下金桁、挑檐桁。梁架间置隔架科，老角梁水平出檐，出檐之上另叠两层仔角梁，后尾由抹角梁承托，续角梁与中金桁相交。春秋楼正檐下透雕"二龙戏珠"、"凤凰牡丹"，刀法秀美，玲珑剔透。檐下还悬蓝底金字高浮雕的"气肃千秋"、"大义参天"、"精忠贯日"匾额。屋面覆孔雀蓝琉璃瓦件。春秋楼建于高台之上，更显壮观巍峨，金碧辉煌。周口旧有颍川八景之一的"翠阁映霞"即指此阁楼在彩霞映照下的壮丽景色。

图5-2-32 关帝庙拜殿与春秋楼外景

图5-2-33 关帝庙拜殿柱础列阵

图5-2-34 关帝庙拜殿柱列与额枋木雕

图5-2-35 关帝庙拜殿雀替木雕局部

图5-2-36 关帝庙斗栱之地方做法

药王殿、灶君殿面阔六间，进深两间带前廊，为单檐硬山顶灰瓦屋面，平面呈长方形，两殿梁架为进深两间带单步廊用两柱，五架梁上承三架梁。斗栱为三踩单栱造，斗栱耍头均有雕刻，造型多为云朵、花卉等。药王殿、灶君殿与东廊房相接，共用东廊房北山墙，两殿中间以夹山墙分隔。

财神殿、酒神殿面阔六间，进深两间带前廊，为单檐硬山灰瓦顶，平面呈长方形，两殿梁架为进深两间带单步廊用两柱五架梁上承三架梁。斗栱为三踩单栱造，斗栱耍头均有雕刻，造型多为云朵、花卉等。财神殿、酒神殿与西廊房相接，共用西廊房北山墙，两殿中间以夹山墙分隔。

周口关帝庙是清代商业文明和晋商文化相结合的产物。整个建筑群层次分明，结构严谨，是河南省现存规模宏伟、保存完整的古建筑群之一。建筑群整体布局舒朗，殿堂宏伟，雕刻瑰丽，素以巧夺天王的艺术装饰著称于世。它集民间建筑艺术之大成，在建筑构件上巧妙地运用木雕、石雕、砖雕、琉璃、彩绘和铸铁等工艺，融合了圆雕、高浮雕、镂雕、阴刻等不同技法，使构件造型完美，形象传神。木雕、石雕、砖雕数量之多，内容之丰富，工艺之精湛，充分反映了清代追求精雕细琢、装饰华丽的社会风尚。建筑装饰的题材中大量采用了"二龙戏珠"、"凤凰牡丹"、"五福捧寿"、"加官晋爵"、"金玉满堂"等各种吉祥如意图案纹饰，为研究清代中原商品贸易、文化交流及行业崇拜提供了丰富的资料和重要的实物见证。

四、洛阳潞泽会馆

潞泽会馆位于洛阳市渡河区，坐北向南，东临渡河，西靠市区，南临洛河。古洛河河道宽阔，水运繁荣，是中国古代著名的水上交通要道，潞泽会馆择此而建，是中国古代经商要诀"择地取胜"思想的具体体现。洛阳潞泽会馆系清代乾隆九年（1744年）由居住洛阳的潞安府（今山西长治）、泽州府（今山西晋城）两地的商人集资所建，初建为供奉关公的关帝庙，后改为会馆。抗日战争胜利后

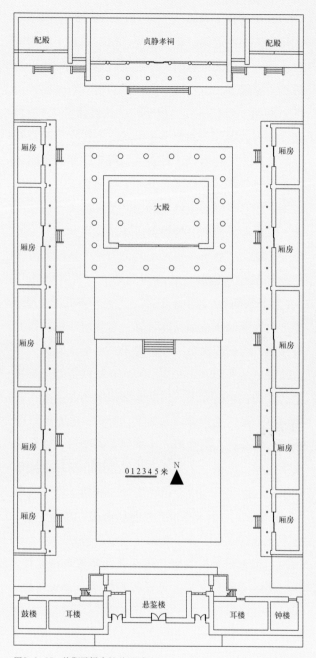

图5-2-37　洛阳潞泽会馆总平面图

至新中国成立前，此处为潞泽中学。目前保留有舞楼、大殿、后殿、钟鼓楼、东西配房、东西厢房及西跨院（倒座、正房、东厢房、西厢房）等建筑。保存着大量的清代中原地区地方建筑手法，其中，建筑构架上的彩绘就是典型的代表，现为全国重点文物保护单位，现为洛阳市民俗博物馆。

潞泽会馆现有建筑群由两进院落组成，总平面呈长方形，主体建筑中轴线对称布置（图5-2-37）。

图5-2-38 洛阳陆泽会馆戏楼南立面

图5-2-39 洛阳陆泽会馆北立面

其第一进院落分别为舞楼、东厢房、西厢房、大殿，第二进院落为后殿、东配殿、西配殿。主院落西侧为小巧简朴之西跨院。现占地1.58公顷，建筑面积3600平方米。潞泽会馆建筑群布局严谨，气势宏大，雕刻精湛。

舞楼又名戏楼（图5-2-38、图5-2-39），位于会馆中轴线最前端，两山墙与东西耳房及钟鼓楼连为一体。舞楼面阔五间20.55米，进深三间14.45米，通高16.31米。为重檐歇山式建筑，灰筒板瓦顶绿琉璃剪边。梁架一层为进深三间带前廊用四柱，二层为进深三间用四柱五架梁对双步梁，斗栱为五踩单栱造，栱、翘均雕刻成各种卷草形状，耍头被雕刻成龙首或象首。平身科耍头后尾均加长超过金檩中线，在后尾与金檩间设一叉柱以使平衡。楼被分为南北两部分，南部为门楼，重檐，面阔五间，进深三步架。明间实榻门两侧各立一石狮，神态庄严；北部为戏楼，重檐，面阔五间，进深两间，七步架。内分三层，一层为过道，二层为戏台，三层为阁楼。戏台可由两边的石砌踏道登临。戏楼二层雀替分别雕刻成龙、鹿、麒麟、牡丹、卷草等各种吉祥图案，均为精美的透雕。

大殿为重檐歇山式建筑（图5-2-40），灰筒板瓦屋顶，绿琉璃剪边，设黄绿琉璃菱心以示其崇高地位。殿平面呈长方形，殿前设月台。殿面阔五间21.18米，进深六间17.87米，通高18.42米。大殿梁架为进深四间前带双步廊后带单步廊用五柱，七

架梁上承五架梁和三架梁。一层斗栱为三踩单栱造，栱、翘均被雕刻成各种卷草形状，耍头被雕刻成象首，平身科耍头后尾加长超过金檩中线，在后尾与金檩间设一叉柱以使内外平衡。二层斗栱为五踩单栱重昂造，栱均被雕刻成各种卷草形状，耍头被雕刻成龙首或象首，平身科耍头后尾结构同一层。一层雀替均被透雕成龙凤、牡丹等图案，线条流畅，装饰性强（图5-2-41）。

柱础是古建筑中为了加大柱子下面的承压面又兼具防潮作用而设置在木柱下面的，是古建筑中重点装饰的部位。潞泽会馆的石柱础形式多样，雕刻生动，主要以珍禽、瑞兽、花卉、祥草、几何图案为主。最典型、最完美的柱础即大殿前檐6个柱础，皆由三层叠加而成。上层为二龙盘鼓，二龙首尾相连作环绕

图5-2-40 洛阳陆泽会馆大殿外景

图5-2-41　洛阳潞泽会馆木雕实例

图5-2-42　洛阳潞泽会馆大殿檐柱柱础

状。中层系六兽钻桌，六兽为传说中的吉祥瑞兽，由幼象、幼羊、鹿、狮子、老虎、狻猊六兽组成，它们有的钻进，有的钻出，神态十分可爱（图5-2-42）。两层石雕均以圆雕手法精镌而成。下层形状虽简单，但三层叠加，直径有别，造型有别，精粗有别，组合起来就是一件具有使用功能的精美艺术品。

五、洛阳山陕会馆

洛阳山陕会馆位于洛阳老城南关马市街，又称西会馆（山陕会馆之东约600米即陆泽会馆）。始建于清康熙、雍正年间，距今已有300多年历史，是当时活跃在洛阳附近的山西和陕西两地的成功商人筹资修建的经商聚会场所。是一个"叙乡谊、通商情、敬关爷"的社交性公共场合。

会馆坐北朝南，北临当今的九都路，南300米即达洛河。平面布局前密后疏。现完整保留的建筑有琉璃照壁、山门及两侧的小牌楼、舞楼、正殿、拜殿、大殿、配殿和一些厢房等建筑。近年来，洛阳市对该会馆进行大规模修葺，使这处古建筑群恢复了本来面目。洛阳市重视对古建筑的利用，现将此处开辟为大运河博物馆，成为公共场所，让人民更多地认识与享受古代建筑的美，可敬可佩。

如图5-2-43所示即为洛阳山陕会馆大门外景

观，门前狭窄的过道经东、西牌楼通往大路。其琉璃照壁洛阳人称九龙壁，为会馆一绝。这是一座多彩釉陶和雕砖相结合垒砌而成的群体艺术造型。照壁主体高7米，宽13.2米，基座高5米，其中心为二

图5-2-43　洛阳山陕会馆门前景观

图5-2-44 洛阳山陕会馆照壁

图5-2-45 洛阳山陕会馆大门

图5-2-46 洛阳山陕会馆戏楼

图5-2-47 洛阳山陕会馆拜殿

龙戏珠，八仙卫护，整个照壁自上至下各种形态的龙有23条。基座上精美砖雕13幅，有人物、花卉、益禽瑞兽。两侧照壁的壁心呈对称状，每一个侧照壁装饰都有一个附在墙壁之上的琉璃披檐作保护，有丰富的浮雕装饰。与两侧不一样的是，中间的披檐置于墙的顶端，更加细腻的装饰、高浮雕的采用，使得这组披檐颇具威势（图5-2-44）。

大门（图5-2-45）面阔三间，砖砌无梁式主体。设三门，一主两次，均为半圆拱券门洞。前后檐墙为"山"字形，歇山屋顶随墙也中间高两边低，强调主体，对比强烈。主门两边有砖雕联语，上有门楣"河东夫子"，河东夫子指的应是关圣人。

进入大门6米便是二门，两门之间又是东西狭长的空间，显得十分紧凑。二门南立面檐墙平直，面阔五间，设三门一主两次。平面为"凸"字形，北立面呈高大宽敞的戏楼（图5-2-46）。戏楼面阔三间，后台五间，歇山屋顶威风

大气。

拜殿面阔五间，进深三间，歇山式绿色琉璃剪边屋顶，抬梁式构架（图5-2-47）。殿前设高大的月台，将拜殿高举其上。殿内装饰纷繁多彩，额枋透雕云龙、八仙、瑞兽图案。斗栱、平板枋、栱眼壁、檐檩旋子点金彩绘。拜殿前檐，下为青石圆雕狮子托仰莲造型的柱础，除个别石雕受轻伤外，基本保持完好，栩栩如生。特别之处是，狮头在外，屁股在内，显得它们尽职尽责，非常可爱。

正殿系会馆北侧的最后一排建筑，面阔五间前檐廊，硬山式建筑。与拜殿前后紧邻，中间形成一线天（图5-2-48）。正殿东西两侧共山墙的是东西配殿。配殿面阔三间两层，一层次间有木楼梯通往二楼。

洛阳山陕会馆建筑斗栱多为平面"米"字形放射形状（图5-2-49），为河南黄河以南广大地区常

图5-2-48 洛阳山陕会馆拜殿、大殿与配殿

图5-2-49 洛阳山陕会馆斗栱实例之一

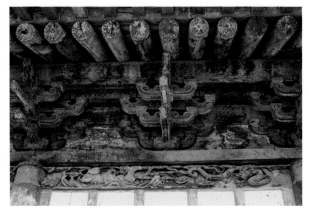

图5-2-50 洛阳山陕会馆斗栱实例之二

见的地方做法。陆泽会馆、社旗、周口等会馆都大量应用，是河南清代建筑斗栱之主流。图5-2-50所示的斗栱是接近官式，带有地方手法特点的斗栱，在山陕会馆中用量较少。柱础样式多端也是洛阳山陕会馆的另一特点，即是类型相同，动物造型差异明显（图5-2-51、图5-2-52），精致大气的柱础虽然带着修葺会馆的尘土，仍然表现出它们高端的艺术品质。会馆都是商会抽厘金或商人捐款兴建的，所到之处，多见碑文记载抽厘金，少见直接捐赠的记载。厢陵帮商人于清道光二十六年，捐资白

银300两之碑文（图5-2-53），使我们看到了直接捐资的实证。

山陕会馆的平面布局有悖常规，前后过于紧凑，中间又太过舒朗。但建筑构造奇巧，装饰华丽，既雄伟壮观、雍容华贵，又玲珑秀丽、典雅；既有宫殿的气势和庙宇的肃穆，又充满民居柔美色彩和诗情画意，其建筑装饰木雕、琉璃、彩画等，技艺精巧、内容丰富、色彩华丽。特别是后殿梁架上绘制的贴金麒麟牡丹，画工十分精湛，是研究河南地方建筑彩画不可多得的珍贵资料。

图5-2-51 洛阳山陕会馆拜殿前檐柱柱础石　　　　图5-2-52 洛阳山陕会馆正殿檐柱柱础石　　　图5-2-53 洛阳山陕会馆捐款记录碑

很多古建筑在新时代的修复或重建后都变成了清代官式建筑，而洛阳山陕会馆不受当代"现代建筑国际化，古代建筑官式化"潮流的影响，经过大规模修葺，几乎没有采用清官式构件，仍保持着浓郁的地方建筑风韵，难能可贵。

第三节　其他帮会建筑

一、禹州怀帮会馆

禹州怀帮会馆是怀庆府（今沁阳市）药商兴建的，位于禹州市城关西北隅，始建于清代，整体布局坐北朝南，会馆南北长120米，东西宽78米，总面积达9360平方米。现存照壁、山门、戏楼、钟鼓楼、左右廊庑、拜殿、大殿等建筑，布局完整，巍峨壮观。中轴线上建筑多为歇山、悬山建筑，整个院落布局紧凑，层次分明。建筑群经历数百年的沧桑，其整体建筑规制和建筑风格仍然保留清代创建时的基本特色。现为河南省文物保护单位。

怀帮会馆的创建与禹州作为历史上全国四大药材集散地之一有着密切的关系。禹州中药材资源丰富，药材的种植、采集、加工、经营有着悠久的历史。明、清两代，外地药商因药材种类不同、地域不同，形成行帮，并在禹州建会馆，如山西会馆、十三帮会馆、怀帮会馆、陕西会馆等。

怀帮会馆在建筑艺术上雄踞禹州各会馆建筑之首，整个会馆布局严谨、气势壮观。会馆建筑艺术的精华集中体现在其精美的木雕艺术中，它集中了浅浮雕、高浮雕、透雕、线雕等雕刻手法，雕刻内容取材丰富广泛，工艺精巧，以商业视角透视生活，并将其集中体现在雕刻技巧上，从而使会馆显示出传统雕刻艺术的独特风格。大殿平板枋上为高浮雕牡丹图案。各间大额枋上分别浮雕商帮故事及透雕人物、鸟兽等，玲珑剔透，栩栩如生，实属雕刻艺术珍品。殿内现存彩绘色彩艳丽，题材广泛，是研究中原地区古代建筑彩画的珍贵资料。尤其是大殿前次间上部绘有金色卷发男女头像和西洋建筑风景画，别有情趣，这也标志着当时怀商已经与国外建立了药材贸易关系。

二、禹州十三帮会馆

十三帮会馆是清代禹州城内西北隅四个药商会馆（山西、江西、怀帮、十三帮）之一，清乾隆年间兴建，与山西会馆南北一路相隔，与怀帮会馆东西邻街相望，组成会馆群落。因其药商聚集有河南省内马山口、郏县、汝州、商城及省外江苏金陵（今南京）、安徽亳州等地的药材行，古人以"十三"为吉祥数取名十三帮会议所，统称十三帮。为弘扬扩大贸易，提高商业诚信知名度，于清同治

十年（1871年）建成会馆内寺庙建筑。十三帮会馆占地1.3公顷，有庙宇区、商业区、晒货场三部分，平面布局为矩形。现存清代建筑20座，为河南省文物保护单位。

十三帮会馆是由河南的马山口、郏县、汝州、商城及江苏金陵（今南京）、安徽亳州等多家药材商集资兴建，在省内外会馆建筑中是少有的结合形式。特别是其建筑布局形式是汲取北方园林的某些风格设计，在会馆建筑中罕见，有较高的文物价值。

三、辉县山西会馆

辉县山西会馆，位于辉县市区南大街西端路北，又称"关帝庙"，始建于清代，现为河南省文物保护单位。会馆为一四合院式建筑群，中轴线上建筑有大门、戏楼、拜殿、正殿，两侧建筑有两配房、钟楼、鼓楼、东西厢房和两配殿。

豫北地区现存会馆较少，辉县山西会馆虽然规模不大，但保存完好，有较高的文物价值。特别是精美的木、石、砖雕图案，其浮雕、透雕技术高超，有较高的艺术价值。

注释

① 赊店历史文化研究会，社旗山陕会馆．商业文化初探（豫内资）．2004：13．

河南古建筑地点及年代索引

名称	类型	地点	建成年代（变化情况）	材料结构	规模	文保等级	涉及的古建筑名词
洛阳	古都	河南省中西部	最早建成于夏朝（二里头遗址），有东周、东汉、曹魏、西晋、北魏等朝代在此定都，因此有"十三朝古都"之称，与西安、南京、北京并列为中国四大古都			联合国命名的世界文化名城	
开封	古都	河南省东部	古称东京、汴京（亦有大梁、汴梁之称），简称汴，历史上曾有魏、梁、晋、汉、周、宋、金等七个王朝建都于此，史称七朝古都。再加上西汉时的梁国、后宋和明，又称十朝古都。北宋东京开封是当时世界最繁华、面积最大、人口最多的大都市			国务院首批公布的24座历史文化名城之一	
安阳	古都	河南省最北部	简称殷、邺，七朝古都，有3300多年的建城史，500年建都史，是早期华夏文明的中心之一，中国八大古都之一。安阳殷墟是世界公认的现今中国所能确定的最早都城遗址，有"洹水帝都""殷商故都""文字之都"之美誉			中国历史文化名城	
郑州	古都	河南省中部偏北	历史上夏朝、商朝、管国、郑国、韩国五次为都，八代为州			中国历史文化名城	
南阳	古城	河南省西南部	秦朝三十六郡之一的南阳郡治所所在地，东汉时期曾作为陪都，乃光武帝刘秀发迹之地，故在东汉时期又有"南都"、"帝乡"之称			国务院第二批公布的历史文化名城	
商丘	古城		简称商或宋，拥有1500余年建都史、5000余年建城史，为六朝古都，商朝建都于商丘，古称商、亳、宋国、梁国、睢阳、梁郡、宋州、宋城、应天府、南京、归德府等			中国历史文化名城	
许昌	古城	河南省中部	夏王朝的发源地夏都夏邑（阳翟，今许昌禹州）。东汉末年和三国时期，许昌为汉、魏国都			中国历史文化名城	
濮阳	古城	河南省东北部	上古时代，五帝之一的颛顼及其部族就在此活动，故有"颛顼遗都"之称。濮阳夏代叫昆吾国、春秋时期称卫都、战国后期始称"濮阳"、秦代设置濮阳县、宋代称澶州、金代叫开州、民国时复名濮阳				

名称	类型	地点	建成年代（变化情况）	材料结构	规模	文保等级	涉及的古建筑名词
浚县	古城	河南省北部，隶属于鹤壁市	古称"黎阳"				
汤阴	古城	河南省北部，隶属于安阳市	汉时称荡阴县，唐改名汤阴县				
淇县	古城	河南省北部，隶属于鹤壁市	称殷国、雅歌、朝歌县、临淇县。古称朝歌，曾为古代商朝殷商末四代帝王的行都				
卫辉	古城	河南省北部，隶属于新乡市	自西汉高祖二年设置汲县，先后为州治、路治、府治和道治				
沁阳	古城	河南省西北部，隶属于焦作市	夏为覃怀首邑，商属京畿重地，周称野王邑，汉为野王县，隋改河内县，明清为怀庆府				
济源	古城	河南省西北部	曾是夏王朝的都城"原"，战国至两汉时期"轵邑"以富庶闻名天下。隋开皇十六年（公元596年）设县				
登封	古城	河南省中西部，隶属于郑州市	夏王朝最早在阳城(今登封市告成镇)建都，称为禹都阳城。西汉武帝刘彻游嵩山，正式设立崇高县。隋大业初年（公元605年）改为嵩阳县。公元696年，武则天改嵩阳县为登封县，改阳城县为告成县。金代将两县合并为登封县				
巩义	古城	河南省中部，隶属于郑州市	夏代曾建都斟𬩽（今稍柴、罗庄一带）。西周、春秋时，巩为巩伯国。战国，称东周。秦庄襄王元年（公元前249年）置巩县				
新郑	古城	河南省中部，隶属于郑州市	夏、商时，新郑属豫州。春秋，新郑属郑国，为国都				
禹州	古城	河南省中部，隶属于许昌市	自夏始，经商、西周、春秋战国，曾三次为夏韩古都；秦以降，至清顺治十八年（1661年）历时两千多年，均为京畿重地或一方一地政治、经济、文化中心。秦汉为颍川郡，晋唐为阳翟，宋元明为钧州，明万历三年四月，为避皇帝朱翊钧讳，改名禹州				

名称	类型	地点	建成年代（变化情况）	材料结构	规模	文保等级	涉及的古建筑名词
睢县	古城	河南省东部，隶属于商丘市	秦朝置襄邑县，属砀郡。西汉沿袭秦制，仍称襄邑。西汉末外戚王莽"改制"，改襄邑为襄平，东汉初仍称襄邑。三国、晋朝时期属陈留郡，南北朝属阳夏郡。唐太宗贞观年间属宋州。五代时期襄邑县属开封府，宋改拱州，元称睢州，故金朝时仍称为睢州。清朝此建制保持不变。民国2年由州降为县				
淮阳	古城	河南省东南部，隶属于周口市	太昊伏羲在此建立中国第一个都城，名宛丘；后炎帝神农氏继都于宛丘之旧墟，易名为陈				
邓州	古城	河南省西南部，隶属于南阳市	古称"邓"或"穰"。夏、商、西周、春秋早期诸侯国邓国的国都就在邓州				
汝南	古城	河南省中部，隶属于驻马店市	古属豫州，豫州为九州之中，汝南又居豫州之中，故有"天中"之称。自春秋战国时代有建制，距今已有2700多年的历史。上自秦、汉，下至明、清，汝南一直是郡、州、军、府治所，为八方辐辏之地				
社旗	古城	河南省西南部，隶属于南阳市	县城所在地赊店镇，史称赊店，因东汉时刘秀举义兵赊旗而得名，历史上与景德镇、佛山镇、朱仙镇齐名，为全国的四大商业重镇之一。县城内七十二条古街道保存完好，构成中原最大的明清建筑群				
朱仙镇	名镇	河南省开封市开封县县城西南部	自唐宋以来，一直是水陆交通要道和商埠之地，明朝时是开封唯一的水陆转运码头，朱仙镇因此而迅速繁荣。到明末，朱仙镇已与广东的佛山镇、江西的景德镇、湖北的汉口镇，并称为全国四大名镇。明末清初是朱仙镇最繁盛的时期				
陈桥镇	名镇	河南省新乡市东北部封丘县城东南13公里处	公元960年，宋太祖赵匡胤在此开创了宋代300年基业。宋文化从这里开始，与开封密不可分			1997年河南省人民政府公布为历史文化名镇	
荆紫关镇	名镇	河南省淅川县西北76公里的丹江右岸西部边陲	形成于唐代，兴盛于明清时期			全国重点文物保护单位	

左侧竖排标题：河南古建筑

左侧书名：河南古建筑

名称	类型	地点	建成年代 （变化情况）	材料 结构	规模	文保等级	涉及的古 建筑名词
神垕镇	名镇	河南省禹州市西南30公里禹、郏、汝三县市交界处	唐代神垕开始起步，到了北宋徽宗年间，达到鼎盛时期			中国历史文化名镇	
临沣寨	名镇	河南省郏县东南12公里处	始建于明末，重修于清同治元年（1862年），整个村落用一种红色条石砌筑，当地人又称"红石寨"或"红石古寨"			河南省文物保护单位	
南阳府衙	衙署类建筑	南阳古城西南隅民主街100号	我国目前保存最完整的封建时期府级官署衙门。始建于元正统五年（1440年）同知汪重重修，清代衙署内建筑有增改裁并			全国重点文物保护单位	
内乡县衙	衙署类建筑	内乡县东大街中段北侧	始建于元大德八年（1304年），明、清、民国时期均为县治所			全国重点文物保护单位	
密县县衙	衙署类建筑	新密市老城区十字街	创于隋代，迄今已有1400多年历史，是河南省目前保存较完整的封建县级官署衙门之一			河南省文物保护单位	
叶县县衙	衙署类建筑	位于叶县县城中心街	始建于明洪武二年（1369年），历经明、清、民国，直至20世纪70年代初，一直作为县级官署办公所在地			全国重点文物保护单位	
许州州衙	衙署类建筑	许昌市原州城中轴线北端	清直隶州州署，是河南省现存唯一一处直隶州州署衙			许昌市文物保护单位	
荆紫关协镇都督府	衙署类建筑	淅川县荆紫关镇古街道南侧1000米处	西汉称"草桥关"，南宋改称"荆籽关"，明清进入鼎盛时期，现存建筑3座10间			全国重点文物保护单位，荆紫关镇古建筑群的重要组成部分	
赊店厘金局	衙署类建筑	社旗县赊店镇清代一条街——瓷器街中心	河南省现存唯一一处古代部门衙署建筑群。始建于清咸丰八年（1858年），建筑群布局完整，单体建筑保存较好			河南省文物保护单位	
洛阳白马寺	宗教类建筑	河南省洛阳老城以东12公里处	始建于东汉永平十一年（公元68年），现存的遗址古迹为元、明、清时所留			全国重点文物保护单位	

名称	类型	地点	建成年代（变化情况）	材料结构	规模	文保等级	涉及的古建筑名词
登封少林寺	宗教类建筑	登封市西北13公里的少室山五乳峰下	北魏太和二十年（公元496年）创建，除天王殿、大雄宝殿、藏经阁、钟鼓楼及部分厢房为原址恢复重建者外，余为古代遗存			初祖庵大殿及塔林为全国重点文物保护单位，其余为河南省文物保护单位	
汝州风穴寺	宗教类建筑	汝州东北9公里嵩山少室主峰南坡的风穴山中	创建于北魏，唐代扩建，现存殿堂禅舍140余间、石桥5座、碑碣百余通			全国重点文物保护单位	
开封相国寺	宗教类建筑	开封市鼓楼区自由路	南北朝北齐天保六年（公元555年）初创寺院，唐景云二年（公元711年）在郑审宅院基础上改为寺院，北宋发展到了鼎盛。宋太宗晚年进行了大规模营建，明崇祯十五年（1642年），河决开封，寺院淹没坍塌，清顺治、康熙年间相国寺有所恢复，清乾隆三十一年动工，三十三年十月告迄，清道光二十一年（1841年）黄河决口，寺中建筑破坏严重			河南省文物保护单位	
武陟千佛阁	宗教类建筑	武陟县木城镇南大街北端	武陟现存规模最大的古代建筑群之一。创建于明嘉靖三十六年（1557年），清咸丰六年（1856年）进行了重修，保留了明代主要建筑和建筑风格			全国重点文物保护单位	
济源奉仙观	宗教类建筑	济源市荆梁北街	始建于唐垂拱元年（公元685年），北宋时，著名道士贺兰栖真修缮，金大定二十四年（1184年）重修三清大殿，元世祖至元二十七年（1290年）道士卫葆光重修玉皇殿、三官殿等。清乾隆十七年（1752年）重修三官殿，重建山门和厢房4座16间			全国重点文物保护单位	
开封延庆观	宗教类建筑	开封市包公湖北侧	创建于金大定九年（1169年），金末观毁。元太宗五年（1233年）重修，元末毁于兵燹，明洪元年（1368年）恢复，明崇祯十五年（1642年），道观被黄河淹毁，清康熙七年（1668年）重修，清道光二十一年（1841年）又毁于洪水，六年后修葺，清光绪二十年（1894年）和三十四年（1904年）又两次修葺，恢复规模			全国重点文物保护单位	

名称	类型	地点	建成年代 （变化情况）	材料 结构	规模	文保等级	涉及的古 建筑名词
许昌天宝宫	宗教类建筑	许昌县艾庄乡北面的石梁河畔	始建于宋嘉熙四年（1240年），后多次修缮，至今保存基本完整，现存殿宇均为明清、民国建筑			河南省文物保护单位	
温县遇仙观	宗教类建筑	温县徐家堡村北沁河堤下	始建于元世祖年间（1260~1294年），历经明清、民国历代维修，现保存完整			河南省文物保护单位	
睢县吕祖庙	宗教类建筑	睢县县城内，坐落在文化路中段北侧	始建于明天启年间（1621~1627年），清道光二十九年（1849年）进行大修			河南省文物保护单位	
沁阳北大寺	宗教类建筑	沁阳市区北寺大街中段	始建于元代，明嘉靖四十年（1561年）年重建,明万历十八年（1590年）建拜殿。明崇祯元年（1628年）寺毁于火灾，四年重修门、庭、堂、室，重建窑殿。清代续建厦殿、讲堂和沐浴所等。清道光年间，因地震窑殿崩裂，清光绪十三年（1887年）在原址上重建，并对殿宇进行重新彩绘。清道光二十六年（1846年）于寺西北创建清真新寺，后改女寺			全国重点文物保护单位	
朱仙镇清真寺	宗教类建筑	开封市朱仙镇东南隅的老虎洞街	始建于明嘉靖十年（1531年），清乾隆三年（1738年）重修			全国重点文物保护单位	
开封东大寺	宗教类建筑	开封市清平南北街7号	时间年代无考，据传为唐宋时期建。明洪武年间重建，明永乐五年（1407年）重修，明末河决被毁，清顺治十二年（1655年）重建，清道光二十一年（1841年）再次毁于黄河水患，5年后重建			全国重点文物保护单位	
博爱清真寺	宗教类建筑	博爱县城西关街中段路北	始建于明万历年间，明清以来又重修多次，逐步扩大			河南省文物保护单位	
宁陵清真寺	宗教类建筑	宁陵县城东大街路南50米	建于明万历年间，历经明清两代逐步落成			河南省文物保护单位	
社旗山陕会馆	会馆类建筑	社旗县城内西部	会馆的建筑主要由两次大的营建活动组成。第一次始于清乾隆年间，竣工于清乾隆四十七年（1782年），建造活动一直延续到清道光年间。清咸丰七年（1857年）后半部被毁。第二次营建始于清同治八年（1869年），终于清光绪十八年（1892年）			全国重点文物保护单位	

名称	类型	地点	建成年代（变化情况）	材料结构	规模	文保等级	涉及的古建筑名词
开封山陕会馆	会馆类建筑	开封市徐府街路北	始建于清康熙年间，清道光年间多次扩建，清同治三年（1864年）重修后道院，清光绪二十八年（1902年）于大殿后建春秋楼			全国重点文物保护单位	
周口关帝庙	会馆类建筑	周口市沙河北岸富强街	始建年代无考，康熙十二年（1693年）在原基础上创建了大殿，后历经清雍正、乾隆、嘉庆、道光年间扩建，于清咸丰二年（1852年）完工			全国重点文物保护单位	
洛阳路泽会馆	会馆类建筑	洛阳市瀍河区	清乾隆九年（1744年）由商人集资所建，初为关帝庙，后改为会馆。抗日战争胜利后至新中国成立前，此处为路泽中学			全国重点文物保护单位	
洛阳山陕会馆	会馆类建筑	洛阳市九都路东段	始建于清康熙、雍正年间			全国重点文物保护单位	
禹州怀帮会馆	会馆类建筑	禹州市城关西北隅	始建于清同治十一年（1872年）			河南省文物保护单位	
禹州十三帮会馆	会馆类建筑	禹州市内西北隅	清同治十年（1871年）建成会馆内寺庙建筑，现存清代建筑20座68间			河南省文物保护单位	
辉县山西会馆	会馆类建筑	辉县市区南大街西端路北	创建于清乾隆二十五年（1760年），清嘉庆二年至十七年（1797~1812年）陆续增建，始成今日之规模			河南省文物保护单位	
登封中岳庙	祭祀纪念类建筑	登封市东4公里处的中岳庙村	始建于秦，历经多代增扩建、重建和修缮，经唐宋两代大力整修，进入鼎盛时期，规模宏大			全国重点文物保护单位	
济源济渎庙		济源市西北的庙街村	创建于隋开皇二年（公元582年），后经多次增扩建、重建和修缮，现存基本保持了唐宋遗制格局			全国重点文物保护单位	
武陟嘉应观	祭祀纪念类建筑	武陟县东13公里的大刘庄和相庄之间	创建于清雍正元年至四年（1723~1726年），建设时遵照北京皇宫的建筑规制，并结合满族的传统风格营建			全国重点文物保护单位	
卢氏城隍庙	祭祀纪念类建筑	卢氏县城中华街路北130米处	始建于元代，明洪武重修，至明宣德年间因战争化为灰烬，明天顺甲申年（1464年）重修，至明成化丙戌年（1466年）落成，清乾隆十年（1745年）重修，现存建筑基本保持了这次重修后的规模和布局			河南省文物保护单位	

名称	类型	地点	建成年代（变化情况）	材料结构	规模	文保等级	涉及的古建筑名词
郑州城隍庙	祭祀纪念类建筑	郑州市商城路东段北侧电力学校内	明代初所建，明弘治十四年（1501年）重修，其后屡有修葺			河南省文物保护单位	
安阳城隍庙	祭祀纪念类建筑	安阳市老城区鼓楼东街路北6号	始建于明洪武二年（1369年），乾隆三十七年（1772年）重修			河南省文物保护单位	
卫辉比干庙	祭祀纪念类建筑	卫辉市西北7.5公里的顿坊乡比干庙村内	周武王时封墓，北魏太和十八年（公元494年）魏孝文帝时因墓建庙。唐贞观十九年（公元645年）修缮，明弘治七年（1494年）重建，明清历代曾有多次修缮			全国重点文物保护单位	
洛阳周公庙	祭祀纪念类建筑	洛阳市区中心定鼎路的东侧	始建于隋末，明嘉靖四年（1525年）旧址重建，清康熙十三年（1674年）大修，而后又经多次重修，民国还进行过扩建			全国重点文物保护单位	
洛阳关林	祭祀纪念类建筑	洛阳城南7公里的洛龙区关林镇	始建年代无考，现存关林始建于明万历二十一年，后历经多次修缮和添建			全国重点文物保护单位	
汤阴岳飞庙	祭祀纪念类建筑	汤阴县城西南隅，文化街与岳庙街交界处的岳庙街86号	明景泰元年（1450年）春开始兴建，明弘治丁巳年（1497年）扩建，后经多次扩建和增建，至清乾隆十五年（1750年），规模与布局与现在大致相同。此后还经多次重修			全国重点文物保护单位	
南阳武侯祠	祭祀纪念类建筑	南阳市西部卧龙岗上	始建年代可上溯至魏晋时代，后经多次增建和修葺，基本保持了元明的布局风格			全国重点文物保护单位	
嵩阳书院	书院文庙类建筑	登封市城北嵩山南麓的太室山峻极峰下	始建于北魏孝文帝太和八年（公元484年），多次易名，后经明清两代多次重修、增建和修葺			全国重点文物保护单位	
扶沟大程书院	书院文庙类建筑	扶沟县城内西南隅书院街北侧	于北宋神宗熙宁八年（1075年）至元丰三年（1080年）所建，明代曾多次改建，清代在原址上扩建，现存建筑就是扩建遗留下来的			河南省文物保护单位	
洛阳河南府文庙	书院文庙类建筑	洛阳老城区东南隅文明街中段路北，文明街小学院内	初创年代无考，明清屡经修葺，规模日盛			全国重点文物保护单位	

名称	类型	地点	建成年代 （变化情况）	材料 结构	规模	文保等级	涉及的古 建筑名词
郏县文庙	书院文庙类建筑	郏县县城区南大街中部东侧	五代后周年间初建，后周世宗显德元年（公元854年）竣工，北宋毁于战火，金泰和六年（1206年）旧址修建，规模扩大，后经明清多次修缮，才达到今天的宏大规模			全国重点文物保护单位	
太康文庙	书院文庙类建筑	太康县城黉东街东北	始建于汉代，明洪武三年（1370年）重建，后经多次重修，清初期重建，后经多次修缮。现仅存拜殿和大成殿，均为清代建筑			全国重点文物保护单位	
南阳府文庙	书院文庙类建筑	南阳市老城区新华东路北侧	始建于元代，后屡经毁建，清代在原址上重建至今。现仅存大成殿和照壁			河南省文物保护单位	
归德府文庙	书院文庙类建筑	归德府古城内，商丘市睢阳区中山东二街北侧	始建于元代初期，后毁于兵灾水患，明洪武六年（1373年）重建，明弘治十五年（1502年）被洪水淹没，现址新建，后经多次修葺保存至今。现仅存大成殿、明伦堂和泮池，均为清代建筑			河南省文物保护单位	
开封佑国寺塔	塔幢类建筑	开封市东北隅	创建于北宋皇祐元年（1049年），竣工时间为宋神宗熙宁年间，从开始到竣工经历30年左右的时间，我国现存最早最高的一座琉璃构件建筑物	琉璃砖塔		全国重点文物保护单位	
开封繁塔	塔幢类建筑	开封市东南的禹王台区域	创建于北宋开宝七年（公元974年），元代时，塔已"半摧"，明初因"铲王气"而"止遗三级"。是宋塔中的代表作	砖塔		全国重点文物保护单位	
安阳文峰塔	塔幢类建筑	安阳市古城内西北隅，文峰中环路西端	据现存清乾隆三十七年（1772年）《重修天宁寺图》碑文记载：始建于隋仁寿初，维修于周显德中，宋元之际相继增修，明洪武间置僧纲司于此。又据民国安阳县志记载，始建于五代后周广顺二年（公元952年）	砖塔		全国重点文物保护单位	
鹤壁玄天洞石塔	塔幢类建筑	鹤壁市西南郊15公里处淇河北岸的山腰台地上	始建于明正德七年至九年（1512~1514年），为河南现存体形最大的楼阁式石塔	石塔		河南省文物保护单位	
汝南无影塔	塔幢类建筑	汝南县城南关，东邻小南海寺院	关于塔的建造时间，史无记载，明清之际均有维修，根据现存特征、建筑结构分析，此塔建于北宋中早期	砖塔		全国重点文物保护单位	

名称	类型	地点	建成年代 （变化情况）	材料 结构	规模	文保等级	涉及的古 建筑名词
鄢陵乾明寺塔	塔幢类建筑	鄢陵县城西北隅，西临汶河，南临乾明寺路	根据此塔的建筑特点及造型，为宋代建筑	砖塔		全国重点文物保护单位	
邓州福胜寺塔	塔幢类建筑	邓州市十字街东南角	初建于隋，重修于北宋天圣十年（1032年），原为13级，元末兵毁，明天顺年间重修为7层	砖塔		全国重点文物保护单位	
睢县圣寿寺塔	塔幢类建筑	睢县后台乡阎庄村西北隅圣寿寺遗址上	所建年代没有明确记载，根据建筑结构和造型特点推断应为宋代遗构	砖塔		全国重点文物保护单位	
原阳玲珑塔	塔幢类建筑	原阳县西南17.5公里原武镇善护寺旧址	创建于北宋崇宁四年（1105年），明万历二十九年（1601年）重修	砖木结构		河南省文物保护单位	
光山紫水塔（风水塔）	塔幢类建筑	光山县东门外	塔建于明末，清康熙三年（1664年）完工。为八角7级楼阁式砖塔，通高27米	砖塔		河南省文物保护单位	
登封嵩岳寺塔	塔幢类建筑	登封市西北6公里处的嵩山南麓、太室山脚下	始建于北魏正光年间，后代曾经维修，现存主体仍为北魏原构	砖塔		全国重点文物保护单位	
沁阳天宁寺三圣塔	塔幢类建筑	沁阳市城区东南隅的天宁寺旧址上	创建于金大定十一年（1171年）	砖塔		全国重点文物保护单位	
武陟妙乐寺塔	塔幢类建筑	武陟县阳城乡东张村古怀城遗址上	创建于唐，后周显德二年（公元955年）重修	砖塔		全国重点文物保护单位	
登封永泰寺塔	塔幢类建筑	登封市西北11公里永泰寺东侧的山坡上	整塔展示了浓厚的唐代密檐砖塔的建筑风格，是我国唐代密檐砖塔的典型代表之一	砖塔		全国重点文物保护单位	
登封法王寺塔	塔幢类建筑	登封市北5公里太室山南麓玉柱峰下的坡台地上	约建于唐代盛时期即公元8世纪前半叶，是唐代甚至中国最优美的古塔	砖塔		全国重点文物保护单位	
汝州法行寺塔	塔幢类建筑	汝州市区东北隅塔寺街原法行寺院内	所创年代无明确记载，据考证，第一层具备唐代密檐式塔特点，第二层以上具有宋金时期密檐式塔一些特点，故推断塔为唐代创建	砖塔		全国重点文物保护单位	

名称	类型	地点	建成年代（变化情况）	材料结构	规模	文保等级	涉及的古建筑名词
三门峡宝轮寺塔	塔幢类建筑	三门峡市西部5公里，原陕州故城东南隅宝轮寺旧址上	历经战火，寺院早毁，仅存孤塔。既采用了唐代密檐式方塔的外形，又吸收了宋塔的内部结构，是唐代密檐式塔与宋代楼阁式塔的有机结合，是研究金代砖塔的珍贵实物资料	砖塔		全国重点文物保护单位	
洛阳白马寺齐云塔	塔幢类建筑	白马寺山门外东南500米处	建于金大定十五年（1175年），距今已有800多年历史	砖塔		全国重点文物保护单位	
新郑凤台寺塔	塔幢类建筑	新郑市区南洧水河南岸	凤台寺已毁于战乱年代，古塔尚存。凤台寺建于宋朝，距今近1000多年	砖塔		河南省文物保护单位	
林州洪谷寺塔	塔幢类建筑	林州市西南15公里的洪谷山上	典型的唐密檐式塔造型，为研究唐代砖塔提供了珍贵资料	砖塔		河南省文物保护单位	
安阳修定寺塔	塔幢类建筑	安阳县西北35公里磊口乡清凉山东南麓修定寺旧址上	修定寺据传创建于北魏太和十八年（公元494年），寺院建筑已无，唯唐代砖塔尚还遗存	砖塔		全国重点文物保护单位	
安阳灵泉寺双石塔	塔幢类建筑	安阳县西南30公里的宝山东南麓	建于北齐河清二年（公元563年），是我国现存最早的石塔	石塔		全国重点文物保护单位	
安阳灵泉寺摩崖塔	塔幢类建筑						
宝丰文笔峰塔安阳	塔幢类建筑	宝丰县城南五里之外的文笔山	兴建于明万历四十七年（1619年）	实心砖塔		河南省文物保护单位	
少林寺塔林	塔幢类建筑	登封少林寺院内	共有唐、宋、元、明、清历代墓塔228座，是我国目前现存最大的塔林			全国重点文物保护单位	
汝州风穴寺塔林	塔幢类建筑	汝州市东北9公里嵩山少室山主峰南坡的风穴山中	原有塔115座，现尚存元、明、清历代砖石塔73座，仅次于少林寺塔林			全国重点文物保护单位	
博爱月山寺塔林	塔幢类建筑						
宜阳灵山寺塔林	塔幢类建筑	宜阳县城西8公里灵山山脉的凤凰山北麓的灵山寺院内	共有清代砖构和尚墓塔16座			河南省文物保护单位	

名称	类型	地点	建成年代（变化情况）	材料结构	规模	文保等级	涉及的古建筑名词
林州洪谷寺塔林	塔幢类建筑						
新乡县经幢幢身	塔幢类建筑						
新乡县水东村经幢	塔幢类建筑						
沁阳经幢	塔幢类建筑						
卫辉经幢	塔幢类建筑						
温县慈胜寺经幢	塔幢类建筑	温县城西北20公里的大吴村	五代后晋高祖天福二年（公元937年）雕凿，高5.4米			全国重点文物保护单位	
皇陵（宋陵）	陵墓建筑						
虢国墓葬	陵墓建筑						
芒砀山梁孝王陵	陵墓建筑						
潞王坟	陵墓建筑	新乡市北郊13公里处的凤凰山南麓	建成于明万历四十三年（1615年），完全仿照万历皇帝在北京的定陵，被誉为"中原定陵"				
朱载堉墓	陵墓建筑	河南省沁阳市东北18公里张坡村九峰山下	南有神道120米。土冢用石围砌，直径7.6米，高2.5米		占地86000多平方米		
许慎墓	陵墓建筑	漯河市召陵区，姬石乡许庄村东土岗上	墓冢高5米，周长33米，墓前立有清顺治十三年（1656年）郾城县知县荆其惇重修墓碑				
张衡墓	陵墓建筑	南阳市石桥镇小石桥村西北隅	坐北向南，景色幽美。据史载：张衡墓原来规模宏伟，有翁仲、石兽、庙宇、读书台、张衡宅等胜迹			全国重点文物保护单位	
登封观星台	天文建筑	登封市城东南7.5公里的告成镇周公庙内	建于元至元十三年（1276年），距今已有700年的历史，它是我国现存最古老的天文台。是世界上现存较早的天文科学建筑物	水磨砖砌筑		全国重点文物保护单位	

名称	类型	地点	建成年代（变化情况）	材料结构	规模	文保等级	涉及的古建筑名词
小商桥	桥梁	临颍县南皇帝乡商桥村	初建于隋开皇四年（公元 584 年）。北宋时依隋制重建小商桥，元大德、明正德、清康熙年间均曾维修过	石拱桥	长 21.3 米，宽 6.45 米		
安阳彰善桥	桥梁	安阳县南马投涧乡大屯村南	初建年代无考。据桥头存清咸丰七年（1857 年）《补修彰善桥碑记》载，明万历三十九年（1611 年）赐名为彰善桥	石拱桥	长 20.4 米，宽 6.5 米	河南省文物保护单位	
光山永济桥	桥梁	光山县城南 25 公里的泼陂河镇	始建于明万历庚申年（1620 年），8 年完成。清康熙和雍正年间都曾被洪水所毁。清乾隆十六年（1751 年）再次修成此桥				
登封少室阙	阙	登封市西北 6 公里少室山东麓十里铺村西	约建于汉安帝延光二年（公元 123 年）			全国重点文物保护单位	
登封太室阙	阙	登封市城东 4 公里太室山南麓中岳庙前	始建于东汉安帝元初五年（公元 118 年），原是汉代太室祠前的神道阙，石阙为汉安帝元初五年时的阳城长吕常所建，与少室阙、启母阙并称为"中岳汉三阙"			全国重点文物保护单位	
登封启母阙	阙	登封市区城西北 2 公里嵩山南麓万岁峰下	东汉延光二年（公元 123 年），颍川太守朱宠于启母庙前建神道阙，即是启母阙			全国重点文物保护单位	
正阳贾君阙	阙	正阳县东岳庙	约建于公元 169~189 年之间			河南省文物保护单位	
开封龙亭	高台建筑	开封市老城内，地处古城中轴线北部	建于清代初年，是一座规模庞大的高台建筑		通高 26.7 米	河南省文物保护单位	
卫辉望京楼	高台建筑	卫辉市城内后街	始建于明万历十九年（1591 年），历时两年建成	砖石结构	现存高 23 米，宽 32 米，进深 19 米	河南省文物保护单位	

名称	类型	地点	建成年代（变化情况）	材料结构	规模	文保等级	涉及的古建筑名词
商丘阏伯台	高台建筑	商丘古城西南1.5公里火星台村	元代在台上建大殿、拜厅、禅门、钟鼓楼，台前建山门、戏楼		火神台为圆形夯土筑成，台高35米，台基周长270米		
浚县荣恩枋	牌坊	浚县城区内的大伾山西麓风景区内	明万历四十五年（1617年）建造		三间四柱五楼式，总高10.4米，总宽9.31米	河南省文物保护单位	
辉县望京楼如意坊	牌坊	卫辉古城东北隅				全国重点文物保护单位	
潞王坟坊	牌坊						
新乡七世同居坊	牌坊	新乡市平原东路牌坊街北端	清道光四年（1824年）奉旨"旌表"所建，为一石构过街式牌坊			河南省文物保护单位	
社旗火神庙木牌楼	牌坊	社旗县赊店镇公安街东端第一小学内	创建于清道光元年（1821年）八月			河南省文物保护单位	
沁阳药王庙木牌楼	牌坊	城东天鹅湖附近，现为沁阳市佛教协会	建于清嘉庆六年（1801年）			河南省文物保护单位	
龙门石窟	石窟	洛阳南郊伊河两岸的龙门山与香山上	开凿于北魏孝文帝年间，之后历经东魏、西魏、北齐、隋、唐、五代的营造，南北长达1公里，今存有窟龛2345个，造像10万余尊，碑刻题记2800余品			全国重点文物保护单位，世界文化遗产	
巩义石窟寺	石窟	巩义市南河渡镇寺湾村，距市区10公里。	创建于北魏孝文帝之时（公元471~499年），宣武帝时开始凿石为窟，刻佛千万像，后来的东西魏、唐、宋时期陆续在这里刻了一些小龛。初建寺称"希玄寺"，唐初改称"净土寺"，宋代改称石窟寺			国家级文物保护单位	

参考文献

[1] 邬学德，刘英，河南古代建筑史[M]．郑州：中州古籍出版社，2001．

[2] 杨换成．塔林（上、下册）[M]．少林书局，2007

[3] 河南省文物局．河南文化遗产（一）[M].北京.文物出版社，2011

[4] 河南省文物局河南省文物志[M]．北京.文物出版社，2009

[5] 李诚．营造法式（上下册）[M]．北京：中国书店出版社，2006．

[6] 刘敦桢．中国古代建筑史[M]．北京：中国建筑工业出版社，2008．

[7] 梁思成．梁思成文集（第4、5、7卷）[M]．北京：中国建筑工业出版社，1982．

[8] 刘叙杰．中国古代建筑史（第1卷）[M]．北京：中国建筑工业出版社，2009．

[9] 傅熹年．中国古代建筑史（第2卷）[M]．北京：中国建筑工业出版社，2009．

[10] 郭黛姮．中国古代建筑史（第3卷）[M]．北京：中国建筑工业出版社，2009．

[11] 孙大章．中国古代建筑史（第5卷）[M]．北京：中国建筑工业出版社，2009．

[12] 孙大章．中国民居研究[M]．北京：中国建筑工业出版社，2004．

[13] 贺业钜．中国古代城市规划史[M]．北京：中国建筑工业出版社，1996．

[14] 杨宽．中国古代都城制度史[M]．上海：上海人民出版社，2006．

[15] 田永复．中国古建筑知识手册[M]．北京：中国建筑工业出版社出版，2013．

[16] 李剑平．中国古建筑名词图解辞典[M]．太原：山西科学技术出版社，2011．

[17] 杨焕成,张家泰．中原文化大典．文物卷．历史文化名城[M]．郑州：中原文物出版社，2008．

[18] 河南省文物局．河南文化遗产[G]．北京：文物出版社，2007．

[19] 河南省文物考古学会．论裴李岗文化．[G]．北京：科学出版社，2010．

[20] 徐光春．中原文化与中原崛起[K]．郑州：河南人民出版社，2007．

[21] 邬学德．刘炎．河南古代建筑史[M]．郑州：中州古籍出版社，2001：21．

[22] 侯幼彬．中国建筑美学[M]．哈尔滨：黑龙江科学技术出版社，1997．

[23] 王铎．洛阳古代城市与园林[M]．呼和浩特：远方出版社，2005．

[24] 中国科学院考古研究所．洛阳中州路（西工段）[M]．北京：科学出版社，1959．

[25] 河南省博物馆．河南汉代明器[M]．郑州：大象出版社，2002：16．

[26] 张勇．河南汉代建筑明器定名与分类概述．河南汉代明器[M]．郑州：大象出版社，2002．

[27] 李明哲．五经四书．礼记．月令篇[M]．乌鲁木齐：新疆青少年出版社，2002．

[28] 杨换成．杨换成古建筑论文集[M]．北京：文物出版社，2009．

[29] 周宝珠．宋代东京研究[M]．开封：河南大学出版社，1992．

[30] 司马光．资治通鉴．卷第二百四．唐纪二十[M]．

[31] 欧阳修．新唐书．卷二十五．志第十四．车服．

[32] 刘致平著．王其明增补．中国居住建筑简史[M]（第二版）．北京：中国建筑工业出版社，2000．

[33] 刘迎春．考古开封[M]．开封：河南大学出版社，2006．

[34] 戴吾三．考工记图说[M]．济南：山东画报出版社，2003．

[35] 宿白．中国石窟寺研究M]．北京：文物出版社，1996．

[36] 崔尔平．广艺丹双楫注M]．上海：上海书画出版社，2006．

[37] 河南省文化局文物工作队．巩县石窟寺石刻录[M]．

北京：文物出版社，1963.

[38] 荆三林. 中国石窟雕刻艺术史[M]. 北京：人民美术出版社，1988.

[39] 魏收. 魏书[M]. 北京：中华书局，1974.

[40] 洛阳市地方史志缟纂委员会. 洛阳市志[M]. 郑州：中州古籍出版社，1996.

[41] 宫大中. 龙门石窟艺术[M]. 北京：人民美术出版社，2002.

[42] 王振国. 龙门石窟与洛阳佛教文化[M]. 郑州：中州古籍出版社，2006.

[43] 李泽厚. 美的历程[M]. 天津：天津社会科学院出版社，2009.

[44] 刘鹏久. 内乡县衙与衙门文化[M]. 郑州：中州古籍出版社，1999.

[45] 杨鸿勋. 建筑考古学论文集[M]. 北京：文物出版社，1987.

[46] 沈福煦，沈鸿明. 中国建筑装饰艺术文化源流[M]. 武汉：湖北教育出版社. 2002.

[47] 计成著. 赵农. 园冶图说[M]. 济南：山东画报出版社，2003.

[48] 张家泰，左满常. 中国营造学研究（第1辑）[D]. 开封：河南大学出版社，2005.

[49] 张家泰，左满常. 中国营造学研究（第2、3辑）[D]. 开封：河南大学出版社，2012.

[50] 左满常，渠滔. 中国民居建筑丛书. 河南民居[M]. 北京：中国建筑工业出版社，2012.

[51] 河南省文物考古学会. 河南文物考古论集[D]. 郑州：中州古籍出版社，1996.

[52] 赵成甫. 南阳汉代画像砖[M]. 北京：文物出版社，1990.

[53] 张晓军. 南阳汉代陶塑[M]. 郑州：中州古籍出版社，2004.

后记

由中国建筑工业出版社、中国民族建筑委员会民居建筑专业委员会共同策划，编撰大型系列丛书——《中国古建筑丛书》，其中，河南古建筑单列成册。《河南古建筑》的撰写由左满常、李丽、渠滔、王放、张献萍、董阳、郭玮、时宗伟等8人承担，由左满常对全书统撰。我们写作组组成人员多为高校教师，对撰写《河南古建筑》一书热情很高。写作组成员年富力强，有精力完成各自承担的写作任务。河南古建筑资源丰富，但我们手头资料相对匮乏，所幸笔者身边有同事和众多学生做后盾，我们从外出调研、资料整理、分析研究，都得到了部分同事和众多学生的帮助。

河南古建筑专家杨换成、张家泰二位先生对《河南古建筑》一书更加关注，从本书的撰写提纲开始，就给予了具体翔实的指导意见。在我们写作过程中，又提供了大量宝贵的文字和图片资料，有的还是先生们经年积累的第一手资料，弥足珍贵。他们的无私帮助为本书的质量增色不少。

在本书搜集资料阶段，得到了河南省建设厅和省文物局的大力支持。特别是省文物局文物处、资源处为我们考察文物建筑大开方便之门。我们所到之处的各有关基层文物管理单位都直接提供了方便，使我们的考察在较短时间内顺利完成。

学生张卫国为本书提供了洛阳龙门和洛阳关林的全部照片；三门峡吴子明先生提供了三门峡宝转寺塔的照片。在此，对二位学生的无私帮助表示感谢！

河南大学土木建筑学院的领导对本书也给予了大力支持。

我现在的工作单位，郑州工业应用技术学院建筑工程学院的领导和同事们都给予了关怀和大力支持，并期待着本书的出版。

《河南古建筑》经几年努力，今已成稿，即将付梓。在此，对上述关心、指导、帮助过我们的领导们、先生们、同事和同学们致以由衷感谢！

左满常
2015年6月于开封

主编简介

　　左满常，河南开封人，1952年4月生。河南大学教授，硕士生导师。河南大学土木建筑学院建筑历史学科牵头人，硕士生导师组长。中国民族建筑委员会民居建筑专业委员会委员、中国民族建筑研究会专家。主要从事"建筑历史与理论"的研究。尤其在"民居研究"方向有所建树，出版专著有：《河南民居》、《中国民居系列丛书　河南民居》各一本，合编（第二主编）《中国营造学研究》两本。发表现代住宅设计、营造法式研究、近代建筑研究、民居研究等方面的论文20多篇。其中民居建筑方面的有《古韵流香——古村落寨卜昌》、《试析康百万庄园文化内涵》、《中原传统民居平面形态研究》、《窑洞民居的典范——庙上村地坑院》等十余篇论文。因在建筑理论研究领域成果突出，深受媒体关注，曾先后四次登载上《河南日报》与《大河报》，一次登上河南《大地产》杂志。社会影响较大。2011年10月受河南电视台之邀请，录制"河南传统民居"系列讲座30集电视片，于2012年2月10日至3月15日在河南电视台·新闻频道·传承栏目连续播出。电视节目播出后，有更广泛的社会影响，成为河南建筑界知名学者。